郑州市地方志“一体两翼”工程
The “One Body Two Wings” Project of Zhengzhou’s Local Chronicles

郑州地情报告

2021

郑州市地方史志编纂委员会　主办
郑州市地方史志办公室　编著

中国水利水电出版社
www.waterpub.com.cn
·北京·

图书在版编目（CIP）数据

郑州地情报告. 2021 / 郑州市地方史志办公室编著. -- 北京 : 中国水利水电出版社, 2021.12
（郑州市地方史研究丛书）
ISBN 978-7-5226-0204-2

Ⅰ. ①郑… Ⅱ. ①郑… Ⅲ. ①郑州—概况—2021 Ⅳ. ①K926.11

中国版本图书馆CIP数据核字(2021)第245939号

选题策划：马爱梅　宋建娜　李慧君
责任编辑：李慧君
特约编辑：朱琳君

书　　名	**郑州地情报告（2021）** ZHENGZHOU DIQING BAOGAO（2021）
作　　者	郑州市地方史志办公室　编著
出版发行	中国水利水电出版社 （北京市海淀区玉渊潭南路1号D座　100038） 网址：www. waterpub. com. cn E-mail：sales@waterpub. com. cn 电话：(010) 68367658（营销中心）
经　　售	北京科水图书销售中心（零售） 电话：(010) 88383994、63202643、68545874 全国各地新华书店和相关出版物销售网点
排　　版	中国水利水电出版社微机排版中心
印　　刷	北京印匠彩色印刷有限公司
规　　格	167mm×237mm　16开本　27印张　402千字
版　　次	2021年12月第1版　2021年12月第1次印刷
定　　价	**78.00**元

《郑州地情报告（2021）》编委会

姚　林　郭家栋　赵　翔　陈琳霞　唐志宾　梁玲妹
赵　鹏　满　超　慕秋石　丁一薇　雷海刚　王爱芳
张玉华　左巧娈　罗谷仁　胡　明　朱文聪　姚曙光
冯春光　高超新　王明瑜　范雨帆

编纂说明

一、《郑州地情报告》以马克思列宁主义、毛泽东思想、邓小平理论、“三个代表”重要思想、科学发展观、习近平新时代中国特色社会主义思想为指导，认真学习贯彻落实党的十九大精神、党的十九届二中、三中、四中、五中全会精神，坚持辩证唯物主义和历史唯物主义立场、观点和方法，继承和发扬我国优秀文化传统，积极服务郑州市国家中心城市现代化建设大局，提高地方志资源开发利用水平，客观翔实地记述郑州市在经济建设、政治建设、文化建设、社会建设、生态文明建设方面的发展状况，力求达到思想性、资料性、科学性的统一。

二、《郑州地情报告》由郑州市地方史志编纂委员会主办，郑州市地方史志办公室编著。该报告依据地方志资料年报制度要求，充分反映郑州国家中心城市现代化建设的工作实践，是系统记述本行政区域政治、经济、文化、社会和生态等方面情况的年度资料性文献，为机关、企事业单位等组织及外来投资者和社会各界人士了解郑州、研究郑州、建设郑州提供丰富翔实的地情资料。

三、《郑州地情报告》以出版年号为卷次名称，自 2018 年创刊以来，每年出版一卷。

四、《郑州地情报告》总体结构划分为三部分：第一部分为总报告。第二部分为专题报告，收录各开发区、区县（市），部分市委部委、市直机关、人民团体的年度工作报告，突出展示各方面重点、亮点工作成效。

第三部分为调研报告，收录部分开发区、区县（市），市委部委、市直机关、人民团体的专题调研报告，对一些全局性、典型性课题进行深入调查研究。

五、《郑州地情报告》所辑录的内容由各开发区、区县（市），市直各部、委、办、局等单位组织提供，均经各供稿单位审核。

六、《郑州地情报告》在组稿、编撰、印刷、发行过程中得到各有关部门和领导的大力支持，撰写人员付出了艰辛努力，在此一并谢忱。本卷《郑州地情报告》中的疏漏和错误之处，敬请专家和读者批评指正。

郑州市地方史志办公室
2021年9月

目录

Ⅰ 总报告

Ⅱ 专题报告

Ⅲ 调研报告

I

总报告

中共郑州市委常委会2020年工作报告

中共郑州市委

这次中共郑州市委常委会会议的主题是，高举习近平新时代中国特色社会主义思想伟大旗帜，深入贯彻习近平总书记关于河南和郑州的重要讲话指示精神、党的十九届五中全会和中央经济工作会议精神，认真落实省委十届十二次全会暨省委经济工作会议精神，研究审议《中共郑州市委关于制定郑州市国民经济和社会发展第十四个五年规划和二〇三五年远景目标的建议（讨论稿）》，安排部署2021年经济工作，动员全市上下强化责任担当，主动作为，奋勇争先，凝心聚力加快郑州国家中心城市现代化建设，为中原更加出彩、中部地区崛起、黄河流域生态保护和高质量发展作出新的更大贡献。

2020年是全面建成小康社会和“十三五”规划的收官之年，是决战决胜脱贫攻坚和推动郑州国家中心城市建设的关键一年。一年来，面对新冠肺炎疫情的严重冲击，市委常委会坚持以习近平新时代中国特色社会主义思想为指导，深入贯彻习近平总书记关于河南和郑州的重要讲话指示精神，坚决落实中央和省委决策部署，坚持人民至上，牢记责任使命，强化统筹，精准发力，推动疫情防控取得重大成果，保持经济稳定增长，民生事业协调发展，社会大局和谐稳定，党的建设进一步加强，各项工作都取得了显著成效。

一年来，市委常委会坚持以政治建设为统领，用贯彻落实习近平总书记重要讲话精神和党中央决策部署的实际行动体现“四个意识”“两个维护”，盯紧抓牢以下几件大事。

一是持续推进习近平新时代中国特色社会主义思想入脑入心、落地落实。市委常委会坚持把学习贯彻习近平新时代中国特色社会主义思想作为首要政治任务，落实省委“五种学习方式”“五比五不比”要求，在学通弄通做实上下功夫、求实效。坚持跟进学习，落实“第一议题”制度，先后开展学习 22 次，对习近平总书记的重要讲话和批示指示精神第一时间学习、第一时间贯彻、第一时间行动。坚持专题学习，围绕《习近平谈治国理政（第三卷）》、习近平总书记给郑州圆方集团职工的回信、党的十九届四中、五中全会等，组织开展理论学习中心组集中学习 8 次，交流研讨、相互促进。坚持以讲促学，市委常委同志自觉主动进党校、进高校、进基层，上党课、讲理论、促共识。坚持专家领学，创办“问学前沿”高端讲堂，邀请国内知名专家学者解读政策、深化认识，举办讲座 6 次，以县处级以上领导干部为重点，每次覆盖市直各单位和各区县（市）基层单位党员干部 3500 人左右。坚持学以致用，建立健全部署、落实、督查相衔接的“闭环”机制，对习近平总书记重要讲话和指示批示、党中央的决策部署，及时研究贯彻意见、紧盯不放抓好执行。围绕习近平总书记视察河南重要讲话精神，召开市委十一届十一次、十二次全会，研究出台市委《关于深入学习贯彻习近平总书记视察河南重要讲话精神的意见》，制定并实施高质量发展制造业、高水平扩大对外开放、高品质推进城市建设和管理等系列三年行动计划；围绕黄河流域生态保护和高质量发展战略实施，成立高规格领导小组，召开 3 次领导小组会议和 20 多次项目规划论证，制定形成建设黄河流域生态保护和高质量发展核心示范区总体规划、起步区规划和行动方案，启动实施黄河生态保护和修复、防洪安全防范提升、黄河历史文化主地标打造等十大工程；围绕习近平总书记给圆方集团职工的重要回信，组建 32 人宣讲团，开展宣讲宣传，传递习近平总书记的关怀，弘扬劳模精神；围绕习近平总书记关于环境突出问题的批示指示精神，坚决开展沿黄环境问题集中整治、违建别墅整治、“占地造湖”整治，坚决把“两个维护”落实到行动上、体现到工作实效上。

二是统筹疫情防控和经济发展。面对突如其来的新冠疫情，市委常委会本着“宁可信其重、不可信其轻”的原则，坚持底线思维，强化统筹措施，努力夺取疫情防护和经济发展“双战双胜”。市委常委会召开8次专题会议，疫情防控领导小组召开25次会议，把中央、省委部署与郑州实际相结合，因时因势、果断行动，第一时间组织发动，市、县、乡、村四级响应，迅速构建起农村“以村保乡、以乡保县”，城市“以小区保社区、以社区保城区”的全覆盖防控体系；第一时间建立健全救治体系，确定13家定点医院、65家发热门诊，仅用10天时间建成岐伯山医院，汇集优质资源提高救治水平；第一时间构建数字防控体系，在全国率先形成“交通卡口—居民小区—各个单位—公共场所”四位一体的健康码智能管理体系，对进口冷链食品实行集中监管，做到全覆盖赋码、全流程扫码；第一时间支援湖北、落实入境分流任务，先后派出4批187名医务工作者驰援武汉，累计承接国际航班210架次、31717人；第一时间启动复工复产，落实“六稳”“六保”要求，明确“控、保、稳、进、抬、扛”工作原则，出台应对疫情促进经济平稳健康发展30条、促消费增活力稳增长10条、扩大有效投资11条等政策举措，常态化开展“三送一强”和“一联三帮”活动，累计帮扶企业37.6万家，减免税费478亿元，提供资金支持6559万元，发放4亿元消费券，鼓励消费、扶持商家、提振市场信心、促进经济恢复。预计全年生产总值完成1.2万亿元以上；固定资产投资增长4.5%，一般公共预算收入增长3%，形成了经济恢复迅速、稳中向好的良好发展态势。

三是健全完善高质量发展实践体系。先后召开市委十一届十一次、十二次全会和系列专题会议，深入学习贯彻习近平总书记关于河南、郑州的重要讲话指示精神，落实省委对郑州提出的“三个在”“四个内涵”发展要求，把加快郑州国家中心城市建设、发挥好高质量发展区域增长极作用作为目标引领，确立了“东强、南动、西美、北静、中优、外联”的城市功能布局，高标准编制新一轮国土空间规划，实施32个核心板块开发和“三项工程、一项管理”，促进空间结构优化，加快城市有机更新。规划建设中原科技城，大力推进以人才聚集为核心的科技创新。开展长三角、珠三角定向招商活动，积极引进“头部”企业，着力培育新兴产业。坚持以自贸区为引领，以“一门户、两高地”为目标，加快对外开放步伐。深化以“一网通办、一次办成”为牵引的“放管服”改革，不断优化营商环境。开展“城市大脑”建设攻坚，推进政务服务管理数字化全面提速。坚持绿化工程、污染管控、源头治理多策并举，促进绿色发展。通过一年努力，全市上下贯彻新发展理念、打造更高水平的高质量发展区域增长极的思路更清晰、路径更明确、行动更自觉、效果不断显现。

*四是坚持把以人民为中心的发展思想落实落细。*巩固“不忘初心、牢记使命”主题教育成果，持续加强党员干部群众思想观念教育，引导党员干部把增进群众的获得感作为工作的成就感，把群众立场落实到工作全过程。坚持人民至上，疫情期间全力救治病人，疫情得到控制之后，及时出台为民造福 10 条意见，突出做好稳岗位、保就业、惠民生工作。坚持走好群众路线，把“三项工程、一项管理”作为社会治理工程来实施，充分发动群众、依靠群众，促进共建共治共享。坚持群众需求导向，大力推进老旧小区改造、电梯加装及社区卫生、社区文化、老年照料中心等建设，加大基础教育、公共卫生基础设施建设力度，提升公共服务水平。围绕群众反映的学生午餐等问题，在全国率先全面实施中小学午餐配餐和免费课后延时服务；围绕群众眼里的“一件事”，推进政务服务模式创新；围绕群众反映的诉求问题，组织开展信访稳定突出问题攻坚化解活动，随着一大批便民利民措施的实施，群众有了切实的获得感，党群干群关系得到进一步改善。

*五是坚持把加强党的领导、强化政治建设贯穿始终。*研究制定市委《关于加强党的政治建设推进全面从严治党向纵深发展的实施意见》，坚决扛稳加强党的领导的政治责任，推动全市上下增强“四个意识”、坚定“四个自信”、做到“两个维护”。市委常委会召开会议 35 次，研究议题 148 个，对事关中央和省委决策部署落实、事关全局、事关民生的大事要事及时研究、及时部署。市委深改委召开会议 4 次，研究重大改革事项 32 项。进一步完善了市委依法治市委员会、市委国家安全委员会、市

委编制委员会、市委审计委员会等议事机构的工作机制，切实加强对相关工作的领导。坚持“一个党委、三个党组”工作制度，先后召开了市委人大工作会议和市委政协工作会议，定期听取市人大常委会、市政府、市政协、法检等部门党组工作报告，充分发挥领导核心作用、调动各方面积极性，统一意志、团结一心、步调一致推动中央决策、省委部署在郑州有效落实。

一年来，市委常委会高举旗帜、把准方向、扎实工作、狠抓落实，统筹推进各项工作取得显著进展。

一、坚持高质量发展方向，加快经济发展方式转变

加强党对经济工作的领导，统筹推进疫情防控和经济发展，做好“六稳”工作、落实“六保”任务，推动经济平稳运行、稳中向好。

（一）科技创新全面发力。高标准谋划建设中原科技城，加快构建“一廊、两翼、四区、多点”的科技创新驱动发展空间格局，出台实施“黄河人才计划”，创新推出“郑科贷”金融产品，不断优化科技创新生态。复星国际、芯成科技全球研发中心等首批 60 个高科技项目签约入驻中原科技城，形成了高科技企业、机构、人才加快聚集的良好效应。加快创新平台建设，国家超级计算郑州中心顺利通过科技部验收，国家技术转移郑州中心即将建成投用。郑州科技大市场建设稳步推进，新建省级研发平台 209 家，市级研发平台 152 家，累计建设各级各类研发平台 3547 家。强化企业主体作用，新培育科技型企业 1861 家、同比增长 30.5%，预计新增高新技术企业 800 家，增长 40%，累计达到 2900 家，占全省 45%以上。新增省、市新型研发机构 17 家，总数达到 43 家，全社会研发投入强度有望达到 2.1%，全社会向科技发力、各种资源要素向科技倾斜、全力支持科技创新的氛围越来越浓厚、科技创新活动越来越活跃。

（二）产业转型步伐加快。立足郑州的人力资源优势，把发展以大批高素质劳动力为支撑的高新技术产业作为制造业发展的着力点，以数字化改造存量，以高质量项目招商做优增量，加快新旧动能转换。组织开

展长三角、珠三角定向招商活动，推进阿里巴巴、新华三、紫光股份、浪潮集团、富泰华、中软国际等项目加快建设，新落地开工 32 个投资 10 亿元以上的高质量产业项目，预计全年工业投资增长 18%，高技术产业投资增长 64%左右。工业结构不断优化，以数字经济和电子信息产业为引领的战略性新兴产业占工业的比重同比提升 12.3 个百分点、达到 35.5%；全市“上云企业”达到 3.1 万家，占全省的 38%。现代服务业加快发展，信息传输、软件和信息技术服务业增加值同比预计增长 18%，金融业、物流业增加值预计分别同比增长 4.9%、5.8%。农业生产提质发展，粮食生产再获丰收，新建市级以上现代农业示范园 30 个、美丽牧场 7 个，国家级、省级农业龙头企业达到 74 家。

（三）对外开放体系更加完善。随着郑万、郑阜、郑太高铁河南段和机南城际通车，“米”字形高铁网基本成形。“空中丝绸之路”国际航线网络进一步加密，货邮吞吐量达到 63 万吨，跃居全国机场第 6 位，其中国际航空货邮吞吐量增幅为 48.2%，居全国机场首位。“陆上丝绸之路”班列开行突破 1130 班，同比增长 11.3%，班列运行综合效益继续保持全国先进，获批开展中欧班列集结中心示范工程建设。“网上丝绸之路”预计全年跨境电商交易额增长 20%左右，成功举办第四届全球跨境电商大会，入围跨境电商综试区先导城市。“海上丝绸之路”获批“郑州港”国际代码，实现与青岛、连云港等港口无缝衔接。自贸区制度创新持续深化，航空口岸全面实施“7×24 小时”通关，铁路口岸推行“7×24 小时”预约通关，药品进口口岸正式投入运营，口岸体系更加完善。国际经贸合作更加广泛，在疫情条件下，进出口逆势上扬，前 11 个月进出口额完成 4228.4 亿元，同比增长 13.5%，保持中部省会城市首位，处于全国领先水平。

二、坚持高品质推进城市建设和管理，开创城乡转型发展新局面

围绕“东强、南动、西美、北静、中优、外联”城市功能布局，统筹老城复兴、新城开发和乡村振兴，走好多中心、组团式、集约化、“三

生”融合的城市发展路子。加强对规划工作的领导。完善规委会制度，全年召开规委会6次，研究专项规划42个，以《郑州市国土空间总体规划（2020—2035）》编制为引领，进一步明晰了城市空间结构、交通组织、产业布局、功能分区，实现了重点开发区域的规划、设计全覆盖。城市更新全面展开。部署推进“三项工程、一项管理”，道路综合改造一期7条道路全面完工、二期9条道路正在建设；老旧小区改造完成1374个，受益群众70万人；36个城乡接合部综合改造扎实推进，建成示范村（点）21个。先后开展工地“围而不建”、规范交通秩序、解决停车难等专项行动，城市“序化、洁化、绿化、亮化”水平不断提升，人民群众切实感受到城市环境的显著变化。32个核心板块开发建设全面启动。规划设计基本完成，开发机制得到完善，坚持主体功能先行、基础设施先行、公共服务先行、生态环境先行，全年实施项目261个，预计完成投资960亿元。基础设施建设力度加大。轨道交通三期全部开工，3号线一期、4号线建成通车，全市轨道交通运营里程达到206.3公里，在建里程达到203.5公里，网络化建设运营水平全面提升。四环快速化高架主线、北三环东延快速通道等道路工程建成通车，水、电、气、暖等基础设施建设项目有序实施、供给能力进一步增强。扎实推进美丽乡村建设，编制美丽乡村建设导则，制定精品村、示范村建设布局规划，新启动建设美丽乡村项目17个，按照“四美乡村”标准，创建省级“千村示范、万村整治”示范村80个，农村生活垃圾治理实现全覆盖，生活污水处理率达到87.8%，无害化卫生厕所普及率达到90%以上。深化郑州大都市圈协同发展，加强与开封、许昌、新乡、焦作的全方位对接，推进郑开同城化先行示范区建设，深入研究“1＋4”城市通勤化交通体系，各方面的战略合作不断深化。

三、坚持以制度建设为主线持续深化改革，增强城市发展内生动力和活力

坚持把解决体制机制上的瓶颈障碍作为基础性、攻坚性工作来抓，

用好改革“关键一招”，刀刃向内、既破又立、系统集成，着力构建与特大城市发展相适应的治理体系、与中国特色社会主义市场体系相适应的营商环境。围绕加快政府职能转变、数字化转型，大力推进数字郑州“城市大脑”建设，深化以“一件事”为牵引的“一网通办”改革和以“一‘事件’”为牵引的“一网统管”改革，公民个人、企业法人544项高频事项实现“网上办”，其中475项依托“郑好办”App实现“掌上办”，300个“一件事”改革任务圆满完成，智慧交通、智慧城管、智慧医疗等14个领域118个应用场景上线运行，基本构建了“一脑赋城、一网治城、一码通城、一端惠城”的格局，探索形成了政务服务网、城市治理网一体建设的“数字郑州模式”。围绕降低制度交易成本，以“一网通办、一次办成”改革为抓手，创新商事登记“1＋X”模式，大力推进减环节、减材料、减时限、减跑动、清理中介事项、清理证明事项“四减两清理”，工程项目审批服务事项由122项精减到98项，审批时间由340个工作日压减至最长61个工作日，最短30个工作日，不动产登记、企业登记、水电气暖等重点领域审批环节、事项和时间大幅度减少。围绕城市有序发展，深化规划编制集中统一管理改革，建立了分类、分层、全流程的规划管理机制，实现规划闭环管理。围绕土地要素市场化配置，坚持一级市场政府垄断、二级市场放开，完善土地储备和做地机制，创新土地出让办法，完善地价形成机制，探索推出新型产业用地、“亩均论英雄”评估、“标准地”供应、带“施工图”出让等举措，建立起了以优地优供支撑和保证高质量发展的用地制度。围绕提高城市治理能力，按照“一件事一个部门负责”和“块抓条保、以块为主”的原则，持续深化党政机构改革，进一步完善党政机构权责职能体系，公安系统“一区一分局”、法检系统统管改革基本到位，财政体制得到完善，市、区两级事权、财权进一步清晰，基层在城市治理中的主体作用得到充分发挥。围绕激发市场主体活力，深化国有企事业单位改革，积极推进政企分开、政资分开，维护公开公平的市场秩序；深化投融资公司市场化改革，优化公司运作模式，增强自主经营能力；深化产业园区管理体制改革，积极布局小微产业园，打造更加有利于市场主体发展的承接平台。围绕提升公共服务能力，深化市属学校、医院去行政化改革，圆满完成义务阶段分级办学体制改革，大力推进医联（共）体和分级医疗制度改革，探索推行社保卡基础上的市民卡“一卡通、一码通”，人民群众切实感受到改革带来的便利和实惠。

四、以坚决态度抓好生态环保，着力打造沿黄生态保护示范区

深入学习贯彻习近平总书记关于黄河流域生态保护和高质量发展的重要讲话精神，引导全市上下深化对“绿水青山就是金山银山”的认识，把生态治理作为实施黄河流域生态保护和高质量发展战略的先导工程，率先推进，聚焦“保安全、清乱象、强节水、优生态、美环境”，加快推进沿黄生态保护示范区建设。重拳治理大棚房和违建别墅整治等“四乱”问题，沿黄区域排查出的1801个环境问题整治到位。在全省率先开展“占地造湖”专项整治行动，对排查出的37个项目逐一研判，大幅“减面瘦体”4处，取消湖面湖体5处。雁鸣湖区域环境问题依法依规处置到位，并健全了长效机制。持续推进绿化工程，全市新建绿地面积2480万平方米，贾鲁河综合治理、生态廊道建设等重大生态工程效果不断显现。推进节水型城市建设，编制实施《郑州市黄河水资源节约集约利用规划》《节水型城市建设三年行动计划》，开工建设圃田泽水循环工程，完善以污水处理厂为中心的中水回用管网系统，积极推行中水回用、循环节约用水。持续打好污染防治攻坚战，实现了市域散煤清零、主城区煤电清零、燃煤锅炉清零，全年优良天数达到230天，比上年增加57天，PM_{10}、$PM_{2.5}$年平均浓度同比下降14.3%和12.1%；空气综合指数在全国168个重点城市排名中从后20位前移至后23位，大气污染防控三年攻坚圆满收官。水污染防治、土壤污染防治深入推进，农业农村面源污染治理取得明显成效。

五、加强宣传思想文化工作，凝聚强大社会正能量

坚持“举旗帜、聚民心、育新人、兴文化、展形象”，守正创新，担当作为，把稳主基调，唱响主旋律，打好主动仗，不断强化改革发展的思想保证、舆论支持和精神动力。

（一）意识形态向上向好。成立市委宣传思想工作领导小组，3次召开市委常委会专题研究意识形态工作，4次召开市委意识形态联席会议，切实加强对意识形态工作的领导。建立意识形态联席会议“4＋N”、舆情四级督办等制度，形成“监测—共享—研判—引导—化解”的意识形态管理闭环。建立网络信息常态化研判处置机制，严格落实意识形态责任制，确保各类意识形态阵地可管可控。推出宣传思想工作“十大工程”，在国内主流媒体推进了一系列有影响力、感染力的新闻报道，进一步树立了郑州的良好形象。大力构建网上发声主渠道，重新整合“郑州发布”平台，特别是在疫情期间，通过高密度、高精度、高时效发声，凝聚了群防群控的合力，提升了其影响力、权威性，关注量突破300万人，跃居全国城市发布平台前列。积极推进“学习强国”学习平台在我市推广运用，建成“学习强国”郑州学习平台，注册人数和发稿量均居全省第一。加快市、县两级媒体融合发展，市属媒体的新闻舆论传播力、引导力、影响力得到不断增强。

（二）价值引领持续深化。持续推进社会主义核心价值观教育，建好用好16个县级新时代文明实践中心、2293个所（站）等阵地，完善运行机制，加强内容建设，创新实践形式，扩大教育覆盖面和实效性。坚持把文明城市创建与“三项工程、一项管理”等工作相结合，充分发动群众、引导群众，深入推进群众性文明创建、文明行为养成，顺利通过全国文明城市到届重创测评，连续四届蝉联全国文明城市。持续推动志愿服务制度化、常态化，疫情防控期间，25万名志愿者“逆行”而上，“志愿红”成为战“疫”一道靓丽风景线。

（三）文化繁荣持续发展。以黄河战略实施为契机，围绕讲好黄河故

事、郑州故事，深入谋划推进郑、汴、洛“三座城、三百里、三千年”世界级文化旅游带建设，研究完善了沿黄文化带、环嵩山文化带和中心城市文化集中展现区“两带一心”文旅融合发展布局，二砂文创园首期、芝麻街双创园正式开园，大河村国家考古遗址公园、二七商圈改造复兴等工程开工建设，黄河国家博物馆、黄河天下文化综合体、黄帝故里改造提升、商代王城遗址保护开发等重大文化项目前期工作取得显著进展。成功举办2020年央视春晚郑州分会场、庚子年黄帝故里拜祖大典、2020国家网络安全宣传周、2020年中国金鸡百花电影节、2020国际乒联巡回赛总决赛等一系列重大活动，进一步展示了郑州的良好形象，提升了全社会的精气神、正能量。

六、加强社会主义民主政治建设，巩固发展生动活泼、安定团结的政治局面

坚持把发展社会主义民主法治作为推动各项事业发展的重要保障，坚持党的领导、人民当家作主、依法治市有机统一，更好地凝聚共识、共推发展、促进和谐。

（一）支持人大履行宪法法律赋予的各项职责。市人大及其常委会依法行使立法、监督、决定和任免等职权，制定地方性法规2件，作出决定决议13件，审议专项工作报告33个，对4部法律实施情况开展了检查，开展专题询问和专项工作评议6次，依法任免国家机关工作人员127人次，市十五届人大三次会议上代表议案7件、建议352件以及闭会期间代表建议57件已全部办理完毕，促进了一批群众关注问题的有效解决。

（二）支持政协履行政治协商、民主监督、参政议政职能。市政协及其常委会围绕事关全局的重大问题、重点工作进行全面协商，围绕高水平扩大开放、高质量发展制造业等开展专题议政，围绕5G建设、黄河文化培育、健康郑州建设等进行双月协商座谈，围绕打赢抗疫攻坚战、助推“六稳”“六保”等深入开展民主监督和视察调研活动，较好地发挥了

职能作用。

（三）巩固发展最广泛的爱国统一战线。定期向各民主党派、工商联和无党派人士通报情况，密切联系协作，听取意见建议。加强非公经济统战工作，深入开展“两个健康”和“一联三帮”专项行动，支持非公经济健康发展。成立郑州市新的社会阶层人士联谊会，新阶层人士统战工作扎实推进，民族交流交往交融更加深入广泛，宗教治理三年行动计划扎实实施，港澳台侨和海外联络工作进一步加强，郑州欧美同学会（归国留学人员联谊会）成立，群团组织的桥梁纽带作用得到充分发挥，郑州市连续第八次获得“全国双拥模范城”称号。

（四）深入推进全面依法治市。认真贯彻习近平法治思想和中央全面依法治国工作会议精神，坚持把依法治市作为重要基础工作、首要营商环境来抓，围绕科学立法、严格执法、公正司法、全民守法，完善责任体系和工作机制，加大工作推进力度。深化法治政府建设，从严落实行政执法“三项制度”，切实规范执法行为。深入开展影响法治化营商环境执法司法突出问题专项整治，健全执法司法权力运行和监督制约机制，促进公正司法，维护社会公平正义。以提高领导干部“关键少数”的法治素养为重点，加强法治培训和普法教育，全社会法治观念不断增强。

（五）坚定不移打好风险防范攻坚战。深入贯彻总体国家安全观，增强忧患意识，强化底线思维，高度重视和切实化解各类风险隐患。深化平安郑州建设，以开展全国市域社会治理现代化试点工作为抓手，加强基层基础建设，加大各领域不稳定因素排查化解力度。严厉打击各类违法犯罪，深入开展扫黑除恶斗争，打掉涉黑组织 7 个、恶势力犯罪集团 4 个、恶势力团伙 10 个，有效净化了社会风气。全面加强应急防灾体系建设，健全城市运营安全、生产安全、交通安全、防洪安全等管控机制，最大限度减少安全事故发生，事故起数与 2019 年同比下降 18.8%。扎实做好问题楼盘化解工作，集中化解 37 个；加大金融风险防控力度，有效缓解个别上市企业退市风险，依法妥善处置了一批非法集资、民间借贷、融资纠纷案件，政府债务风险总体可控。

七、坚持以人民为中心，推进为民造福工作走深走实

紧紧围绕人民群众反映强烈的民生问题，谋划实施十二大类重点民生实事项目，预计全年民生支出完成1220亿元，占一般公共预算支出的74%。扎实推进脱贫攻坚，巩固脱贫成果，盯紧“脱贫不稳定户”“边缘易致贫户”，完善责任体系，细化政策落实，确保每户每人高质量脱贫。坚持把保就业放在首位，从宽从快落实稳岗返还、就业补助、创业支持政策，全市完成新增城镇就业11.74万人，农村劳动力新增转移就业4.6万人。进一步完善社会保障体系，全市基本养老、失业、工伤保险参保率提前完成“十三五”规划目标，基本医疗、大病保险、困难群众大病补充医疗保险的保障水平稳步提升。坚持办好人民满意的美好教育，持续加大教育投入，市区中小学新开工31所、新投用30所，义务阶段教育大班额占比下降到8.8%；新增141所公立幼儿园，城镇小区配套幼儿园280所已完成移交273所，新建农村教师周转房1115套。组织召开卫生健康大会，全面研究部署新时代卫生事业发展工作，加大力度推进公共卫生服务体系、疾病控制体系建设，政府主导的社区卫生服务中心建成62家，校园医务室基本实现全覆盖，公立医院全面开展按病种收付费改革，104个病种费用平均降低12%，群众看病难、看病贵问题得到进一步缓解。安置房建设进度加快，竣工面积1425万平方米，回迁安置群众10.2万人。社会救助、养老服务、社会福利和慈善事业等稳步推进，群众的获得感、幸福感不断增强，跻身“2020中国最具幸福感城市”。

八、推进全面从严治党向纵深发展，持续营造学的氛围、严的氛围、干的氛围

市委常委会坚决扛稳全面从严治党主体责任，深入贯彻新时代党的建设总体要求，着力以党的建设高质量推动经济发展高质量，为国家中心城市建设提供坚强保证。

（一）强化理论武装。持续巩固深化“不忘初心、牢记使命”主题教育成果，推进“不忘初心、牢记使命”制度建设，以各级理论学习中心组为平台完善跟进学习习近平总书记重要讲话、文章、指示批示制度，拓展学习方式，强化计划管理，加强学习督查，推动学习常态化。持续开展“万名党员进党校”，开办研修班 170 余班次、培训干部 6 万人左右。开展“党的创新理论万场宣讲进基层”活动，扎实做好党的十九届四中、五中全会精神集中宣讲活动，广泛组织开展“听党话、感党恩、跟党走”主题宣讲活动，营造了浓厚的学习氛围，广大党员干部群众践行“四个意识”“四个自信”“两个维护”更加坚定自觉。

（二）夯实基层基础。强化大抓基层、大抓支部鲜明导向，召开 4 次乡镇（街道）党（工）委书记工作交流会，抓人促事、抓乡促县，传导压力、夯实责任、交流方法，推进基层党组织全面进步、全面过硬。城市党建，以建设全国城市基层党建示范市为抓手，把党的组织优势贯穿“三项工程、一项管理”全过程，用党的组织资源统筹调动社会资源，在改善环境、服务群众中强化党组织的领导地位、健全完善组织体系，探索形成了无主管楼院“一核多元、融合共治”的工作机制，全市 4137 个无主管楼院全部建立党组织，“两新”组织党建进一步有效覆盖。农村党建，以党建引领乡村振兴为牵引，深化市、县、乡“三级抓村”机制，深入开展村党组织书记“亮承诺、赛实绩、比干劲”活动，结合村（社区）换届整顿复杂村 193 个，实施“三年强村计划”，366 个集体经济空壳村全部“清零”，经营性收入 5 万元村达到 90%以上。机关党建，大力实施“作风效能提升”行动，推动党建工作与业务工作深度融合、相互促进。国有企业、学校等领域党建，通过载体创新、制度创新、组织创新得到进一步加强。

（三）建设忠诚干净担当骨干队伍。坚持政治导向、事业需求导向、基层导向，坚持“干部是干出来的、不是熬出来的”和“凭实绩论英雄”，以正确用人导向激发干部活力。高度重视干部选配工作，着眼领导班子换届，坚持“一盘棋”谋划、分步调整，坚持因岗选人、人岗相宜，用好职务职级并行政策，先后调整区县（市）、市直单位、高校等关键岗位干部 422 人，进一步优化了干部队伍。强化干部动态考核、精准识别，建立完善“狮子型、专家型、老黄牛式、好苗子”四类干部队伍库，推行重点岗位实绩纪实、部长谈心谈话、“无任用推荐”等制度，全面掌握干部情况。加强年轻干部培养历练，制定年轻干部培养使用“硬规定”，实施优秀年轻干部“五个一批”三年行动计划，选派 45 名年轻干部双向交流挂职，近期正在开展“双百工程”，进一步加大年轻干部基层历练力度，为郑州事业发展培养造就生力军。

（四）驰而不息推进党风廉政建设和反腐败斗争。坚持标本兼治，持之以恒正风肃纪，保持高压惩治态势，一体推进“不敢腐、不能腐、不想腐”机制，促进政治生态不断净化、持续优化。坚持把严守政治纪律摆在首位，持续加强对党中央重大决策部署和习近平总书记重要指示批示精神落实情况的监督检查，全市共立案审查违反政治纪律案件 32 件、处分 52 人。坚持常态化整治形式主义、官僚主义问题，从严落实中央八项规定及其实施细则精神，紧盯重要节点，严查顶风违纪问题，共查处违反中央八项规定精神问题 282 起、处理 506 人。坚持把从严监督推向纵深，进一步完善“四个全覆盖”权力监督格局，扎实开展十一届市委第十轮、第十一轮巡察，发现和解决了一批管党治党不力的突出问题。坚持高压惩腐不放松，共处置违纪违法问题线索 5648 件，立案 1890 件，给予党纪政务处分 2371 人，移送司法机关 91 人。坚持宣传引领、反腐倡廉，推动以案促改从案发单位向系统领域、市县全域延伸，促进警示教育常态长效，先后有 15 人主动投案、50 人主动交代问题。注重用好监督执纪“四种形态”，第一种形态占到“四种形态”的 66.58%。制定出台《关于建立容错纠错机制激励干部担当作为的实施办法》《严肃查处诬告陷害行为澄清保护党员干部工作办法》等文件，坚持“三个区分开来”，支持干部干事创业。

一年来，市委常委会切实加强自身建设，带头加强学习，持续深入学习习近平新时代中国特色社会主义思想，自觉增强“四个意识”，坚定“四个自信”，做到“两个维护”，努力提高把方向、谋大局、定政策、促改革的能力和定力；带头严肃党内政治生活，高质量召开班子民主生活会，市委常委坚持以普通党员的身份参加所在支部组织生活，坚持民主集中制，严格按程序办事、按规矩办事，形成了团结一心、合作共事的良好氛围；带头改进作风，坚持以人民为中心，注重调查研究、注重听取各方面的意见，密切联系群众，深入一线调研指导推动工作；带头廉洁自律，从严执行中央八项规定精神，自觉抵制“四风”，严格遵守廉洁自律各项规定，注重家风家教，自觉接受各方面的监督，以勤政廉政的实际行动树立市委常委班子的良好形象。

在看到成绩的同时，市委常委会也清醒认识到工作中的不足和差距，特别是在优化产业结构、提升科技创新能力、完善城市承载功能、改善生态环境、提高干部队伍现代领导能力等方面都有待进一步加强。在今后的工作中，市委常委会将始终高举习近平新时代中国特色社会主义思想伟大旗帜，深入贯彻习近平总书记关于河南、郑州的重要讲话指示精神，认真落实中央、省委部署，不忘初心、牢记使命、担当作为、奋勇争先，和全市人民一道，努力加快郑州国家中心城市现代化建设，为中原更加出彩、中部地区崛起、黄河流域生态保护和高质量发展做出更大贡献。

政府工作报告
——2021年1月30日在郑州市第十五届人民代表大会第四次会议上

郑州市人民政府代市长 侯 红

一、2020年和“十三五”工作回顾

2020年，是全面建成小康社会和“十三五”规划收官之年，更是应对新冠肺炎疫情考验极不平凡的一年。一年来，在省委、省政府和市委的坚强领导下，全市上下高举习近平新时代中国特色社会主义思想伟大旗帜，始终牢记习近平总书记殷殷嘱托，认真落实中部地区崛起和国家黄河战略，围绕国家中心城市高质量建设，坚定扛起“三个在”和“龙头高高扬起来”职责使命，紧扣“控、保、稳、进、抬、扛”总要求，积极应对各种风险挑战，全力做好“六稳”“六保”工作，疫情防控取得重大战略成果，经济企稳向好态势巩固拓展，社会大局保持总体稳定。初步核算，全市生产总值比上年增长3%，一般公共预算收入增长3%，固定资产投资增长3.6%，居民人均可支配收入增长3.7%，形成了经济迅速恢复、稳中向上的良好发展态势。

尤为可喜的是，在党中央国务院的关心支持和省市的共同努力下，2020年央视春晚郑州分会场、2020国家网络安全宣传周、2020年中国

金鸡百花电影节、中国500强企业高峰论坛、2020国际乒联巡回赛总决赛等一大批国内外重大节赛成功举办；荣获“中国国际化营商环境标杆城市”“中国最具幸福感城市”“全国体育事业突出贡献奖”等称号，蝉联全国文明城市“四连冠”、全国双拥模范城市“八连冠”，成为长江以北唯一获得国家生态园林城市殊荣的省会以上城市，郑州的影响力、带动力和美誉度持续提升。

一年来，主要做了以下工作。

（一）疫情防控“双战双胜”，经济社会发展加快恢复

全面打好疫情防控阻击战、持久战。坚持人民至上、生命至上，1.6万名机关下沉干部、2.2万个基层党组织、20余万名党员闻令而动，依靠群众构建了“市县乡村”四级立体防控网；25万名志愿者逆行而上，“志愿红”成为绿城郑州的靓丽风景。依托城市大脑，排查重点人员数据4.15亿条，织就疫情防控“数据天网”。仅用10天时间建成岐伯山医院，不惜一切代价救治182名确诊患者、233名无症状感染者。作为第一入境点，承接国际航班208架次32235人在郑医学观察，全程监管4553家冷链企业、2914个冷库，防护口罩日产能由20万只提升至3000万只。7批219名医务人员紧急驰援武汉、湖北、新疆；积极援助法国、意大利、卢森堡等7国9座友好城市和2个国际组织，彰显了郑州人民齐心战“疫”的热血情怀。

统筹推进复工复产。出台促进经济平稳发展30条、稳就业28条，全域开展“三送一强”“一联三帮”，累计帮扶企业37.6万家，解决用工275万人，拨付稳岗补贴等财政资金21亿元，减免缓税费514亿元。开展100亿元社保基金竞争性存放，设立应急转贷周转资金15亿元，带动3月以来经济指标企稳向好，逐步恢复常态。

打好扩投资促消费组合拳。制定扩大有效投资加快项目建设11条，省市重点项目完成投资4651.8亿元；新开工省市重点项目216个；建立“十四五”重大项目库，入库项目5330个，总投资5.65万亿元。争取抗疫特别国债22.9亿元、地方政府债券218.1亿元、获批企业债券300亿元。实施促消费增活力10条措施，发放消费券4亿元；开展“春暖郑

州”网上购物节、“醉美·夜郑州”等系列活动，带动社会直接消费200多亿元。

（二）新旧动能转换提速，现代产业体系加快构建

创新驱动战略深入实施。全社会研发投入236.7亿元、增长27.8%。中原科技城挂牌启动，复星国际等首批60个高科技项目入驻。国家超级计算郑州中心通过验收，国家技术转移郑州中心即将投用，郑州技术要素交易市场稳步推进。新建省级及以上研发平台137家，新增高新技术企业870家，增长42%，新培育科技型企业1861家。超大直径硬岩盾构等关键核心技术实现新突破。新增中科院计算所大数据研究院、郑州计量先进技术研究院等省级重大新型研发机构3家。技术合同成交额突破200亿元、增长55%，万人发明专利拥有量达18.2件。新增国家级众创空间11家、科技企业孵化器3家，新建全国首家新能源汽车领域国家级专业化众创空间。

制造业高质量发展深入推进。工业指标企稳回升。规模以上工业增加值增长6.1%、工业投资增长20.9%，其中高技术制造业投资增长52.6%。产业结构持续优化。战略性新兴产业比重达38.8%，提高8.1个百分点；高技术产业增加值占比33.3%，提高6.4个百分点；六大高耗能产业比重降至26.2%，降低0.4个百分点。战略支撑更加突出。紫光、浪潮、中软国际等重大项目落地，富泰华5G手机精密机构件、奥克斯智能家用空调生产基地等230个项目开工，华锐光电等215个项目投产。国家产融合作试点城市成功创建。安图生物医学检测设备智能化取得突破，郑州临空生物园入驻企业23家。成功举办中国（郑州）产业转移对接系列活动。制造业绿色化融合化加快推进。培育国家绿色工厂3家、绿色供应链管理企业4家。新增“两化融合”贯标对标企业438家。新增“接链”企业2837家，“上云企业”达到3.2万家。

现代服务业提质增效。金融业增加值完成1302.9亿元，增长4.1%，占GDP比重10.9%；存、贷款余额分别突破2.4万亿元，2.8万亿元，存贷比达110%以上；郑商所上市交易期货期权品种累计达28个，居国内商品交易所首位。全国首个千亿级科技服务企业启迪科服总部落户郑

州。物流业增加值905亿元、增长5.8%，A级以上物流企业达101家。新建和提升改造标准化市场20家。

数字经济发展迅猛。设立20亿元大数据产业发展基金。软通动力、海康威视等龙头企业和中科院过程所等科研机构顺利入驻。总投资846.7亿元的79个新基建重点项目开建，新华三智慧计算终端全球总部基地、中国长城（郑州）自主创新基地等重大项目开工建设，鲲鹏生态软件小镇初具规模。5G基站实现市区、县城全覆盖。城市大脑一、二期建成投用，智慧交通、智慧城管、智慧医疗等14个领域118个应用场景上线运行，我市成为全国场景应用最多的数字化运营城市。

都市现代农业提质发展。落实最严格耕地保护制度，粮食总产146.4万吨，生猪产能稳步提升。全市“三品一标”农产品达406个，115家企业与国家农产品质量安全追溯平台实现数据对接。新建高标准农田3.1万亩、“菜篮子”生产示范基地6000亩，新建市级以上现代农业示范园30个、美丽牧场7个、创建全国休闲农业与乡村旅游星级企业11家，三农基础更加稳固。

（三）城市发展提质增效，综合承载能力持续提升

国家黄河战略加快实施。启动黄河流域生态保护和高质量发展核心示范区规划建设，谋划世界级沿黄文化遗产带和郑汴洛黄河文化旅游带，大河村国家考古遗址公园等95个项目完成投资640亿元。黄河入河排污口治理、黄河滩区突出生态环境问题专项整治、汜水河与枯河河道治理扎实推进，黄河流域核心示范区涉黄河1800多个问题整治到位。与济南市签订协同实施黄河战略合作协议。

城市空间结构持续优化。以加快国家中心城市建设、发挥好高质量发展区域增长极作用为目标引领，确立了“东强、南动、西美、北静、中优、外联”城市功能新布局，编制新一轮国土空间总体规划，实施32个核心板块开发，加快城市有机更新，中原科技城、二七商圈等261个项目累计完成投资848亿元，黄帝千古情、二砂文创园（首期）建成开业。

基础设施建设步伐加快。郑太高铁、郑州机场至郑州南站城际铁路

建成运营。郑州机场三期开工。上街机场至襄阳、阜阳、南阳短途航线开通；新国道107、省道312中牟段通车。四环及大河路快速化工程高架主线通车，下穿二七广场隧道工程开建。轨道交通三期全面开工，3号线一期、4号线开通；新增公共停车泊位5.9万个、夜间限时泊位10.9万个。南水北调中线观音寺调蓄工程开工建设，新建改建供水管网133.5公里，新增供热面积1681万平方米；清洁取暖、综合管廊、海绵城市等试点城市工作顺利推进。

城市人居环境持续改善。“一环十横十纵”城市道路改造试验段及一期工程全面完工；整治提升老旧小区1374个；36个城乡接合部乡镇环境综合整治加快推进，建成示范村（点）21个；打造美丽街区28个，创建优秀以上道路1231条，居民小区垃圾分类覆盖率99.4%。实施国土绿化18.74万亩，其中生态廊道提升绿化5.5万亩，抚育中幼林11.8万亩。建成公园、微公园、小游园400个，新增绿地2813万平方米；贾鲁河综合治理生态修复工程基本建成，全年向城区调引生态水3.7亿立方米；河湖“清四乱”“三污一净”整治河道189.5公里。城市“序化、洁化、绿化、亮化”水平不断提升，人民群众切实感受到城市环境的显著变化。

乡村振兴战略加快实施。出台美丽乡村建设导则，新建美丽乡村17个，创建省级“千万工程”示范村80个；规划保留村生活垃圾有效治理，户厕改造18万户；新改建农村公路554公里，20户以上自然村全部通硬化路；新郑、巩义、新密、荥阳上榜中国县域经济百强县，巩义入选中国最具幸福感城市。中牟官渡镇、巩义竹林镇分别获批全国农业产业强镇、乡村治理示范乡镇。

“1+4”郑州都市圈加快建设。主动加强与开封、新乡、焦作、许昌四市对接，制定郑开同城化先行示范区建设工作方案，推动建立市长联席会议制度及城市部门间一体化联动发展机制。加快郑开科创走廊、郑许智能制造、郑新生物医药等产业带建设。

（四）改革开放纵深推进，动力活力不断释放

放管服改革持续深化。2110项服务事项“最多跑一次”，占比90%；1756项“一次不用跑”，占比80%。依托政务服务网、“郑好办”上线政

务服务、便民服务事项544项。工程建设项目审批时间压缩至最长61个工作日、最短30个工作日办结。不动产一件事“当场办、当天办”;“互联网+不动产登记”实现16个部门数据集成,“登银合作”模式全国领先。

重点领域改革成效明显。围绕激发市场主体活力,深化国企改革,645家国有企业资产清查完成,10.8万名企业退休人员实现社会化管理。围绕城市有序发展,深化规划编制统一集中管理改革,储备土地综合开发、产业用地和“标准地”试点改革落地。围绕完善财政管理体制,市、县两级财政预算绩效管理框架基本成型,财政支出定额标准化体系加快建立。政府投资母基金设立智能制造、科技创新等专项产业子基金90亿元,设立航空港区、巩义市区域子基金350亿元。围绕提升公共服务能力,完成公立医院去行政化、教育分级管理等改革。

四条丝路协同发力。“空中丝绸之路”辐射力不断增强,引进全货航公司8家,新开航线17条、通航城市21个。旅客吞吐量2140.7万人次,居全国11位;货邮吞吐量64万吨,增速22.5%居全国大型机场首位,货运规模入列全国六强。“陆上丝绸之路”核心竞争力持续提升,获批中东部地区唯一中欧班列集结中心。中欧班列(郑州)开行1126班、增长13%,货值、货重分别增长27%、31%。“网上丝绸之路”取得新突破,成功举办全球跨境电商大会,入选全国跨境电商B2B出口监管试点城市,跨境电商交易额133亿美元,增长23.5%。入围跨境电商综试区先导城市,综试区城市发展指数居全国第五。“海上丝绸之路”无缝衔接,“郑州港”国际代码获批,与青岛、上海等五个港口无缝衔接,海铁联运班列完成1.51万标箱。

“两高地”加快建设。“跨境电商零售进口退货中心仓模式”入选国务院第六批自贸区改革试点经验。药品进口口岸投入运营,汽车口岸二期具备验收条件。国际贸易“单一窗口”申报率100%,航空口岸“7×24小时”通关,铁路口岸“7×24小时”预约通关。在疫情冲击下,进出口逆势上扬,完成4946.4亿元,增长19.7%。联合国工业发展组织总部北方区域协同中心落户郑州。

招商引资成效显著。全年新签约项目430个，签约总额突破5700亿元、增长8.9%，引进域外境内资金2359.6亿元，增长5.6%，实际吸收外资46.3亿美元，增长5%，成功举办长三角、珠三角等区域重大招商活动。

（五）三大攻坚战有力有效，短板弱项加快补齐

脱贫攻坚成效持续巩固。建立完善防返贫动态监测机制，开展“两不愁三保障”回头看，全市9.6万已脱贫人口脱贫成效持续巩固。累计投入资金3.43亿元，对口帮扶卢氏县实现脱贫摘帽。

污染防治攻坚战深入推进。国、省控断面6个稳定达到三类及以上水质，7个市级集中式饮用水源地达标率100%。受污染耕地、建设用地安全利用率100%。主城区燃煤机组、全市非电燃煤锅炉双“清零”，重点行业超低排放全覆盖基本实现；$PM_{2.5}$、PM_{10}年浓度分别下降12.1%、14.3%；优良天数230天，比上年增加53天，大气污染防治三年行动计划目标圆满完成，空气质量综合指数稳定退出全国168城市后20位！

防范化解风险攻坚战扎实推进。严密组织网贷机构专项整治，积极防控地方性银行风险；坚决遏制隐性债务增量，全市各级政府债务风险整体可控，守住了不发生系统性区域性风险的底线。有序化解问题楼盘40个，完成省交办任务的81.6%。

（六）民生社会事业持续改善，人民获得感、幸福感稳步提升

大力实施为民造福10条，民生支出1282.9亿元，占一般公共预算支出74.5%。省市民生实事全面完成。以创业带动就业。新增城镇就业14万人，农村劳动力转移就业4.6万人，发放创业担保贷款13亿元。累计减免企业养老、工伤、失业保险费119亿元，惠及企业1.55万家99.7万人。美好教育建设提质加速。新增公办幼儿园241所，公办学位占比55.9%，普惠率81.85%。市区新投用中小学校30所，开工34所。新建农村教师周转宿舍1276套。中小学及托幼机构食堂“互联网＋明厨亮灶”全覆盖。与哈工大签订合作协议，优质高等教育资源引进实现突破。卫生健康持续改善。国家儿童区域医疗中心揭牌；组建县域医共体7个，县域医疗中心全覆盖，县域就诊率90.7%；建成政府主导社区卫生服务

中心62家，148家社区卫生服务中心、乡镇卫生院达到国家标准；全面开展按病种收付费改革，104个病种费用平均降低12%。全民健身活动蓬勃发展。新改造全民健身路径220条、智能健身步道10条，新建社会足球场210个。社会救助和养老服务水平不断提升。发放临时救助资金1292.7万元、价格临时补贴6922.8万元，为6.89万名低保、特困及低收入对象和4.36万名优抚救助对象发放消费券5625万元。群众精神文化生活不断丰富。双槐树“河洛古国”考古项目入选国内十大考古新闻。郑州美术馆（郑州中央文化区新馆区）、郑州大剧院开放运营，新建遗址生态文化公园20处、各类博物馆30家。“舞台艺术进乡村、进社区”文艺演出1200场；组织精品剧目（节目）50场。住房保障能力稳步增强。棚户区住房改造基本建成11.8万套，公租房实物分配7848套，网签安置房13.2万套，建成青年人才公寓5078套。

同时，我们还认真做好中央、省委巡视及国务院大督查反馈问题整改，自觉执行市人大及其常委会决议决定，办理省市人大代表建议和政协委员提案1294件，满意率100%。军民融合深度发展。“扫黑除恶”专项斗争取得阶段性成效。食品药品监管、安全生产、信访稳定、社会治理等工作进一步加强。工会、共青团、妇女儿童、残疾人、红十字、慈善等事业健康发展。民族宗教、外事、侨务、对台、统计、审计、史志、气象、地震、文联、社科研究、援疆等工作取得新成绩。

2020年主要目标任务顺利完成，标志着“十三五”规划圆满收官。“十三五”以来，以习近平同志为核心的党中央大力擘画区域协调发展大战略，将郑州摆在突出位置，习近平总书记高度关注郑州，肯定郑州对外开放成效，将我市列入国家高质量发展区域增长极城市行列，明确郑州国家中心城市目标定位，多次强调要发挥好郑州在中部地区崛起、国家黄河战略中的带动作用，去年“五一”前夕，习近平总书记亲自给郑州圆方集团职工回信，盛赞疫情防控中展现出的人民力量，这些都极大激发了绿城儿女奋勇争先、精彩出彩的满腔热情。全市人民牢记习近平总书记殷殷嘱托，在抢抓机遇中乘势而上，在爬坡过坎中克难攻坚，在动能转换中蓄势崛起，在破解瓶颈中砥砺奋进，干成了一大批打基础、利长远的大事要事，办成了一大批叫响全国、扬名世界的盛事喜事，解决了一大批事关大局和民生福祉的急事难事，经济社会发展取得重大成就，郑州站在了新的发展起点！

五年来，综合实力实现历史性跨越，经济总量跃上万亿元台阶，国家中心城市建设阔步前行。成功晋身国家中心城市建设行列，2020 年全市生产总值完成 12003 亿元、地方财政一般公共预算收入 1259.2 亿元，进入中国城市综合竞争力 20 强。形成超百亿级企业 13 家，智能手机产量约占全球 1/7，宇通客车产量约占全球 1/8，速冻食品约占全国市场 60%以上。一二三产业比重调整为 1.3∶39.7∶59。国家级互联网骨干直联点总带宽全国第三，通信运营商互通带宽全国第一。郑州在全国大局中的地位作用持续强化。

五年来，城市建设日新月异，国际化现代化生态化城市风貌展现新风采，综合承载能力大幅提升。32 个核心板块成效初显，市域建成区面积由 744.77 平方公里扩大至 1200 平方公里左右。机场二期建成投用，“米”字形高铁网基本建成。轨道交通由线成网，进入网络化运营时代，运营里程达 206 公里。所有行政村实现公路“双通”。供水能力接近 200 万立方米/日，90% 以上市民喝上丹江水。$PM_{2.5}$、PM_{10} 分别下降 46.9%、49.7%，优良天数比 2015 年增加 90 天以上。新建绿地 8755 万平方米，绿化覆盖率由 40.1%提高到 41.2%。圆满举办第十一届中国国际园林博览会。

五年来，国际枢纽门户地位持续强化，开放平台支撑更加坚实，国际化水平显著提升，城市能级大幅攀升。自贸区、自主创新示范区、跨境电商综试区、大数据综试区等国家级平台相继落地，成为全国首批唯一的空港型国家物流枢纽。进出口总额近 2 万亿元，全省占比 70%左右，稳居中部城市第一。郑州机场开通客货运航线 245 条，通航全球 132 个城市，2017 年以来客货运规模始终保持中部“双第一”；国家通航产业综合示范区累计入驻通航企业 70 家，机队规模 100 多架。中欧班列（郑州）网络覆盖全球 30 多个国家 130 多个城市，开行班次、质量稳居全国第一方阵。全球网购商品集疏分拨中心基本建成，跨境电商交易额年均增长25%以上。建成功能性口岸9个，我市成为内陆地区功能性口岸数量最多、种类最全城市。

五年来，改革创新纵深推进，先行先试成果丰硕，动力活力不断释放。以“一网通办、一次办成”为牵引的“放管服”改革取得重大突破，市县机构改革全面完成，土地供应制度改革、财政体制改革扎实推进，科技、教育、医疗、文化、农村及社会治理等领域改革取得新进展，郑煤机改革经验全国推广。营商环境持续优化，成为全国第8个市场主体超百万省会城市。高新技术企业增长5.3倍、技术合同成交额增长9倍、万人发明专利拥有量增长1.65倍，全社会研发投入强度超过2%。获国家科学技术奖32项，获批国家级研发平台15个。引进境内外高层次人才1042名、项目团队413个。科技创新成为高质量发展强大引擎。

五年来，民生社会事业繁荣兴盛，人民生活质量不断改善，群众获得感幸福感安全感显著增强。五年净流入人口260多万，每年20多万青年人才来郑创新创业。民生支出年均增长5.6%，居民人均可支配收入从26253.5元提高到37274.8元，年均增长7.3%。基本医疗保险参保人数760万人。新增幼儿园397所学位7.99万个，新建、改扩建中小学校179所学位27.6万个，新增普通高中13所学位2.96万个。全面实施中小学校午餐配餐和课后延时服务，诊间支付、“就医一卡通”等便民服务受到群众普遍欢迎。取消药品耗材加成、联合议价等措施有效减轻就医负担，千人口床位、执业医师、注册护士分别增长23%、40%和42%。全市181个贫困村全部摘帽。安置房竣工6759万平方米，回迁群众89万人。“四个中心”陆续建成投用，中央文化区成为城市发展新地标。成功举办第十一届全国少数民族传统体育运动会。

同时，我们认真执行市人大及其常委会各项决议决定，坚持人大代表议案建议、政协委员提案办理“一把手”负责制，累计办结人大代表、政协委员建议提案6580件，满意率99.8%以上。

五年的成就，最根本的是以习近平同志为核心的党中央举旗定向、掌舵领航的结果，得益于省委、省政府的坚强领导和关心支持，得益于市委的科学谋划和总揽全局，凝聚着郑州人民的聪明才智和辛勤汗水，承载着历届市委、市政府打下的良好基础。在此，我代表市人民政府，向全市各族人民，向给予政府工作大力支持的人大代表、政协委员，向各民主党派、各人民团体和各界人士，向中央在郑单位和各类驻郑机构，向驻郑部队、武警官兵，向为郑州建设发展提供智力支持的专家学者，向参与城市建设的劳动者，向所有关心支持郑州建设发展的港澳台同胞、海外侨胞和国际友人，表示崇高敬意和衷心感谢！

在看到成绩的同时，我们也清醒认识到，郑州发展和政府工作还存在一些问题和不足：随着国际疫情持续蔓延，“外防输入、内防反弹”的风险始终存在，经济发展不确定性因素依然较多；我市发展不平衡不充分问题仍然突出；产业可持续发展竞争力还不强，产业链创新链亟须优化提升；污染治理和生态建设任重道远；教育、医疗等民生保障还存在短板；营商环境有待进一步优化；城市综合承载力亟待提升；政府治理体系和治理能力与现代化国家中心城市建设要求还有差距。对此，我们一定高度重视，认真加以解决。

二、“十四五”时期指导思想和重点任务

“十四五”时期，是落实国家黄河战略和中部地区崛起重大部署、推进现代化国家中心城市建设、加快形成国家高质量发展区域增长极的关键时期。根据《市委关于制定国民经济和社会发展第十四个五年规划和二〇三五远景目标的建议》，市政府编制了《郑州市国民经济和社会发展第十四个五年规划和二〇三五年远景目标纲要（草案）》，提请大会审议。

《纲要草案》提出了 2035 年的远景目标是：国家中心城市功能全面形成，基本实现“两化五强”建设目标。“两化”，即：现代化，综合经济实力进入国内城市第一方阵，人均国内生产总值达到中上等发达国家水平，率先基本实现社会主义现代化；国际化，融入共建“一带一路”水平大幅提升，国内大循环节点支撑、国内国际双循环战略联结点地位和作用充分显现，成为代表国家参与全球竞争合作先行区。“五强”，即：

创新强，成为全省创新策源地、国家区域科技创新中心；枢纽强，成为辐射全国、链接世界、服务全球的国际综合枢纽；生态强，基本建成人与自然和谐共生的美丽郑州；文旅强，成为古今相映生辉的国家历史文化名城和具有独特魅力的黄河流域国际旅游门户，建成具有黄河流域鲜明特征的文旅强市；法治强，法治郑州、法治政府、法治社会基本建成，全社会尊法学法守法用法的氛围更加浓厚。

“十四五”时期，我市经济社会发展的指导思想是：高举习近平新时代中国特色社会主义思想伟大旗帜，深入贯彻党的十九大和十九届二中、三中、四中、五中全会精神，全面贯彻党的基本理论、基本路线、基本方略，深入贯彻习近平总书记关于河南、郑州的重要讲话指示精神，统筹推进“五位一体”总体布局，协调推进“四个全面”战略布局，坚持党的全面领导，坚持以人民为中心，坚持新发展理念，坚持深化改革开放，坚持系统观念，坚持稳中求进工作总基调，以推动高质量发展为主题，以深化供给侧结构性改革为主线，以改革创新为动力，以数字化为基础，统筹发展和安全，着力优化城市空间布局，着力构建现代经济体系，着力扩大开放优势，着力强化生态文明建设，着力满足人民群众对美好生活的需要，着力提升市域社会治理体系和治理能力现代化水平，着力以党的建设高质量推动经济社会发展高质量，努力建设现代化国家中心城市、打造更高水平的高质量发展区域增长极，为中原更加出彩、中部地区崛起、黄河流域生态保护和高质量发展作出更大贡献。

“十四五”时期，我市发展要抓实“一二三四五”目标路径：“一”就是以建设现代化国家中心城市为总目标；“二”就是以黄河流域生态保护和高质量发展、中部地区崛起两大战略引领发展；“三”就是把牢省委省政府赋予“三个在”努力方向，让郑州这个龙头高高扬起来、国内大循环战略节点立起来、国内国际双循环相互促进战略联结点强起来；“四”就是加快建设国际综合交通枢纽和开放门户、国家先进制造业基地、国家历史文化名城、黄河流域生态保护和高质量发展核心示范区；“五”就是经济综合实力迈上新台阶、空间结构优化形成新布局、中心城市功能实现新提升、社会文明程度达到新水平、市域治理能力得到新增强。

围绕上述目标，必须处理好五种关系、重点抓好十项任务。即：处理好城市规模化与网络化的关系、城市与产业的关系、市场培育与公共服务供给的关系、设施建设与制度建设的关系、坚持党的领导与依靠群众的关系。重点抓好强化创新驱动，加快发展动能战略性升级；畅通内外循环，打造内陆高水平开放新高地；产业提质升级，构建高质量发展区域增长极；转变发展方式，强力推进高品质都市建设；建设美丽郑州，打造黄河生态保护示范窗口；彰显古都魅力，建设黄河历史文化主地标；强化辐射带动，建设引领中原城市群高质量发展都市圈；全面深化改革，优化营商环境激发市场活力；增进民生福祉，建设人民满意幸福城市；和谐公正平安，推进市域社会治理现代化十个方面任务。

《纲要草案》是市委“十四五”时期战略意图的具体体现，是政府履行职责的重要依据，是推动经济社会发展的工作重点，凝聚各方智慧，承载人民期盼，我们要按照规划要求，永葆“领”的担当，“创”的精神，“闯”的劲头，奋勇争先，更加出彩。我们坚信，绿城郑州的明天一定会更加美好！

三、2021 年重点工作

今年是实施“十四五”规划的开局之年，我们将牢牢把握“新阶段”的新定位、“新理念”的新内涵、“新格局”的新机遇，全面落实省委“领、创、闯”要求，始终坚持党的领导、坚持人民至上、坚持系统思维、坚持法治思想、坚持统筹发展和安全，锐意进取、精准施策，努力完成各项目标任务，确保现代化国家中心城市建设开好局、起好步。

2021 年主要预期目标：地区生产总值增长 7.5%以上，地方一般公共预算收入增长 5%，全社会固定资产投资增长 6%，社会消费品零售总额增长 9%，城乡居民收入增长与经济增长同步。重点抓好以下 8 个方面的工作。

（一）围绕创新驱动发展，着力打造国家极具活力区域科技创新中心。按照“一带引领、两翼驱动、四区支撑、多点联动”总体布局，围绕产业链完善创新链，围绕创新链布局产业链，让科技创新成为郑州的最强音！

迅速掀起中原科技城建设热潮。以龙湖北部、智慧岛、科学谷为主体，重点发展数字文创、信息技术、前沿科技等产业，着力把中原科技城打造成为全市新旧动能转换发动机、中原地区科技创新策源地和黄河流域高质量发展引领区。加快起步区建设，高强度、大投入，推进基础设施、配套服务设施建设，快速形成“城”的功能和形象；围绕科创企业的不同需求和成长规律，完善政策提供服务，大力推广轻资产入驻“拎包办公、拎包入住”，重资产落地“签约即拿地、拿地即开工”服务模式，低成本、高效率聚集一批科创企业；加大精准招引力度，力争年底前入驻落地头部企业、大院大所、领军团队 60 家；整合一批在郑、在豫研发机构，出台政策，推动其资源整合、体制创新、作用发挥。

大力实施黄河人才计划。发布“1＋N”政策体系，集成办好人才引进“一件事”；推进“人才＋资本＋场景”建设，让人才和团队带着项目落地；加强创新型、应用型、技能型、研究型人才培养，推动头部企业与驻郑高校联合实施“十万码农”培养计划；完善人才评价体系和政府资助体系，进一步优化留住人才、用好人才的环境，激发各类人才创业活力。

抓好以企业为主体的产学研结合。研究出台围绕产业链完善创新链政策，利用郑洛新国家自主创新示范区政策，加快谋划建设沿黄科创带，争创国家新一代人工智能创新发展试验区，创造条件融入国家实验室体系；以高新区为平台，强化企业主体作用，鼓励企业与高校、科研院所、创新创业平台、科创投资机构深度合作，打造新型研发机构创新联合体；引导企业运用资本投入、科技分红等方式，加大研发投入，推动企业内部科技创新成果转化，新增高新技术企业 1000 家、科技型企业 1500 家，技术合同成交额 240 亿元以上；全社会研发投入强度达到 2.2%。新建省级及以上创新平台 100 家、引进培育新型研发机构 5 家，努力让郑州成为创新创业热土。

（二）推动产业转型升级，着力构建现代产业体系。把保障供应链安全提升到战略高度，推动产业链供应链创新链价值链深度融合，强化产业数字化赋能，加快推进产业基础高级化、产业链现代化。

把制造业高质量发展作为主攻方向。做强主导产业，聚焦电子信息、汽车、装备制造等重点产业强链补链，落实“链长制”，绘制“四个图谱”，建立“四个清单”，实施“四个一”推进机制，培育一批具有生态主导力的产业链“链主”企业，主导产业占工业比重达到80%左右；做大新兴产业，抓住国家燃料电池汽车应用示范城市建设机遇，大力发展新能源产业，持续加大生物医药、物联网、人工智能、网络安全等重点产业培育力度；做优传统产业，以绿色化、智能化、技术改造和数字化转型为抓手，提升食品、铝加工制品、建材耐材、服装家居等传统产业发展水平，实施“新技改”项目500个，开工、续建、竣工项目各200个。

推动现代服务业提质增效。大力发展生产性服务业，突出抓好以资本市场培育为重点的现代金融业，提升郑州龙子湖基金岛集聚效应，完善基金、债券、企业上市、财富管理等服务体系，抓住注册制有利时机，培育上市企业4家以上，支持郑商所打造亚洲重要的期货交易中心；抓好以创新能力提升为核心的科技服务业，做大郑州技术要素交易市场、国家技术转移郑州中心，培育信息传输、软件服务等营利性服务业，做强技能培训、技术交易、知识产权服务等产业；抓好以“枢纽＋开放”体系为依托的贸易流通业，带动现代物流、商务会展、转口贸易等服务功能提升，力争A级物流企业达到106家，高标准推进郑州新国际会展中心建设。大力发展生活性服务业，持续壮大商贸业，研究出台推动商贸业转型提质总体规划，加快建设高铁东站商圈，改造升级二七商圈，提升郑东新区CBD商圈商务服务功能，打造一批特色型国家级步行街建设试点标杆；做强文旅产业，研究出台推动文旅融合政策措施，围绕沿黄文化带、环嵩山文化带、中心城区文化板块“两带一心”城市文化总体格局，加大顶层规划、策划、推介力度，统筹推进全域旅游发展，力争培育10个左右全国知名的文化旅游节会品牌，形成一批在全国、全球有知名度和影响力的旅游景区、度假区；积极培育时尚产业，找准有独特文化内涵和产业基础的街区及品牌，通过创新、创意、创造、整合，形成一批代表国家中心城市的时尚特色街区或时尚品牌，引领时尚消费。加快推动健康医疗、养老服务、体育健身等发展。科学布局、加大密度，新建和提升改造一批标准化市场。

大力发展数字经济。推动产业数字化、数字产业化，促进新一代信息技术和制造业融合发展，加快国家工业互联网创新应用推广中心等平台建设，申请建设“星火—链网”新型基础设施超级节点，推进“上云接链”企业达到 4 万家。加快中原鲲鹏生态创新中心运营、5G＋示范工程实施，争创国家大数据新型工业化示范基地，力争数字郑州产业生态联盟高校院所达 20 家。

做强各类企业主体。引导各层级企业明晰成长路径，推动全市市场主体结构持续优化。紧盯 80 家引领型龙头企业，跟踪服务发挥其支撑带动作用；聚焦“三高”企业，研究出台支持高技术、高成长、高附加值企业做大做强政策，推动培育 2000 家“三高”企业实现高速成长和高质量发展；实施“个转企、小升规”专项行动，新增“四上企业”2000 家；落实各项小微企业政策措施，拓展支持小微企业方式和渠道，增强企业发展活力动力。

增强招商引资实效。在抓好 915 个年度计划完成投资 4650 亿元的省市重点项目建设基础上，加大产业类项目招商引资力度，完善招商引资政策措施，实施线索生成、专家评估、布局统筹、成果共享等推进机制；集中力量抓好产业类项目投资，工业类项目投资增长 8%以上；围绕产业链编制招商引资图谱，以 32 个核心板块和产业集聚区为载体，瞄准头部企业，常态化开展长三角、珠三角、京津冀等重点区域招商，实施高质量项目招商“125”计划，即各开发区引进 1 个 100 亿元以上的头部企业；开发区引进 30 亿元以上、区县（市）引进 10 亿元以上高质量项目均不少于 2 个；围绕主导产业链开发区引进 5 亿元以上关联企业均不少于 5 个，区县（市）引进均不少于 3 个，创新招商模式，确保招商项目落地。

优化产业承接平台。强化四大功能区“四梁八柱”作用，航空港区打造电子信息、航空物流、生物医药等高端产业集聚地，提升支撑服务双循环功能；郑东新区打造服务中原城市群、辐射中部地区的高端服务业功能区；经开区围绕汽车与装备制造业科技研发、补链强链及产品升级，提升产业竞争力；高新区突出科技型制造业，推进信息安全、智能传感器等新一代信息技术产业成规模上水平；持续实施“亩均效益”评价，推进产业集聚区“二次创业”，支持龙头企业领办特色园区，打造产业集群；围绕三年新建 60 个以上生产制造类小微企业园目标，先期打造 20 个小微企业园；办好世界传感器大会、智能网联汽车大赛等活动，以赛事平台集聚产业要素。

持续深化改革，优化营商环境。聚焦土地、资金、平台等关键要素，开展盘活存量土地攻坚行动，加快土地要素市场化改革；探索市级零基预算，推进分领域财政事权与支出责任划分改革；发挥投融资平台和产业基金作用，开展资本招商，提供招商项目融资服务；以供水改革为突破，率先实现 3 个开发区和新郑龙湖片区供水“一张网”，推进基础设施“一张网”“一体化”建设运营。紧盯营商环境进入全国第一方阵目标，以“一件事”为牵引，推进“一网通办、一次办成”政务服务改革；以“一‘事件’”为牵引，抓好“一网统管、依法处置”改革，理清权力责任两张清单；深入实施国企改革三年行动，推动同类同质企业全面整合。各级政府部门要围绕市场主体，当好“店小二”，依法保护各类企业合法权益，一视同仁、平等对待，让各类市场主体都能在公平、公正、开放、透明的发展环境中健康成长、充满活力！

（三）积极融入新发展格局，着力构筑国家内陆高水平开放高地。充分发挥“枢纽＋物流＋开放”比较优势，深度融入“一带一路”建设，以自贸区为引领，持续提升“四路协同”发展水平，在服务“双循环”新发展格局中厚植新优势。

打造国际综合交通枢纽门户。围绕打造国内大循环的重要枢纽、国内国际双循环的战略支点，强化郑州机场门户枢纽建设，加快郑州机场三期建设，开展第四跑道及南货运区建设前期工作；强化郑州国家铁路枢纽地位，建成高铁南站、郑济高铁河南段，推动小李庄火车站等交通节点工程开工建设。积极推进铁路及场站布局优化和全市域物流体系布局优化，统筹薛店、占杨物流基地建设。高标准建好中欧班列集结中心。推进与东航战略合作，加快基地航空公司培育引进。

打造国际物流贸易中心。探索以“空中丝绸之路”为核心的“四路协同”发展新模式，打造立足中部、辐射全国、通达全球的国际物流贸易中心，建设具有国际影响力的枢纽经济先行区。空中丝绸之路强基扩面。深化郑州—卢森堡“双枢纽”战略合作，继续推进卢货航亚太地区分拨中心建设。支持郑州机场客货运发展，用好第五航权，扎实做好大型物流集成商、货代商、运输商引进培育。陆上丝绸之路扩量提质。做强中东欧、西欧、中亚和东盟线路，拓展北欧新线路，力争中欧班列（郑州）开行1500班以上。加快郑州国际陆港及第二节点建设。网上丝绸之路创新突破。办好第五届全球跨境电商大会，加快跨境电商进口药品和医疗器械试点业务发展，高标准建设中国（郑州）跨境电商综试区，交易额增长10%以上。海上丝绸之路无缝衔接。强化与中铁联集及连云港、天津等港口合作，建设以东向为主的铁海联运国际通道，联运集装箱增长10%以上。

推进自由贸易试验区建设。实施自贸区郑州片区深化改革开放方案，加快推动自贸区扩区。大力推进制度创新，提升投资贸易自由化便利化水平；推进与“一带一路”沿线国家通关一体化，探索建设境外经贸合作区。积极谋划内陆最大的国际集装箱租赁交易中心。办好世界城地组织亚太区第八届全体会员大会。发挥口岸优势，拓展进出口渠道，突出医药、美妆等特色产品，打造内陆地区国际网购消费中心。建设一批国际社区、医院、学校、商务楼宇，打造更具吸引力和国际化的生活环境。

（四）全面落实国家黄河战略，着力建设黄河流域生态保护和高质量发展核心示范区。遵循“重在保护、要在治理”总要求，坚持生态优先、文化引领、绿色发展，打造“造福人民的幸福河”，建设具有黄河鲜明特征的特大城市。

加快沿黄生态保护示范区建设。把保障黄河安澜摆在突出位置，将治河、惠民和滩区生态保护结合起来，研究推进黄河郑州段刚性护岸工程，解决好滩区居民防洪安全和安居问题。实施沿黄生态廊道和滩地生态修复工程，形成堤内绿网、堤外绿廊、城市绿芯的“山水河林路”一体区域生态格局。启动大河文化绿道建设，完成省道 S312 市区段绿化工作，打造沿黄最美道路。依托黄河文化公园，规划建设“自然风光＋黄河文化＋慢生活”休闲生态系统，形成“水、滩、林、草、文化、产业”有机融合的城市沿河风貌，推进沿黄生态廊道建设，让沿黄区域成为慢生活、微度假理想目的地。围绕“保安全、清乱象、强节水、优生态、美环境”，继续抓好沿黄区域环境突出问题整治。

加快黄河历史文化主地标建设。按照郑州“华夏之根、黄河之魂、天地之中、文明之源”主地标城市战略布局，围绕讲好郑、汴、洛“三座城、三百里、三千年”文化故事，加快建设黄河文化带，高水平规划建设黄河流域国际旅游门户。全面提升“天地之中”景区文旅发展品质，统筹新密伏羲山、巩义浮戏山、荥阳环翠峪，高水平打造国家级环嵩山文化旅游大景区。筹备世界大河文明论坛，力争将郑州确定为永久会址。以黄帝故里拜祖大典、中国（郑州）国际旅游城市市长论坛、中国（郑州）黄河合唱周等活动为串联，办好“黄河文化月”，推出沿黄文化旅游精品线路，不断提升黄河文化全球吸引力、辐射力和影响力。

加快核心示范区起步区建设。以大运河文化片区为主体，处理好起步区结构问题，形成符合城市肌理，体现高品质发展要求的形态结构和产业业态。实施中华文明探源工程、黄河流域“考古中国”重大研究项目，加快建设黄河国家文化公园、沿黄文化廊道，推进黄河国家博物馆、大河村国家考古遗址公园、黄河天下文化综合体、邙岭绿化等项目建设，把起步区打造成为黄河流域生态保护示范区、黄河历史文化展示区、高质量发展引领区。

（五）持续增强城市综合承载力，着力提升现代化城市品质。围绕“东强、南动、西美、北静、中优、外联”城市功能新布局，坚持规划引领、产业主导，走好多中心、组团式、集约化、“三生”融合的城市发展路子，建设安全、整洁、有序、智能的城市。

加快 32 个核心板块规划建设。按照“一年准备、两年初见成效、三年大见成效、五年基本成型”建设要求，坚持征地拆迁、基础设施、主体功能先行，注重打造以建筑形态为骨架的城市天际线，使城市形象立体化，突出推进“新基建”项目落地，将 32 个核心板块打造成为城市经济发展的支撑点、城市建设开发的新亮点、城市网络结构的关键点。

大力建设轨道上的都市。围绕“市区连片成网、都市区互联互通”和“十四五”末建成 700 公里左右的目标，提速建设“轨道上的都市”，确保郑许市域铁路实现轨通，城郊铁路二期、6 号线一期首通段开通，加快 3 号线二期、7 号线一期、8 号线一期、10 号线一期、12 号线一期等工程建设，做好 K1、K2 市域快线前期工作。

深化城市大脑项目建设。紧紧围绕“一年突破、两年看齐、三年领先”目标，巩固提升城市大脑一期、二期建设成果，全面启动城市大脑三期建设，完善“一脑赋城、一网治城、一码通城、一端惠城”体系，整合打通各部门现有信息化系统，激发城市大脑治理效能。

加快城市基础设施建设。积极推进住建部新型城市基础设施建设试点、河南省新型智慧城市试点，统筹地上地下，推广海绵城市、韧性城市建设。强化公路枢纽功能，第二绕城高速全面开工建设，环城货运通道上半年具备通车条件。加快渠南路、农业路（西四环—西三环）快速路、下穿二七广场隧道等工程建设。加快 54 个公交场站建设，推动佛岗等公交场站综合开发利用。实施郑开同城郑州东部供水系统、“西热东送”干线管网、郑州新区污水处理厂二期、南曹污水处理厂等项目建设，新建改造燃气管网 100 公里、供热管网 40 公里，新增燃气居民用户 9 万户，签订集中供热用户入网面积 500 万平方米。加快推进郑州市垃圾综合处理厂的封停和生态治理工作；南部（二期）生活垃圾焚烧发电项目建成投运，新增生活垃圾处理能力 2250 吨。大力实施“断头路”打通工程。围绕“两年时间断头路全部打通”目标任务，优先打通群众反映强烈、对交通影响突出的支小路、次干道，统筹做好跨行政区道路的连通，今年先期打通 65 条，以“微循环”畅通“大循环”，以“小工程”解决“大问题”，让市民出行更方便！

强力推进城市“双改”工作。持续推进“三项工程、一项管理”。高标准推进“一环十横十纵”城市道路综合改造工程，完成建设路等二期、中原路等三期建设任务。有序实施老旧小区综合改造，确保2000年前的1992个老旧小区改造项目实现大头落地，推动无主管楼院“红色物业”全覆盖。持续推进36个城乡接合部综合改造，确保违法建筑、黑臭水体、垃圾乱堆乱放全部清零。深化完善“大城管”体系，结合城市大脑“一网统管”建设，推进管理重心下移。持续深化“序化、洁化、绿化、亮化”常态管理，打造精品道路1000条；中小修道路63.8万平方米；实施市域机场高速亮化工程；完善垃圾分类末端处理设施，年底前全市建成区生活垃圾分类覆盖率97%以上，生活垃圾回收利用率37%以上。聚焦短板开展专项整治，推动停车管理、渣土车治理等，全力消除城市管理乱象。

持续推动都市圈协同发展。发挥国家中心城市龙头带动作用，加快推进“1+4”郑州都市圈建设，推动郑开同城化先行示范区建设，推进郑新、郑焦、郑许一体化发展，不断扩大基础设施、公共服务一体化覆盖面，加快郑洛西高质量发展合作带建设。

（六）深入实施乡村振兴战略，着力提升农业农村现代化水平。把解决好三农问题作为重中之重，优先发展农业农村，促进农业高质高效，农村宜居宜业，农民富裕富足。

提高现代都市农业质量效益。强化农业科技和装备支撑，加强种质资源保护利用。严格落实“藏粮于地、藏粮于技”，扛稳粮食安全责任。推动粮食产业“三链同构”，以龙头企业拉动产业链、以特色产品提升价值链、以电商物流串起供应链，大力发展现代都市农业。以农村乱占耕地建房清理整治专项行动为抓手，遏制耕地“非农化”、防止“非粮化”。建设县级以上现代农业示范园30个、美丽牧场10个，培育提升全国休闲农业与乡村旅游星级精品园区5家。新建“菜篮子”示范基地5000亩，高标准农田2万亩，生猪存栏提高到100万头，着力保障城乡居民“米袋子”“菜篮子”。加大智慧农业投入建设，加快发展品牌农业。

实施美丽乡村建设行动。坚持城乡融合、文旅农旅融合，开工建设精品村50个、示范村80个，尽快建成沿黄美丽乡村示范带，形成3～5个美丽乡村旅游精品线路。推进人居环境整治全覆盖，塑造乡村全域美格局。

统筹做好脱贫攻坚与乡村振兴衔接。保持脱贫攻坚政策总体稳定，严格落实“四个不摘”要求，巩固拓展脱贫攻坚成果。健全防返贫监测和帮扶机制，对脱贫不稳定户、边缘易致贫户开展常态化监测预警。以现有农村社会保障和救助体系为基础，健全农村低收入人口分类帮扶机制，持续动员社会力量参与脱贫村帮扶。持续抓好脱贫村产业培育，打造一批产业振兴示范村。

扎实推进农村综合改革。有序推进农村承包地“三权分置”改革，探索农村宅基地、集体经营性建设用地制度、农村公共基础设施管护体制改革。深化农村集体产权制度改革，发展新型农村集体经济，增加农民财产性收入。健全城乡融合发展机制，推动城乡要素平等交换、双向流动，增强农业农村发展活力。

加快县域经济高质量发展。强化县域产业支撑，支持新密节能环保、登封新型材料和文旅产业、荥阳高端装备制造和新型材料、新郑新一代信息技术、中牟新能源汽车及零部件和文旅产业、巩义新型材料和高端装备制造等产业创新发展。聚焦县城和中心镇建设，推进县城有机更新，抓好特大镇管理体制改革。把县城作为城乡融合发展关键纽带，以新郑国家级县城新型城镇化建设示范县和省级县域治理“三起来”示范县（市）为带动，强化县城综合承载能力，满足农村人口向县城转移需求，推动县域发展取得新成效。

（七）大力推动绿色发展，着力构建生态屏障。坚持“绿水青山就是金山银山”理念，转变发展方式，加强生态治理，促进经济社会发展全面绿色转型。

加快减污降碳协同控制。持续推进产业、能源、交通运输、用地等结构调整。坚持“以热定电”，持续压减化石能源消费。大力压减低效产能，加快煤炭分类处置，压减产能230万吨以上。持续开展“散乱污”企业动态清零。优化交通运输结构，抓好“3＋2”新能源车辆替代。推进矿山地质保护与恢复治理，抑制季节性裸地农田扬尘。开展碳排放达峰行动，推进低碳试点示范。

持续改善环境质量。深入推进大气污染防治。实施重点治污工程，推进重点行业氮氧化物与氨逃逸“双控”、涉VOCs行业排放浓度与去除效率“双控”；推动全市空气质量持续改善，主要污染物浓度稳步下降，重污染天气稳步减少，完成国家、省下达任务，“退出全国168城市后20位”的成效持续巩固提升。强力推进水污染防治。推进污水处理厂提质增效，力争污水全收集、全处理。持续开展河湖“清四乱”“三污一净”专项整治，切实改善水生态环境。推进南水北调中线工程总干渠（郑州段）两侧饮用水水源保护区风险源排查，保障“一渠清水永续北送”。积极开展土壤污染防治。加强农业面源污染治理，统筹推进土壤污染防治，严控地下水污染，确保安全利用率100%。

打造宜居宜业绿色生态环境。以“两带、三山、五河、一网”绿化为重点，实施国土绿化3.13万亩、中幼林抚育5.8万亩。新建5000平方米以上综合公园20个，开工建设长江西路等生态廊道14条，完成黄河大堤、紫荆山南路等道路绿化130条。坚持节水优先，实施全社会节水行动，全域推进分质供水、循环用水。加快建设南水北调中线新郑观音寺调蓄工程，开工建设圃田泽水循环、西水东引、城区西部“四库两河”、贾峪河生态治理等工程，提升水资源承载能力。全面落实最严格水资源管理制度，持续深化落实“河长＋检察长”制，坚决制止“占地造湖”等行为，坚决防止触碰生态红线的违法建设行为。

（八）坚持以人民为中心，着力建设幸福美好家园。站稳人民立场，坚持人民至上，不断增强人民群众获得感、幸福感、安全感。

毫不放松抓好常态化疫情防控。严格落实“四早”“四集中”要求，统筹“人物同查同防”“城乡同查同防”，压实“四方责任”，依靠现代科技，加强源头防控，织密织牢常态化疫情防控体系。持续提升市民自我防控和入境人员管控能力，有序推进新冠疫苗分批接种。全力做到境外输入病例零传播、重点高危群体零失控、医疗机构内部零交叉、隔离酒店人员零感染、进口冷链食品监测零遗漏。发挥“郑冷链”和进口冷链食品监管仓作用，形成冷链食品监管数字、物理“双闭环”。提升卫生防治能力，建成市传染病应急检测中心，改造升级市疾控中心实验室，完成8家县级疾控中心标准化建设，将市六院、岐伯山医院建成市级重大疫情救治基地；推进市卫生应急物资储备中心建设。

认真办好民生重点实事。一是新增城镇就业12万人、农村劳动力转移就业4万人。二是新开工安置房1.5万套，建成安置房4万套，分配公租房7000套，回迁安置群众10万人；完成老旧小区改造358个，既有住宅加装电梯200部。三是市区新建公共停车泊位5万个以上，为市区路侧2万个以上停车泊位配建高位视频探头，实现无感支付。四是市区新建、改扩建中小学校20所，市区新投用中小学校30所，新增学位2.7万个。五是免费为符合条件的妇女、儿童等重点人群开展有关疾病筛查；为0～14岁残疾儿童康复救助不少于1500名；为2.7万名视力、听力、言语残疾人发放通信信息消费补贴。六是打通“断头路”65条。七是更新健身路径400条、新增智能健身驿站30个，多功能运动场20个；“舞台艺术进乡村、进社区”文艺演出1200场、精品剧目演出30场。八是新增便民利企高频事项掌上办、随身办事项300个，上线跨部门、跨层级、跨领域的民生热点“一件事”50件。九是在全市选取200家基层诊所推行药房标准化建设。十是新建绿地500万平方米，新建公园、游园100个。

继续强化就业优先政策。以高校毕业生、登记失业人员、农民工、建档立卡贫困劳动力、城镇就业困难群体为服务对象，着力促进重点群体就业创业。坚持稳企业、保就业、促创业同向发力，打好社保降费减负政策组合拳，支持多渠道灵活就业。城镇登记失业率控制在4%以内。

高质量建设郑州美好教育。推进新建公办园、回收配套园投用和规范管理，加快普及普惠学前教育。全面启动县域义务教育优质均衡创建，午餐供餐和课后延时服务向县乡延伸，年内开工9所高中。继续支持郑州大学、河南大学“双一流”建设。加快推进特色中职学校建设，推进市属高校内涵式发展，规范支持民办教育发展。国内外优质高等教育资源引进取得实质性进展。

提高公共文化服务水平。牢牢把握社会主义先进文化前进方向，大力践行社会主义核心价值观，持续推进精神文明创建和志愿服务行动，全域开展文明创建工作。创建国家文物保护利用示范区，加快生态保遗项目和百家博物馆建设。开放运营郑州博物馆新馆、郑州商都遗址博物院和郑州市文物考古研究院。提高“郑品书舍”城市书房、24 小时自助借阅机运营水平，加快建设一批小剧场。办好第九届博博会。

扎实推进健康郑州建设。全面完成政府主导社区卫生服务中心 100 个，基层医疗卫生机构达标率 80%。加快优质医疗资源均衡布局，稳步推进郑州儿童医院南院区等 10 个重点项目建设。持续完善分级诊疗体系，深化“四医联动”，加快推动区域医疗中心建设。大力发展中医药事业，加快智慧健康项目建设。深入开展爱国卫生运动，巩固提升国家卫生城市成果。

扎实推进体育强市建设。推进各区“一场一馆”和县（市）“两场三馆”建设，打造“十分钟健身圈”。举办市第十二届运动会暨第二届全民健身大会，高标准承办全国羽毛球冠军赛等。

健全完善社会保障体系。开展基金管理风险防控专项整治，确保各项社保待遇按时足额发放。落实城乡低保标准自然增长机制，增强低保兜底保障能力。持续做好退役军人服务保障管理、社会福利和公益慈善事业，建立残疾人“两项补贴”自然增长机制。新增养老床位 3000 张。

持续提升住房保障服务水平。落实城市主体责任，坚持“房子是用来住的，不是用来炒的”，“控地价、竞自持”，规范市场秩序，积极化解问题楼盘、安置房及过渡费等信访攻坚任务，促进房地产市场平稳健康发展。加强青年人才公寓建设，确保年底前完工 3098 套。

进入新发展阶段，面对各种风险挑战，我们在抓好高质量发展的同时，必须统筹好发展和安全，善于预见和预判各种风险挑战。大力推进平安郑州建设，以“天眼一张网”建设为突破口，扎实推进全国市域社会治理现代化试点城市创建工作，持续提升市域社会治理的科学化、精细化、智能化水平；健全完善城乡社区管理服务机制，高质量完成村（社区）“两委”换届工作；强化信息网络安全管理，打造清朗网络空间；

认真开展信访突出问题攻坚化解，确保上半年化解率80%以上；持续推动“扫黑除恶”专项斗争向纵深开展；加大网贷机构市场出清力度，严格遏制地方政府隐性债务增量，严防金融、企业、财政等风险叠加累积；进一步压实属地安全生产责任、部门安全监管责任、企业主体责任，抓好建筑施工、交通运输、消防、危化、煤矿、非煤矿山等重点领域常态化监管，全面提升防灾减灾救灾抗灾能力，确保城市安全、社会安定、人民安宁！

加强国防动员、后备力量和人民防空建设，持续深化双拥共建工作。强化统计工作，做好国民经济核算和第七次人口普查工作。支持工会、共青团、妇联、残联、红十字会等群团组织更好地发挥桥梁纽带作用。做好民族宗教、外侨、对台、史志、气象、地震、文联、社科研究、援疆等工作。

全市人民的重托庄严而神圣，政府肩负的使命光荣而艰巨，我们将切实加强政府自身建设，努力推动政府治理体系和治理能力现代化。切实加强政治建设。认真落实新时代党的建设总要求，增强“四个意识”、坚定“四个自信”、做到“两个维护”，扛稳意识形态工作责任，不断提高政治判断力、政治领悟力和政治执行力，完整、准确、全面贯彻新发展理念，确保党中央和省委、市委重大决策部署落地生根。严格落实依法行政。深入贯彻《法治中国建设规划（2020—2025年）》，完善重大行政决策程序制度，坚持科学、民主、依法决策。严格执行人大及常委会决议决定，认真办理人大代表建议、政协提案，自觉接受人大、政协、司法、社会、舆论监督。加大对重点工作和重大风险防范化解的审计监督。不断深化作风建设。坚决整治形式主义、官僚主义等突出问题，在全市工作“一盘棋”中，梳理一批重大专项、项目、企业、改革事项、支撑平台，以钉钉子精神，盯环节、盯堵点、盯进度、盯实效，抓执行保落地。做到沉到底发现问题，静下来研究政策，出真招破解难题，深入基层开展调查研究，着力解决人民群众所急所需所盼。持续改进文风会风，切实为基层减负。全面打造廉洁政府。认真履行全面从严治党主体责任和“一岗双责”责任，严格落实中央八项规定及实施细则精神和省市有关要求。严惩重点领域、关键环节及群众身边腐败和作风问题。厉行节约反对浪费，坚持政府过紧日子，让老百姓过好日子，始终保持为民、务实、清廉的政治本色。

征途漫漫，唯有奋斗。承载着1200多万人民的梦想和期盼，我们踏上“十四五”发展的新征程。让我们更加紧密地团结在以习近平同志为核心的党中央周围，高举习近平新时代中国特色社会主义思想伟大旗帜，在省委、省政府和市委的坚强领导下，振奋精神、勇于担当，真抓实干、奋发有为，为加快现代化国家中心城市建设，推进中原更加出彩、中部地区崛起、国家黄河战略实施共同奋斗，以优异成绩迎接建党100周年！

Ⅱ

专题报告

郑州市2020年组织工作报告

中共郑州市委组织部

2020年，面对新冠肺炎疫情的冲击和国内外错综复杂的形势变化，在市委坚强领导和省委组织部有力指导下，全市组织系统以习近平新时代中国特色社会主义思想为指导，认真贯彻新时代党的组织路线，在提高站位中强化政治统领，在服务大局中主动担当作为，在聚焦主业中积极守正创新，抓“大事”、解“难事”、干“实事”，推进各项工作取得新突破、新提升、新成效。

一、强化政治引领，坚定不移用党的创新理论凝心聚魂

坚持把学习贯彻习近平新时代中国特色社会主义思想作为首要政治任务，持续推动习近平新时代中国特色社会主义思想入脑入心、走深走实。坚定不移贯彻习近平总书记重要讲话精神，认真落实“第一议题”制度，把坚决做到“两个维护”作为最高政治原则，贯穿和体现到组织工作的全过程、各方面，以实际行动维护以习近平同志为核心的党中央一锤定音、定于一尊的权威，始终与党中央保持高度一致，对习近平总书记作出的指示、党中央发出的号令，响应迅速、落实到位，确保郑州党员干部队伍政治过硬。深化推行习近平新时代中国特色社会主义思想

教育培训计划，认真抓好党的十九届四中、五中全会精神专题轮训，持续开展“万名党员进党校”“党的创新理论进基层”等活动，累计举办专题培训170余班次、培训干部6万人左右，引导党员干部以“学到底”的精神、反复读的恒心，原原本本学、联系实际学、实践当中悟，全面升级头脑“操作系统”。创新实施领导力提升“头雁计划”，围绕学懂弄通习近平总书记治国理政新理念新思想新战略，创办“问学前沿”高端讲堂，邀请黄奇帆、王坚等国内知名专家学者解读政策、深化理念，举办6期系列讲座，覆盖党员干部2万余人。深入学习贯彻习近平总书记给郑州圆方集团职工重要回信精神，第一时间组建薛荣为代表的32人宣讲团，分人民立场、生命至上、劳动精神、出彩先锋、使命担当5个篇章，宣讲展现全市广大劳动者投身疫情防控斗争、助力经济社会持续健康发展的英勇实践，共组织开展宣讲220余场次、直接听众12万余人。“七一”前夕在省人民会堂举办主题宣讲汇报会，受到省委领导肯定认可，河南电视台黄金时段多次播出，强化了“人人都是收信人”意识。推动学习贯彻重要回信精神常态化，在全市各领域、各行业挖掘出一大批“立得起、树得住、能带动”的身边典型，引领广大干部职工投身复工复产第一线，为现代化国家中心城市建设注入强劲动力。

二、主动服务大局，在大战大考中展现组织部门担当作为

坚持党委有部署、有要求，组织部门有贯彻、有行动，以服务中心大局实际成效彰显组织工作价值。聚焦疫情防控斗争，第一时间发出“充分发挥各级党组织和广大党员干部战斗堡垒作用和先锋模范作用”等动员令，在隔离区医护团队、交通联防组、疫情防控站等关键部位成立临时党组织3800多个，组织市直机关党员干部下沉街道社区和楼院卡口硬核抗疫10万余人次，25万名党员志愿者“逆行”而上，4000名同志一线递交入党申请书，吸收115名同志“火线入党”，涌现出樊树锋、郑凯等一批先进典型，关键时刻有党组织在、关键岗位有党员在，形成了

抗击疫情的硬核力量。研究出台激励关爱党员干部“暖心八条”，激励全市广大党员干部守土有责、守土负责、守土尽责，危难时刻挺身而出、英勇奋斗、扎实工作。及时跟进复工复产复商工作，常态化开展“三送一强”和“一联三帮”活动，推动形成了经济恢复迅速、稳中向好的良好发展态势。聚焦决战脱贫攻坚，出台抓党建促决战决胜脱贫攻坚 28 条举措，高标准高质量做好驻村第一书记轮换工作，用好管好 418 名第一书记和 836 名驻村队员，提拔重用优秀扶贫干部 83 人。集中整顿软弱涣散村党组织 79 个、选情复杂村 193 个，366 个集体经济空壳村全部“清零”，经营年收入 5 万元以上的村达到 90%，10 万元以上占比 73%，党建资源成为脱贫攻坚的有力支撑。聚焦城市高品质建设，坚持党建引领“三项工程、一项管理”，把“一征三议两公开”工作法融入项目建设全过程，在城市道路、老旧小区、城乡接合部等改造项目指挥部、项目一线建立党组织 3300 多个，把街道社区、职能部门、施工企业、沿街商户、居民群众融合到一起，让党组织来打通“中梗阻”、畅通“微循环”，有效解决工程改造项目中的问题 5900 余件，《人民日报》头版显要位置刊发了郑州市经验做法。聚焦城市转型发展，重磅推出“黄河人才计划”，在中原科技城设立河南人才创新创业试验区，量身定制特殊政策、特殊机制，出台《关于在中原科技城建设河南省人才创新创业试验区的实施意见》，实施一系列有声势、接地气的招才引智活动，完善“人才+资本+场景”引育模式，开展高端人才（项目）对接洽谈，签约落地项目 160 个，柔性引进项目团队 31 个，推动创新人才高度集聚、创新要素高度整合、创新活动高度活跃，为加快形成“两翼驱动、四区支撑、多点联动”的科技创新引领高质量发展格局贡献了人才力量。

三、树牢有解思维，在破解难题中推动组织工作创新发展

坚持以“破难题、抓落实”为主线，以改革创新精神破解工作中的难点和痛点。针对干部队伍积压严重等问题，坚持重实干、重实绩、重

基层的鲜明用人导向，坚持“干部是干出来的、不是熬出来的”和“凭实绩论英雄”，坚持干部“一盘棋”思想，将职务与职级并行制度落实、消化干部“双配”与干部选拔任用工作统筹起来，突出事业为上、以事择人、人岗相适，先后调整区县（市）、市直单位、高校等关键岗位干部422人，组织职务职级晋升1863人次，其中一次性晋升二级巡视员70名，打通了职级通道，盘活了岗位资源。针对年轻干部储备不足等问题，制定年轻干部培养使用的“硬规定”，加强年轻干部工作规划和“梯队”建设，实施优秀年轻干部“五个一批”三年行动计划（集中培训一批、中心工作一线历练一批、专项工作锻炼一批、交流轮岗一批、提拔使用一批），举办2期中青班，调训优秀中青年干部221人，选派45名年轻干部双向交流挂职，每季度进行调研评估、评选历练之星，为郑州事业发展培养造就生力军。大力实施“双百工程”竞争性选拔优秀年轻干部到基层一线任职，一次性向乡镇（街道）补充了一大批优秀年轻干部，做大了干部底盘，打开了源头活水。省委调研总结郑州市做法，在全省推广。针对基层党建薄弱短板，实施“挂图作战 集中攻坚”行动，统筹推进重点任务落实，建立无主管楼院“一核多元 融合共治”机制，全面推行“红色物业”品牌，健全“社区党组织＋楼院（片区）党支部＋楼栋党小组”三级组织架构，全市4137个无主管楼院建立党组织，5491家非公企业新建党组织，新打造47个新兴领域党建示范点等，集中攻坚行动得到中组部点名表扬。针对村（社区）“两委”换届推进难题，注重精准指导、全程把控，加强集中整顿、综合治理，下深水、用真情掌握人选，比省定时间提前1个月，圆满完成全市3184个村（社区）“两委”换届工作，实现村（社区）成功换届100％、党组织书记和村（居）委会主任“一肩挑”100％、有35岁以下年轻干部和女干部100％等高质量目标。中组部《组工信息》、省委《工作交流》等专期刊发郑州市做法。针对提升人才服务质效等问题，大力推进人才工作“一件事”改革，重塑再造审批流程，减材料、减环节、减时限、减跑趟，人才认定、补贴申领等11类30个人才工作“一件事”已具备上线条件，提高了人才服务体验感。挂牌成立人才发展促进会，整合配套设施和优质资源，在中原科技城设立100万平方米人才创业空间，协调1万套人才公寓房源，提供50亿元创投基金，全方位扶持人才创新创业。

四、坚持实干实效，在持续用力中实现组织工作整体提升

在抓好重点工作的同时，统筹推进其他各项工作，努力实现组织工作全面进步、协调发展。持续加强干部日常管理。着眼郑州高质量发展需要，坚持把精准识人作为干部日常工作，探索干部政治素质考察，推行重点岗位实绩纪实、部长谈心谈话、不定期开展“无任用推荐”等制度，构建“年度考核重点研析、平时考核夯实基础、专项考核做好补充”的综合考评体系，完善狮子型、专家型、老黄牛式、好苗子干部四类干部队伍库，切实掌握干部“活”情况。坚持把疫情防控一线作为考察识别干部的“试金石”，建立与市、县疫情防控指挥部沟通协调机制，重点掌握了一批关键时刻冲得上、顶得住、敢担当的干部。坚持严管和厚爱结合、激励和约束并重，加快推进领导干部经济责任审计，升级改造领导干部出国境监督管理信息系统，修订完善个人有关事项报告、函询诫勉等办法，推动干部管理严在日常、抓在经常。高质量举办4次乡镇（街道）党（工）委书记工作交流会议，典型示范、经验交流，激发了基层干部干事创业活力，收到了抓乡促县、抓人促事的良好效果。统筹推进各领域党建。强化大抓基层、大抓支部鲜明导向，把力量和资源向基层倾斜投放，推动基层党组织建设全面进步、全面过硬。城市党建，以创建全国城市基层党建示范市为抓手，把党的组织优势贯穿“三项工程、一项管理”，持续完善组织体系，不断提升治理水平。农村党建，以党建引领乡村振兴为牵引，深化市县乡“三级抓村”机制，实施农村党建“六项行动”，充分发挥了农村基层党组织的“主心骨”作用。机关党建，大力实施“作风效能提升”行动，推动党建工作与业务工作深度融合、相互促进，着力破解“两张皮”问题。非公党建，大力实施非公党建“321工程”，持续提升113家孵化基地、教学基地、示范基地的党建工作

质量，打造了圆方集团、三全食品、好想你、UFO共享办公、信大捷安等一大批“听有内容、看有形象、学有经验”的非公党建标杆企业。国有企业、学校等领域党建，通过载体创新、制度创新、组织创新得到进一步加强。同时，大力开展“先锋旗帜”工程，扎实推进党支部标准化规范化建设，完善党员积分管理机制，精心组织迎“七一”“党建活动月”等10项庆祝活动，深入开展以“牢记初心使命、争当出彩先锋”为主题的党日活动，引导广大党员在一线展风采、树形象、做贡献。不断提升人才服务水平。升格人才工作领导小组架构，推动人才工作从“抓微观”向“管宏观”转变，常态化开展“人才项目观摩”活动，实施人才工作目标责任制考核，构建起“市县联动、条块结合”的人才工作格局。建设智慧人才服务平台，实行申报事项即时核准、人才补贴即时发放，为人才在落户、住房、居留签证、社会保险、医疗健康等方面提供便捷、高效、贴心的服务。高水平办好第五届清华校友三创大赛TMT/AI/大数据全球总决赛、中原数字经济高峰论坛等，提升了活动引才实效。聘请施一公等12位行业领袖担任“郑州人才特使”，形成了“以才引才、以才荐才、以才聚才”的良好局面。全面加强部门自身建设。坚持把自身建设作为头等大事，以创建全国文明单位为契机，开展了一系列特色鲜明、内涵丰富的特色活动，实现了凝心聚魂、提振精神、推动工作的多赢效果。持续加强政治建设，坚持“周五学习日”“每天自学一小时”等制度，带动形成讲政治、讲学习、讲大局的良好氛围。实施组工干部专业化能力提升计划，组织中层干部每季度进行述职评比，积极开展岗位练兵、业务竞赛，选派组工干部参与实践锻炼，提升干部工作能力。开展机关中层干部竞聘，通过“三评两推”（政治评价、业绩评价、能力评价和会议推荐、谈话推荐）方式，选拔一批优秀年轻干部，其中7名同志走上中层正职岗位、17名同志走上中层副职岗位，优化了队伍结构，激发了干事热情。积极培育特色组工文化，持续弘扬公道正派之风，引导机关干部时刻做到坚持原则、出以公心、实事求是、敢于负责。

郑州市 2020 年宣传思想文化工作报告

中共郑州市委宣传部

2020 年，在市委的正确领导下，全市宣传思想文化工作坚持以习近平新时代中国特色社会主义思想为指导，深入贯彻落实党的十九大、二中、三中、四中、五中全会精神，紧紧围绕“举旗帜、聚民心、育新人、兴文化、展形象”的使命任务，着力抓好宣传思想文化工作“十大工程”，全市上下主旋律更加响亮，正能量更加强劲，自信心更加坚定。

一、突出政治引领，持续提升思想政治水平

始终把政治建设放在首要位置，把深入学习贯彻习近平新时代中国特色社会主义思想作为首要政治任务，坚持落实“政治首题”制度，部务会第一时间学习传达习近平总书记重要讲话精神及中央、省委、市委重要会议、文件精神 30 次，不折不扣落实中央、省委、市委重大决策部署。印发《市委宣传部直属机关党委理论学习中心组 2020 年度学习专题安排》，全年共组织中心组学习 11 次，机关党员集中学习 16 次，以理论上的清醒保证政治上的坚定、行动上的自觉。不断增强“四个意识”、坚定“四个自信”、确保做到“两个维护”，始终在政治立场、政治方向、政治原则、政治道路上同以习近平同志为核心的党中央保持高度一致，做到党中央提倡的坚决响应、党中央决定的坚决执行、党中央禁止的坚

决不做。

二、务求工作实效，持续推动宣传思想工作强起来

坚持围绕中心、服务大局、真抓实干、奋发有为，全市宣传思想文化工作取得新成效。

推动习近平新时代中国特色社会主义思想更加深入人心。中心组学习扎实开展。推动全市各级党委（党组）建立“第一议题”制度，巩固强化领导干部“五种学习方式”机制，围绕学习贯彻习近平新时代中国特色社会主义思想，黄河流域生态保护和高质量发展国家战略和郑州国家中心城市建设实际，精心设置学习专题，深入开展学习讨论，组织开展考学验学，推动中心组巡听旁听制度常态化，年度开展市委中心组学习 8 次，指导开展县级中心组学习近千次，不断提升理论学习的质量和水平。理论宣讲入脑入心。不断创新宣讲形式，通过“百姓宣讲直通车”“文艺＋理论”等形式，扎实开展“党的创新理论万场宣讲进基层”和党的十九届五中全会精神集中宣讲活动，推进习近平新时代中国特色社会主义思想在郑州落地生根。特别是疫情防控期间，积极开展“网上宣讲”“专家防疫线上谈”活动，通过更走心的渠道、更鲜活的语言推动党的理论创新成果“飞入寻常百姓家”，将防疫知识传递到千家万户。“学习强国”运用效果显著。组建“学习强国”郑州学习平台，充分运用学习平台宣传郑州。统筹线上线下资源，通过组织专题培训会、开展答题挑战赛、“学习强国”平台直播等方式，持续扩大“学习强国”平台的影响力。加强人才队伍建设，积极搭建“学习强国”平台供稿链，“学习强国”平台注册人数和发稿量均居全省第一。社科工作面貌焕然一新。紧跟时代趋势、社会热点，与郑州国家中心城市建设和高质量发展结合起来深入开展调研，不少研究成果得到市主要领导批示和肯定，为科学决策提供了有价值的参考。推进全市领导干部上讲台讲思想政治课常态化制度化，深化部校共建马克思主义学院工作，推动在市属高校成立社科联，成功举办第三届虢文化论坛暨 2020 年度社科学术年会。

守牢意识形态安全底线。把牢领导权毫不松懈。市委常委会组织召开 3 次专题会议、4 次市委意识形态联席会议，对意识形态风险防范化解、阵地建设管理、壮大基层力量等进行研究部署，切实推动党委主体责任落实到位。组织召开全市基层意识形态工作经验交流会，初步建立全市意识形态工作责任制督查检查人才库，壮大意识形态队伍力量。落实责任制坚决有力。印发《关于落实意识形态工作责任制防范化解意识形态领域风险工作方案》。制定《关于进一步加强全市正面宣传工作的实施意见》《郑州市舆情引导处置工作机制》等制度，建立意识形态安全风险防范信息共享制度，不断完善意识形态领域制度体系。督促指导郑东新区、经开区、高新区做好意识形态专项巡察整改工作。各类意识形态阵地可管可控。加强高校阵地和各类讲座、论坛、报告会等管理，持续加大网上主流思想舆论宣传力度和有害信息综合治理，不断强化对印刷发行、电影放映、新闻出版等经营单位日常管理，统筹强化“扫黄打非”工作，建立“扫黄打非”联防协作机制，核查交办线索 43 条，查办案件 16 起，有力地净化了全市文化市场环境。

巩固壮大主流思想舆论。主题宣传浓墨重彩。围绕决胜全面小康、疫情防控、贯彻落实习近平总书记重要回信精神、打造黄河历史文化主地标城市、高品质推进城市建设等主题，推出一系列策划宣传、实现全媒体呈现。全年仅中央媒体便累计宣传报道郑州 550 多次，凝聚了强大正能量。舆情引导妥善及时。在新冠肺炎疫情防控期间，统筹做好全市舆论引导工作，果断处置引导舆情事件，有效引导社会舆论。“郑州发布”公众号持续发声，粉丝关注量突破 300 万，进入全国政务新媒体前列。对外宣传出新出彩。加强外宣国际交流合作，持续巩固提升“三微六网一杂志”外宣主阵地。依托庚子年黄帝故里拜祖大典、2020 年央视春晚郑州分会场、2020 国家网络安全周和 2020 年中国金鸡百花电影节、2020 河南招才引智大会等大型活动，积极协调、组织境内外媒体对郑州进行宣传报道，城市影响力美誉度持续提升。媒体融合加快推进。大力推进广电全媒体新闻中心的优质资源融合，推出《止观》新闻客户端，打造郑州全媒体新闻中心。加快推进县级融媒体中心建设，6 个县（市）

的机构编制已全部批复，与省级平台完成互联互通。新闻发布及时有力。持续规范完善“4·2·1”新闻发布机制，研究制定《郑州市舆情引导处置工作机制》，出台《2020 年度新闻发布和舆情引导处置工作评估指标体系》，全年共组织召开新闻发布会 85 场次，特别是在疫情防控期间通过“郑州发布”第一时间发布 26 个重要通报，有效安定了人心，增强了信心。

持续提升社会文明程度。文明创建工作扎实推进。把全国文明城市创建工作与“三项工程 一项管理”、高品质推进城市建设、“路长制”等工作融合推进，找准短板弱项，对标对表，全面整改提升，郑州市成功蝉联全国文明城市“四连冠”，巩义市蝉联全国文明城市，登封市、荥阳市、新密市、新郑市被确定为全国文明城市提名城市。持续提升文明单位、文明校园、文明村镇、文明家庭等精神文明细胞工程建设。不断加强农村精神文明建设，强化移风易俗工作，引导农民群众自觉树立文明新风。公共文明素质有效提升。认真贯彻落实《郑州市文明行为促进条例》，进一步完善全市诚信建设“红黑榜”发布制度，持续提升市民文明素养，公共文明素养指数由 71.9 提高到 78。组织开展“绿城使者——小红象·健康行”志愿服务行动，疫情防控期间，招募 25 万名志愿者“逆行”而上，坚守在疫情防控各个岗位，“志愿红”成为绿城战“疫”一道靓丽风景线。大力推行“常态防疫 122”“文明用餐 123”活动，大力倡导文明健康、绿色环保的生活理念。爱国主义教育深入开展。组织开展“清明祭英烈”“扣好人生第一粒扣子”主题教育实践、“传承红色基因”系列教育、“美育云端课堂”等系列活动，深入推进未成年人思想道德建设。制定《郑州市贯彻落实〈新时代爱国主义教育实施纲要〉实施方案》，展播“最美逆行者”公益广告，营造礼赞英雄、崇尚英雄、学习英雄的良好氛围。

不断满足群众美好精神文化需求。大型活动出新出彩。春晚分会场演出大气磅礴，给全球华人带来了母亲河畔的新春祝福。创新组织庚子年黄帝故里拜祖大典，关注量突破 28.77 亿。成功举办 2020 年国家网络安全周和 2020 年中国金鸡百花电影节，总点击量近 200 亿人次，有力提升郑州美誉度、时尚度。群众文化活动精彩不断。继续办好“出彩郑州”、情韵郑州、戏曲进校园、红色文艺轻骑兵等系列文化惠民活动。拿出1500万元组织“观影惠民季”活动，直接带动票房近3000万元。整合文艺精品创作生产资源，加强规划策划，积极推出具有鲜明郑州文化符号的“六个一”系列精品，加工提升舞剧《精忠报国》、豫剧《锦娘》、舞蹈《唐宫夜宴》入选第十二届中国舞蹈“荷花奖”终评奖，舞蹈《匠人之心》入选文旅部“百年百项”小型作品创作计划。精心组织街头艺术表演展演活动，增强郑州年轻时尚的城市文化氛围。创新开展“文艺战疫”主题活动，组织全市文艺工作者连续创作4500余件疫情防控文艺作品，网络点击阅读量3.3亿余人次。文化博物旅游工作深入开展。成立黄河流域生态保护和高质量发展文化博物旅游工作指挥部，制定《黄河文化博物旅游工作三年行动计划》，谋划建设黄河国家博物馆、黄河天下文化综合体等十大重点项目。召开全市文旅大会，出台《关于加快文化旅游强市建设的意见》，举行黄河国家战略重大文旅项目开工仪式。推出16条精品文旅路线，年度旅游接待人数超过1.1亿人次，旅游收入近1400亿元。公共文化服务巩固提升。积极推进基层公共文化服务体系建设，建成基层综合性文化服务中心2783个、各类图书馆分馆280个、文化馆分馆189个、城市书房65个，基本实现全市全覆盖。“郑州文旅云”于6月份正式上线运营，组织开展精品剧目演出50场，舞台艺术进乡村、进社区演出1200场。全市筹建遗址生态文化公园总数达到107处（建成开放41处）、各类博物馆总数达到108家（建成开放68家）。

*不断释放文化产业发展活力。*体制改革稳步推进。大力推进国有文化资产监管机制创新，组建国有文化资产监管机构，扎实开展国有文化企业资产清查。协调推进公共文化机构法人治理结构改革，完成郑州文化馆、郑州图书馆等法人治理结构改革和文艺院团改革工作。积极推进文化市场综合行政执法改革，挂牌成立郑州市文化市场综合行政执法支队。发展环境持续优化。制定《郑州市加快文化创意产业发展实施意见》《郑州市文化创意产业专项资金使用管理办法》《郑州市促进短视频经济发展若干措施》，推动文化创业产业加快发展。探索文化产业与金融服务

融合，筹备成立“文化银行”，出台《郑州市文化贷款风险补偿实施方案》，帮助文化企业解决融资难困境。制定《郑州市文化创意产业园区、文创楼宇及空间认定管理办法》，优化园区发展环境。出台《关于加快文化旅游强市建设的意见》，举行黄河国家战略重大文旅项目开工仪式。重大项目进展顺利。中央文化区“四个中心”基本完工，奥体中心、郑州博物馆新馆、郑州文化馆新馆等逐步全面投入使用，成为城市新的网红打卡地。“四大历史文化片区”项目逐步进入实施阶段。银基动物王国、黄帝千古情景区、芝麻街 1958 双创园和二砂文化创意园先后建成开园。华强四期·中华复兴之路、只有河南·戏剧幻城、郑州海昌海洋公园、绿地嵩山特色小镇等一批重点项目建设正在加快推进。全市在建重点文旅项目 35 个，投资总额 2331.62 亿元。

三、切实打稳责任，持续推动全面从严治党落到实处

严格落实全面从严治党主体责任，在抓党建、打基础、强素质上下功夫，不断强化自身党的建设，营造凝心聚力、干事创业、风清气正的良好生态。

强化组织领导，严格落实党建主体责任。全面落实班子主体责任。坚持把党建工作与业务工作同研究、同部署，成立专门的全面从严治党领导小组，制定《市委宣传部 2020 年度履行全面从严治党主体责任工作台账》，层层签订目标责任书，使党建工作责任化、目标化、制度化，形成横向到边、纵向到底、覆盖完整、责任落实的全面从严治党责任体系。严肃党内政治生活。贯彻执行《关于新形势下党内政治生活的若干准则》，严格执行民主集中制，坚持集体领导制度、“三重一大”集体决策制度，建立完善部务会议制度，对一系列涉及重大问题决策、干部任免、大额资金使用等问题集体研究决策，及时形成会议纪要推进工作落实。不断强化基层组织建设。推进党支部规范化标准化建设，督促所属党支部严格落实“三会一课”等组织生活制度。严把党员发展政治关，不断强化党员干部队伍力量。

狠抓正风肃纪，深入推进全面从严治党。认真履行廉政“一岗双责”。在压紧砸实班子廉政主体责任的同时，认真制定班子成员个人履行主体责任清单，班子成员与分管领域签订廉政建设责任书，开展廉政谈话，切实落实“一岗双责”。健全完善廉政建设各项制度。强化制度意识，坚持用制度管人、靠机制管事。进一步完善《部机关财务管理规定》《关于进一步完善部财务审批有关规定的通知》《财务规定文件汇编》等规章制度。贯彻落实八项规定要求。严格落实中央八项规定及其实施细则精神，坚持调研督导轻车简从，做到不搞排场、不增加基层和群众负担，精简规范会议报道工作。进一步规范公车使用管理，厉行勤俭节约。

突出示范引领，不断提高意识形态工作水平。在推动全市意识形态工作责任落实的同时，狠抓自身意识形态建设，成立部意识形态工作领导小组，健全部意识形态工作研判机制，严把文化活动的价值关、导向关。强化对《郑州宣传》，文明郑州、遇见郑州、郑州发布、Where Zhengzhou 等网站、微信、微博平台，以及各类工作交流群的管理。

郑州市 2020 年统一战线工作报告

中共郑州市委统战部

2020 年，在市委的坚强领导下，全市统战系统坚持以习近平新时代中国特色社会主义思想为指导，深入学习贯彻习近平总书记关于加强和改进统一战线工作的重要思想，紧紧围绕统筹新冠肺炎疫情防控和经济社会发展，站位大局、服务中心，突出“一面三点一线”，全力抓好多党合作工作面、以非公经济推动高质量发展的增长点、民族宗教工作敏感点、新阶层人士统战工作着力点，拉长港澳台侨统战工作延长线，盯重点、解难点、破堵点，推动统战工作提质增效，为加快郑州国家中心城市建设凝心聚力、提供广泛支持保障。多项工作在中央统战部、省委统战部 2020 年各项评比考核中，获得表彰，荣获全国统战信息工作先进单位、全省统战工作成绩突出单位、全省统战信息工作成绩突出单位、全省统战宣传（网站）成绩突出单位称号。

一、拓宽工作面，多党合作制度效能进一步提升

政党协商水平持续提升。协助市委印发《中共郑州市委同民主党派无党派人士 2020 年政党协商计划》，明确年度政党协商主要内容、协商形式、时间安排和保障措施。协助市委召开党外人士座谈会 3 次，党外人士协商会 1 次，参政议政协商调研座谈会 1 次，恳谈考察活动 1 次。向各民主党派、工商联和无党派人士通报全市经济社会运行情况，党风

廉政建设情况和市人大、市政协人事安排情况。支持民主党派开展重点考察调研，牵头组织召开各民主党派参政议政座谈会，确定重点调研课题 14 个；协助各民主党派开展调研活动 30 余次，引导各民主党派在“十四五”规划制定实施中发挥积极作用，6 篇调研报告、7 篇重点调研课题得到市委主要领导批示。支持民主党派参与政府立法工作，与司法局建立政府立法征求民主党派、无党派人士意见建议工作机制，进一步拓宽了政府立法听取意见渠道。

履行社会职能成效明显。全力参与疫情防控工作，全市各民主党派发出联合倡议，动员成员积极建言献策、反映社情民意，5 名民主党派成员驰援湖北武汉、奋战在抗击疫情一线，294 名民主党派医务工作者直接参与郑州市一线防控，225 名民主党派成员参与后勤保障工作。各民主党派累计捐款捐物 1248 万元，报送社情民意和建议信息 200 余条，被政府部门采纳 20 余条。协助各民主党派中央、省委到郑州市开展调研，做好联络、服务、保障等工作。注重引导民主党派开展社会服务，持续打造社会服务品牌，开展“同心助学”“爱心支教”“手拉手”“送医下乡”等社会服务活动 30 余次，社会反响良好。

党派自身建设进一步强化。认真学习贯彻中央、省委关于加强中国特色社会主义参政党建设意见文件精神，举行各民主党派、工商联和无党派代表人士联合中心组第 44、45 次集中学习。巩固“不忘合作初心，继续携手前进”主题教育活动成果，开展“战疫给我们的启示”学习讨论，组织学习贯彻落实十九届五中全会精神，加强民主党派思想政治建设、组织建设、队伍建设、履职能力建设，不断提高中国特色社会主义参政党建设水平。协助各民主党派制定组织发展会商制度，严把政策关、标准关、程序关。做好成立致公党郑州市委筹委会各项准备工作。对各民主党派现任领导班子分析研判，届中调整领导班子两名，民主党派自身建设水平进一步提升。

二、紧扣关键点，民族宗教领域持续和谐稳定

确保宗教领域和谐稳定。筑牢疫情常态化防线。抓好宗教场所疫情

防控工作，迅速启动“双暂停”（暂停场所对外开放，暂停集体宗教活动）。统战、民宗部门指导宗教团体和场所及时发出关停告示，积极做好群众工作，宣传防控措施。常态化疫情防控下，全市宗教活动场所恢复开放，各级统战、民宗部门干部和乡村两级书记因时而宜，集中传达党中央关于防疫抗疫重要指示精神，讲好抗疫故事、展示抗疫成果、弘扬抗疫精神，向信教群众宣传党的伟大、制度伟大、祖国伟大。积极开展“四联双评”活动，评选“中国化示范性和谐寺观教堂”和“新时代优秀爱国宗教教职人员”等，带动和影响全市宗教界为疫情防控踊跃捐款捐物350多万元。当好群众暖心人。帮助解决宗教团体、宗教场所和信教群众的困难和问题。及时了解掌握宗教场所防控物资消耗情况，顶风冒雪为偏僻宗教活动场所送上防疫和生活物资。通过解民忧、纾民困、暖民心的实事，依法保障宗教界合法权益，把信教群众紧密团结在党和政府周围，引领群众听党话、跟党走、感党恩。

加强民族交流交往交融。深化民族团结创建。推荐第五批河南省民族团结进步示范区2个、示范单位3个；高规格召开郑州市第十一次民族团结进步表彰大会，对30个模范集体和60名模范个人进行表彰。推动少数民族发展。用好少数民族发展资金，下拨市级少数民族补助费300万元，扶持项目9个，改善全市民族聚居村基础设施状况，为4万多回族、汉族群众生产生活提供了便利。开展“同心圆·共发展”活动，指导全市30个民族聚居村（社区）与周边汉族村（社区）开展结对帮扶活动，增进民族团结，共同推进乡村振兴。加强少数民族流动人口服务与管理，召开全市少数民族流动人口代表人士座谈会，引导少数民族流动人口有序复工复产，进一步促进民族团结、社会稳定和经济发展。

三、把牢着力点，新阶层人士统战工作更加出新出彩

制定实施《郑州市新的社会阶层人士统战工作“扫盲区、归队伍、创品牌”三年（2020—2022）行动计划》，不断提升新阶层人士统战工作成效。“扫盲区”力度大。督促指导16个开发区、区县（市）全部成立

新的社会阶层人士联谊会，成立市级新联会，实现了全市新联会组织全覆盖。向基层延伸建立新联会，全市200个乡镇（办）中的118个乡镇（办）建立联谊组织，组建40个行业分会，139个村（社区）设立新阶层工作服务站、联络站。同时，各级新联会组织和新阶层人士发挥自身优势作用，积极助力疫情防控，累计捐资捐物达1107万元。“归队伍”办法新。各区县（市）充分发挥联席会议成员单位、新联会、行业协会等主体作用，拓宽统计登记渠道，不断壮大新的社会阶层人士队伍。巩义市依托优质医疗康养资源建设“瑞康同心健康苑”，团结凝聚新的社会阶层人士，全年累计开展医疗志愿服务67次，健康大讲堂26场，服务群众4万人次。金水区开启5G时代“互联网+统战”工作新阵地，设计推出“我要入库、我有需求、我能服务”三个模块的“金水新声”微信小程序，助推新的社会阶层人士“归队伍”。惠济区通过研发信息数据管理系统和二维码，完善“两级三库”建设。全市统计在册的新阶层人士40.1万余人，已录入信息数据库19.3万人，建立代表人士人物库686人，重点代表人士人物库280人。“创品牌”亮点多。积极推进新联会建设“全域化”品牌，指导推动新郑市打造全省唯一新的社会阶层人士统战工作先行示范区试点。依托各级新联会开展网络统战工作，支持和鼓励网络人士利用抖音、头条、微信和微博等新媒体，积极传播社会正能量。各区县（市）主动探索、开拓创新，选择不同行业、群体和相对集中的企业园区进行实践创新基地建设，“创品牌”取得新进展，形成巩义市“瑞康同心健康苑”、登封市“嵩山文创园”、荥阳市“中原智谷·新领汇”、新密市“密兰小镇”等33个创新品牌项目。

四、抓好增长点，“两个健康”提升行动和“一联三帮”保企稳业专项行动成效显著

工作体系完备。市委、市政府高度重视“两个行动”，召开专门会议研究部署，提供充足经费保障。市、县两级建立民营经济工作联席会议制度，成立工作专班68个，配备工作力量155人，形成上下贯通、指挥

高效的工作体系。市、县两级统战部、工商联以“两个行动”为契机，补短板、强弱项、提素质、增活力，增加编制23个、经费399万元，设立民营经济服务中心18个、“两个健康”学习实践中心27个。加强民营经济统战，在全市上下形成共识，重点工作进展顺利。

“两个健康”稳步提升。结合疫情防控“大战大考”，加强非公有制经济人士理想信念教育，采取调研帮扶、网络授课、召开座谈会等进行形势政策宣讲，帮助民营企业发展理清思路、解决难题、提振信心。组织开展领导干部同民营经济代表人士谈心谈话活动，市委常委、统战部部长杨福平与17名企业家谈心谈话，市、县两级共谈心谈话353人次。加强非公有制经济代表人士培训，市、县两级建立民营企业学院（学堂）32家，组织各类培训259个班次，培训29571人。持续加强商会建设，12个县级工商联被评为全省“五好”县级工商联，10个县级工商联被评为全国“五好”县级工商联，2家异地商会被评为全国“四好”商会。

“一联三帮”扎实有效。建立党政领导干部联系民营企业和商会制度，健全“领导干部＋工作专班＋服务对象”帮扶名录，市、县、乡三级1703名领导干部联系5209家非公企业。民营企业诉求响应智慧平台实现所有区县（市）全覆盖，入驻企业2374家，市、县两级在平台注册涉企部门602家。积极为企业纾困解难，全市累计帮扶企业9908家，协调解决事项20多万个，其中帮助企业解决用工50927人，减免税费28亿元，提供资金支持1255亿元。

五、拉长延长线，港澳台侨统战工作高质量发展

持续开展对台交流和涉台宣传。积极拓展线上交流渠道，开展“足球小子追梦云端”系列交流活动，增进郑台两地青少年友谊，厚植感情基础。扎实开展涉台宣传“进机关、进学校、进社区、进企业”活动，发放《涉台知识学习手册》2000余份、涉台政策法规宣传材料13000余份，举办涉台知识宣传活动15场次；配合省台办开展“豫见台湾　同根同源”2020年河南省网络涉台知识大赛，利用新媒体网络平台组织现场

答题测验，参与竞答16万人次，被省台办评为优秀奖。邀请15位台商参加第十一届豫台经贸洽谈会暨豫台智能装备产业洽谈会，对接业务、加强合作。

不断扩大海外统战“朋友圈”。参与做好庚子年黄帝故里拜祖大典筹办工作，采取网上与现场相结合的方式广泛联系引导海内外华夏儿女参与网上拜祖，拜祖当天参与网上拜祖人数82000余人。成立郑州欧美同学会（郑州留学人员联谊会），调研摸排归国留学人员3.6万人，建立完善人物库，组织归国留学人员代表参加欧美同学总会首届“双创”大赛启动仪式、网上视频座谈会等活动，把归国留学人员“统”起来、“管”起来。积极开展华文教育外派教师工作，发放外派教师补助补贴260万元，妥善安排郑州市21名外派教师顺利回国。

优化港、澳、台、侨服务保障。配合政务服务改革，优化营商环境，联合发改、人社、公安等部门开通“绿色通道”，为台胞在郑就医、就业、创业、办证、缴费等提供优质服务。落实“惠台11条”措施，受理涉台信访投诉案件8件，结案率100%；慰问困难台胞台属58户，发放慰问金、慰问品54800元。落实涉侨“一法两办法”政策和涉侨政务服务事项“一网通办”，年内办理归侨证2个，侨眷证27个，办理归侨侨眷考生身份认证47人；落实老归侨退休生活补贴发放42人10多万元、困难老归侨补助金发放12户29万多元。

六、提高政治站位，积极应对疫情大考

新冠肺炎疫情发生以来，及时制定下发部机关疫情防控工作方案，组织机关全体党员干部到居住社区、管城区十八里河站高速路口、金水区凤凰台街道6个小区等抗疫一线开展卡口执勤、岗点值守、入户排查等联防联控工作，为凤凰台街道协调解决25吨新鲜蔬菜和5万元速冻食品。组织150名在职和离退休党员为支持疫情防控工作捐款47430元。同时，引导全市统一战线同心战“疫”，统战成员捐款捐物合计1亿7500万元。参与督导登封市“三送一强”，成立工作专班开展“送政策、送服

务、送要素、强信心”活动，助推企业复工复产，帮扶企业 6952 家，为企业解决 12 类 44387 个问题，协调减免税收 12 亿元。全力支持登封市寺沟村脱贫攻坚，工作队驻村专职帮扶，45 名机关干部分包贫困户联系帮扶，组织各界爱心人士捐赠 300 余万元，争取财政资金 30 余万元，改善道路基础设施，助力乡村脱贫振兴。参与抓好贾鲁河综合治理生态修复工程，督导“三项工程一项管理”，为改进郑州生态环境和城市建设做出贡献。

郑州航空港经济综合实验区（郑州新郑综合保税区）2020年经济社会发展报告

郑州航空港经济综合实验区
（郑州新郑综合保税区）管理委员会

2020年，郑州航空港经济综合实验区坚持以习近平新时代中国特色社会主义思想为指导，坚决贯彻落实省委省政府、市委市政府决策部署，按照"一季度稳下来、二季度正增长、三四季度强巩固"的总体思路，迎难而上、锐意进取，统筹推进疫情常态化防控和经济社会发展，各项工作取得积极成效。

一、经济社会发展再取新突破

2020年郑州航空港经济综合实验区经济社会发展逆势上扬，实现新突破，再上新台阶。全区地区生产总值突破1000亿元，达到1041亿元，同比增长7.8%，是2015年的1.7倍，年均增长11.4%。规模以上工业增加值达到568亿元，同比增长10.8%，是2015年的1.8倍，年均增长12.2%。经济总量已经超过了一些省辖市，增速均排名全市第一，且达到了全省所有省辖市增速的2倍以上。全区进出口总额突破4000亿元，达到 4447 亿元，是 2015 年的 1.4 倍，同比增长 21.4%，年均增长 7%，全省、全市占比分别达到 67%、90%的历史最高水平，为稳住全省、全市外贸基本盘做出巨大贡献。全区跨境电商交易单量突破 1 亿单、货值突破 100 亿元，分别达到 1.39 亿单、113.9 亿元，同比分别增长 91.72%、62.01%，分别是 2015 年的 186 倍、128 倍，年均分别增长 184.6%、163.9%；全市业务量占比由 2015 年的 1.6%提升至 60.6%，现已成为全市、全区外贸进出口新的强劲增长点。全区建成区面积突破 100 平方公里，达到 101 平方公里，是 2015 年的 3.2 倍，年均增长约 16 平方公里；基础设施覆盖超过 220 平方公里，是 2015 年的 2.8 倍，年均增长约 28 平方公里。郑州机场航空货运突破 60 万吨，达到 63.94 万吨，同比增长 22.5%，增速排名全国大型机场第一，货运总量全国排名再进一位，是 2015 年的 1.6 倍，年均增长 9.6%，货运量全国排名由 2015 年的第 8 位提升至第 6 位；其中国际货运达到 45.13 万吨，同比增长 47.91%，是 2015 年的 2 倍，年均增长 14.7%，“空中丝绸之路”重要节点地位进一步提升。

二、疫情防控取得重大成效

建立工作机制，严格落实防控措施和工作责任，严防死守，全力抗击疫情。严密布设区、办事处、村（社区、企业）三级防控网络，利用大数据搭建疫情防控指挥平台，实现重点人群精准防控，“外防输入、内防扩散”。在全市率先实现疑似、确诊病例双清零，在郑州机场牢牢守住了境外疫情输入第一关，在岐伯山医院建设中再创 24 小时清表供地、10 天建成的“港区速度”，在对重点疫区旅客的科学留观和精心服务中展现了“郑州大爱”。复工复产中，率先出台支持企业复工复产 10 条政策，累计协调保障用工 28 万余人。尤其是富士康疫情防控与复工复产工作成为全国的一个标杆，苹果公司高度认可，3 次累计给富士康郑州科技园增加订单 600 亿元；中共中央办公厅、国务院办公厅督导组、指导组高度认可，李克强总理视频连线听取相关情况，并给予高度评价。

三、“枢纽+开放”取得新进展

高铁南站建设持续快速推进，主站房结构顺利封顶，机场至郑州南站城际铁路建成通车。郑州机场总体规划修编方案形成初稿，北货运区工程和中国邮政郑州航空邮件处理中心项目开工建设，南飞行区改造工程基本完工。本土航空公司和基地航空公司加快建设与引进。河南省首家本土货运航空公司——中州航空正式开航，中原龙浩航空总部迁至郑州，桂林航空、乌鲁木齐航空和江西航空设立郑州运营基地，引入全球最大的国际货运航空公司——卡塔尔货航，“空中丝绸之路”快速发展。综保区业务实现新拓展，推动富士康完成苹果手机零组件维修业务试单，预计2020年将为富士康增加124万台的维修产能。郑州机场药品口岸实现常态化运行，可快速将药品运输至全球63个城市；肉类、水果、邮件、活牛口岸运行总体平稳。河南联合签证中心业务覆盖32个国家和地区，成为全省最大的签证便利化平台。联合国工业发展组织投资和技术促进办公室北方区域协同中心在航空港区揭牌，成为首个落户郑州的联合国机构。全面实施“7×24”小时通关机制，进出口通关时间分别压缩至12.4小时、0.05小时，分别是全国平均时效的5倍和49倍；跨境数据平台日处理能力达到1000万单，口岸作业区到机场的进出口通关时效达到了全国同期的27倍和29倍；以及推行“港仓内移”“选择性征税”“一般纳税人试点”等一系列改革，开放水平进一步提升。

四、产业集群培育实现新突破

坚持以招商引资和项目建设为生命线，聚焦“枢纽+口岸+物流+制造”，积极推进“千百亿”产业集群培育，发布优先发展产业指导目录及准入条件，制定高端制造业高质量发展三年行动计划。全年新签约项目51个，总投资826.6亿元。其中，世界500强项目6个、国内500强项目3个，总投资30亿元以上项目12个。一批高质量“头部”项目签约入驻、建成投产。富士康郑州科技园产值实现十连增，产业链配套项目达到10个，对全省、全市、全区产业发展的支撑作用持续增强。2020年12月31日，投资68亿元的华锐光电液晶面板项目正式点亮试产。合晶单晶硅、东微芯片靶材、以色列先进切割技术公司半导体划片机、浪潮安全可靠生产基地、鸿运华宁创新药基地等一大批高新技术项目签约入驻、建成投产，均填补了全省空白。“十三五”时期，全区省市重点项目建设全市综合排名连续五年第一。

五、改革创新发展形成新活力

省政府向航空港实验区下放124项省级经济社会管理权限。2020年11月28日，《郑州航空港经济综合实验区条例》经省人大常委会审议通过，2021年3月1日正式施行，不仅彻底解决了航空港实验区法律地位、委托执法等问题，并且授权航空港区进行法定机构探索等多项创新，赋予航空港实验区多项支持、鼓励政策，为航空港实验区高水平开放、高质量发展奠定了坚实的法律基础。成立“一网通办，一次办成”政务服务改革工作专班，梳理政务服务事项1116项，加快推进“掌上办”“网上办”，“一网通办”率提升至88.27%，“一件事”达到340项，“最多跑一次”事项占比100%。创新驱动发展战略深入实施，成功申报第二批打造特色载体推动双创升级试点开发区，百度（郑州）创新中心、上海交大创知网平台正式运营，引入中科院软件研究所、771所等一批科研院所。

六、航空新城建设取得新成效

国际经济文化交流中心、公共文化服务中心两个核心板块城市设计初步完成，开发建设主体已明确，国际经济文化交流中心已完成区域评估。城市综合承载力进一步增强。河东五至九安置区回迁地块配套道路全部建成，第四安置区回迁地块主要配套道路具备通车条件，全区新增通车里程40公里，累计达523公里，南水北调以西区域路网和豫州大道以西区域主干道路网基本形成，建成区面积达到101平方公里。持续加强生态文明建设。新增绿化面积200万平方米，累计达3200万平方米；大气污染防治成效显著，空气优良天数累计238天，较上年增加65天。

七、群众生活获得大幅改善

全区贫困人口全部实现脱贫，美丽乡村建设全面启动。建成投用各类学校、幼儿园29所，新增学位27570个，全区各类学校达到198所、在校生达到8.5万人、学位约10万个，分别增长47.7%、117.9%、115%。各类医疗卫生机构达到237个、医疗床位数2748张，分别增长99%、750%，每千人床位数增长196%。合村并城工程加快推进，已完成整体拆迁108个村、部分拆迁11个村；已开工安置房2068万平方米，已建成投用1222万平方米，已回迁群众127240人。

八、党建阵地更加牢固

全面落实“第一议题”制度，理论学习中心组学习质量和学用效果显著提升。基层基础更加牢固。全区173个村（社区）顺利完成“两委”换届工作，圆满实现党组织书记和村（居）委会主任“一肩挑”及学历年龄“一升一降”目标，选优配强了村（社区）“两委”班子。推行村组干部任职补贴“区级财政兜底＋绩效考核”双管理，实施村（社区）党组织书记区级备案管理，村组干部干事创业氛围更加浓厚。持续推进“逐村观摩”、软弱涣散党组织整顿，农村党支部建设更加规范。政治生态持续优化。严格落实中央八项规定及其实施细则精神，持之以恒纠正“四风”，不断巩固拓展作风建设成果。“不忘初心、牢记使命”主题教育成效显著。成立临时党组织263个，组建“突击队”“先锋岗”等530个，实现疫情防控与复工复产统筹稳步推进。巩固运用五种学习方式，推进领导干部上讲台常态化制度化，实现全区86所中小学全覆盖。实施农村党员联系户制度，建立联系点175个，干群关系更加紧密。

郑东新区 2020 年经济社会发展报告

郑州市郑东新区管理委员会

2020 年是郑东新区以“东强”战略为引领，助推郑州国家中心城市建设的关键一年，也是中原科技城建设的开局之年。一年来，郑东新区坚持以习近平新时代中国特色社会主义思想为指导，严格落实于做好“六稳”“六保”，统筹疫情防控和经济社会发展的决策部署，以“东强”战略为目标，以“四比一创”为抓手，疫情防控取得重大成果，经济稳定增长，社会大局和谐稳定。全年地区生产总值完成 1200 亿元，同比增长 3.5%，规模居全市第二；固定资产投资完成 697 亿元（白沙片区完成投资 251 亿元，占比 36%），公共财政预算收入完成 124.2 亿元，固定资产投资、公共财政预算收入规模均居全市第一；社会消费品零售总额完成 562 亿元，连续 10 个月实现稳步回升，位居全市第二。省、市重点项目综合考评分居全市第二和第一，东区经济平稳运行、稳中向好，保持良好态势。

一、坚持双统筹两手抓，疫情防控和经济发展取得“双战双胜”

严防死守，构筑疫情防控“郑东防线”。第一时间成立“一办八组”防控体系，第一时间设立 500 个社区卡口，全市率先在高速、国道等出入市口设立卡点，第一时间动员广大党员干部积极投身一线，创新举措，防控得力，全面筑牢“郑东防线”，疫情势头得到全面有效遏制，海马公园社区疫情防控经验在全省推广，居家隔离“四个一”暖心服务、三联三防三必须、红色楼长等特色做法，先后被人民日报、中国中央电视台、新华社等媒体宣传报道200余次。

用心服务，推动“三送一强”助企稳岗。出台“郑东30条”，第一时间启动复工复产，创新推出企业开办公章免费送等“三免”服务，累计帮扶企业4万余家，解决问题13万余个，减免税费、房租近30亿元，协调各类资金超250亿元，拨付应急稳岗补贴近3亿元，19万市场主体和177所学校应复尽复。

毫不松懈，夯实常态化疫情防控基础。立足疫情防控新形势，坚持标准不降、力度不减，实现“两类人员”核酸检测全覆盖和工作零遗漏、感染零发生、公众零舆情。圆满保障了全国疫情防控进入常态化后，首场允许观众现场观赛的国际性体育赛事——2020国际乒联世界巡回赛总决赛、2020国家网络安全宣传周等57场大型活动。郑东新区荣获红十字总会抗击新冠肺炎疫情暨应急救护知识竞赛单位组织一等奖，郑东建投被共青团中央授予抗击新冠肺炎疫情青年志愿服务先进集体称号。

二、大力推进以人才集聚为核心的科技创新，中原科技城开局良好

前期准备势如破竹。40天高标准完成中原科技城概念性城市设计方案国际征集，一个月完成“一体两翼”规划布局整合，核心区建筑方案确定，得到市委充分肯定。郑州国际文化交流中心、凤栖阁等建筑方案设计大头落地，“中原科技城管委会”“河南省人才创新创业试验区”正式揭牌运行。

产业招商态势喜人。借势省党政代表团沪苏浙考察、市党政代表团“长三角”“珠三角”区域合作交流等活动，持续加大招商力度，对接复星国际、深兰科技等重点项目150余个，签约全国首个千亿级科技服务

企业——启迪科服总部、上汽集团云计算软件研发中心、恒力集团等领军项目70个，总投资超1200亿元。国际化人工智能科技园、海康威视郑州科技园、大华股份中原区域总部等拿地项目相继开工，龙头项目集聚效应已然形成。特别是无人机、自动驾驶、智能机器人、信创科技等前沿产业谋划，得到市委高度肯定。无人机方面，签约航空动力专家、中国工程院院士刘大响领衔的中原空天创新研究院、长时驻空浮空平台系统、高原海域垂直起降物流无人机等3个项目，吸引了西子控股、华讯方舟、亿航智能等一批行业龙头企业抢滩登陆。自动驾驶方面，引进中国工程院院士倪光南等高层次人才团队，签约宇通智能网联、深兰人工智能、北京智行者、文远知行等一批重点项目，宇通自动驾驶研究院进驻，自动驾驶产业生态加速构建。智能机器人方面，依托张建伟院士领衔的中原动力机器人项目，积极与德国汉堡大学多模态技术研究中心、上海理工机器智能研究院、北理工智能机器人研究院等知名研发机构建立合作关系，吸引集聚中原机器人核心关节模组研发中心、南京阿凡达机器人中原区域总部等一批重点项目，全国首个“郑州造”城市管养机器人在郑州东站正式投用，初步形成集聚示范效应。信创科技方面，鲲鹏软件小镇拿地即开工，综合展示中心等18栋建筑主体封顶，投资完成近80亿元，超额完成年度目标。中原鲲鹏生态创新中心生态链初具规模，国家级新基建密码示范园区、中部地区商用密码产品检测中心两大国家级平台顺利落地，中国商用密码展会举办申请获批，国科量子等8家核心骨干企业相继落地。

人才、职住等多维度服务配套强势助阵。在市人才政策基础上，出台人才发展“龙腾十条”，在“宽门槛、送福利、零租金、重奖补、提待遇”方面给予人才和创新团队更大支持。人才引进“一件事”“英才汇”平台在全省率先上线，人才认定实现“智能秒审”。中原科技城创新孵化基地豫发大厦楼事会正式揭牌，打通了服务科创企业和人才的最后一百米。率先启动郑州软件人才培养“码农”计划暨中原科技城数字豫才计划，厚植人才支撑。建成龙源四街等3个创新研发中心，整合人才公寓1880余套，首批300套启动装修。

科创氛围日益浓厚。哈工大郑州研究院、北理工郑州智能研究院、河南数字经济产业创新研究院等相继进驻，成功承办数字经济峰会、清华校友三创大赛、启迪创新论坛等科创活动，“智慧岛·未来全景实验室”成功入围第十届全球智慧城市大会创新理念奖提名，并在第21届中国国际高新技术成果交易会上获评中国领军智慧城区创新示范点，创新场景日益丰富。

三、持续做大做强主导产业，高质量发展的步伐更加铿锵

金融业稳健发展。新引进金融机构20家，核心区持牌类金融机构达到374家，金融业增加值完成371亿元，占全区GDP的近三分之一。郑商所新上市动力煤、花生等4个期权期货品种，市场规模和影响力进一步提升。金融岛限高问题取得突破，内环基本完工，外环建设加快，如意城市魅力绽放。河南建业新生活服务有限公司完成境外上市，恒拓开源在新三板挂牌，新增中原股权交易中心挂牌企业59家，全区企业资本市场融资达280亿元。中央商务区以第一名的成绩实现全省唯一“六星级”服务业“两区”“五连冠”。

总部企业抢滩进驻。新引进中国电力建设集团、阿里巴巴、复星集团等国际国内500强企业4家，累计入驻世界500强企业73家，国内500强企业95家。宝能国际金贸中心、中原总部基地等项目高效推进。河南省超级总部基地城市设计基本确定，牧原股份、安钢集团等10家省内知名企业意向入驻。全年培育亿元楼宇42栋，占全区楼宇总数的七分之一强，郑州银行大厦成为全区首个税收突破20亿元的楼宇。

高端商贸业持续繁荣。国家级电子商务示范基地集聚示范带动作用不断增强，新认证电商企业500多家，累计近千家，年交易额突破1650亿元。“醉美·夜郑州”嘉年华活动精彩绽放，龙湖里、乐享城等一批夜经济示范街区顺利揭牌，CBD、银河里成功入选郑州市夜经济十佳名单，高铁商圈、CBD商圈等营业额再创新高，银泰中心项目落地。

四、高标准推进城市建设管理，城区功能形象和品质显著提升

“三项工程、一项管理”全面展开。道路综合改造方面，一期黄河东路改造和东区12条自选道路改造全部完工，二期东风路改造有序推进，陇海路绿化提升在全市率先完成；老旧小区改造方面，有序推进38个改造项目，已完工10个。时埂社区天然气改造完成，八里庙、陈岗、五洲等首批社区市民驿站建成投用；城乡接合部综合改造方面，杨桥办事处6个行政村污水处理工程等47个项目完工，大有庄、冉庄、花庄等39个村（社区）实现华丽蝶变。改进城市管理方面，以“路长制”为抓手，圆满完成218条优秀路段、23条卓越路段创建任务。CBD内外环侧石提升实现低成本和高品质“双赢”，获得广泛赞誉。高标准推进龙湖区域亮化提升、围挡整治等，城市风景更加靓丽。如意湖、龙湖实现通航，“如意画舫夜游两湖”成为“郑州夜景新名片”。新建、提升改造公厕84座，34座智能化公厕建成开放，3次被央视等主流媒体报道。新增停车泊位1.8万余个，生活垃圾分拣中心投用，安装防沉降井盖4456个，城市功能更加完善。在全市道路交通整治“百日攻坚”行动首月考核中，郑东新区位居全市第一。

生态环境明显改善。高铁公园、翠屏园、缤纷园等11个公园游园建成开放，新国道G107生态廊道土地清障40天完成，一期绿化完成70%，全区新增绿化150万平方米，生态底色不断擦亮。大气污染防治成效突出，PM_{10}、$PM_{2.5}$等关键指标降幅高达40%，全市排名第一，蓝天保卫战三年攻坚圆满收官。统筹推进水污染防治、土壤污染防治、大棚房治理、违建别墅整治、“占地造湖”整治等，生态环境持续好转。

基础设施配套不断完善。新开工锦绣路（科学大道—连霍高速）等路桥工程13个；完工44个，107辅道综合管廊部分主体完工，新增通车里程41公里，完成投资32亿元。

五、坚持统筹改革与开放，城市发展活力更加蓬勃

对外开放水平不断提高。国际城市设计大会、高等教育国际论坛、金鸡百花电影节颁奖典礼等大型活动云集东区，中部地区对外交往中心地位凸显。自贸区郑东区块注册企业1.2万余家，占郑州片区的75.6%，注册资本超1500亿元，占郑州片区85.7%以上。

政务服务改革深入推进。全省率先实现61项个体登记高频事项“智能秒批”，“交房即发证”试点经验全省推广。个体登记和企业开办“一件事”入选《2020郑州市政务服务十佳创新案例》。行政审批基本实现“网上办”“就近办”“最多跑一次”和“不见面审批”，有效激发了市场活力。智慧城市管理中心建成投用，通过线上线下联动，日处理问题2000余件，办结率90%以上，初步实现“一屏观天下、一网管全城”。

项目服务不断优化。创新启用征收土地专用印章，优化报批征收程序，产业用地供应取得突破性进展，累计报批土地4244亩，收储土地4813亩，供应土地6066亩，重点项目用地得到保障。土地卫片执法工作成绩突出，相继被评为全省土地日常执法先进县（区）、郑州市受到国务院督查激励先进集体，共获得1300亩用地指标奖励。规划审批效率提升，建设工程规划许可规划阶段审批时限压缩至10个工作日，比市定目标提前5天。

六、持续强化以人民为中心的发展思想，为民造福各项工作扎实有效

教育文化医疗高质量发展。河南省实验中学项目建设加快推进，清华附中等9个项目建成投用，新增优质学位1.89万个。接收安置区配建幼儿园34所，普惠性民办幼儿园学位占比达到80%以上，学前教育领先全省。大河村遗址公园建设高效推进，中原网球中心二期建成投用，文化事业取得长足发展。郑东新区第一人民医院、中医院确定选址，明理

路、龙翼五街等5家政府主导的社区卫生服务中心完成建设和改制，疾病预防控制中心专职招聘人员全员到岗，基层医疗卫生服务体系更加完善。

就业与社会保障体系更加健全。狠抓稳岗就业，新增城镇就业3952人，职业培训1.2万人，发放以工代训补贴1.17亿元。安置房建设完成96.5%，回迁群众5.49万人，完成区定任务的137%，网签安置房8811套，连续6年排名全市第一。卢氏县“一乡一镇一村”扶贫帮扶工作扎实有效，实现全员脱贫。

社会治理能力继续提升。民航花园供暖问题等一批矛盾纠纷，以及宇泰佳苑等一批问题楼盘顺利化解，实现了信访“四个零”“五个不发生”“两个确保”的工作目标。扫黑除恶斗争持续深入，有效净化了社会风气。连续4年获评平安建设先进单位，公众安全感满意度位居全省前列。持续推进法治政府建设，连续三年荣获全市依法行政考核优秀单位。成功创建省级食品安全示范区，“河南省质量强区示范区”通过省专家组验收。完善应急管理体系，扎实开展安全生产三年专项整治，安全形势稳定向好。

七、推动全面从严治党向纵深发展，高质量党建保障作用持续增强

思想信念之基不断筑牢。持续深化“不忘初心、牢记使命”主题教育成果，落实第一议题制度，跟进学习习近平总书记重要讲话、文章、指示批示精神，组织中心组理论学习10次，围绕学习习近平总书记重要回信精神，举办“弘扬劳动精神　争当出彩先锋”系列宣讲活动。充分利用学习强国、党政联席会等平台，加强最新精神传达学习，广大党员干部践行“四个意识”“四个自信”“两个维护”更加坚定自觉。

基层战斗堡垒持续夯实。坚持大抓基层，大抓支部，整顿调整“大支部”35个、软弱涣散党组织5个，127个村（社区）党组织和78个机关企事业单位党组织完成换届，基层党组织班子结构全面优化提升。组

织“万名党员进党校”培训15期3000余人次，基层党员干部综合素质持续提升。新组建“两新”党组织276家，覆盖企业和社会组织1744家，新打造千禧广场等楼宇党建示范点4个，电子商务大厦联合党委荣获“河南省楼宇党建示范点”称号。62家物业企业实现党建工作全覆盖，192个社区楼院实现“双向进入、交叉任职”，“空壳村”全部清零。机关党建出新出彩，组织集体升旗仪式、“乘红船·忆初心”、“健步走”等系列活动近万人次。

党风廉政建设深入推进。持续强化严的主基调，以“钉钉子精神”深化正风肃纪，查处违反中央八项规定精神问题线索7件，给予党政纪处分15人。保持反腐高压态势，立案46件，给予党政纪处分74人。运用监督执纪“四种形态”处理254人次。坚持标本兼治，开展专项以案促改3次，所有村组（社区）党员干部接受廉政教育，崇廉尚廉氛围更加浓厚。巡察工作走深走实，落实市委巡察整改“回头看”工作部署，区级巡察基本实现全区局（办）、乡（镇）办、村（社区）等党组织全覆盖，推动解决问题1152个。

八、经济社会各方面大幅跃升，圆满完成各项目标任务

综合经济实力实现大幅跃升。地区生产总值突破千亿大关，2020年达到1200亿元，金融业增加值达到380亿元，均较“十二五”末实现翻番，第三产业增加值和居民可支配收入是“十二五”末的近2倍，各项经济指标年均增长率均在9%左右，领先全市，特别是固定资产投资和居民可支配收入年均增长超过10%，郑东新区在全市的龙头引领地位得到巩固。

城市建设品质实现大幅跃升。建成区面积由105平方公里增加到155平方公里，绿地面积由2750万平方米增加到3424万平方米，水系面积由1100万平方米增加到1680万平方米，年增长均在10%以上，金融岛初具形象，智慧岛全面建成，中原科技城基础设施日臻完善，如意型城

市形态初具形象。累计开工道路775公里，实现通车644公里，完成投资660亿元；累计铺设自来水、电力、天然气、热力等各类管网2442公里，城市功能不断完善。

城市活力实现大幅跃升。入区金融机构达1300余家，基金机构192家，管理资金规模突破3000亿元；中原科技城对各类科创人才和团队的吸引力日渐提升，核心引擎作用日益凸显；累计集聚大型总部140余家，高层次商服机构近800家，创新活力持续增强，具有核心竞争力的现代服务业体系加快构筑。

营商环境实现大幅跃升。先后实施“五单一网”“政务服务集成化”“一口受理”“最多跑一次”“一网通办、一次办成”和工程建设项目审批制度等政务服务改革。探索建立服务“八同步”项目推进机制，实现招商项目“拿地即开工”，做法被国务院自贸区工作部际联席会议办公室推广。工程建设项目审批时限由265个工作日压缩至61个工作日内。群众高频服务事项基本实现“网上办”“就近办”，打造了“双拎”“双即”“五免”服务等政务服务品牌，市场主体增速连续4年位居全市第一。

城乡居民幸福指数实现大幅跃升。养老保险、医疗保险等基本实现全覆盖；医疗卫生机构床位数增至10213张，较“十二五”末增长一倍；中小学幼儿园数量增至153所，在校生增至10万人，均较“十二五”末增长50%，清华附中、外籍人员子女学校、上师大附中、河南省实验中学等一大批名校入驻，基础教育发展水平进入全市全省前列；新建便民服务中心13个，保障性住房5120套。

郑州经济技术开发区2020年经济社会发展报告

郑州经济技术开发区管理委员会

郑州经济技术开发区（简称“经开区”）成立于1993年，2000年获批为河南省首个国家级经开区。经过五次区划调整，现规划控制范围东至新国道G107、西至机场高速、南至福山路、北至陇海铁路，面积158.7平方公里。管理经开综保区、国际物流园区两个正县级专业园区，下辖6个办事处78个村（社区），常住和从业人口40余万人，下设基层党（工）委14个、基层党组织459个、党员9631人。先后荣获国家新型工业化（装备制造）产业示范基地、国家生态工业示范园区、国家示范物流园区等荣誉，是河南省第一家六星级产业集聚区。

2020年，经开区坚持以“东强”战略为统揽，突出高质量发展主题，努力发挥“四梁八柱”作用，经济社会保持了良好发展态势。全区GDP完成1122亿元，同比增长3.9％；规上工业增加值完成551亿元，同比增长4.2％；固定资产投资完成479.5亿元，同比增长11.6％；社会消费品零售额完成463.8亿元，同比增长1.8％；财政总收入282.6亿元，同比增长8.2％；一般公共财政预算收入完成100.6亿元，同比增长3.0％。2020年，获批国家首批制造业和现代服务业“两业融合”试点园区，2020年9月荣获全省产业集聚区高质量发展考核评价中排名第一，在2020年国家级经济技术开发区综合发展水平考核评价中排名第26位，进入第一方阵。

一、产业集聚效应显著，现代产业体系初步建立

经过多年的发展，形成了汽车及零部件、装备制造、现代物流3个千亿级主导产业集群，成为全省最重要的先进制造业集聚区和陆港型物流枢纽的核心区。辖区拥有市场主体4.3万家、集聚规模以上企业736家、外商投资企业106家、超百亿企业14家、亿元以上企业189家、纳税超亿元企业25家，在区内投资的世界500强企业39家、国内500强企业53家。2020年，全区规模以上工业完成产值1774.6亿元。

汽车产业方面，形成了完整的生态体系。拥有上汽、海马、东风日产、宇通4家整车厂，6家专用车厂，近300家配套零部件企业，已经形成了130万辆的整车产能，占全省的70%以上。2020年汽车产业产值1003亿元，整车产量44.6万辆。

装备制造业方面，形成了一批行业龙头。郑煤机集团是世界最大的煤炭机械生产商，中铁装备稳居行业世界第一，海尔建成全国最先进的智能化生产基地，富泰华产值稳定在百亿级。2020年装备制造业产值584亿元，同比增长19.8%，连续多年保持两位数增长。

现代物流业方面，形成了陆港型枢纽经济。大力发展医药物流、保税物流、冷链物流等高附加值业态，集聚物流企业275家，5A级物流企业14家，建成仓储面积400多万平方米。培育了国药控股、高济医药等一批行业龙头。医药物流、快递物流、保税物流、冷链物流等营业收入均占全省一半以上。2020年物流业营业收入2106.2亿元。

二、开放平台优势凸显，确立全省对外开放窗口地位

经开区已经发展成为河南省“五区联动”的重要平台、“四路协同”的主要载体。

“陆上丝绸之路”越跑越快。中欧班列（郑州）从这里联通世界，开通了3条线路，在全国率先实现了“多口岸、多线路、多目的地”和“双向集疏、均衡往返”的常态化运行，并获批为中东部地区唯一的中欧班列集结中心。2020年中欧班列（郑州）开行1126班，货值43.11亿美元，货重72.41万吨。

“网上丝绸之路”越来越便捷。经开区作为跨境电商的先导区，“1210”监管模式等案例在全国复制推广，跨境电商进口药品和医疗器械试点获批、成功举办第四届全球跨境电商大会，正朝着习近平总书记提出的“买全球、卖全球”目标迈进。2020年，跨境电商走货量1.02亿包，进出口货值196.4亿元。其中，进口出区1314万包，货值20亿元，出口出区8880万包，货值约176.43亿元。

“海上丝绸之路”越来越通达。大力发展海铁联运，实现了与青岛港、天津港无缝衔接，形成了铁公海多式联运的物流枢纽体系。2020年海铁联运开行237班，货量1.5万标箱。

功能性口岸不断完善。拥有郑州新区、邮政、车站三个海关监管机构，以及汽车、粮食、邮政、医药等指定口岸。

自贸区建设加快推进。经开区是河南自贸区的核心片区，占郑州片区面积的56.3%。累计总结上报创新案例20余例。经开综保区正式挂牌运营。

三、实施创新驱动战略，动力活力持续释放

经开区是郑洛新自主创新示范区和河南大数据综合试验区的重要功能区，聚集各类研发机构309家、高新技术企业195家、科技型企业612家。建成和在建双创载体面积300万平方米，科技企业孵化器9家、众创空间6家、国家级博士后科研工作站10个。2020年，全区高新技术产业产值1332亿元，增长2.4%，占规模以上工业总产值的75%；高新技术产业增加值完成315.9亿元，占规模以上工业增加值的57%；全社会研发投入完成55.2亿元，同比增长40.8%，研发投入强度（占GDP的

比重）达到4.9%。万人有效发明专利拥有量35.7件。

四、产城融合发展，宜业宜居现代新城初具规模

以产兴城，产城融合，和谐宜居。坚持“以产兴城，产城融合”发展理念，不断完善城市功能。建成区面积64.7平方公里，通车道路里程350公里，绿地率42%。全面加快核心板块建设，起步区核心板块围绕盘活低效闲置用地，大力发展智造创新产业，推动老工业区有机更新，打造新型工业用地示范区；滨河新城核心板块围绕推进总部基地、商务地标等“6+2”项目，打造产研融合魅力新城；国际物流园区核心板块围绕加快科研创新，推动产业转型升级，打造现代物流智慧新城。坚持政府主导安置，建成安置房470万平方米，回迁群众8.7万人。大力发展高品质教育，三年来建成投用中小学13所。大气污染防治圆满完成市定目标任务，改善率排名全市第一。人民群众的获得感、幸福感大幅提升。

营商环境优质高效。对标郑州市优化营商环境工作，全方位梳理了营商环境100条。对于项目入驻，实行拿地即开工、工业标准地等措施；对于项目推进，连续三年以“双十工程”为抓手常抓不懈，建立专职服务部、抽调专职服务官，实行一站式、全流程服务。好环境带动大投资。以企业为中心，以商招商，上汽郑州基地项目由单一项目向产业集群发展，实现了三年四大步、累计投资200亿元；东风日产、海尔、中铁装备、郑煤机等一批产业龙头，持续加大投资，滚动发展成为新的特色。

郑州高新技术产业开发区 2020年经济社会发展报告

郑州高新技术产业开发区管理委员会

2020年，郑州高新技术产业开发区（以下简称“高新区”）党工委以习近平新时代中国特色社会主义思想为指引，深入贯彻党的十九大和十九届四中、五中全会精神，坚持稳中求进工作总基调，坚持新发展理念，坚持推进高质量发展，紧紧围绕高新区“发展高科技、实现产业化”的初心和自创区“创新体制机制、政策先行先试”的使命，认真落实省委、市委全会精神，统筹强“六稳”、抓“六保”，取得了疫情稳定可控、经济社会发展快速恢复的良好态势。

一、疫情防控“双战双胜”，经济社会发展加快恢复

慎始慎终抓防控，取得重大阶段性成果。建立防控组织网络，将5个办事处划分为30个片区，建立疫情管理服务点204个，成立3个高速出入卡口防疫服务站；494名机关国企党员干部下沉一线、社区参与疫情防控工作；组建7支共210人的执勤队伍投入防控工作。完善防控救治体系，整合区内医疗资源，规范发热门诊和医院管理，设置了4家发热门诊定点医疗机构、3处集中隔离点，并成立高新区疫情防控专家组

为疫情防控提供专业咨询。把稳“外防输入”防线，成立24小时入境人员管理工作专班，对国外返郑或疑似入境人员信息第一时间进行核查处理。抓好社会防控，强化社区管控，细化监管措施，实行严查严管。开展群防群控联防联控，形成区、办事处、社区三级宣传体系，构建社区、物业、楼栋长、楼层长四级联动机制，辖区37万余位居民纳入健康系统管理。构建智慧防疫体系，集中采购部署“防疫隔离报警系统”，区内建筑工地“信安出入通”系统全覆盖。支持抗疫物资生产，疫情初期，全市仅有的两家口罩生产企业和一家消毒制品生产企业均在高新区，为提升全市防疫物资生产能力，安排专人驻厂对接、协调、指导，帮助企业尽快复产扩产。落实常态化防控各项举措，对社区防控、校园防控、重点人群防控等方面的防控措施进行精细化梳理，坚决落实疫情防控机制、措施、保障“三个常态化”。

坚持双统筹两手抓，高效服务助力复工达产。超前谋划行动在前。在疫情防控进入有序状态后，提前着手准备经济社会恢复的各项工作，完成高新区企业、学校疫情应急处置预案。设立总规模为1亿元应急转贷资金池，支持企业复工复产。组织做好疫情防控与复工复产双落实。成立企业防疫指导队伍，统筹安排75名专业防疫指导员，参与到工地、企业、门店的防疫指导和检查工作，组建防疫工作“明白人”队伍，累计培训约1300人次。多措并举开展“三送一强”活动。累计帮扶企业36094家，解决事项132237个。

强“六稳”抓“六保”，稳住基本兜住底线。“六稳”“六保”及重大项目资金保障到位，全年支出资金18.07亿元，其中产业发展14.58亿元，科技金融1.74亿元，社保民生1.75亿元。制定系列专项政策。谋划了系列刺激消费、提振经济举措，开展发放“西美高新”主题电子消费券、打造“夜经济”消费场景、特色科技产品直播推介等惠民特色活动。强化资金支持。大力压减一般性支出，重点保障义务教育、卫生医疗、生态环保、基础设施建设等民生项目。民生九项支出完成26.19亿元。创新举措保落实。稳外资外贸方面，建立“三外”重点企业服务官机制，开展“一对一”精准服务，助推“三外”骨干企业健康发展。保就业方面，累计帮助94名就业困难人员实现再就业。保能源安全方面，加强巡线协调，保障油气输送管道安全运行。

二、聚焦产业强化创新，经济高质量发展行稳致远

郑州高新区在2020年度国家高新区综合评价中位列第17名，在首次发布的《国家先进制造业百强园区排名》中，位列全国387家国家高新区和经开区第45位。

经济运行总体平稳。主要经济指标迅速回暖。地区生产总值突破515亿元、同比增长2.1%；规模以上工业增加值达到137.8亿元，同比增长3%；一般公共预算收入达到67.4亿元，同比增长6.4%；全口径税收突破百亿，达到100.7亿元；全口径财政收入达到139亿元。科创指标提质增量。2020年备案国家级科技型中小企业2103家，完成目标任务140.2%，新增714家，同比增长51.4%；新增高新技术企业300家，累计达到1126家，同比增长36.4%；创新型龙头企业累计14家，占全省的14%，占全市的58.3%；新增郑州市制造业创新中心2家；新增国家级企业技术中心1家；新增市级以上工程研究中心（工程实验室）中心30家；新增市级以上企业技术中心22家，占全市的35%。开放发展指标总体平稳。完成新签约项目签约额341.3亿元，完成比例116.88%；完成主导产业项目257.2亿元，完成比例147%；完成实际利用外资3.29亿美元，完成比例100.92%；市外资金完成额147.79亿元，完成比例100.74%。

高质量发展动能不断增强。2020年承担省市重点项目39个，总投资749.87亿元，年度计划投资216.7亿元。智慧产业发展提速。中国电子信息产业集团长城电脑终端产品及服务器产品生产基地项目、紫光股份智慧计算终端全球总部基地项目落地开工并实现新品下线。成功举办2020年数智治理领航者峰会，郑州（国家）高新区“一台多峰”智慧城市实验场同步启动并正式投用。创新要素持续集聚。专利申请量达到16284件，专利授权量达到10217件；新获批河南省知识产权强企19家；

5家企业获得河南省专利奖；完成专利质押融资共计7800万元。高新区河南省专利导航产业发展实验区建设以考核第一名的成绩顺利通过验收。新申报认定省级以上孵化器3家，市级以上众创空间11家；5家单位获评2020年度河南省小型微型企业创业创新示范基地，占河南省的16.7%；3家企业获批郑州市小型微型企业创新创业示范基地，新成立省级产业技术创新战略联盟4个。制造业发展提质增效。10家企业入选工信部第一批“专精特新小巨人”，占全省的11%；新增省级、市级“专精特新”中小企业10家、96家；10个项目入选2020年河南省制造业与互联网融合试点示范项目，占全省的14%；新增市级以上科普基地2家，10家企业获得“2020年度市级公共服务示范平台”称号。在郑州市首次制造业企业“亩均论英雄”综合评价中122家企业获评A类。金融服务更加完备。新增注册投资机构和基金共计13家，注册资本32.13亿元。强化金融中介服务，帮助区内企业获得融资约40亿元，线下“科技金融广场”累计入驻45家机构，吸引省内外创投投资3.48亿元；助力企业拥抱资本市场，启动百企上市三年行动计划，本年度已有2家企业IPO顺利过会。完成专利质押融资共计7800万元。政策支持持续强化。对“金梧桐”政策体系进行修订、完善、增补，不断提升政策的针对性和有效性。研究出台网络安全产业发展若干措施（网安政策2.0版）。深入推进实施M0产业用地政策，多宗产业项目实现供地。

科技创新取得新突破。立足“四个一批”，提高自主创新能力。引领型企业方面，2020年，新增国家科技型中小企业备案714家，增长51.4%；新增高企300家，累计达到1126家，同比增长36.4%。引领型平台方面，国家超级计算机郑州中心通过科技部验收，成为河南首个大科学装置；建立市级以上研发机构培育库，对高新技术企业、瞪羚企业符合条件但尚未建立研发机构的企业重点跟踪、服务和辅导。引领型人才方面，累计入选郑州市“智汇郑州·1125聚才计划”项目113个人才（团队）。引领型机构方面，新备案4家市级新型研发机构，累计达到20家。

三、持续优化发展环境，塑造高质量发展新优势

深化“放管服”改革，政务服务能力持续优化。推动企业开办“一件事”零成本一日办结。促进银企互动，首套公章刻制免费，实行政府买单，首购税控设备免费，推动服务提速，“五个一”支撑“一日办”。推进“一网通办，一次办成”政务服务改革工作。成立领导小组，梳理公民个人高频事项“一件事”一次办成不少于300项，完成率达100%；区本级小食品店登记证、占道经营许可证、个体工商户执照自助申报实现证照打印立等可取。打造智慧政务，提升便民程度。做好“日清周结”上报工作，引入智能终端，整合了社保等部门的60余项自助便民常用服务，4类证照自助申报打印，支撑政务服务从8小时向“全天候”服务的转变。

强化主动作为，人才服务全面拓展优化。各园区主动强化一线主动服务意识，深化企业家（科学家）接待日等活动，切实优化人才发展环境。全年落实购（租）房补贴27.2万元，为1944名青年人才办理落户，发放青年人才申请首次购房补贴4000余万元。

四、紧盯宜居目标，推进高品质城市建设管理

坚持以人为本，推进新型城镇化建设。安置房建设加速。全年新开工建设安置房约77.56万平方米，续建安置房约642.54万平方米，竣工安置房约190.21万平方米。群众回迁加快。全年新增交付安置房项目5个，交付回迁安置房约146万平方米，新增回迁群众约1.23万人，累计回迁安置房约764万平方米，累计回迁群众约6.65万人。实施市政基础及公共服务设施建设项目76个，基本完成五龙口、大谢等9个村庄村史馆建设工作。加快推进网签及遗留问题处置。制定丁楼遗留问题处置建议，推动西流湖B7片区遗留问题达成和解协议。完成全部村改项目安置区控规批复和12个已回迁项目安置房网签工作，新增网签安置房

10904套。

立足“西美”布局，提升城市品质改善人居环境。基本完成中心板块规划设计工作，17.5平方公里产城更新项目已经启动。持续加强基础设施建设。建设道路16.38公里，完成4000个公共停车泊位建设工作，设置路内公共临时停车（全时段）泊位2181个，夜间限时停车泊位4948个。完成23个路段人行道铺装和47个路段照明工程建设工作。建成垃圾分拣中心一期项目，完成15座公厕建设工作。多措并举实施“三大改造”。年内谋划城乡接合部工程类项目35个，已完成33个。完成网络安全科技馆建设及周边环境整治工作、完成须水河西支南分段、郭村社区等5个示范点打造工作。开展“三清零”专项整治，拆除整治各类违法建设174处；老旧小区宏莲花园改造完成总进度的80%。圆满完成国土绿化工作。新增绿地面积136.15万平方米，完成市定任务量151%。建成开放杜寨遗址生态文化公园、西棠园2个综合性公园，35个游园。完成雪梅街、河阳路等25条道路绿化建设，完成屋顶绿化工程绿化面积6000余平方米。

开启数智治理，推进城市治理智慧化、智能化。完成基础建设。与阿里、华为、紫光、新华三签订战略合作协议。围绕城管、市政、交通、环保、公共安全等社会治理领域，完成全域可视化项目一期建设工作。完成管理网格划分。建成四级网格管理体系，将5个办事处划分为30个片区，198个基础网格。推动项目落地应用。围绕社会治理重点环节，建设智能仲裁、民情直通车、防疫防控、MR地下管网巡检系统、智慧窨井盖监测系统、AI视频分析平台、渣土车智慧治理平台等23个智慧平台。

五、持续增强民生福祉，人民群众幸福感不断提升

突出智慧管控，环境质量持续提升。对施工工地分为A、B、C类进行精细化管理，提高监管效率。加快立体化环境精准监测体系建设，空气质量实现“八降一升”的好成绩。优良天数226天，大气污染防治三

年行动计划目标圆满完成。

线上线下结合，强化就业创业服务。1777 家企业享受失业保险稳岗补贴 3.59 亿元，实现稳定企业职工 9.7 万余人。累计为 1609 家用人单位发布 8213 个岗位共需求 20874 人。累计为 2.4 万名城乡劳动力和企业职工开展了补贴性职业技能提升培训。组织设置 69 家区级就业见习基地，提供见习岗位 2000 余个。

突出普惠共享，民生福祉实现新改善。民生九项支出 26.19 亿元，占公共预算支出比重为 48.67%。高品质教育持续完善。2020 年新投用 4 所中小学，提供优质学位 10980 个，另有 7 所中小学校主体施工已按原定计划完成。完成 8 所民生实事幼儿园建设工作，其中 3 所已经开始招生。医疗卫生设施建设加快。建成政府主导卫生服务中心 4 个，完成基层医疗卫生机构发热哨点诊室 5 家。河南省中医院高新区院区建设项目完工投用。文化惠民活动丰富多彩。组织开展国庆（中秋）群众文艺汇演、“西美”高新专场演出 48 场，“快乐星期天”系列主题活动 60 场，公益电影放映 260 场，红色文艺轻骑兵、舞台艺术进乡村（社区）专场演出 40 场，线上文化活动 50 余场。全民健身活动精彩纷呈。举办线上太极演武大赛、线上舞林大会暨老年人广场舞、“千村百镇”3V3 篮球争霸赛等各类体育赛事活动。全年新建 5 处社会足球、10 条健身路径、2 处社区多功能运动场、2 处社区室内健身活动中心、1 条健身步道和 2 处二代智能健身驿站。养老服务体系逐步完善。新增养老机构 1 家、床位 170 余张；新增医疗机构改造养老床位项目 2 个、床位 60 张。争取上级资金 2200 余万元，推动 33 个新建和改扩建项目，面积共计约 2.15 万平方米。社区治理持续加强，按照“一有七中心”标准完成 12 个规范化社区建设任务，面向社会公开招聘 160 名社区专职工作者。

坚守安全底线，保障社会稳定。安全生产形势稳定。全年共排查整改各类安全隐患 1.62 万余项；2 家公司被评为首批安全生产风险隐患双重预防体系建设市级标杆企业，6 家企业被评为郑州市首批双重预防体系建设示范企业。率先完成全辖区食品生产及集中供餐单位食品安全体系检查全覆盖，荣获省食品安全委员会办公室授予的“河南省食品安全达标区”称号。建立了覆盖区—办事处—村（社区）三级 600 余人的应急队伍。信访形势总体平稳。推进信访工作法治化、规范化、流程化建设；8 个问题楼盘信访问题结案。着力推进平安建设。推进智慧小区和社会治安防控体系建设，加强重点人群和重要场所管控。

六、持续加强党的建设，引领高质量发展

建强基层基础，凝聚工作合力。发挥堡垒作用。在疫情防控关键时刻，把堡垒建到一线，累计成立 174 个临时党支部，投入党员 6300 多名，发动党员、群众、志愿者 7900 多名，涌现出先进个人、集体 100 多个，为打赢疫情防控阻击战提供了坚强组织保证。强化理论武装。深入开展“不忘初心、牢记使命”主题教育回头看工作，推进主题教育常态化制度化。组织开展 2020 年办事处、村（社区）基层干部培训班，110 多人参训。开展“党的创新理论万场宣讲进基层”活动 24 场，覆盖 2155 人。实施“头雁领飞”工程。认真落实村（社区）党组织书记区级备案管理；在村（社区）党组织书记中开展“亮赛比”活动，组织村（社区）党组织书记定目标、亮承诺。开展专项攻坚。对照巡察发现的薄弱环节，建立软弱涣散党组织排查预警机制，各基层党（工）委每季度对下属党组织运行情况进行分析研判。抓实党支部建设，对 17 个无主管楼院实行科级干部分包，机关党支部联建；加强企业非公党建指导工作，对 10 人以上无党员企业全部选派了党建指导员；集中开展“大支部”整顿工作，整顿大支部 64 个。规划新建党群服务中心 19 个，年底前完工 9 个。

强化阵地建设，汇聚发展正能量。落实意识形态工作责任制，党工委理论学习中心组集体学习 7 次，组织召开 1 次意识形态专题会议、4 次意识形态联席会议和 5 次分析研判会。加强网信工作，积极开展专项工作提升阵地管理，同时强化舆情处置能力提升，有效化解问题。《郑州晚报·高新时报》出版 35 期，圆满完成全区“新市民　新生活”、“集智高新区 北斗系中原”、2020 年国家网络安全宣传周系列活动、2020 数智治理领航者峰会等重大活动宣传任务。

持续正风肃纪，加强党风廉政建设。有序推进纪检监察体制改革。高新区纪检监察工委正式挂牌成立。机关党委、社会事业局和高新投控集团3家基层纪委经高新区党工委批准成立。纠治“四风”持续发力。坚持日常监督与专项督查相结合，深挖细查“四风”问题隐形变异的种种表现，坚守重要节点开展节日期间监督检查，深入开展落实中央八项规定及其实施细则精神监督检查。深入整治基层腐败。扎实开展“千人进千村”走访活动，推动信访矛盾纠纷化解。聚焦新型城镇化拆迁改造中的关键环节，重点监督纠治贪污侵占、截留私分、虚报冒领合村并居安置补偿资金等七类问题，深入整治侵害农民利益的腐败问题。一体推进“三不”机制。坚持逢案必改，靶向“治疗”，先后组织开展以案促改和围绕社保领域损害营商环境问题的以案促改活动。发挥高新区动漫、漫画等产业优势，创新反腐倡廉宣传形式，打造“廉政动漫”品牌，廉政教育传播力、引导力和影响力显著提升。

突出团结同心，加强人大统战群团宗教工作。支持人大工委履职尽责，人大代表深入一线调研企业助力复工复产。组织驻区省、市、区三级人大代表集中视察省市重点项目、政府投资项目，助推高新区经济社会高质量发展。加强民主党派工作，发挥参政议政作用；打造高新区非公经济人士活动阵地，挂牌建立活动基地5家，其中省级示范基地2家。积极开展民营经济“两个健康”提升行动和“一联三帮”保企稳业专项行动，联合区检察院开展“检察护航民企发展”检察开放日活动，邀请民营企业家、人大代表对检察工作献言建策，凝心聚力共同护航民营经济健康发展。

巩义市 2020 年经济社会发展报告

巩义市人民政府

2020 年，面对复杂变化的发展形势，特别是新冠肺炎疫情的严重冲击，巩义坚持稳中求进工作总基调，扎实做好“六稳”工作，全面落实“六保”任务，全力以赴抗疫情、稳增长，经济社会发展呈现稳中向好的态势。全市生产总值完成 826.6 亿元，增长 4.3%，一般公共预算收入完成 51.6 亿元，增长 7%，规模以上工业增加值增长 7.2%，固定资产投资增长 6.3%。

一、全力应对疫情影响，经济运行稳中有进

统筹推进疫情防控和经济社会发展，最大限度减少疫情带来的冲击和影响，稳定经济运行。

疫情防控取得重大战略成果。坚持人民至上、生命至上，依托 2.6 万余名党员干部、基干民兵、小区物业人员，5400 多名医务工作者，429 支志愿者队伍，构筑了联防联控的钢铁长城。累计排查外地返巩人员 6 万余人、流调重点人员 1194 人。不惜一切代价救治患者，8 个确诊病例全部康复。安排疫情防控资金 1.2 亿元，社会各界爱心人士捐款 856 万元，防疫和生活物资供应得到有力保障。同时，根据疫情形势变化，健全公共卫生应急管理体系，持续抓好常态化疫情防控，有效防止疫情

反弹。

经济发展迅速恢复。坚持打好政策组合拳，稳住经济基本盘，认真落实郑州市促进经济平稳健康发展 30 条、促消费增活力稳增长 10 条等政策措施，制定实施《应对疫情影响促进经济平稳健康发展的若干举措》，常态化开展“三送一强”活动，设立 1.5 亿元中小企业应急转贷周转资金和 20 亿元先进制造业发展基金，切实帮助市场主体解决资金、用工、供应链等方面的问题。累计拨付稳岗补贴等各类奖补资金 3.5 亿元、减免税费 5.3 亿元，协调银行展期续贷 62 亿元，有力推动经济发展回归正常轨道。

有效投资持续扩大。坚持项目为王，强力推动 230 项重点项目建设，完成投资 393 亿元，恒通新材料高精幕墙板及汽车水箱产业化基地一期、新昌电工高性能铜材生产线等项目竣工投产，华为新基建发展中心、5G 极简节能示范站点签约落地，为经济高质量发展注入新动能。

二、调整优化产业结构，质量效益稳步提高

积极应对经济下行的不利形势，加快新旧动能转换、产业结构优化，推动经济高质量发展。

制造业发展提质升级。出台《巩义市制造业高质量发展实施意见》《巩义市工业企业分类综合评价实施方案》等政策措施，强力推进 473 项工业项目建设，累计完成投资 316 亿元，工业经济质量效益持续提高。以智能化、绿色化、高端化为引领，实施技术改造项目 320 项，新增国家级绿色工厂 1 家、省级智能工厂和智能车间 3 家、“两化”融合贯标企业 10 家、上云企业 105 家。巩义市 5G 联创工业设计中心挂牌成立，新一代信息技术与制造业深度融合步伐加快。科技创新能力显著增强，新增高新技术企业 33 家、国家级“专精特新小巨人” 6 家、省级研发平台 10 家。泛锐熠辉二氧化硅气凝胶新材料项目入选河南省创新示范项目。明泰铝业荣获省长质量奖。

服务业回暖提升。以创建国家全域旅游示范区为统领，河洛文化城

一期等文旅项目顺利推进，黄牛寨景区创成3A级景区。积极推动文旅市场复苏，出台文旅惠民措施，成功开展“醉美·夜巩义”、文化旅游惠民消费等活动，有效释放消费活力。全年接待游客1045万人次，实现旅游综合收入37亿元。建业百城天地开业运营，正上豪布斯卡购物广场、正商五星级酒店加快建设，商业服务功能进一步完善。云运通网络运输平台、标兵新科技网络销售、泛锐熠辉设备资源共享平台、巩东新区数字经济产业园等项目加快实施，生产性服务业逐步向价值链高端迈进。

现代农业稳步发展。扛稳粮食安全责任，建成高标准农田5万亩，全市粮食产量达15.4万吨。持续优化种植结构，种植优质专用小麦3万亩，增长48.8%。培育壮大农业龙头企业，新增省级龙头企业2家、郑州市级2家。新增河南省知名农业品牌3个、绿色食品17个。

三、狠抓功能品质提升，城乡面貌明显改善

扎实推进高品质城市建设三年行动，强力推进395个城镇化项目建设，完成投资368亿元，城乡发展质量全面提高，以优异成绩蝉联“全国文明城市”荣誉称号。

城市品质持续提升。坚持规划引领，编制完成市、镇两级国土空间总体规划初步方案及村庄分类布局规划、城区20平方公里控制性详细规划、30个专项规划，完成河洛文化城核心板块城市设计。加快完善基础设施，嵩山南路等11条市政道路相继完工；城乡供水一体化稳步推进，新建改造供水管网8公里；新增供热面积41万平方米；新铺设燃气管网650公里，覆盖209个行政村；新建公园、游园15个，打造城市微景观9处，新增绿地面积31.4万平方米；智慧城市体验中心、全民健身综合馆主体完工，城市公共服务进一步完善，承载能力进一步提高。创成全国无障碍环境达标市。

“三项工程、一项管理”扎实推进。21个路口渠化、6条道路示范段改造、49个老旧小区综合改造工程基本完工，47个城乡接合部综合改造村成片整治成效初显。积极开展城区架空管线专项整治、生活垃圾分类、

重要节点夜景亮化等工作，纵深推进城市精细化管理，城市环境更加“整洁、有序、舒适、愉悦”。

乡村振兴加快推进。扎实开展美丽乡村建设，投资3.9亿元，统筹实施基础设施建设、历史风貌保护、乡村产业发展等美丽乡村项目208项，大南沟村、海上桥村、韵沟村等15个美丽乡村示范村更美更靓。大力推进农村人居环境整治，农村生活垃圾治理实现全覆盖，户用无害化卫生厕所普及率达94%，生活污水治理覆盖180个行政村。加强农村精神文明建设，创建各级文明镇15个、文明村177个。持续壮大农村集体经济，实施省、郑州市扶持集体经济发展试点项目24个，全市集体经济空壳村全部清零。

互联互通更加高效。强力推进重大交通项目建设，芝田路、洛滨路、韩张路、七大路驻驾河段等7条道路竣工通车，国道G310焦桐高速至巩偃界段等项目顺利推进，回郭镇人桥建成通车。五里堡城乡客运公交场站建成投用，新开通城市公交线路1条、旅游线路3条，新建改建农村公路65公里，城乡交通网络更加完善、更加通畅。

四、扎实推进生态建设，绿水青山魅力彰显

坚持生态保护为先，进一步加强环境治理，打好污染防治攻坚战，生态承载能力持续提高。

沿黄生态进一步优化。突出“重在保护，要在治理”根本方针，深入开展“绿盾2020”“黄河清四乱”等专项行动，拆除各类违建45万平方米。成功举办黄河流域突发水环境事件应急演练，有效提升了突发水污染事件联动联防能力。

绿水青山工程加快推进。统筹推进国家储备林、困难山地造林、生态建设造林、生态廊道造林、河道景观绿化，完成新造林5.3万亩、地被种植10.7万平方米，建成森林小镇5个、森林乡村31个，林木覆盖率达42%，获评河南省级森林城市。坚持“四水同治”，生态水系项目进展顺利，累计完成投资18.5亿元。狠抓露天矿山综合整治，有序推进绿

色矿山建设，完成历史遗留矿山地质环境恢复治理 8556 亩。

环境质量持续好转。积极优化调整产业结构、能源结构、交通运输结构，淘汰碳素产能 40.4 万吨，完成工业企业深度治理 1309 家、涉挥发性有机物企业治理 35 家，全域禁煤扎实推进，扬尘污染防治和重型车辆管控成效显著，从 $PM_{2.5}$、PM_{10} 年均浓度同比分别下降 6.8%、18.7%，优良天数达 213 天，增加 26 天，环境空气质量实现“六降一升”。饮用水水源地保护工作持续推进，清源治污进一步强化，伊洛河、汜水河出境断面水质稳中向好。

五、持续优化营商环境，发展活力不断增强

坚持把优化提升营商环境作为推动高质量发展的重要举措，聚焦问题抓改革，坚持不懈抓招商，经济发展动力、活力持续增强。

各项改革持续深化。大力推进“互联网＋政务服务”和“最多跑一次”改革，1777 个事项实现网上办理、83 个“一件事”实现“郑好办”在线可办。深化行政执法体制改革，文化市场、农业、交通、市场监管等领域综合行政执法大队挂牌成立。巩义市被确定为全国农村宅基地制度改革试点县（市）。

营商环境进一步优化。聚焦商事登记、不动产登记、工程建设等领域突出问题，进一步优化工作流程，压缩审批时限。工程建设项目审批实现网上办理，时间压减至 70 个工作日内，不动产登记实现“交房即发证”，“非接触式办税”“不见面开标”顺利实施。市场主体新登记 8866 户，新增注册资本 172 亿元，新增中原股权交易中心挂牌企业 55 家。

开放招商取得新突破。制定招商引资工作意见、绩效考核办法、优惠政策等，依托国家级重大平台，积极洽谈先进制造、大数据中心、文化旅游等项目，成功举办 2020 年中国新能源产业发展高峰论坛暨知名企业走进巩义活动。全年签约投资亿元以上项目 33 个，总投资 443 亿元；引进市外境内资金 151.7 亿元，增长 3.6%，实际利用外资 3.5 亿美元，增长 3%；外贸进出口总额 51.5 亿元，增长 8.5%。

六、千方百计改善民生，社会大局和谐稳定

聚焦解决疫情影响下的突出问题，切实加大民生投入力度，全市民生支出70亿元，占一般公共预算支出的76.7%，民生实事基本完成。

脱贫攻坚顺利收官。投入财政专项扶贫资金1.3亿元，统筹推进产业、就业、金融、生态等扶贫工作，持续巩固脱贫攻坚成果，全市贫困人口年人均收入达到17026元，增长24.7%。

就业形势保持稳定。全方位实施稳就业攻坚行动，积极通过线上招聘等形式扩大就业，全市新增城镇就业11971人，农村劳动力转移就业6133人。

社会保障水平不断提高。企业退休人员每月人均养老金达2593元，城乡居民养老保险基础养老金提高到每月130元。织密织牢困难群体保障网，发放城乡低保、特困供养等各类救助补贴资金1.7亿元。加快养老服务设施建设，17个养老服务中心建成投用。持续加大住房保障力度，基本建成保障房项目10个2399套，回迁群众1447户5462人。

社会事业协调发展。落实教育优先发展战略，和平路幼儿园、河东社区幼儿园竣工招生，巩义市第一初中、山川幼儿园等5所学校完成年度建设任务，全市中小学午餐供应覆盖率达97%，课后延时服务实现全覆盖。全面提升卫生健康服务水平，医药卫生体制改革深入推进，市人民医院东区医院一期工程完工。加快文化体育事业发展，3个城市书房基本完工，新增足球场15个，双槐树遗址重大考古成果入选“2020年度国内十大考古新闻”。高标准推进退伍安置、双拥共建等工作，蝉联“全国双拥模范城”荣誉称号。

社会治理能力不断提升。坚持和发扬新时代“枫桥经验”，深化信访问题和矛盾纠纷化解，信访总量大幅下降，信访秩序明显好转，群众满意度持续提升。加强公共法律服务体系规范化建设，全市318个村（社区）实现法律顾问全覆盖。纵深推进扫黑除恶专项斗争，扎实推进治安防控，有力保障了人民安居乐业、社会安定有序。进一步健全完善安全

生产和应急管理责任体系，深入推进安全生产专项整治三年行动，安全生产形势保持稳定。村级“两委”换届选举圆满完成。巩义市再次蝉联“全国社会治理创新典范城市”称号。

同时，自觉接受党内监督、人大监督、民主监督、审计监督、社会监督和舆论监督，办理行政复议、行政诉讼 100 件，办理人大代表议案建议 82 件、政协委员提案 145 件。严格落实全面从严治党要求，全面落实意识形态、党风廉政建设责任制，深入推进政府系统廉政建设，全面配合做好省委巡视工作，营造了风清气正的政治生态。工会、共青团、妇女儿童、残疾人、文学艺术、慈善、红十字等事业健康发展，国防教育、民族宗教、外事侨务、统计、史志、气象等工作也都取得了新的成效。

登封市 2020 年经济社会发展报告

中共登封市委　登封市人民政府

面对新冠肺炎疫情的严重冲击，2020 年，登封市高举习近平新时代中国特色社会主义思想伟大旗帜，在上级党委、政府和市委的坚强领导下，齐心协力，同舟共济，统筹推进，经受住了重大考验，“美丽登封”建设取得显著成效。全市地区生产总值比上年增长 2.4%，一般公共预算收入增长 7.2%，固定资产投资增长 16.6%，城镇居民人均可支配收入增长 2.1%，农村居民人均可支配收入增长 5.5%。

一、坚持两个统筹，坚决打赢疫情防控阻击战

面对突发疫情，登封市坚决守牢疫情防控的“登封防线”，1.7 万名党员干部、公安干警、志愿者冲在一线、战在前沿，广大医务工作者坚守阵地、勇担重任，73 万人民齐心协力、共克时艰，全面落实闭环管理措施，率先实现全民健康智慧管理；市总医院梁澄辉医师驰援武汉，116 名优秀干部、医护人员驻守机场、尽显担当，贡献了登封抗疫力量；慎终如始抓好常态化疫情防控，冷链食品落实全流程闭环管控，重点人群做到“应检尽检”。

统筹推进企业复工复产，组建 285 个“三送一强”服务专班，“一对一”开展精准服务，培育壮大郑州爱乐威医疗科技等 7 家疫情防控物资

生产企业，累计帮扶企业7000余家，协调解决问题4万余个，5.1万个市场主体于6月底前全部实现复工复产、复商复市，全年减税降费4.3亿元，新增贷款39亿元，成功争取专项债券资金13亿元、上级各类补助资金34亿元，有力地支撑了“六稳”“六保”工作。

加快建设美丽登封，坚持“市委统筹领导、政府具体负责、一办六部三组推动落实”的工作格局，全面落实《美丽登封建设三年行动计划》，以重点项目高效率推进带动美丽登封高质量发展。全年共谋划实施“六美”重点项目124个，完成投资91.8亿元，南水北调登封供水配套应急连接工程等47个项目竣工。

二、守护绿水青山，聚力打造美丽生态

深入开展生态环境治理，落实“河（库）长制”，推进“三污一净”“三山”整治、“一山一河四路”自然资源清查等专项行动，累计清理河道253公里，治理矿坑284个，恢复生态1万余亩，368宗问题图斑全部整改到位，“三区两线”露天矿山生态修复治理率达到100%，空气质量持续改善，主要考核指标PM_{10}、$PM_{2.5}$、NO_2浓度均同比下降11%，优良天数同比增加68天，实现“三降一升”，排名居郑州县（市）首位。

大力推进生态文明建设，实施国土绿化提速行动，完成核心景区、三绿楔生态修复1.1万亩，生态廊道绿化1.65万亩，建成围村林等农田防护林3000亩，创成森林特色小镇4个、森林乡村28个；启动水磨湾水库建设和少阳河综合治理工程，全年压采地下水178万立方米，成功创建全国第一批深化小型水库管理体制改革样板县（市）。

坚决守住生态保护红线，颍河沿线11座污水处理厂、46台污水处理设施实现稳定达标运行，高质量完成自然保护地整合优化和生态保护红线评估调整工作，全面开展农村乱占耕地建房问题专项整治行动，纠正违法违规行为91起，坚决遏制了耕地“非农化”行为。

三、加快转型升级，大力发展美丽经济

把制造业高质量发展作为主攻方向，坚决淘汰落后产能，关闭退出煤炭企业 3 家，淘汰碳素企业 3 家，整合耐材企业 34 家，合计压减产能 56.7 万吨；加快改造提升传统产业，实施“三大改造”重点项目 35 个，完成工业企业深度治理 401 家、“亩均论英雄”综合评价 634 家；大力发展新兴主导产业，规划建设 7.26 平方公里的装配式建筑产业园，完成投资 13.5 亿元，城源集团年产 20 万立方米 PC 预制构件生产线项目竣工投产；实施重大产业工业项目 25 个，郑州启明轩智能装备、河南克莱威纳米碳材料等 13 个项目建成投产；新增接链企业 78 家、上云企业 310 家，工业互联网应用成效初显。

把文旅融合发展作为新兴战略路径，强化文旅品牌打造，观星台、仙人谷创成 4A 级景区，范家门、摘星楼创成 3A 级景区，荣获“全国旅游标准化示范单位”“河南省旅游扶贫示范县”称号；强化文旅市场培育，室内文武演艺项目《少林十三棍僧》顺利开演，知白民宿、福润雅居被评为河南省首批精品民宿，少林办入选河南省特色生态旅游示范镇；强化文化保护传承，二十四节气、嵩山内养功法入选国家级非物质文化遗产名录，“天地之中”历史建筑群保护管理获得 5 星级荣誉，成功举办嵩山论坛 2020 年年会，文化软实力进一步增强。

把发展现代特色农业作为重要抓手，新建高标准农田 5000 亩，粮食产量达到 20.2 万吨，蔬菜产量达到 10 万吨，新增郑州市级现代农业示范园项目 6 个，新认证“绿色食品”农产品基地 3 家，创成全国休闲农业与乡村旅游四星级示范园区 1 家，村级集体经济空白村实现“清零”，十万元以上村占比 60%，百万元以上村达到 18 个。

四、统筹城乡建设，全力共建美丽人居

以道路有机更新带动城市有机更新，一条大道穿城过，百里嵩山入

城来，焕然一新的少林大道再次刷新了登封的“颜值”和“气质”，全长33公里的环嵩山旅游公路基本贯通，国道G207市区至大金店段环境综合整治工程主体完工，盐洛高速少林站建成通车，“一环绕山、九珠璧连、四区联动”新格局即将形成；中心城区功能提升城建二期等26个市政基础设施项目加速推进，新改建道路全部实现明线入地，城市面貌日新月异。

以核心板块高水平规划引领城乡高质量建设，高标准编制《国土空间总体规划》，进一步优化生产、生活、生态空间布局；精心编制核心板块城市设计，西旅游环路等3条道路全面开工，投资60亿元的绿地嵩山小镇等7个项目加快推进。

以完善功能配套提升城乡建设品质，气势恢宏、端庄典雅的市民文化中心惊艳亮相，成为登封新地标；投资2亿元的中岳文化公园、3.1亿元的大周封祀坛遗址生态文化公园开工建设；12个老旧小区改造基本完工，7个镇办城乡接合部综合整治全面启动，14个小微游园建成开放；实施“百县通村入组”工程147个136.5公里，实现全市20户以上自然村全部通硬化路；大力推进燃气“通镇入村”工程，铺设管网270公里，新增农村燃气用户1.1万户；完成农村改厕1.9万户，城乡环境明显改善。

以城市精细化管理促进城市更美好更宜居，新建停车位1万个并纳入智慧停车管理系统，建成5G基站271个，基本实现城区全覆盖；城市管理执法力量下沉至办事处，拆除违法建设946处，整治“住改商”658间，完成拆墙透绿3.5公里，城区垃圾分类设施覆盖率达到95%，主干道机扫率达到100%；重新规划设置44个城市社区，服务群众更加便捷贴心。

五、聚焦优化环境，深入推进改革开放创新

坚持改革“增活力”，产业集聚区机构套合有序开展，国家增量配电试点实现并网供电，卢店镇撤镇设街道稳步推进；深入推进“放管服”

改革，1663件政务服务事项实现“一网通办”，电子化审批“一网办、不见面”，不动产登记交易缴税“当场办、当天办”；全面推行“双随机、一公开”监管，“互联网＋监管”覆盖率位居郑州市首位。

坚持开放“壮实力”，全年引进域外境内资金125.2亿元，吸收境外资金1.2亿美元，实现进出口总额3.3亿元；签约引进项目36个，签约总额234.8亿元，投资2.5亿元的山东绿地泉景幕墙等8个项目竣工投产。

坚持创新“强动力”，全年新增市级以上工程技术研究中心10家，评定科技雏鹰企业17家、科技小巨人企业9家、科技瞪羚企业3家、高新技术企业13家，获得授权证书专利438件，科技支撑作用更加显著。

六、围绕增进福祉，加快补齐民生短板弱项

铆足干劲决战脱贫攻坚，聚焦“两不愁三保障”，持续打好“四场硬仗”，深入开展“六大行动”，大力实施“四项工程”，投入1.5亿元实施专项扶贫项目141个，发放扶贫小额贷款2977万元，资助建档立卡学生9739人次1187万元，健康扶贫救助5.9万人次2100余万元，新增贫困人口实现顺利脱贫，贫困村集体经济收入全部达到10万元以上，贫困户年人均纯收入达到13810元，同比增长11.7％。

持之以恒增进民生福祉，建成安置房30.3万平方米，网签2078套，回迁群众730户3285人；引进郑州市实验幼儿园、伊河路小学、七十三中等优质教育资源，组建崇高路小学、商埠街小学2个教育集团，新改建中小学校19所，新增公办幼儿园6所，完成21所城镇小区配套幼儿园移交任务，新增学位1万个，建成16个社会足球场，公办普通高中重点本科和普通本科上线率稳居郑州县（市）首位；市人民医院晋升三级综合医院，实现乡镇卫生院、社区卫生服务中心互联互通；完成农村劳动力技能培训5083人，新增城镇就业5842人、返乡创业1057人；发放城乡低保、特困人员救助资金1.1亿元，清欠农民工工资4659万元，清偿民营中小企业账款2094万元；设立退役军人服务中心（站）348个，

为728名退役士兵补缴养老保险1259万元，拥军优属工作深入推进。圆满完成第七次全国人口普查。

坚持不懈推进安全生产，以三年行动为抓手，深入开展矿山、消防、燃气、道路交通、房屋建筑等领域安全生产专项行动，495家企业建成安全风险隐患双重预防体系，新建“互联网+透明车间”78家、“互联网+明厨亮灶”231家、冷链食品经营单位智慧化监管22家，全年安全生产形势持续稳定；深入开展“扫黑除恶”专项斗争，依法侦办涉黑涉恶案件3起；开展“嵩山志愿者”服务活动5700余场，参与人数超过50万人次，告成镇创成全国文明镇，徐庄镇屈沟村创成全国文明村，登封市被确定为全国文明城市提名城市。

自觉执行市人大及其常委会决议决定，办理人大代表建议和政协委员提案220件、满意率100%。档案、工会、共青团、妇女儿童、残疾人、慈善、老干部、老区建设、地方志、民兵预备役等工作都取得了新进展。金融、税务、电力、邮政、烟草、通信、气象等部门在支持和参与地方经济建设中都做出了积极贡献。

新密市 2020 年经济社会发展报告

中共新密市委　新密市人民政府

2020 年，面对突如其来的新冠肺炎疫情和错综复杂的严峻形势，新密市认真学习贯彻习近平新时代中国特色社会主义思想和习近平总书记视察指导河南时的重要讲话精神，全面贯彻新发展理念，认真落实中共中央、河南省、郑州市决策部署，统筹推进常态化疫情防控和经济社会发展，扎实做好“六稳”“六保”工作，取得了疫情防控重大阶段胜利和高质量发展重大战略成果。全年实现国内生产总值 706.29 亿元，财政总收入 52.2 亿元，城区建成区面积 33.6 平方公里，全市全体居民人均可支配收入 30306 元，三次产业结构由上年的 2.5∶49.8∶47.7 调整为 3.3∶51.9∶44.8。新密市位居全国县域经济百强县（市）第 62 位、工业百强县（市）第 59 位、乡村振兴百佳示范县（市）第 65 位，中部地区县域经济百强县（市）第 7 位、河南省第 3 位。接连创成国家卫生城市、河南省文明城市和全国文明城市提名城市、省森林城市、省园林城市。获全国无障碍环境示范县（市）、国家级健康促进县、全国公共资源交易百强县（市）。成功举办 2020 中国（河南）国际大学生云上时装周、中国（河南）首届白银文化博览会、首届中原美妆节等重大盛会活动。

一、在大战“疫”中稳增长，主要指标持续向好

快速动员打好“阻击战”。第一时间启动抗疫应急响应机制，市委政

府坚强领导、人大政协密切配合、领导小组统筹调度、各级各部门履职尽责、基层党组织全面响应、广大党员干部一线冲锋、社会各方面全力支持，构筑了高效严密的联防联控、群防群控体系。全面落实“四早”“四集中”，推行“基层首诊、逐级转诊、分区就诊、定点救治”，坚决守住疫情防控风险防线，成为郑州市本地病例最少和“零增长”时间最长的县（市）。

常态防控打好“阵地战”。严格落实精细精准措施，慎终如始抓牢抓实常态化疫情防控，累计排查6万余人，有效防止了疫情输入反弹。1个月内建成万神山等10家医疗物资企业，叫响了“新密速度”，展现了“新密力量”。人大代表、政协委员、党员干部、爱心企业、社会人士等踊跃捐款捐物合计3900多万元，风雨同舟，共克时艰。积极响应国家号召，向意大利巴兰扎泰市捐赠送达了2万只一次性医用口罩，彰显了特殊困难时期的中意情深，人民日报以《友城情谊重》为题予以报道。

恢复经济打好“攻坚战”。坚持“一手抓防疫、一手抓复工”，持续开展“三送一强”“一联三帮”，狠抓“七到企业”，力促复产达产。累计帮扶企业（工程）6626家，减免缓退各类税费53.7亿元，提供资金支持257亿元。疫情防控和复工复产工作在郑州市考核中多次位列先进，我市派驻郑州市健康关爱中心专班连续四次获评郑州市优秀单位。全年生产总值增长3.2%，规模以上工业增加值增长9%，固定资产投资增长10.6%。一般公共预算收入38.8亿元，增长4.2%。金融机构贷款余额286亿元，比年初增长17%，有力促进了经济企稳回升向好。

二、在大创新中促转型，产业结构持续优化

产业升级呈现加速度。实施制造业高质量发展三年行动计划、高新技术和科技型企业三年倍增计划等专项行动。施密特电梯、国家863科技创新园等128个重点项目有序推进。被评为郑州市制造业高质量发展先进县（市）。大力发展全域旅游，打造省特色生态旅游示范镇1个、乡村旅游特色村2个、休闲观光园区2个。接待游客670万人次，旅游综

合收入 28.6 亿元。银基国际旅游度假区动物王国、冰雪酒店等项目逆势开业，“十一”期间营业收入达到 8970 万元，名列全省景区第一。伏羲山旅游度假区获批省级旅游度假区。促进农业高质高效，建设高标准农田 1.4 万亩，发展现代农业示范园 5 个、全国休闲农业与乡村旅游星级精品园 1 个，休闲农业总收入 1.2 亿元，荣获省农产品质量安全县(市)。市产业集聚区新建续建风尚企业新城创新产业园、同赢服装企业总部港等投资亿元以上项目 23 个，完成投资 45 亿元，被命名为河南县域经济特色百亿产业集群。我市获评郑州市产业发展先进集体。

创新发展实现强驱动。强化技术质量标准引领，全面推行工业企业“亩均论英雄”分类综合评价，新增高新技术企业 31 家、科技型企业 41 家、省级以上创新引领型平台 9 家、“上云”企业 312 家。酷派三维科技被认定为我市首家郑州市新型研发机构。创成国家级“专精特新”企业 2 家、国省级绿色工厂 3 家、郑州市领军型企业 4 家。市科技创新创业综合体建成省级科技企业孵化器，累计入孵企业 256 家，被评为省特色产业基地先进单位。获评市长质量奖 5 家，康宁特环保科技获省长质量奖提名奖。

结构调整展现新成效。坚持以开放招商扩优势、增后劲、促转型，聚焦先进制造业、生产性服务业和科技研发平台，强化链条招商、对接拜访，合丰泰柔性玻璃基板、荣力军工通信 2 个投资 10 亿元以上高质量项目、云天智能卫星通信等 19 个项目正式签约。引进域外境内资金 205.8 亿元，增长 6.1%，跨境电商交易 9.3 亿元，实际吸收外资 2.4 亿美元，获郑州市对外开放工作先进县（市）、招商引资工作先进单位。落实“五个一”“两分包”工作机制，301 个重点项目完成投资 315.2 亿元，获评郑州市重点项目建设先进集体。

三、在大变革中优生态，发展环境持续改善

人居环境更美。以文明卫生城市创建提升群众生活品质，喜摘郑州市“爱国卫生杯”桂冠。推进生活垃圾分类处置，覆盖率达 95%以上。城市西区洧水河污水处理厂、刘寨镇污水处理厂等建成运营，完成农村

"四改" 2.5 万户。启动 50 个美丽乡村示范性村庄规划建设，推进保留性村庄实用性规划应编尽编，伏羲山楼院、米村范村、牛店北召等美丽乡村初见成效。创建人居环境整治示范村 20 个、达标村 40 个，被授予全省农村人居环境整治先进县（市）。河南卫视《梨园春》栏目"美丽乡村唱起来"大型活动首场演出亮相新密。

生态环境更优。持续打好蓝天、碧水、净土保卫战，1765 家工业企业完成"六治理"核查，153 家涉挥发性有机物企业完成治理，$PM_{2.5}$、PM_{10} 年均浓度分别下降 5.6%、18%，空气质量优良天数 253 天，比上年增加 50 天。河长制有效落实，出境水质持续向好，土壤环境保持稳定，畜禽养殖粪污资源化利用率达 95%以上。编制生态建设规划，42 个重大生态项目完成投资 18.5 亿元。实施"一屏五美六路多园千百十示范点"工程，新增国土绿化 5.1 万亩，创成国家级森林乡村 6 个、省级森林特色小镇 4 个。溱水河综合治理、南水北调引水入密配套调蓄工程等有序推进，"三区两线"露天矿山治理任务全部完成，获评郑州市生态建设先进单位。

营商环境更好。深入推进"一网通办、一次办成"政务服务改革，1677 项服务事项"最多跑一次"，占比 90%，1531 项"一次不用跑"，占比 82%。"城市大脑"一期项目加快实施，率先开通县级数据仓库。深化工程项目审批制度改革，推行"服务八同步"，完成土地收储 7234 亩、供应 4231 亩。争取政府债券 8.9 亿元，新增"四上"单位 70 家、资本市场挂牌企业 30 家，优化营商环境工作走在郑州市前列。

四、在大建设中夯基础，城乡融合持续突破

交通"畅"起来。进一步优化城乡路网体系，开阳路南延、溱水路西延、金凤路北延等 16 条道路建成通车，龙潭大桥新建工程和国道 G343、省道 S321 等 22 个整修工程完工投用，国道 G310、省道 S317、郑尧高速轩辕丘收费站提升改造等推进顺利，焦平高速、国道 G234 升级改造等前期工作扎实开展。建成"四好农村路"项目 92 个 211.8 公里，

"百县通村入组"工程任务如期完成，交通网络综合效应持续放大。

城市"靓"起来。以"三项工程、一项管理"为抓手，编制高品质推进城市建设三年行动计划，实施核心片区、重大基础设施、公共服务及生态绿化、城市改造更新四大类项目94个，累计完成投资75亿元。改造老旧小区44个40.5万平方米，网签安置房3202套、回迁群众1879人。金巴斗购物中心、中强·光年综合体等新兴片区蓬勃兴起，城区和主镇区实现5G移动通信网络全覆盖。雪花山森林运动公园、报恩寺生态文化公园建设加快，建成微公园、小游园15个，新增绿地62万平方米。产业新城规划建设有序进展，白寨镇城乡接合部综合改造获郑州市表彰。

乡村"兴"起来。668个乡村振兴项目稳步推进，4个中心镇的48个项目完成投资8.8亿元。农村集体产权制度改革全面完成，实施村集体经济项目26个，来集马沟、曲梁窦沟、岳村竹杆园等90个村实现分红，受益群众10万多人。广泛开展文明镇村创建、美丽庭院评选等活动，文明乡风、良好家风、淳朴民风蔚然成风。荣获郑州市"三农"工作（乡村振兴）先进单位。

五、在大投入中补短板，民生福祉持续增进

脱贫攻坚全面胜利。扎实开展国家、省反馈问题整改和脱贫攻坚"回头看"，深入对标对照，全面完成整改。坚持"造血""输血"并举，122个扶贫项目全部竣工，资金拨付率达93.8%。28个脱贫村集体收入年均增收5万元以上，贫困人口稳定实现"两不愁三保障"。

民生事业蓬勃发展。把保就业放在首位，加大政策扶持，新增市场主体1.2万户，带动城镇新增就业8816人、农村劳动力转移就业9436人，荣获全省农民工返乡创业示范县（市）。坚持美好城市从美好教育开始，实施教育惠民项目54个，政通路幼儿园、育才街小学、市委党校新校区、北京外国语大学附属学校、黄河护理学院、郑州医药专修学院等建设加快，建成农村教师周转宿舍242套。城镇小区配套幼儿园专项治理取得实效，引进金水区纬五路一小托管轩辕小学，义务教育阶段起始

年级彻底消除大班额。实现城区公办中小学在校午餐供应全覆盖和校内课后延时服务全免费，有效解决学生“午餐难”“接送难”问题。全民健身活动深入开展，建成多功能运动场 2 个、健身驿站 1 个，新建和升级改造足球场 15 个。全国县域紧密型医共体试点县建设稳步推进，疫情防控能力提升等项目进展顺利，4 家核酸检测实验室投入使用，完成 5 家二级医院、17 家乡镇卫生院和社区卫生服务中心发热门诊（哨点）建设，市中医院晋升全省首家县级三级医院。医疗保障制度改革纵深推进，公立医院医疗费用下降 14.2%。市新时代文明实践中心完成升级改造。举行文化惠民演出 234 场，新开放各类博物馆 5 家。民生政策全面落实，有力保障了各类特殊群体和困难群众生活。

社会治理效能跃升。扎实推进全国首批乡村治理体系建设试点工作，较好完成全省村（社区）“两委”换届试点任务。第七次全国人口普查工作有序进行。集中开展煤矿、非煤矿山、道路交通、食品安全、消防火险等重点领域隐患排查治理，保持安全生产良好态势。深入推进全面依法治市，坚决打好扫黑除恶专项斗争收官战，开展信访矛盾化解“四大攻坚战”，完善农民工工资支付保障机制，严厉防范打击各类违法犯罪行为，社会环境更加安定。用心用情关爱退役军人，退伍安置、优待抚恤、烈士褒扬、双拥共建等工作成效显著。军民融合深度发展，武装工作在郑州市年度军事素质综合考核中总评第一，市人民武装部被省军区表彰为全面建设先进人民武装部。工会、共青团、妇女儿童、民族宗教、外事侨务、机关事务、档案史志、供销烟草、保险气象、邮政通信等工作都取得了新成绩。

六、在大发展中抓党建，干事创业更加有力

市委常委会坚决扛稳管党治党政治责任，深入贯彻新时代党的建设总要求和新时代党的组织路线，不断提升全面从严治党质量水平，努力以党的建设高质量推动经济发展高质量。坚持把政治建设摆在首位。旗帜鲜明讲政治，确保政令畅通、令行禁止。建立健全贯彻上级决策精神

的部署、落实、督查相衔接的“闭环”机制，按照省委“五比五不比”要求，重结合、重内容、重实效，真贯彻、真落实、真执行，确保各项工作、各项事业始终沿着正确政治方向行稳致远。全面筑牢基层党组织战斗堡垒。牢固树立大抓基层的鲜明导向，全面贯彻支部工作条例，深入开展强基固本三年行动，不断增强各级党组织的政治领导力、思想引领力、群众组织力、社会号召力。高质量推进村（社区）“两委”换届，围绕“六个好”和“4 个 100%”目标，做深做实做细各项工作，选好班子、建强队伍，推动基层党组织整体功能、内在动能、运行效能全面提升，圆满完成试点任务，经验做法全省推广。持续深化党支部标准化规范化建设，巩固“健康支部”创建成果，开展农村基层党建“查短补弱”专项行动，整顿党组织软弱涣散村 13 个。大力实施“头雁”工程，创办“支书论坛”，深入开展“亮赛比”活动，推动基层组织建设全面进步、全面过硬。突出城市基层党建系统建设，健全完善社区代表大会制度，积极培育“红色物业”“自治家园”，建立自治组织 180 个，新建“两新”党组织 85 个，城市基层党建水平不断提升。建设忠诚干净担当骨干队伍。强化党员教育管理，举办“高扬红色旗帜、凝聚先锋力量”培训班 3 期，培训农村优秀党员 336 人，依托乡镇党校实现农村党员培训全覆盖。建立党员联户“一联四帮”机制，2 万多名党员结对群众 14.4 万户，在脱贫攻坚、乡村振兴、服务民生中彰显党员先锋模范作用。加强干部实践历练，先后抽调 7 批 142 人次参与疫情防控、巡视巡察、创文创卫等重点工作。着力提升“智汇郑州”人才服务质量，扎实开展乡土人才联络和回归工作，入库乡土人才 2955 名。坚定不移正风肃纪。持续加强对上级重大决策部署的监督检查，查处疫情防控工作履职不力、失职失责问题。以落实中央八项规定精神为切入点，不间断开展上班纪律、工作日午间饮酒等监督检查。扎实开展巡察工作，完成对 101 个党组织的常规巡察和 8 个党组织的巡察“回头看”，发现解决了一批管党治党不力的突出问题。用好监督执纪“四种形态”，深入开展以案促改、“好家风家庭”和“讲家史、学家训、传家风”评选等，营造了风清气正、干事创业的良好政治生态。

荥阳市2020年经济社会发展报告

荥阳市人民政府

2020年，荥阳市沉着有力应对各种风险挑战，统筹推进疫情防控和经济社会发展，扎实做好“六稳”工作，全面落实“六保”任务。初步核算，全市生产总值比上年增长3.1%，一般公共预算收入增长5.3%，规模以上工业增加值增长9.9%，固定资产投资增长12.5%，居民人均可支配收入增长4%，整体呈现恢复向好、稳中向上的发展态势。

一、统筹经济发展，防疫复工“双战双胜”

全力做好疫情防控。及时启动应急预案、组建指挥部，严格落实“四早”要求，精心构建市乡防控体系，实施“4+*N*”值守排查、市直单位分包疫情服务站点等机制，采取“大数据+网格化”方式群防群控、联防联控，汇聚成全民抗疫的磅礴伟力，构筑了阻击疫情的“荥阳防线”。坚持人民至上、生命至上，确定5家医院分3个梯队用于疫情隔离留观与救治，6名确诊患者和1名无症状感染者得到有效救治。坚决落实“外防输入、内防反弹”防控要求，织密织牢常态化防控网络，疫情防控战果持续巩固，万众一心守护了群众安康、守卫了荥阳安全。

精准有序复工复产。优先保障防疫物资和生活必需品供应，开辟多条物资保障供应链，建成口罩生产厂7家，提前制定工作方案和具体细则，分级分类率先推动企业复产、项目复工、商超复市、学校复学，为全市经济恢复赢得了主动、抢占了先机。积极开展“三送一强”“一联三帮”活动，出台促进经济平稳健康发展57条，设立企业应急转贷周转资金1.5亿元；累计帮扶企业4万余家，解决用工8万余人，减免缓税费14亿元。

*积极扩大投资消费。*研究出台扩大有效投资、加快项目建设具体举措，180个市本级重点项目完成投资399亿元，41个省市重点项目综合排名位居郑州县（市）前列。争取抗疫特别国债1.46亿元，发行政府专项债券12.9亿元，获批企业债券12.5亿元。落细落实促消费增活力稳增长举措，新增特色夜经济示范区3个，拉动消费增长20%。开展“全民消费月”活动，为全市8183名困难群众发放消费券。创新开展“促消费、助脱贫”网络直播、“靓丽·夜荥阳”等促消费活动，带动电商交易额增长7%。

二、补齐短板弱项，三大攻坚强力推进

*脱贫攻坚取得新进展。*精准落实各项扶贫政策，完善“产业+就业”帮扶措施，贫困群众内生动力不断增强。扎实开展驻村帮扶，累计投入专项资金7246万元，实施扶贫开发项目54个；改造农村危房50户，发放贫困资助救助金1219万元、小额扶贫信贷2392万元，为建档立卡贫困群众免费体检2万余人（次），2431名贫困群众实现稳定就业。建立完善防返贫动态监测机制，开展“两不愁三保障”回头看，顺利通过省脱贫攻坚成效考核。

*污染治理取得新战果。*坚持把改善生态环境作为最普惠的民生福祉，以大气污染治理为重点，持续落实“六控”措施，强化“三散”治理，统筹实施“六大专项治理行动”，完成企业深度治理137家，强力推进“散乱污”企业动态清零。$PM_{2.5}$、PM_{10}年平均浓度分别下降8.6%、17.1%，优良天数增加36天，大气污染防治三年行动计划目标圆满完成。不断加强水生态治理，第一、第三污水处理厂完成扩建，索河、汜

河出境断面水质稳定达标。有序开展土壤污染防治，污染地块安全利用率达 100%。

防范化解重大风险取得新成效。全面加强政府债务管理，积极稳妥化解存量债务，政府债务风险总体可控。强化金融监管，防范金融风险，稳妥处置化解非法集资案件，存量风险有序化解，增量风险有效防范。持续推进问题楼盘化解攻坚，6 个重点问题楼盘有效化解。全力做好根治农民工欠薪工作，顺利完成国务院第一次提出的“双清零”目标。

三、加快转型升级，产业结构不断优化

先进制造业提速扩量。坚持把装备制造、新材料作为制造业高质量发展主抓手，制定扶持政策，抓好链条延伸，装备制造业、高新技术产业增加值分别增长 30.7%、10.5%。荥阳产业集聚区新落地轨道交通配套企业 6 家，华煜光电、株洲时代电气等 7 个项目投入运营，新增规模以上企业 5 家。新材料产业园区创新创业综合体等 15 个项目加快推进，新引进源弘电子等项目 3 个。五龙产业集聚区合盛杭萧等 3 个项目建成投产，新引进亿元以上项目 11 个，获评郑州市“五快”专业园区。三大改造成效显著，实施工业技改项目 79 个，投资额增长 20%，淘汰化解碳素、水泥熟料产能 151 万吨；数字化智能化改造提速，千余家企业“登云”。新增智能制造示范项目 15 家、“两化融合”贯标企业 16 家。获评全省制造业高质量发展综合评价试点县（市）。

现代服务业提档升级。中科亿霖等 3 个项目建成投用，郑州骨科医院具备运营条件。新城吾悦广场项目主体封顶，数字经济产业园项目扎实推进。全域旅游加快发展，塔山旅游区、禹锡园创成 3A 级景区，贾峪镇创成省级生态旅游示范镇，洞林湖景区创成省级旅游度假区。全年接待游客 230 万人（次），旅游总收入 1.4 亿元。房地产业健康发展，商品房交易面积 168 万平方米，交易额 133.5 亿元。金融业增加值完成 19.3 亿元，增长 3.7%。

现代农业提质增效。落实最严格耕地保护制度，获评郑州市永久基

本农田保护先进集体。新增高标准农田1万亩，粮食总产量27.5万吨。生猪产能稳步提升。农业产业化加快发展，新培育省级龙头企业3家、郑州市级龙头企业4家，新认定省级农民专业合作社示范社5家，建成都市生态农业2100亩。农产品质量不断提升，新认证“三品一标”农产品12个，新增国家名特优新农产品2个。发放农机购置补贴710万元，主要农作物耕种收综合机械化率、秸秆综合利用率分别达85%、93.5%。

四、突出建管并重，城乡面貌发生巨变

城乡品质不断提升。实施“三项工程、一项管理”，加快城市有机更新，实施城市提质项目84个，完成投资54.2亿元。索河路、荥泽大道“一纵一横”示范段基本建成，改造老旧小区54个、背街小巷12个。新建雨污水管网7公里、供水管网23.8公里、供气管网54公里。强化农贸市场综合整治，新建改建标准化农贸市场2家。城乡接合部46个村环境综合整治完成“治标”，打造示范村10个，郑州市对插闫村、毛寨村进行现场观摩。

城市管理更显精细。持续加大城市顽疾整治力度，取缔占道经营6万处、拆除户外广告500处。持续推进城乡环卫一体化，不断完善农村生活垃圾收运处置体系，城市生活垃圾分类覆盖率达95%以上；新改建公厕60座。深入推进道路清洁机械化联合作业，城区主干道实现每日两扫一冲洗、人工保洁全天候。新建停车场5个，施划机动车泊位8756个。5G基站实现城区全覆盖。实施道路照明智能化管理，完成33条道路亮化工程，城市亮灯率达100%。全面落实数字城管长效机制，运营效果位居郑州县（市）前列。

路网体系更加完善。持续优化融郑路网，实施G310线郑州西南段改建工程等交通重点项目36个，完成投资12.7亿元。扎实推进“四好农村路”建设，改造提升农村道路165公里，7条县道升级改造项目主体通车，完成美丽公路建设10公里。推行道路养护精细化管理，建立“双路长”工作机制，管养路线平均优良率达85%以上。新投入纯电动公交车

72 辆，增建公交站牌 260 个、候车亭 29 座，增开公交线路 11 条 325 公里，全域公交网络日益健全。

乡村振兴扎实推进。大力实施农村人居环境整治，累计拆除违建 23.7 万平方米，完成 13 个示范村村容村貌提升、212 个行政村改污改厕，创建“千万工程”示范村 14 个、“文明庭院”4.7 万户。新启动美丽乡村试点村 3 个，建设农村公共服务维护试点村 12 个、村集体经济扶持项目 12 个，新增“三变改革、五大合作”试点村 8 个，全市农村集体经济股份合作社实现全覆盖。

五、深化改革开放，发展活力持续释放

重点改革力度不断加大。“放管服”改革持续深化，“一件事”集成服务改革加快推进，政务服务事项网上可办率 100%，企业开办时间压缩至半个工作日，工程建设项目审批“流程再造”经验在全省推广。扎实推进城市管理体制改革，“大城管”工作格局加快形成。不断深化国企改革，完成 33 家国有企业资产清查。机关事业单位人事制度和养老保险制度改革进展顺利。深化县级公立医院综合改革，稳步推进医共体建设，市总医院挂牌成立，分级诊疗体系加快构建。

全面开放格局加快形成。聚焦主导产业招大引强，新签约郑州轨道交通、泊易达等项目 31 个，签约总额 458 亿元，其中超 10 亿元重大产业项目 11 个。引进域外境内资金 165 亿元，实际吸收外资 1.9 亿美元，完成外贸进出口 10.5 亿元。成功举办第 73 届全国建筑机械及矿山机械交易会。

创新引领作用显著增强。大力推进科技创新，新培育高新技术企业 35 家、科技型企业 47 家、郑州市级以上研发中心 14 家。完成专利申请 1553 件、授权 916 件，万人发明专利拥有量达 5.5 件，增长 10.2%，技术合同交易额完成 4.5 亿元，增长 7.6 倍。加快创新创业载体建设，中原智谷新增孵化企业 51 家、公共服务平台 2 个，培养高技能人才 1100 余名。

六、加快绿色发展，生态环境全面向好

生态建设展露新姿。深入开展国土绿化提速行动，实施沿黄生态廊道等重大生态项目30个，总投资11.2亿元，实施新造林1.5万亩、抚育林8600亩。完成索河（桃贾路段）等美丽河道建设，创成森林小镇2个、森林生态村26个，森林覆盖率达35.4%。新建城区绿地65万平方米，绿化改造提升38.9万平方米，建成微公园、小游园9处。顺利创成国家园林城市，绿色成为城市最美底色。

生态修复成效显著。实施“三山”综合整治专项行动，建成绿色矿山2家，恢复治理矿山3300余亩，生态修复率达89%以上。大力实施土地整治，治理水土流失4067亩。持续开展“大棚房”及农地非农化整治“回头看”行动，盘活低效用地1300亩。系统推进沿黄生态治理，启动邙岭生态修复项目，加强河道工程及堤坝建设管理，及时有效排查处置黄河控导工程险情，确保黄河安澜。扎实推进小流域综合治理，黄河突出生态环境问题点位整治顺利通过上级验收。

生态治理力度加大。深入推进“四水同治”，启动丁店水库除险加固工程。大力开展环保专项检查，排查整治排污口144处，完成涉VOCS企业、“一企一策”治理21家，路检路查重型柴油货车1.6万辆，立案查处违法案件485起。全面开展河湖“清四乱”“三污一净”专项行动，综合治理河道21公里。农村生活污水集中处理覆盖率达85%以上，畜禽养殖粪污综合利用率达90%。

七、突出普惠共享，民生福祉日益增进

社会保障扩面提质。坚持把财力优先用于民生事业，民生支出61.1亿元，占一般公共预算支出78.3%。落实就业创业、援企稳岗政策，新增城镇就业5225人、转移农村劳动力8529人。民生保障提标增质，城乡低保标准分别提高至每人每月730元、511元，新增社保参

保 1.6 万余人；完成符合条件退役士兵社会保险补缴任务。持续提升养老服务水平，新建城乡养老服务中心 9 家，获批国家养老基本公共服务标准化试点。开展四类重点对象医疗救助 3566 人（次），兑现残疾人两项补贴 8359 名。实施慈善项目 30 个，募集善款 2406 万元，发放救助金 2337 万元，惠及群众 2 万余人。建成保障性住房 6860 套，回迁群众 1 万余人。

社会事业均衡发展。54 件民生实事全部完成。9 所中小学、幼儿园建设项目实现招生，新增学位 1.1 万个。设立荥泽教育基金，接受社会捐赠 1425 万元；完成 61 家城镇小区配套幼儿园治理；中小学午餐供餐和课后延时服务实现全覆盖。高考清北录取人数稳居郑州县（市）首位。市人民医院（一期）建成投用，完成省级健康城市（试点）建设任务。升级改造村（社区）综合文化服务中心 90 个，新建社会足球场 6 个、城市书房 3 个、博物馆 2 个，文化惠民工程惠及群众 8 万人（次）。高村乡韩常村被授予“河南省楹联文化第一村”称号。

社会治理力度加大。深化平安荥阳建设，依法打击和惩治违法犯罪活动，“扫黑除恶”专项斗争取得阶段性成效。健全完善应急管理责任体系，推动双重预防体系建设，强化风险隐患排查整治，安全生产形势持续稳定。强化信访矛盾源头治理，积极引导群众依法逐级反映诉求，越级上访量有效降低。积极落实退役军人政策，大力推进军民融合深度发展，国防动员、“双拥”工作持续深化。同时，人事、统计、气象、档案史志、外事侨务、民族宗教、老干部、妇女儿童等各项事业取得新进步。

在推动经济社会高质量发展的同时，自觉践行新时代党的建设总要求，认真落实“第一议题”制度，持续优化机构设置，不断理顺职责关系，政府职能体系更加完善，施政能力和服务水平进一步提升。扎实推进常务会议学法、重大行政决策合法性审查制度化常态化，清理规范性文件 264 件；召开市政府议事会议 9 次、常务会议 28 次，依法研究决策议题 284 项。自觉接受人大法律监督和政协民主监督，高效办理人大建议和政协提案 239 件，办结率 100%、满意率 99%；全面落实基层减负各项措施，政府系统召开会议和下发文件数量分别减少 11%、72%。全面推进基层政务公开标准化规范化工作，发布 26 个重点领域信息 5500 余条。积极主动回应社会关切，认真办理市长电话、网民留言反映问题 1.7 万件，回复率 100%。完成审计项目 139 个，为财政增收节支 2.1 亿元。

新郑市2020年经济社会发展报告

新郑市人民政府

2020年，新郑市认真落实郑州市委“南动”要求，以县域治理“三起来”为遵循，大力实施“九项工程”，统筹推进疫情防控和经济社会发展，落实“六稳”“六保”，克难攻坚、拼搏进取，较好地完成了市五届人大五次会议确定的目标任务。

一、经济社会持续发展，综合实力和影响力不断增强

综合实力显著增强。地区生产总值较“十二五”末提高133亿元，增速位居郑州六县（市）第一；一般公共预算收入和税收分别由2015年的60亿元、41.5亿元增加到2020年的82.6亿元、56.9亿元，总量连续8年稳居全省县（市）首位；固定资产投资完成2469亿元，是新郑历史上投资规模最大的时期。县域经济基本竞争力百强县（市）排名由2015年的第57位攀升至第29位，县域经济发展质量总体评价连续8年位居全省第一。龙湖镇连续5年成为全省唯一跻身全国综合实力百强镇。

产业结构显著优化。先后招引传化中原物流小镇、宋城·黄帝千古情等知名企业项目127个，构建了电子信息、健康食品、高端商贸物流为主，生物医药、装备制造、高端文旅等新兴产业加速崛起的现代产业体系。坚持把电子信息产业作为主攻方向，积极招引电子信息产业项目

16个，建成投产6个，电子信息产业加速集群集聚，被评为全省制造业高质量发展综合评价试点县（市）。三次产业结构由2015年的3.1：57.6：39.3优化为3.2：40.8：56。

新型城镇化水平显著提高。累计实施城市建设提质项目318个，新建提升城乡道路214条413公里，改造提升老旧小区63个、背街小巷36个，新增停车泊位1.1万个，9条断头路实现通车。高品质建设城市展览馆、体育中心等一大批公共服务设施，中铁十五局四公司等80余家企业总部和综合商业落户新区。建成农村人居环境示范片区4个、示范村33个、示范街道37条，完成4.2万户改厨改厕改水，138个行政村实现污水集中处理，10万余名群众入住新社区。完成新造林7.6万亩，商登高速、莲花路等46条531公里生态廊道成为城市靓丽风景线；建成轩辕湖湿地公园、洧水公园、十七里河湿地公园等大型城市公园13个、多功能街头游园43个，全市森林覆盖率、绿地率分别达31.4%、36.5%，较“十二五”末提高2.4个百分点、16个百分点，人均公园绿地面积是2015年的1.3倍。城镇化率较“十二五”末提高9.7个百分点，被评为国家级新型城镇化建设示范县（市）。

发展活力显著迸发。“放管服”改革深入推进，1736项政务服务事项实现“一网通办、一次办成”，网上可办率达100%。5年利用外资10.4亿美元、进出口总额24.4亿元，分别是“十二五”时期的2.1倍、2.3倍。拥有大中专院校24所，培育创新创业平台34个，16家银行入驻新郑，市场主体达9.3万户，是全省高校、科技创新平台、进驻银行最多，市场主体总量最大的县（市）。金融机构存贷款余额分别达737.6亿元、649.8亿元，连续5年位居全省县（市）首位。新增高新技术企业32家、科技型企业157家、郑州市级以上研发中心15家，全省唯一入选国家首批创新型县（市）建设试点。

人民幸福感显著提升。累计投入民生资金394亿元，是“十二五”时期的2.3倍。城镇和农村居民人均可支配收入分别比2015年净增10056元、7765元，城乡居民收入比由2015年的1.56：1缩小到1.48：1。新建、改扩建中小学、幼儿园155所，新增优质学位10.2万个，投入力度、新增规模创新郑教育发展史最高纪录；高考一本上线平均率29.8%，较“十二五”时期提高11.6个百分点，高中教育教学质量连续29年保持郑州县（市）领先位次。

城市影响力显著扩大。成功举办黄帝故里拜祖大典、黄帝文化国际论坛、首届“中国农民丰收节”河南主会场等备受关注的重大活动，先后有全国戏曲进乡村工作经验交流会、新的社会阶层人士统战工作实践创新基地建设经验交流推广片会（中部地区）等5个国家级、10个省级和18个郑州市级现场会在新郑召开，探索了一批叫响郑州乃至全省、全国的新模式、新经验，成功创建国家卫生城市、国家园林城市、中华诗词之乡。

二、调结构促转型，发展质量实现新提升

国民经济平稳运行。全年完成地区生产总值748.6亿元，增长4.6%；一般公共预算收入82.6亿元，其中，税收56.9亿元；固定资产投资增长11.6%；社会消费品零售总额304.3亿元；城镇和农村居民人均可支配收入分别达36711元和24819元，经济迅速恢复、稳中向好。全国县域经济基本竞争力百强县（市）排名升至第29位，县域经济发展质量总体评价连年位居全省县（市）首位，被认定为全省第一批践行县域治理“三起来”示范县（市），县域经济高质量发展的经验和模式被求是网、《光明日报》等媒体报道。

制造业加速转型升级。坚持把培育电子信息产业作为制造业高质量发展的关键，规划建设6.7平方公里电子信息产业园，建成全省首家电子信息专业污水处理厂，招引奥飞5G大数据等电子信息产业项目7个，总投资126.7亿元，华思光电、集成电路产业港开工建设，锐杰微芯片封测项目实现当年签约、当年量产，月封装芯片3000万颗以上，填补了全省集成电路产业空白；《围绕“芯”“屏”战略培育县域经济高质量发展增长极》典型经验被省政府通报表扬。新增规模以上工业企业25家、展示板挂牌企业35家，商标拥有量1.64万件，居全省县（市）第一；

规模以上工业增加值增长10%。积极推进工业“三大改造”，实施技改项目57个、智能化改造企业11家，“上云”企业1095家，好想你健康食品、运达造纸设备分别被认定为国家级绿色供应链、绿色制造供应商企业。

现代服务业提质增效。商贸物流业持续壮大，完成增加值164亿元，占GDP的22%；民生电商产业园主体竣工，传化中原物流小镇、华南城九大高端商业等项目快速建设。加快创建全域旅游示范区，成功举办庚子年黄帝故里拜祖大典、黄帝文化国际论坛，黄帝千古情景区正式运营，投资30亿的寒舍·轩辕夜游谷项目即将开工，投资60亿的龙西·嘉年华恐龙主题旅游度假区项目即将签约落地；创建省级旅游特色村2家，全年接待游客443万人次。房地产业平稳发展，房屋交易面积310万平方米、交易额262亿元，均居全省县（市）首位。第三产业增加值完成419.4亿元。

现代农业稳步发展。粮食总产量达25.5万吨；“菜篮子”“粮袋子”保障充足。农业产业化水平持续提升，创建省级现代农业产业园1个，引进推广农业新技术8项，主要农作物耕种收综合机械化率达94%；农民专业合作社、家庭农场分别达427家、71家，农业规模经营户达1020家。

三、强功能提品质，城乡面貌实现新改观

城市功能品质不断优化。高质量编制黄帝千古情核心板块规划设计，《国土空间总体规划（2020—2035）》初步编制完成。黄帝故里园区建设全面启动，高标准完成核心区规划设计。实施城市建设提质项目93个，建成汇通路等城市道路8条25.2公里，新改建农村公路31条46公里，改造提升城区阁老路等5条道路，双湖大道东延等7条融郑融港道路快速推进；铺设城市管线248公里，供电总容量达141万千伏安；新建公厕50座、垃圾中转站16座，洧水路综合农贸市场开业运营，风苑路消防救援站建成投勤；新增优化公交线路20条，建成公交场站3个，评为

全省“万村通客车提质工程”示范县（市）。

城乡人居环境明显改善。深化农村人居环境整治，建成农村人居环境示范片区4个、示范村11个、示范街道15条，完成1.2万户改厨改厕改水，龙湖泰山村等8个美丽乡村加快建设。持续改善群众居住条件，改造老旧小区37个，加装电梯35部；建成安置房5432套63.7万平方米，网签安置房4969套，9547名群众入住新居。深入开展城市清洁行动，新创（复审）郑州市卫生村（社区）27个、卫生单位15个，被列为全省农村生活垃圾分类和资源化利用示范县，新村镇创成国家卫生镇。城乡接合部改造由治标转向治本，整治28个计划拆迁村，打造4个特色保留村。新造林1.5万亩、森林抚育3万亩，新建提升G107改线段等生态廊道7条1.2万亩，新增城市公共绿地13处33万平方米，创建郑州市级以上森林乡村19个、森林特色小镇3个，创成国家园林城市。

城市管理水平有效提升。落实“用脚步丈量城市、乡村”工作法，协调解决各类问题1400余个。加快建设智慧城管，引入人工智能视频分析系统、桥涵积水智能监测系统，全天候自动抓拍识别城市管理问题。深入推进“路长制”，着力整治城市顽疾，主城区生活垃圾分类全面推行，道路保洁覆盖率、垃圾清运率保持100%。

四、抓改革促开放创新，发展活力实现新增强

重点改革扎实推进。深化“放管服”改革，持续推进“一网通办、一次办成”改革，全省首家引进智能政务服务工作台，在郑州县（市）率先建成24小时政务自助大厅，被评为郑州市政务服务十佳创新案例；申报材料和审批时限实现“双减半”，工程建设项目审批时限压缩至61个工作日以内，农村房屋不动产登记电子签名经验全国推广。在全省率先建设公共资源交易大数据平台，成功举办全省公共资源交易工作经验交流会，改革创新做法全省推广。全面完成农村集体产权制度改革，277个村（社区）成立股份经济合作社，被确定为全国农村承包地确权登记颁证工作先进典型地区。

开放招商成效明显。签约产业项目19个，合同金额283亿元，其中，10亿元以上高质量产业项目4个。外贸进出口完成5.4亿元。实施“故里英才引进计划”，引进硕士、博士102名。

创新创业活力充分释放。深化国家创新型县（市）建设，新培育高新技术企业27家、科技型企业53家、知识产权优势企业6家，新增中原学者工作站1家、省级以上创新平台9家，新申请专利1432件、转化科技成果20项，全社会研发投入强度达1.13%。全市创新创业载体达34个，在孵企业（团队）1060家。新增各类市场主体1.9万户。好想你、正商置业、华南城、雪花啤酒、融侨地产、鼎泰园区、新郑煤电、达利食品、金湖实业、中煤河南新能、新郑农商行纳税超亿元。

五、补短板强弱项，三大攻坚战取得新成效

脱贫攻坚任务圆满完成。全市13个建档立卡贫困村、18个郑州市级低收入村、4个扶贫任务较重的面上村全部脱贫出列，现行标准下贫困人口全部脱贫，人均纯收入由2013年约2700元增长至约1.3万元。为南召县投入财政资金9980万元，助力脱贫摘帽。

污染防治深入推进。坚持不懈做好移动源、工业源、扬尘源等污染治理，常态开展夜查晨查行动，“散乱污”企业实现动态清零，淘汰“国三”及以下排放标准营运柴油货车1924辆，空气质量六项污染因子指数同比下降，空气质量优良天数同比增加68天，圆满完成蓝天保卫战三年行动计划。严格落实“河长制”，持续开展“清四乱”“三污一净”专项行动，国控断面水质优于国家考核目标。着力打造生态水系，洧水公园、潮河郊野公园建成开放，南水北调中线观音寺调蓄工程开工建设，水系连通及农村水系综合整治试点县项目稳步实施，暖泉河公园加快推进。完成城关污水处理厂中水回用、十七里河湿地公园生态尾水净化项目，全市日污水收集处理能力达27万吨。秸秆禁烧实现全年“零火点”，连年被评为郑州市秸秆禁烧和综合利用先进单位。持续推动生态修复，“三山”治理任务全面完成，老观寨水库区域生态修复工程加紧实施。

防范化解各领域重大风险。严格规范政府举债行为，坚决遏制隐性债务增量，持续强化政府债务风险管控和化解，全市政府债务风险整体可控。深化平安新郑建设，健全立体化、信息化社会治安防控体系，严厉打击和惩治违法犯罪，“扫黑除恶”专项斗争三年行动圆满收官。规范房地产市场秩序，商品住房去化周期处于合理区间，省、市交办问题楼盘全部化解。深入开展重点领域安全隐患排查整治，全年无较大以上生产安全事故发生，被评为全省安全生产先进单位。

六、惠民生促文明，社会事业实现新进步

民生保障更加有力。落实落细保障政策，城乡居民最低保障标准和特困人员供养标准分别提高至每人每月 730 元、1095 元，发放保障供养金 6667 万元；城乡居民基本医保实现全覆盖；新增城镇就业再就业 7444 人，转移农村劳动力 7762 人，发放创业担保贷款 7155 万元；新开建棚改住房 1632 套，为 105 户住房困难家庭发放廉租补贴。新建提升敬老院 10 所，建成城乡养老服务设施 11 个，试点设置医养结合床位 248 张，为 6.2 万名 60 岁以上老人提供居家健康养老服务。

社会事业全面发展。教育事业欣欣向荣，新建、改扩建中小学、幼儿园 20 所，新增学位 9310 个，充实教师 1060 名；移交城镇小区配套幼儿园 87 所，认定普惠性民办幼儿园 157 所，学前教育普惠率升至 96.8%；中小学午餐供应和课后延时服务实现全覆盖。医疗卫生服务水平不断提升，龙湖片区 4 个公共卫生服务中心启动建设，市公立中医院快速推进，创建郑州市示范中医馆 3 家。积极推进健康新郑建设，创成省级健康乡镇 6 个、健康村（社区）7 个、健康单位 2 个。文体事业蓬勃发展，公共数字文化工程试点建设有序推进，开展惠民演出 668 场，图书档案方志馆加紧建设，顺利通过全省首批县级融媒体中心试点县（市）验收；新建足球场 13 个、全民健身路径 10 条。承办全省统计系统“签承诺、亮信用”启动仪式，完成第七次全国人口普查现场登记。积极推进军民融合发展，“双拥”工作持续深化。

文明建设深入开展。积极培育和践行社会主义核心价值观，评选道德模范、身边好人等先进典型200余人次，5万余名志愿者积极参与志愿服务行动，各级文明单位、文明村镇、文明校园达285个，郑州市级文明乡镇覆盖率100%，以全省第一名成绩入围全国文明城市提名城市。《新郑年鉴》获全国第七届地方志优秀成果评比一等奖。积极倡树文明殡葬，市级公益性公墓和10个农村公益性公墓建设稳步推进。“七五”普法圆满收官。

高度重视政府自身建设，深入学习贯彻习近平新时代中国特色社会主义思想，自觉接受市人大法律监督、市政协民主监督和社会监督，高效办理人大代表建议183件、政协委员提案165件。强化审计监督，审计项目220个，为财政增收节支5.5亿元。认真办理市长电话、信箱、网民留言反映问题1.7万件，办结率达98%，被评为全省政府系统督查工作先进单位、郑州市市长电话工作先进单位。严格落实全面从严治党主体责任，持续抓好省委巡视反馈问题整改，认真执行基层减负各项措施，驰而不息纠正“四风”，政府系统党风廉政建设和反腐败工作纵深推进，党风政风持续转变。

七、集中人力物力财力，全面打好疫情防控阻击战

迅速行动，果断抗疫。坚持早安排、早管控，下好先手棋、打好主动仗，在郑州市率先实施摸排信息、设置卡点等措施，调动一切资源和力量，迅速形成抗击疫情强大合力。

众志成城，无畏抗疫。面对安与危、生与死的严峻考验，全体医务工作者临危不惧、英勇逆行，全市党员领导干部和志愿者坚守岗位、冲锋在前，广大群众和社会各界全力配合、积极参与，全市上下同舟共济、共克时艰，凝聚起抗击疫情的磅礴力量。

严防死守，全面抗疫。强化联防联控、群防群治、闭环管控，对全市所有出入市口和村（社区）、楼院实施闭环管理，严格落实“居家隔离+集中隔离”“红黄绿三色码”等各项措施，构筑了全覆盖疫情防控体

系；集中优质医疗资源，全力救治患者，实现了确诊患者零死亡、医护人员零感染，没有出现本地感染二代病例。

统筹兼顾，科学抗疫。精准把握疫情形势变化，统筹推进疫情防控和经济社会发展，全力做好“六稳”工作，落实“六保”任务，出台应对疫情促进经济平稳健康发展系列举措，常态开展“三送一强”活动，有序推动复工复产复学，累计帮扶企业1万家，协调用工18.9万人，减免缓税费32亿元，复工复产工作被新华社、中央电视台《新闻30分》《东方时空》等多家主流媒体报道；积极开展促进消费提振信心专项行动，累计发放电子消费券2400万元，带动社会直接消费1.9亿元，有力推动了社会秩序加快恢复、经济运行稳步复苏，被评为郑州市疫情防控先进集体。

中牟县2020年经济社会发展报告

中牟县人民政府

2020年，面对统筹做好疫情防控和经济社会发展的大战和决战脱贫攻坚决胜全面建成小康社会，全县上下以习近平新时代中国特色社会主义思想为引领，深入贯彻党的十九大和十九届四中、五中全会精神，全面落实习近平总书记关于河南和郑州的指示精神和党中央决策部署，深入落实省委、市委各项工作要求，牢固树立稳中求进的总基调，统筹推进疫情防控和经济社会发展工作，扎实做好“六稳”工作，全面落实“六保”任务，经济持续恢复向好，社会大局和谐稳定。全县地区生产总值增长1%，一般公共预算收入完成61亿元，增长6.5%，居民人均可支配收入增长4%。

一、坚持两手抓双促进，抗疫工作取得全面胜利

迅速建立强有力的领导机制和人民防线。1月22日，建立高规格的“三双”工作领导体制（双指挥长、双办公室主任、双组长），因时因势，动态完善，常态运行。超前决策、未雨绸缪、勇于担当，成立万邦专项工作部，农历正月初三实现万邦农产品市场正常营业，万邦市场工作部被评为全省疫情防控先进集体；成立市场商超、冷链专班，及时发现6例进口冷链食品外包装核酸检测阳性并严格按照规定处理，堵死了疫情

输入的高风险漏洞。坚持依靠群众、动员群众、组织群众，科学制定防控方案，建立“四方”联动责任体系，标准化设置各类卡点，建立钉钉健康管理系统，实现“三个闭环”管理，做到了各类重点人群全过程、全时段精准管控，实现本地零病例。成立机场专班，落实入境分流任务，实现了零感染零扩散。

抗疫斗争取得重大战略成果。坚持人民至上、生命至上，严格落实“四早”要求，除夕之夜，县委、县政府成立疫情防控指挥部，大年初一全县启动应急响应，800 多个党组织、2 万多名党员、1 万多名机关干部、2 万多名志愿者闻令而动、尽锐出战。率先开展“14＋3”集中隔离，组织实施“大数据＋网格化”排查；规范预检分诊流程，科学设立 3 个发热门诊、1 个定点治疗医院，精准诊治；县疾控中心、县人民医院、县中医院、妇幼保健院实验室建成投用，日检测能力达到 3700 人份，14 家基层医疗机构发热门诊和发热哨点诊室建成接诊；迅速阻断疫情扩散蔓延，筑牢了联防联控、群防群控严密防线。

全力以赴保市场主体。坚持“一手撑伞，一手干活”，果断按下复工复产“快进键”。扎实开展“三送一强”“一联三帮”，出台“暖企 10 条”，解决企业各类问题 5.4 万个。打好“奖补缓免贷”政策组合拳，帮助企业解决资金近 160 亿元；组织专车保障企业员工返岗，优先保障贫困劳动力就业，安排用工 6000 余人；帮助有条件企业 7 天时间转产口罩，保证县内自给自足、支持全市供应。在武汉按下“暂停键”期间，甘冒疫情风险奔赴 500 公里，为受疫情影响最大的汽车企业调运配件，保障了配套产品安全及时供应，稳住了产业链、供应链，一个月时间就实现负面清单以外所有工业、服务业和建设工程 100％复工，三个月时间就实现规模以上工业增加值增幅扭负转正、排名从榜尾到榜首的逆袭，并连月保持领先，全年累计增长 10.7％，居郑州各县（市）第 1 位。在困难局面下，市场主体逆势新增 1.3 万个。

大力促进经济企稳回升。把稳投资作为重要抓手，实施省市重点项目 24 个、政府投资项目和产业项目 378 个，固定资产投资增长 14.1％；疫情期间发行中部地区首单、利率最低的保障房资产支持证券，争取地方政府债券 30.6 亿元。把促消费摆在突出位置，开展“醉美·夜郑州”中牟系列活动，建业电影小镇、郑州方特成为全市“十佳夜游好去处”；发放消费券 1475 万元，带动消费近亿元。

二、加快新旧动能转换，产业优化升级深入推进

创新驱动能力不断提升。全社会研发投入 7.1 亿元。落实企业研发投入税收优惠 4.3 亿元，同比增长 11.1%。获批科技部“科技助力经济 2020”重点专项 1 个、省级重大科技创新专项 1 个。新认定国家高新技术企业 14 家、科技型中小企业 70 家。新增省级技术创新示范企业 1 家、质量标杆企业 2 家、研发机构 7 家，引导企业实施科研项目 514 个。高新技术产业增加值占规模以上工业增加值比重达到 86.7%。

制造业转型升级加快。大力发展实体经济，实施制造业高质量发展三年行动计划，坚持推动传统制造企业“三大改造”和大力培育引进新兴产业并举。新能源、大健康、新一代电子信息等战略性新兴产业加快布局，占制造业比重超过 30%。大连中比电池、比克新能源客车签约入驻，新能源产业从导入期进入快速成长期。引进扬州九州车业、三一挖掘机等先进制造业项目 7 个，协议资金超 140 亿元。实施“三大改造”项目 37 个，投资 28.2 亿元，占工业总投资的 67.1%，新增“两化融合”贯标企业 14 家，纳入省级智能制造项目库企业 6 家，创建省级智能工厂 2 家。大力推动服务业创新融合发展，设计产业蓬勃发展；总部经济持续壮大，中交一公局七公司、中原数字传媒等总部经济项目开工建设，新签约李宁中原总部基地、中核集团智能科技创新基地等项目 7 个。

现代服务业持续壮大。生产性服务业向专业化和价值链高端延伸，中核集团智能科创基地、厚疆综合体等 7 个项目入驻，中交一公局七公司、河南移动等总部项目开建，河南省城乡建筑设计院建成投用。文化创意旅游、乡村旅游潜力进一步释放，全年全县接待游客 1000 万人次。“吃住行游购娱”链条加快完善，只有河南·戏之国、建业电影小镇世界影剧院等项目基本建成，郑州海昌海洋公园、中华复兴之路加快推进，

杉杉·奥特莱斯二期、建业J18、郑大三附院新区医院等项目加快建设。文创园获评“省文化和旅游消费示范区”，建业电影小镇成为4A级景区、入选中国“最具人气文旅目的地”“文旅融合发展十大创新项目”。大力推进都市现代农业“三生融合”发展，特色农产品规模品质明显提升，“三品一标”达到36个，国家级特优新品种2个；新型农业经营主体规模持续壮大，规范运营合作社、家庭农场达到137家，市级以上农业龙头企业达到13家，其中国家级重点龙头企业万邦市场交易量达1650万吨。

*经济稳的态势不断拓展。*疫情防控初见成效后，及时按下经济社会发展“重启键”，经济发展活力快速回升。制定实施促消费增活力稳增长的若干举措，出台消费券、购置补贴等激励政策。积极鼓励夜间经济、因地制宜发展特色街区、有序布局便民市集，强力释放了商贸零售、餐饮、旅游等传统消费潜力，成为拉动经济快速回升的关键。积极争取、用好用足各项债券资金，更大力度撬动社会资本，成为2020年以来全国唯一连续成功发行25亿非公开公司债券的2A县级发行人。

*发展动能持续增强。*坚持激发内生动力与借助外部拉动相结合，不断激发经济社会发展活力，持续加快经济社会高质量发展。深入推进“一网通办、一次办成”政务服务改革，1727项政务服务事项全部实现网上可办，38项单办类业务全部实现“当场办”，44项联办类业务全部实现“当天办”，率先实现县级自建系统与“郑好办App”打通运行，实现“24小时自助服务厅”县域全覆盖；投资项目全流程审批最短14个工作日办结，不动产登记实现“交房即发证”，制度交易成本持续降低，营商环境综合评价位居全市第1位。启动实施高水平扩大对外开放三年行动计划，坚持“以亩均论英雄”导向和质量第一观念，2020年新签约项目22个，其中大连中比动力电池、北京网库总部基地、比克新能源客车3个项目为10亿元以上高质量项目。引进域外境内资金127亿元，实际利用外资完成6866万美元。持续加大创新培育力度，全社会研发投入7.1亿元，投入强度连续三年保持郑州市县（市）第一位，国家级、省市级高新技术、科技型、创新型企业、平台达到113家，培育各级各类

科技项目 81 个。

三、更新城市发展理念，城市承载功能持续提升

空间结构更加优化。按照“聚优控”原则推动城市发展方式转变，开展《国土空间总体规划》编制，“多规合一”的国土空间规划体系加快建立。大力推动核心板块开发建设，城市设计编制完成，控制性详细规划实现全覆盖，新引进华润集团、深圳宝能 2 个国内 500 强项目，集聚产业项目 19 个，“数创引擎、文旅地标”初露峥嵘。

基础支撑不断增强。城市流畅度进一步提高，省道 S312、豫兴大道基本完工，建成市政路网项目 40 个，中兴路立交桥建成通车；新开通公交线路 6 条，新增新能源公交车 100 辆，新划定停车位 7176 个；地铁 8 号线开工建设。城市保障能力不断提升，官渡污水处理厂建设完成，新增雨污水管网 66 公里，新建 110 千伏输变电工程 2 个，日供气能力提高 100 万立方米。

品质内涵持续提升。稳步实施城市高质量发展三年行动计划，大力推动 1 个核心板块和 3 个高质量发展片区建设，城市经济发展的支撑点、城市建设开发的新亮点、城市网络结构的关键点作用进一步发挥。以“三项工程一项管理”为抓手，同步推进老城区有机更新、新城区功能完善，从总体布局、道路交通等 7 个方面，谋划项目 635 个，总投资 12.9 亿元。学苑路试验段等 20 条城市道路综合改造工程全部完工，54 个老旧小区改造加快推进，休闲健身、养老服务、文化融入的功能要素更加完备。城乡接合部改造有序推进，改造村庄（社区）39 个，建成美丽乡村示范村 3 个。“城市大脑”启动建设，数字城管平台实现群众参与城市治理零距离。

四、全面推进乡村振兴，“三农”发展基础更加稳固

大力巩固脱贫攻坚成果。统筹做好巩固拓展脱贫攻坚成果和全面推

进乡村振兴，脱贫攻坚取得全面胜利。在全省率先建立防返贫监测帮扶机制，对全县24万农村人口实行智能化、动态化、全覆盖式监测。设立500万元“精准防贫保障金”，投入专项扶贫资金6412万元，实施扶贫专项项目40个，产业扶贫项目13个。截至2020年底，全县建档立卡人口人均收入达到1.5万元，14个贫困村集体经济平均收入达到23万元，老弱病残等特殊贫困群众兜底保障持续强化，实现不落一人、不漏一户精准稳定脱贫。黄河滩区居民迁建工程二期完工，7610名群众搬进新社区。

农村发展活力持续释放。农村改革走在省市前列，河南省第一本农村房屋不动产证在中牟发放，全市第一家农村产权交易平台在中牟建立。都市生态农业提质增效，新建高标准农田1万亩、“菜篮子”示范基地6423亩。打造省级特色生态旅游示范镇1个、乡村旅游特色村3个，创成市级旅游名镇1个。官渡镇获批全国农业产业强镇，大孟镇获评河南省文化产业特色乡村。

乡村建设扎实推进。基础设施不断完善，荣获河南省“四好农村路”示范县、“万村通客车提质工程”示范县。启动实施乡村振兴三年行动计划，扎实开展农村人居环境整治“百日大会战”，人居环境持续优化，生活污水治理加快推进，完成户厕改造1.5万户，建成10个“四美乡村”省级示范村，2个森林特色小镇，28个森林特色乡村。文明新风浸润乡村吹遍田野，13个村镇跻身国家、省、市级文明村镇，姚家镇老八庄村、青年路街道西街村成为国家级文明村。农村路网进一步完善，实现县、乡、村道“路长制”全覆盖，荣获省万村通客车提质工程示范县、“四好”农村路示范县荣誉称号。

五、全面优化发展环境，宜居宜业空间持续构建

生态环境更加优美。牢固树立“绿水青山就是金山银山”的理念，坚持生态优先、绿色发展，深入推进生态文明建设。1.2万亩的河南省中牟森林公园基本建成，一个新的“郑汴绿肺、中牟林海”即将呈现。

安罗高速、新国道G107廊道绿化完工，新增绿化面积1.4万亩；营造生态林2.8万亩，打造森林特色小镇2个、森林特色乡村28个。县域内贾鲁河水系治理全面完成，雁鸣湖区域综合整治成效初显，承载中牟人民生态记忆的雁鸣湖重现碧波荡漾。PM_{10}、$PM_{2.5}$年均浓度同比下降15.2%、12.7%，全年优良天数256天，优良天数和综合指数郑州8区县（市）排名第二。“河湖长制”深入实施，“四水同治”深入开展，河湖“清四乱”“三污一净”等专项整治深入推进，城市黑臭水体保持动态清零。

*营商环境更加优质。*企业开办实现“零成本一日办”，工程建设项目审批压减至最长61个工作日、最短14个工作日，机动车牌办理即时可取，不动产登记“交房即发证”。24小时自助服务实现县域全覆盖，有效解决了群众“工作时间没空办、休息时间没处办”的困扰。营商环境综合评价位居全市第一，带来了更多优质经济增量。

六、更大力度惠及民生，群众幸福指数持续攀升

*用情用力保障民生支出。*在财政收支矛盾十分尖锐情况下，坚持政府过紧日子，确保群众过好日子，压减非急需非刚性支出4.6亿元，压减比例超50%，把节省的资金重点用于保民生、保工资、保运转，全年民生支出69.4亿元，占一般公共预算支出的76.7%。省市县重点民生实事全部完成。

*健康中牟建设深入推进。*公立医院综合改革不断深化，紧密型医共体加快建设，“就医一卡通”、诊间支付、床旁结算等高效贴心服务全面推广；建成县域医疗中心，群众不出中牟就能享受到名医诊疗，90%以上患者留在县域内就医。中医药事业大力发展，乡镇卫生院实现中医科建设全覆盖。爱国卫生运动深入实施，国家卫生县城通过复审。

*教育文化事业全面发展。*坚持教育优先，建成公办幼儿园7所、中小学2所，高考一本和二本上线率首次跃居郑州各县（市）第1位，城区公办中小学实现午餐供应全覆盖，温暖了学生，方便了家长。文化事

业蓬勃发展，“双优”、“双带”、送戏下乡持续开展，箜篌城生态文化公园建成开放。

社会保障水平不断提高。千方百计保就业，新增城镇就业 2874 人，农村劳动力转移就业 7203 人。社会救助和养老服务水平不断提升，城乡低保标准和特困人员基本生活标准进一步提高，3631 名城乡低保对象、特困人员基本生活得到有效保障；建成社区老年人日间照料中心 11 个，医养结合养老新模式开始推行。慈善救助帮扶困难群众 1.8 万人次。农民工权益得到切实保障。加快动迁群众回迁安置，新回迁群众 2.9 万人。

社会大局保持和谐稳定。始终把人民群众诉求放在心上，切实抓好信访源头问题化解，创新开展“网上信访”，信访秩序明显好转，连续 6 年荣获全省信访工作先进县。非法集资有效遏制，问题楼盘有序化解。市场监管更加有力，人民群众饮食用药安全更有保障。平安中牟建设不断深化，法治公安专职化运行开创全省先河，一批大案要案、疑难积案圆满侦破，“扫黑除恶”取得压倒性胜利。安全生产形势保持稳定。第七次人口普查扎实开展。退役军人服务保障不断强化，双拥氛围更加浓厚。

七、政治建设持续加强，领导核心作用得到提高

理想信念教育走深走实。把习近平新时代中国特色社会主义思想学习作为首要政治任务，以“不忘初心、牢记使命”主题教育制度化常态化为引领，持续开展“领导干部大讲堂”“万名党员进党校、百名讲师下基层”等活动，成功承办全省“百万党员进党校”活动研讨培训班。县委常委发挥“关键少数”示范带动作用，认真执行“第一议题”制度；积极落实“五种学习方式”：县委中心组集中学习 22 次，县委常委深入学校为青少年学生讲授思政课，引导学生树立了正确的人生观、世界观、价值观。加大对乡科级党委（党组）中心组学习的指导督促力度，巡听、旁听乡科级党委（党组）理论学习中心组 12 个。

党内政治生活持续规范。注重加强干部政治素质考察和政治监督，制定《中牟县领导干部政治素质考察办法》，细化为 18 条具体考察标准，

不断增强党员领导干部向习近平总书记看齐、向党中央看齐的政治自觉、思想自觉、行动自觉。严格执行《关于新形势下党内政治生活的若干准则》，县委常委带头认真执行“三会一课”制度，坚持以普通党员身份过好双重组织生活，坚持以“兰考标准”召开以案促改民主生活会，始终做到在思想上政治上行动上同以习近平同志为核心的党中央保持高度一致。

*政治领导力全面加强。*制定县委《加强党的政治建设推动全面从严治党向纵深发展的实施方案》，坚决扛稳加强党的领导的政治责任。全年召开县委常委会 30 次，研究议题 141 个，对事关中央和省委、市委决策部署落实、事关全局、事关民生的大事要事及时研究、及时部署。进一步完善了县委深改委、县委依法治县委员会、县委审计委员会等议事机构的工作机制，进一步调整了县制造业高质量发展、高品质城市建设、优化营商环境等高质量发展领导小组，切实加强对相关工作的领导。召开常委议军会议，出台《关于进一步加强新时期党管武装的实施意见》，编实建强基层武装队伍，党管武装工作得到进一步加强。坚持“一个党委、三个党组”工作制度，先后召开了县委人大工作会议和县委政协工作会议，定期听取县人大、县政府、县政协、县人民法院、县人民检察院党组工作报告，发挥领导核心作用，充分调动各方面积极性，统一意志、团结一心、步调一致推动中央决策和省委、市委部署在中牟有效落实。

*政治执行力全面提升。*建立健全部署、落实、督查相衔接的“闭环”机制，对习近平总书记的重要讲话和批示指示、党中央的决策部署，及时研究贯彻意见，紧盯不放抓好执行。围绕贯彻落实习近平总书记视察调研河南重要讲话精神，制定并实施高质量发展制造业、高水平扩大对外开放、高品质推进城市建设和管理三年行动计划。围绕黄河流域生态保护和高质量发展战略实施，成立高规格领导小组，召开 2 次领导小组会议对黄河流域生态保护和高质量发展相关规划进行研究，谋划重点任务 8 项、重点项目 25 个，纳入郑州市黄河战略核心区重点项目清单 13 个，总投资 197 亿元。坚决开展违法别墅整治、违法占用耕地排查整治、

"占地造湖"整治，坚决把"两个维护"落实到行动上、体现在成效上。

巡视整改工作顺利推进。把接受巡视和抓好巡视整改作为践行"四个意识"、落实"两个维护"的重要体现，作为推动全面从严治党向纵深发展的重要契机，作为把党的建设高质量落到实处的重要抓手，从对党忠诚、对中牟人民负责的政治担当中找敬畏，把旗帜鲜明讲政治贯穿到接受巡视和抓好巡视整改的全过程和各方面，切实做到抓住根本、防止就事论事；注重效果、防止重过程走过场；勇于攻坚、防止畏难情绪；全员投入、防止当局外人；守土尽责、防止"新官不理旧账"。县委常委会带头把自己摆进去、把工作摆进去、把职责摆进去，边巡边改，立行立改，"刀刃向内"抓好整改。中央巡视河南反馈问题涉及中牟 46 项整改任务，省委巡视郑州涉及中牟 52 项整改任务，除个别需要长期巩固、持续提升外，其余全部整改到位。省委第四巡视组巡视期间共交办问题 666 件，已办结 569 件，办结率达到 85.4%。

中原区 2020 年经济社会发展报告

中原区人民政府

2020 年，中原区坚持以习近平新时代中国特色社会主义思想为指导，坚决落实中央、省委、市委决策部署，坚持人民至上，牢记责任使命，围绕“中优、西美”功能定位，强化统筹，精准发力，推动疫情防控取得重大成果，保持经济稳定增长，民生事业协调发展，社会大局和谐稳定，党的建设进一步加强，各项工作取得了新成效，全年全区生产总值完成 709.3 亿元，同比增长 1.2%；一般公共预算收入完成 54.4 亿元，为年度目标的 101.25%；固定资产投资完成 369.9 亿元，增长 10.2%；居民人均可支配收入增长 3%以上。

一、全力以赴抗击疫情，保障人民生命安全和身体健康

第一时间启动应急响应机制，农历腊月二十九成立指挥部，全区党员干部闻令而动、迅速到岗。严格落实“四早”要求，迅速建立区、街道、村（社区）、物业、志愿者“三级五方”联防联控机制，构建“交通卡口—居民小区—各个单位—公共场所”四位一体的健康码智能管理体系，推行“红黄绿三色码”管理模式，构筑起“以小区保社区，以社区保城区”的全覆盖防控体系。创新设立社会力量动员部，第一时间向社

会各界发出“动员令”，迅速成立188个党员先锋队，1105个党组织、83家驻区单位、1.4万余名党员、1.9万余名志愿者、800多名基干民兵、巡防队员、老干部冒着严寒、不分昼夜开展工作。上千名医务工作者和社区工作者连续100多天奋战在流调溯源、转运隔离、卡点值守、保障民生一线，社会各界纷纷捐款捐物，以实际行动践行了“疫情就是命令，防控就是责任”。及时组建健康关爱中心服务专班和机场专班，落实入境分流任务，圆满完成援鄂医疗队、境外归国人员服务保障工作。在全市16次综合督导考核中，中原区先后5次受到市委、市政府表扬，被评为全市疫情防控先进集体；国务院联防联控指导组和国家卫健委考察组对中原区疫情防控工作给予高度评价。

二、深入贯彻新发展理念，推动经济运行企稳向好

经济运行企稳向好。深入开展“三送一强”“一联三帮”活动，出台“中原区十条”等惠企政策，发放应急稳岗补贴2.2亿元，减免各类税费14.75亿元以上，“三保”等重点支出29亿元；新增城镇就业22681人，发放创业担保贷款9965万元；多措并举刺激消费，社会消费品零售总额完成257.2亿元，增速居市内五区第一；申请政府债券10.65亿元、抗疫特别国债8716万元；26个省市重点项目完成投资366.6亿元，超额完成年度目标；新增市场主体14530户，增长22.5%；外贸进出口总额达到21.04亿元，稳外资、稳外贸任务顺利完成。

招商引资成效显著。围绕“4+1”主导产业，以发展科技服务业和总部经济为重点，高标定位，招优引强，努力构建龙头引领、集群带动、协同共生的产业生态。一批引领行业发展的龙头企业、创新型研发平台陆续入驻，一批高技术、高质量、高附加值的项目相继落地。全年新签约项目28个，总投资额307.1亿元，其中，郑州华润智慧燃气信息科技中心、惠众IDC大数据中心等10亿元高质量项目2个；域外资金完成219.2亿元，引进外资2.3亿美元，外贸进出口额21亿元，均超额完成市定目标任务。引进东方雨虹河南区域总部、中原企业总部港等龙头项

目，总部经济规模效应逐步彰显。推动字节跳动、滴滴出行、微医集团、康奈网络、知乎、作业帮等行业领军或新锐企业落地，填补全区数字经济产业空白。耐高温材料头部企业泛锐产业技术研究院等项目签约落地，为科技服务业加快发展奠定坚实基础。积极与城发环境、三峰环境、深高速、高能环境等国内知名环保企业对接，加强产业合作，推动天辰环保豫东危废处置中心开工建设。

重点项目建设态势良好。成立项目落地问题解决领导小组，深入开展项目建设“四比四看”活动，着力化解重点项目手续办理、要素保障等方面问题，加速释放项目新动能。重点推进的315个项目，完成投资521.6亿元，其中，26个省市重点项目，完成投资364.6亿元，完成年度投资计划的115%。

三、持续深化改革创新，发展活力不断增强

改革步伐不断加快。深入推进“放管服”和商事制度改革，在全市率先实现企业开办“一日办结”，“最多跑一次”事项、“网上可办事项”均达100%，办事总时限压减87%，“互联网＋监管”覆盖率全市排名第一。在困难条件下，全年新增市场主体14530家，同比增长22.5%。国有平台公司市场化转型深入推进，农村集体产权制度改革顺利通过省、市两级评估验收。

科技创新全面发力。围绕中央文化区、芝麻街双创园、须水河片区等科创平台，持续加大招商力度，企业、机构、人才加快聚集。全年新注册科技类企业924家，新认定市级科技创新龙头企业、瞪羚企业、小巨人企业、雏鹰企业等73家，建成旗帜众创空间、融创众创空间等创新载体14家，拥有工程技术研究中心41家，重点实验室28个，院士工作站3个，院士8人。建设国家工业互联网平台应用创新推广中心、中原电科科技创新中心、中部冶金产业智能创新中心、河南省煤矿智能创新中心等一批有影响力的科技创新平台，科技服务业增加值达到120亿元，增速5%，占GDP比重达17%。

营商环境持续优化。将营商环境纳入全区目标考核，成立高规格领导小组，围绕“双改”、项目建设、招商引资、核心板块建设等，深入开展优化营商环境专项督查，对营商环境16个评价指标72项具体任务实行动态监控，打好“组合拳”。全面建成政务服务“好差评”制度体系，政务服务事项、评价对象、服务渠道实现全覆盖，在全市综合评价中，中原区位列全市第二、市内五区第一。

四、以核心板块为带动，城市建设加快推进

以三大核心板块作为打造城市网络节点、城市形象亮点、城市经济增长点的重要抓手，狠抓“拆迁清零、规划设计、土地供应、招商引资、建设运营”五大关键点，核心板块建设全面启动。

中央文化区北区设计方案已经市规委会研究通过，市政工程、综合交通两个专项规划招标工作已启动，土地收储完成1000余亩，基础设施建设完成投资33.83亿元，4条主要道路建成通车，其他各项前期工作基本就绪。二砂文化创意园首开区顺利开园，入驻知名文创公司17家、建成“记忆之环”等标志性建筑10余处，3个月累计入园近40万人次。芝麻街双创园一期在全市32个核心板块中率先开园，入驻滴滴出行、上海联创等科技服务型、设计型企业30余家。三厂历史文化街区秉持和谐征收理念，个人住宅产权签约率达99.6%，房屋腾空930户，项目概念设计、结构检测已基本完成，产业谋划、项目招商等工作统筹推进，7亿元专项债已通过省财政厅专家初审。须水河片区设计方案已经市规委会研究通过，大匠之门游客中心项目建成开放，基础设施建设、招商引资等工作扎实推进，中机六院高科技信息园建成投用，院士工作站、国家实验室启动试运行。贾鲁河片区、家居片区、纺织服装片区等重点片区建设有序推进，凯旋路等5条道路建成通车，家居CBD项目一期108万平方米建成运营，家居MALL、建材MALL等招商工作有序推进，中国铝业技术研发中心等创新型研发机构成功签约，中原智慧地质研究院、河南地波通信产业技术研究院等顺利落户。

五、聚焦“三项工程、一项管理”，城市品质内涵不断提升

道路综合改造取得显著成效。牢牢把握“两优先、两分离、两贯通、一增加”建设理念，坚持慢行优先、展现文化、优化断面、完善设施、优化交通，实现从道路到街区、从街区到景区的美丽蝶变。市定一期工程桐柏路、嵩山路、航海路在全市率先完成；二期工程西三环、建设路、陇海路正在加快推进。统筹做好路网建设，新建道路 50 条，16 条竣工通车。

老旧小区综合改造亮点纷呈。破解资金、群众工作两大难点，街道社区干部蹲点保统筹，设计单位、监理单位蹲点保质量，施工单位蹲点保调度，488 个老旧小区全部完成改造。坚持“一次改造、长效管理”，建立“社区党组织＋楼院党支部＋楼栋党小组”三级组织架构，推行社区、物业“双向进入、交叉任职”，后期管理分项委托、捆绑打包等举措，创出了一条老旧小区长效管理的新路子。桐柏路 191 号院等一批改造小区成为全市样板。

城乡接合部综合改造标本兼治。谋划推进工程性、管理性项目 421 个，待建区私搭乱建、乱停乱放等现象得到有效遏制，各类安全隐患得到及时消除；建成区健身步道、公园游园、直饮水、游乐场等亲民设施不断完善。桐树王示范片区、须水河二期改造高标准完成，相关做法得到《人民日报》点赞好评。

城市管理能力大幅提升。基于“一张网”的中原智慧城市管理平台运转有序，城市管理步入数字化阶段。在全省率先完成垃圾分类投放、收集、转运、处置闭环模式建设，构建区、街道、社区、第三方运营公司、物业等多方联动机制，889 个小区垃圾分类工作全部启动，生活垃圾分类覆盖率、无害化处理率达 100%。创建新一轮“千百十”优秀道路 118 条、卓越道路 13 条，建设公共停车场 42 处，新增停车泊位 1.6 万个，“净化、序化、绿化、美化”目标基本实现。在全市改进城市管理工作 10 次月考核中，中原区取得 5 次第一、全年名列前茅的好成绩。深入

推进城乡环境卫生清洁行动，荣获全市环卫优胜杯荣誉称号，是市内五区唯一一家“爱国卫生杯”竞赛活动金杯单位。

六、坚持绿色发展，生态环境质量持续改善

持续打好蓝天保卫战，建立完善大气污染防治“日督导、日整改、周通报”机制，县级干部每日带队夜查、晨查，对重点企业实行专人驻厂监管，确保重点区域、重点时段、重点污染源监管无死角。全年优良天数达到230天，同比增加80天，PM_{10}、$PM_{2.5}$年均浓度分别下降10.3%、12.1%，空气质量持续改善。坚持“四水同治”，开展“清四乱”、“三污一净”、入河排污口整治等专项行动，黑臭水体全面消除；被水利部命名为节水型社会建设达标区；贾鲁河综合治理工程、须水河生态水系整治提升工程有序推进，秀水河、西流湖生态明显改善，被水利部命名为节水型社会建设达标区。谋划推进生态建设重大项目20个，新建公园游园31个，打造“西郊记忆”游园等一批精品街角公园，生态廊道贯通达105公里，新增绿地面积185万平方米，绿化覆盖率达41.6%，创建省级园林单位（小区）3个、市级园林单位（小区）6个。

七、着力保障和改善民生，群众生活更加美好

公共服务不断优化。新建续建中小学、幼儿园26所，建成投用5所，新增教学班207个，新增学位8190个，面向社会公开招聘教师269人，超大班额彻底化解，午餐供餐和课后延时服务全覆盖。围绕“四有标准”，着力补齐基层公共卫生短板，建成家庭医生工作室17个，签约服务团队128个，医疗卫生服务体系不断完善。新建社区养老服务中心18个，新增面积2.5万平方米，新增养老床位440张。建立四级公共图书馆、文化馆服务网络，建成社会足球场16块、健身路径19条。

安置房建设加快推进。新开工安置房51.6万平方米，续建258万平方米，竣工28.6万平方米，完成网签11147套，回迁7303人，均超额

完成年度目标任务。

社会保障有力有效。完成城镇新增就业22681人，占年度目标任务的120%，城镇登记失业率控制在3.5%以内，保持城镇“零就业家庭”动态为零。为困难群众发放消费券128万元，发放低保资金1149万元。分配公租房852套，超额完成全年目标任务。

文体事业繁荣发展。中央文化区郑州美术馆、郑州博物馆、郑州大剧院相继投入使用，2020年中国金鸡百花电影节、2020国际乒联世界巡回赛总决赛、书画展、文物展、音乐剧等一大批精彩文体活动接连上演，群众在家门口就能享受到国内外高端文化盛宴。芝麻街双创园、二砂文创园正式开放，工业文明得到传承保护，昔日的老工业遗存焕发新的生机。积极推进生态保遗工程，庙沟遗址生态公园一期建成开放，白寨、马庄遗址生态文化公园基本建成。成功创建国家公共文化服务体系示范区，顺利通过省级文明城区验收。

社会大局和谐稳定。深化运用新时代“枫桥经验”，推出“和顺中原”一站式纠纷化解平台，建成区矛盾排查调处中心，矛盾调解更加便捷、更加智能，被确定为全市智慧政法试点（县）区。全年信访形势持续巩固。坚决打赢扫黑除恶专项斗争收官战，打击处理涉黑涉恶案件，平安中原建设取得积极进展。安全生产、食品药品安全、社会治理等工作进一步加强，成功创建全省食品安全示范区，人民群众的安全感和满意度持续提升。

八、加强社会主义民主法治建设，安定团结的政治局面持续巩固

支持人大及其常委会依法履行职权。支持人大及其常委会依法决策重大事项、行使人事任免权、监督权，推进决策科学化、民主化。召开区委人大工作会议，加强人大代表联络站建设，推行民生实事项目人大代表票决制。对代表提出的121件建议及时交办督办，办结率100%。

充分发挥人民政协专门协商机构作用。召开区委政协工作会议，区

委常委、区政府领导领衔督办重点提案协商会，支持政协履行民主监督和参政议政职能，创新履职载体，丰富协商议政形式，引导政协委员围绕核心板块、重点片区建设、产城融合发展、科技创新等重点工作开展专题协商。全年收到提案208件，其中立案181件，办结率100%。

巩固和发展最广泛的爱国统一战线。定期向各民主党派、工商联、无党派人士通报情况，全域化开展新的社会阶层人士统战工作，深入推进民营经济“两个健康”提升行动和“一联三帮”保企稳业专项行动。加强党对群团工作的领导，完成区总工会换届，全力支持工青妇等群团组织依法依章履职，党管武装工作取得新成效。

全面推进依法治区。充分发挥区委全面依法治区委员会的统筹领导作用，把党的领导贯穿到依法治区全过程，法治建设取得新成效。加强行政案件诉源治理，推动行政争议实质性化解，被省高院确定为全省首家“府院联动”实质性化解行政争议试点单位。

九、深入推进党的建设，营造风清气正的良好政治生态

突出政治统领。把党的政治建设摆在首位，出台《中共中原区委关于加强党的政治建设推进全面从严治党向纵深发展的意见》，推动全区各级党组织和党员干部始终在政治立场、政治方向、政治原则、政治道路上同以习近平同志为核心的党中央保持高度一致。认真贯彻《重大事项请示报告条例》《中国共产党地方委员会工作条例》和《党组工作条例》，坚持“一个党委、三个党组”制度，定期听取人大、政府、政协、法院、检察院党组工作汇报，完善党的各个委员会工作机制，严格落实“三会一课”、民主生活会等党内政治生活制度，区委常委会把握方向、把握大势、把握全局的能力进一步提升。

加强思想建设。严格落实意识形态工作责任制，先后4次召开意识形态联席会，分析研判形势，统筹理论与舆论、网上与网下，完善应对、引导、处置网络舆情机制，牢牢掌握意识形态工作领导权，全区上下联

动、齐抓共管的工作格局更加突出。在全市率先组建意识形态工作专项督查检查人才库，持续抓好意识形态“五个专项”工作，层层传导压力，党员干部思想防线越筑越牢，意识形态领域保持向上向好态势。围绕抗击疫情，举办“中原在行动”文艺作品展、选树“抗疫身边好人”等系列行动，在区官方微信、微博、抖音等新媒体平台发布相关信息 3200 余篇，阅读量达 2700 余万人次，中央、省级媒体及《学习强国》采用 1300 余篇，汇聚起抗击疫情的强大正能量。

夯实基层基础。树立重实干、重实绩、重担当的用人导向，聚焦疫情防控、“双改”、核心板块建设等重点工作，先后调整干部 3 批 303 人次，480 人进入优秀干部库，干部队伍结构更加优化、更有活力。坚持党建引领“三项工程、一项管理”工作，开展“挂图作战、集中攻坚”和“亮赛比”活动，推进基层党建工作全面提升、全面过硬。巩固提升“不忘初心、牢记使命”主题教育成果，持续开展“万名党员进党校”，举办中青年干部研修班等学习教育活动，将习近平新时代中国特色社会主义思想作为必修课，把日常教育、集中培训和送学上门相结合，累计培训党员干部 2.5 万余名。高度重视村（社区）“两委”换届，152 个党组织换届顺利完成。村（社区）党组织委员中，大专以上学历占 70.1%，提高 6.7 个百分点，平均年龄 40.2 岁，下降 3.4 岁，实现了学历、年龄“一升一降”。

营造严的氛围。坚持党要管党、从严治党，持续保持惩治腐败高压态势，一体推进不敢腐、不能腐、不想腐，营造风清气正的政治生态。把纪律监督挺在前面、放在日常，紧盯元旦、春节等重要时间节点，开展落实中央八项规定精神专项监督检查，深挖细查“四风”隐形变异问题。精文减会持续推进，文山会海有效遏制，基层减负成效明显。充分发挥巡察利剑威慑作用，推动以案促改逐步向基层延伸，举办“廉洁教育村村行”活动 56 场，开展警示教育 314 场次，受众达 1.4 万人次。持续推进反腐败斗争，设立 6 个办案协作区，处置问题线索 399 件，立案审查 40 件，处分 54 人，违纪违法行为得到有力惩治。将“四种形态”贯穿于监督执纪和审查调查工作全过程，第一种形态占比达 83.5%，监督执纪由惩治极少数向管住大多数逐步拓展。

二七区 2020 年经济社会发展报告

中共二七区委　二七区人民政府

2020 年，面对严峻复杂的外部环境、艰巨繁重的改革发展任务，特别是新冠肺炎疫情的严重冲击，二七区坚决贯彻中央精神和省市委部署，在市委、市政府的坚强领导下，把准方向、保持定力、听党指挥、果断行动、共克时艰，统筹推进疫情防控和经济社会发展，在负重中奋斗拼搏、在逆境中砥砺前行，扎实做好“六稳”“六保”工作，经济社会呈现持续恢复向好态势，取得了不平凡的成绩。全区地区生产总值完成 760.2 亿元，固定资产投资增长 11.1%，规模以上工业增加值增长 4.7%。2020 年，二七区被胡润研究院评选为“中国最具投资潜力区域百强区”之一。

一、坚持人民至上、生命至上，疫情防控取得重大成果

面对突如其来的新冠肺炎疫情，二七区深入学习贯彻习近平总书记重要指示精神和党中央、国务院决策部署，发号令于即时，第一时间成立领导小组、制定防控方案，全员上阵、全民战疫、全力以赴，采取最全面、最彻底、最严密的防控举措，管住火车站、汽车站、高速口“大门”，守牢小区、单位、商场“小门”，采取村（社区）封闭式管理、激励关爱“八项举措”等一系列务实有效的举措，构筑了坚不可摧的疫情

防控的“二七防线”。在一个枢纽地位突出、人流物流密集的中心城区，全区医务工作者、党员干部、志愿者和广大群众不辞辛苦、守望相助，汇聚了共同抗疫的磅礴力量，仅用 1 个月左右时间就阻断了疫情扩散蔓延，3 个月左右时间实现了疫情零传播，有力保障了人民群众生命健康安全，交出了一份饱含心血汗水的合格答卷，谱写了众志成城的感人篇章。在第五届中国社区治理论坛暨全国城乡社区疫情防控优秀案例交流会上，二七区 3 个案例获评“全国优秀案例”并交流分享。

二、抓实“六稳”“六保”工作，经济态势企稳向好

守住了“保”的底线。把保就业、保市场主体放在重要位置，聚焦“六稳六保”，完善“五个一”机制，常态化推进“三送一强”“一联三帮”活动，打好政策组合拳，累计帮扶企业 3078 家、解决用工 5.58 万人、减免税费 8.4 亿元、提供资金 17.76 亿元，仅用 2 个月时间就实现了规模以上企业全部复工复产，进一步提振市场信心、促进经济恢复。主要经济指标由年初的大幅下降，到迅速恢复、稳中向好，全年 GDP 增长 1.2%、固定资产投资增长 11.1%、规模以上工业增加值增长 4.7%。新增各类市场主体 2.5 万户，增长 12.2%。新增城镇就业 21164 人，超额完成年度目标。粮食安全应急保障体系逐步健全，完成 7850 吨储备粮轮库，布局 27 家粮食安全应急网点。

打开了“稳”的局面。扩大投资稳增长，260 个重大项目全年完成投资 470.1 亿元，郑州丰捷创新科技园等 65 个重点项目全面开工；33 个省市重点项目完成投资 410 亿元，开工率、投资进度均位于全市前列。促进消费稳预期，社会消费品零售总额完成 479.8 亿元，启动“春的萌动”网上消费节，开展“指尖上的秀场”“豫见·二七美食”等系列活动，打造万达金街等 36 个特色街区，在醉美·夜郑州“十佳深夜好去处”评选中，二七区 3 处夜消费场所进入榜单，其中樱桃沟景区位列榜首。打好稳外贸外资组合拳，新增备案登记外贸企业 152 家，全年实际利用外资 2.58 亿美元，域外境内资金 267 亿元，实现外贸进出口 13.59

亿元。

增强了“进”的动能。围绕产业链精准招商，新签约深国际北方区域总部综合物流港等12个主导产业项目，签约额达362亿元；引进3个超10亿元高质量项目。创新招商引资“云推介”模式，金茂集团、招商蛇口等世界500强企业入驻凤湖智能新区。成功入选全国建制县区化债试点；发行政府债券7.2亿元，申报创新型五大领域专项债券43亿元，市内五区排名第一。针对资金、土地等制约全区发展的重大瓶颈，统筹加快土地出让、发行专项债、融合市场资金、创新土地整理开发模式等五项措施。坚持专班运作、台账管理，全力以赴加快推进，全年完成征收、收储2152亩，供应31宗、1778亩，总出让金近100亿元，成功入选全国建制县区化债试点。

厚植了“蓄”的优势。强化创新驱动，成功承办2020“郑创汇”国际创新创业大赛月赛，新增省市级创新创业载体5家、科技型企业85家、高新技术企业47家，认定重点实验室11家、工程技术中心8家，完成技术合同交易额5.68亿元，二七双创平台、豫乾技术转移公共服务平台被认定为“河南省中小企业公共服务示范平台”，航海科创基地被认定为“河南省小微企业创业创新示范基地”。深化放管服改革，在全市率先梳理出免提交工商营业执照的高频事项136个，117个事项可容缺受理。加快5G智能办事大厅建设，实现1054个事项“一次不用跑”、535个事项“即来即办”、153个事项“一证通办”。二七商圈“企业慧服务”和“二七区政务畅通日”获评全市政务服务精品案例。累计受理各类审批及服务事项120余万件，服务群众140万人次，群众满意率达99.62%。事业单位改革、教育管理体制改革圆满完成。国有企业改革迈出关键步伐，成功搭建“1+5+N”运作模式，项目建设、资金运作、市场化运行取得初步成效。

三、围绕产业升级、产城融合，发展质效稳步提升

产城融合水平不断提升。大力推进产业园区基础配套、公共服务、

运营管理升级，加强项目建设、企业扶持，实施“亩均论英雄”，功能承载能力和产城融合水平大幅提升。二七特色商业区全年完成总营业收入175亿元、税收收入11.9亿元，蝉联河南省五星级服务业两区。马寨产业集聚区围绕制造业高质量发展，大力推进智能制造和企业技术革新，顶津等3家企业被认定为“河南省智能车间”、花花牛等9家企业入选“智能化改造示范企业”、京华制管等3家企业荣获“郑州市领军型企业”称号，获批省级经济技术开发区。二七新区统筹推进64个重大项目，完成固定资产投资223亿元，是全区产业发展主战场和经济核心增长极，位于全市组团新区前列。樱桃沟景区围绕“西美示范”促进“三生融合”发展，荣获“河南省夜间文旅消费集聚区”，钓鱼沟成功创建国家3A级景区，袁河社区获评“河南省乡村旅游特色村”，樱桃沟社区入选“全国重点文化旅游村”。

产业结构持续优化。坚持以产为基，把产业升级作为主攻方向，三次产业结构进一步优化，高端商贸、文旅康养、科技服务、现代制造四大产业主导地位进一步确立。百年德化历史文化片区、建业足球小镇、二七华侨城等一批主导产业项目焕发强劲活力。全社会研发投入达19.9亿元，增长31.6%，科技对经济支撑作用更加明显。新兴产业蓬勃发展，全区电子商务交易额完成115.6亿元，跨境电子商务进出口额达3.43亿美元，楼宇（总部）经济实现税收14.35亿元。

核心板块活力初显。在市委主要领导高度重视和指导支持下，谋划多年的二七商圈有机更新全面开工，二七商圈板块“1＋6”规划体系初见成果，36个重大项目、15项重点工作有序推进，二七广场地下隧道项目全面开工，资产整合、业态升级、街区形态风貌提升等初见成效，德化步行街成功入选第二批全国步行街改造提升试点，街区形态风貌大幅提升。凤湖智能新区板块7条7.5公里道路建成通车，完成16万平方米热力覆盖和4.4公里综合管廊、5.5公里燃气管网建设，中原数字经济科创园等项目落地开工，城市功能区初具规模。健康产业板块城市设计已通过专家评审会审查，成功引进海创园、奥克斯医养康复产业园等5个亿元以上产业项目。华侨城文旅板块内河南工艺美术馆、省曲剧话剧艺

术中心等项目加快推进，金水河源生态修复工程一期景观示范区等工程形象初显。总部经济板块内绿地滨湖国际城部分商务楼宇已投入运营，入驻企业900多家，盛润运河城国际广场项目开工建设。建业文旅小镇板块内北欧智乐园、足球公园等项目深受群众喜爱，获评“郑州市首届十佳地标打卡地”。

四、聚焦“中优典范”“西美示范”，城区魅力日益彰显

城乡环境持续改善。“三项工程一项管理”有序推进，“一环十横十纵”道路综合改造一期3条道路全面完工，17条支线路网改造加快推进。以“一拆五改三增加”为重点，完成236个老旧小区改造，拆除1645处违法建筑，腾退3.1万平方米小区公共空间；新建13座休闲广场、56个口袋花园，惠及居民4万余户，涌现了祥云里、金祥花园等一批亮点小区。打造8个城乡接合部改造提升亮点，135个配套工程项目完工。“大城管”体系初步确立，建成8个美丽街区，“三路一园”项目获评“城市家具国家标准研制试点项目”；创建120条优秀以上道路，完成7.3万平方米道路修整、5.9万米架空线入地，拆除651处施工围挡、812处大型户外广告，整治1064处“住改商”。全域基本实现道路环卫市场化物业化，生活垃圾分类覆盖率达95%以上。

功能承载力大幅增强。新开工刘胡垌三期等5个约80万平方米安置区项目，张寨等5个约100万平方米安置房实现回迁，网签14832套。积极做好轨道交通等重点市政工程协调服务，保障了四环快速路等一批项目顺利通车。大力推进130条218公里市政道路建设，杏贾路等30条道路建成通车。椰风路、景中路地下综合管廊和罗沟变电站等一批基础设施建成投用。新建1个大型垃圾转运站和垃圾分拣中心、4座环卫中转站、13座公厕，新增9264个公共停车泊位，设置9290个夜间限时停车泊位。

生态环境成效凸显。污染治理取得积极成效，超额完成省市下达的

年度目标，空气质量综合指数5.20，$PM_{2.5}$年均浓度51微克/立方米，PM_{10}年均浓度79微克/立方米，优良天数241天，市内八区排名第一。全面落实“河长制”，扎实开展“三清一改”行动，辖区水环境质量稳定达标。土壤污染防治与危废治理工作有序推进。主动融入黄河生态保护示范区建设，新建2个综合性公园、30个微公园游园，完成京广路南延生态廊道、30公里林业绿道、陇海铁路沿线、高速互通立交及出入市口绿化提升等28个生态项目，新增绿化面积280万平方米。

乡村振兴扎实推进。紧盯“村庄美、生态美、产业美、治理美、素质美”进行深度治理，全力推进4个美丽片区、9个美丽产业项目、15个美丽生态项目、2条美丽河道、9条美丽道路建设。壮大村级集体经济，培育23家农民专业合作社，集体经济收入超100万元的达30个村。西岗建筑体验园、沉浸式夜游灯光秀、创客基地、电商直播基地等形成品牌特色效应，带动群众“家门口”就业2.1万人。

五、积极回应群众期盼，人民生活持续改善

2020年，二七区落实政府过“紧日子”要求，全力以赴保民生，压减一般性支出2707万元，民生领域累计支出36亿元，占一般公共预算支出比重达74.3%。

民生保障全面兜底。全面落实低保、困难救助、大病救助等基础保障政策，兜牢民生底线。加大困难群众生活保障，发放各类救助资金5.9亿元，惠及2.5万人次。受理公租房保障家庭申请2160户，分配公共租赁住房4175套。棚户区改造安置房新开工972套，基本建成4574套。持续深化4家区属公立医院综合改革，按国家标准参与“优质服务基层行”达标建设，改建提升10家社区卫生服务中心，建成4家健康小屋，完成脑卒中筛查4010人、肺癌筛查4000人。加强中医药推广创新，蝉联“全国基层中医药工作先进单位”称号。新开工21个养老服务设施项目，升级53个社区日间照料中心，累计发放高龄津贴1964.8万元、惠及1.47万人，养老服务保障更加有力。

社会事业提质扩面。新改扩建14个综合性文化服务中心。开展“舞台艺术送基层”44场、“戏曲进校园进乡村”78场、公益演出259场，在全市率先建成“郑好看”小剧场。新建16条健身路径、3个健身活动中心、2个多功能运动场，社区健身设施覆盖率达100%。退役军人服务保障体系建设经验被全国推广，全省部分退役士兵社保补缴收官工作现场观摩会在二七区召开。新投用中小学、幼儿园14所，新增优质学位1.04万个，中小学午餐供餐、课后延时服务实现全覆盖。组建陇西小学等14个名校教育集团，优质教育资源不断壮大。做好全面两孩政策配套服务，荣获“全国计划生育优质服务先进单位”称号。作为河南省唯一区县（市）入选全国中长期青年发展规划实施试点。大力实施“儿童之家”“绿城妈妈”等16类117个“温暖二七”项目，受益群众31.5万人，荣获中华慈善品牌项目、省“99公益日”先进单位、市“精准扶贫慈善先进单位”等荣誉，“慈善+新零售”模式在全省推广。

社会大局和谐稳定。统筹各类风险排查化解，非法集资、问题楼盘有序化解，生产安全、食品安全持续加强。积极开展“全国综合减灾示范社区”创建，成功创建国家级社区6个、省级8个、市级9个。全市智慧社区建设、双重预防体系、社区治理等现场观摩会在二七区召开。

社区治理实现全面加强。新优化调整24个社区，统筹街道、职能委局等人员力量下沉，推进社区工作者职业化体系建设，公开选任140余名高素质、专业化、年轻化社区专职工作者，畅通成长渠道，出台全链条管理办法，分类定级定岗定酬，激发了社区干部活力。

金水区 2020 年经济社会发展报告

金水区人民政府

2020 年是“十三五”规划收官之年，更是应对新冠肺炎疫情考验极不平凡的一年。一年来，金水区上下高举习近平新时代中国特色社会主义思想伟大旗帜，紧紧围绕高品质现代化城区建设和实现“两率先一争当”总体目标，聚焦“六稳”“六保”工作任务，沉着应战抗疫情，从容应考促发展，在突出重点中兼顾全面，在突破难点中统筹全局，取得疫情防控和经济社会发展的“双胜利”。

一、在疫情大战大考中实现初心使命的淬炼升华

坚决以最快速度全面遏制疫情蔓延。疫情暴发时正值春节前返城高峰、消费高峰、旅游高峰。面对重点地区返郑人员多、过境中转多、探亲往来多的严峻形势，坚决贯彻习近平总书记重要讲话指示精神和中央、省市决策部署，成立疫情防控指挥部，大年初一全面执行Ⅰ级响应，火速集结 4.8 万余名群防群控力量，一线组建 2115 个防控专班，迅速形成了“以楼院保社区、以社区保城区、以城区保城市”链条防控体系，用 23 天就实现了本地确诊病例的零新增，再用 10 天实现了本地确诊、疑似、无症状感染的全清零，打了一场漂亮的疫情防控阻击战！

坚决以最硬举措守护群众生命安康。始终突出人民至上、生命至上，

以“有备无患”的底线思维率先设置 7 个集中隔离点，以“前哨站点”的导向规范提升 34 家发热门诊（诊室），以“应检必检”的标准建成 12 个 PCR 实验室，以“不漏一人”的要求高效排查 328.4 万人次，真正做到排查零遗漏、管控无死角。始终突出“大数据＋网格化”方式，优化进口冷链食品监管、机场健康关爱等专班，抓牢“点到点”“门到门”闭环管控，44 万返校师生零感染、境外输入病例零扩散，用硬核管控的“战时”机制和精细智控的常态措施，筑牢了“外防输入、内防反弹”的钢铁长城。

坚决以最强担当融入服务抗疫大局。千难万险何所惧，大战大考显担当。在这场没有硝烟的战争中，辖区 5.34 万名医务工作者不畏生死、不舍昼夜、争当急先锋，156 名医疗队员向险而行、出征湖北、勇做逆行人，7300 余名党员干部和 3000 余名公安民警辅警闻令而动、奋战一线、甘当“守门人”，3.8 万名社区工作者和志愿者夙夜值守、风雪前行、擦亮“志愿红”，快递小哥、环卫工人和物业管理人员不惧风险、不计得失、倾情奉献，各行各业劳动者服从大局、守望相助、共克时艰，150 余万金水人民以坚定信念、坚强意志、坚韧毅力共同奏响了铿锵有力的“抗疫英雄曲”，更涌现出了一大批以樊树锋、牛书庚为代表的先进典型，用生命和汗水诠释了新时代金水人的无畏担当和家国情怀！

二、在战危机开新局中形成高质发展的全新态势

综合实力保持稳步前行。统筹疫情常态防控与经济有序恢复，因时因势调整工作着力点，组建“六稳六保”服务专班，出台惠企扶企“金水十条”，常态化开展“三送一强”“一联三帮”，累计减免企业税费 41 亿元、协调提供资金支持 509.3 亿元，帮助企业商户复工复产、稳产扩产，迅速稳住了经济发展基本盘。一季度成功遏制下滑趋势，上半年增速顺利扭负转正，全年地区生产总值突破 1800 亿元，实现地方一般公共预算收入 122 亿元，完成社会消费品零售总额 979.4 亿元。

经济运行展现强劲韧性。项目拉动作用全面凸显，扎实开展“四比

四看”活动，实施新基建项目 19 个，新开工重大项目 41 个，214 个省市区重大项目完成投资 738.7 亿元，创历年新高。消费带动效应快速释放，深入开展“炫彩金水”等促消费活动，发放消费券 2000 万元，启动河南直播经济总部基地，网络消费、夜经济成为新的增长点。市场主体增长态势振奋人心，新增市场主体 4.2 万户、同比增长 18.6%，市场主体总量达到 26 万户，占全省的 1/30，成为金水经济行稳致远的最强信心。

*产业发展实现量质齐升。*数字产业逆势上扬，软件信息、互联网服务营业收入分别增长 11.3%、60%，带动数字经济相关产业营业收入增长 11%、现代服务业增加值达到 1230 亿元。新兴产业走向前沿，引进数说安全等信息安全企业 74 家，信息安全产业纳入全省十大千亿级新兴产业集群，3 家企业代表河南亮相第三届数字中国建设峰会，信大捷安推出全球首款符合 5G—V2X 要求的智能交通安全芯片。服务经济高质发展，以“四个三”工作为抓手，推动农科路酒吧街、正弘城等街区商圈成为全市时尚消费地，培育未来大厦“现代金融”等特色楼宇 5 幢，税收超亿元楼宇达到 13 幢，获评中国楼宇经济领军发展城区。

三、在深化改革创新中汇聚转型升级的强劲势能

*市场活力全面激发。*万余平方米的政务服务新大厅全面投用，1263 项政务服务事项集中入驻，1067 个事项实现“最多只跑一次”，工程建设项目区级审批时限压缩 50%以上，率先在市内六区实现企业开办“一次办成”。全力推动“小转规、企升高、股上市”，新增“四上”企业 226 家、科技型企业 419 家、高新技术企业 229 家；大山教育在港交所挂牌上市，中原股权交易中心挂牌企业达到 819 家，位居全省第一，中国创客领袖大会暨双 12 创客节等重大活动成功举办，获评国家双创示范基地。

*创新高地加速崛起。*以获批国家网络安全创新应用先进示范区为引领，金水科教园区入选国家网络安全“高精尖”技术创新平台，3 家企业入选国家网络安全技术应用试点示范项目，推动全区研发机构、双创

载体分别达到358家、62家，占全市的18.2%和20%，带动全社会研发投入增长61.6%。以老科技市场搬迁改造为标志，河南科技园区迈出由“电子卖场”向“创新创业街区”转型的关键一步。以世界知识产权组织和国家知识产权局授予技术与创新支持中心（TISC）为带动，国家知识产权创意产业试点园区成功发行全国首支知识产权信托产品“创意1号”和全省首笔“知识产权创新券”，建成运营全省第一家知识产权运营中心，有效助力“金水智造”加速产业化。

开放通道持续拓展。积极整合国内外运营资源，并联运行海外仓突破30万平方米，28个境外办事处覆盖五大洲、18个主要贸易国家地区，外贸物流仓储成本最高可降40%，包裹最快一天送达海外买家。自贸区新落户跨境电商企业25家，新增外贸实绩企业60家，跨境电商交易额和外贸进出口分别达到91.6亿元、109亿元，均超过市内其他五区总和。突出线上招商与线下推进，新签约科大讯飞等产业项目69个、总签约金额301亿元，其中亿元以上项目24个，实现数量、质量双提升。

四、在系统更新改造中凸显中心城区的时代新貌

城区功能更趋完善。围绕“三项工程、一项管理”，探索建立“总设计师、总建筑师”制度，严把设计、施工、成本、管控“四道关口”，入地改造高压和强弱电92.4公里，优化公交港湾37个，未来路等4条主干道和经七路等43条支路背街实现“点、线、面”系统升级，简约大方、舒朗通透的街区风貌不断彰显。突出承载能力同步提升，轨道交通6、7、8号线征迁任务大头落地，新建成通车道路17条，尤其是成功打通红专路（经五路—经七路段）断头路，顺利拓展农业路高架经三路下口地面道路，拖延多年的历史遗留难题成功解决。

城区风貌更有魅力。深化“建管结合”模式，实施改造老旧小区277个，安装充电桩2.14万个，增加公共服务用房106处，83个无主管楼院纳入专业物业管理服务，工人新村、园田路3号院改造成效被新华社、《人民日报》、中央电视台接连报道。抓好城乡接合部常态化整治，完成

工程类项目46个，黑臭水体、垃圾乱堆等乱象基本消除。聚焦“四化”要求，创建优秀以上路段395条，整治窨井1022座，规范施工围挡53.6万平方米，圆满完成2020金鸡百花电影节和2020国家网络安全宣传周服务保障任务。

城区生态更加优质。以必胜信念攻坚蓝天保卫战，21家涉气企业完成绿色原料源头替代，133台燃气锅炉实现低氮改造，280家大型餐饮服务场所纳入智慧化监管，1746辆国三及以下排放标准营运柴油货车顺利淘汰，$PM_{2.5}$浓度连续5个月达到国家空气质量二级标准，优良天数达到227天，增加57天。以最严要求推进沿黄区域生态建设，石沟完成河道和沿岸绿化综合治理，高速及铁路沿线绿化提升全面完工，建成公园游园微景观107处，新增绿地133万平方米，“金水蓝”与“生态绿”成为城区亮丽底色。

五、在回应群众关切中促进幸福指数的不断提升

民生实事扎实推进。坚持将保障和改善民生作为财政支出的优先方向，民生支出在收支压力极大的形势下达到60.8亿元，同比增长16%。发放创业担保贷款2.16亿元，新增城镇就业3.46万人，“零就业家庭”动态为零。建成安置房88.2万平方米，网签安置房1.17万套，杓袁等5个项目顺利回迁。新增公共停车泊位8260个，444座公厕达到二类以上标准。发放救助资金6255万元，“慈善日”募集善款9160万元，创全市捐赠记录新高。积极助力脱贫攻坚，对口帮扶的卢氏县官道口镇、杜关镇顺利脱贫摘帽。

社会事业蓬勃发展。以“五个一”工程为统揽，新投用中小学5所、公办幼儿园9所，区属中小学全部实现午餐供餐和课后延时服务，缓解了家长“接送难”，赢得了社会“声声赞”；7所学校获评全省首批人工智能教育实验校，成功入选国家级信息化教学实验区。新增养老服务设施22个，获评全国智慧健康养老示范基地。新建社区卫生服务中心（站）23个，金水区总医院创成全市首家区级二级甲等医院，医

疗卫生服务网络更健全、能力再提升。新建博物馆 3 家、社会足球场地 28 处，建成城市书房 7 个，举办文化活动 372 场，群众生活更丰富、更多彩。

社会治理不断深化。扎实开展安全生产专项整治三年行动，交通运输等行业 203 家规模以上重点企业完成安全生产双重预防体系建设，“三分钟应急救援圈”做法得到应急管理部的充分认可。加强食品安全全过程监管，新建、提升改造高标准农贸市场 8 家，常态化抽检食品 68.9 万批次，成功创建省级食品安全示范区。深化矛盾纠纷多元化解机制，纵深推进“扫黑除恶”专项斗争，群众安全感更有保障。同时，工会、共青团、红十字、残疾人、妇女儿童等事业健康发展，民族宗教、地方史志、外事侨务、粮食管理、国防动员、人民防空、双拥共建、民兵预备役、退役军人事务等工作都取得新成绩。

六、在严作风提能效中展现服务政府的务实作为

依法行政全面落实。严格执行区人大及其常委会的决议决定，自觉接受人大法律监督、工作监督和政协民主监督，办理代表建议、委员提案 309 件，办结率达 100％。持续规范政府权力运行，政府常务会议议题和重大行政决策事项合法性审查率达 100％。扎实推进“七五”普法终期验收，规范化建设 221 个公共法律服务站（室），社区（村）法律顾问实现全覆盖。

政府效能持续提升。稳妥推进机构改革，完善部门机构设置，新设立政府工作部门 1 家、挂牌单位 1 家，优化理顺职能配置 4 家，政府运行更加高效。全面实施重点工作跟踪问效，实行工作项目化、项目清单化、清单责任化，部门执行力显著提升。坚持畅通政民互动渠道，主动公开政府信息 1.8 万条，认真解决 12345 热线等群众诉求 2.5 万件，政府工作更加规范。

廉政建设深入推进。始终把抓好党建作为“最大政绩”，巩固深化“不忘初心、牢记使命”主题教育成果，深刻把握党的建设各项新要求，

推动全面从严治党主体责任和意识形态工作责任制落地落实。严格执行中央八项规定及其实施细则精神，树牢“过紧日子”意识，在年初压减一般性支出的基础上，继续压减非急需非刚性支出，不断深化精文减会成效，风清气正的政治生态持续巩固。

管城回族区2020年经济社会发展报告

管城回族区人民政府

2020年是全面建成小康社会和“十三五”规划收官之年，更是应对新冠肺炎疫情考验极不平凡的一年。一年来，在市委、市政府和区委的坚强领导下，全区上下高举习近平新时代中国特色社会主义思想伟大旗帜，全面贯彻落实习近平总书记视察河南重要讲话精神及省市区委各项决策部署，统筹推进疫情防控和经济社会发展，扎实做好“六稳”工作，全面落实“六保”任务，经济持续回稳向好，社会大局保持稳定。初步统计，全区地区生产总值同比增长1.6%，一般公共预算收入同比增长1.82%，增速分别位居市内五区第一；固定资产投资同比增长13.2%，增速位居市内五区第二。一年来，管城回族区全力抓好了6个方面的工作。

一、坚持因势而谋、应势而动，经济社会发展回稳向好

疫情防控精准有效。坚持把疫情防控作为头等大事，第一时间建立三级联动防护网，启动454个网格、686个卡口以及重点场所管控，6000

余名干部职工、2000余名党员志愿者下沉一线，构筑了“数据、管理、责任”三个闭环。累计核酸检测34000余人次，承接国际航班33架次3409名境外入郑人员集中医学观察，对193家冷库、2170家冷链企业实行全流程、全时段监管，织密人民健康安全网。特别是2020年“五一”前夕，习近平总书记给辖区圆方集团职工回信，盛赞了疫情防控中展现出的人民力量，更加坚定了全区夺取大战大考“双胜利”的信心决心。复工复产统筹推进。在全市率先出台“管城10条”“财税9条”帮扶政策，深入开展“三送一强”“一联三帮”企业帮扶活动，累计解决企业用工14万余人，减免缓各类税费32万户次、22.2亿元。助推各类企业融资117亿元，发放小额贷款2.6亿元，惠及企业2.5万余家。通过发布《管城味道》纪录片、开展“管城云车展”、打造“弄啥里”等一批夜间经济街区，有效拉动消费及时回补，全区社会消费品零售总额增速位居市内五区第一。各类市场主休由疫情期间9.2万家增加至11.7万家，新增“四上”企业93家，有效稳住了经济基本面，推动经济扭负为正、企稳回升。项目拉动坚强有力。全力以赴上项目、扩投资，完成土地征收1486亩、供应1542亩，申请中央专项债券资金6.02亿元。出台《推动管城经济高质量发展若干政策实施办法》，编制产业招商图谱，引进7—ELEVEn河南区域总部等18个重点项目，签约总额308.5亿元。全区246个重点项目完成投资615.6亿元，占年度目标的108.6%。

二、坚持板块带动、错位发展，转型升级动能有效集聚

商代王城遗址板块。聘请国内外知名设计机构开展规划方案比选，城市设计方案获市级审批。扩围征迁任务圆满完成，城垣环境保护及提升一期工程建成开放，二期工程即将竣工，综合管廊及道路工程大头落地，“两院”项目即将开馆，安置区正在筹备回迁工作，宫殿区遗址公园等9个项目全面加快建设。统筹推进“六街六片区”协同风貌区建设，北顺城街改造基本竣工，代书胡同、平等街等街区建设成效初显。

金岱科创板块。成功创建省级经济技术开发区。完成城市设计、产业定位、做地方案编制，收储土地212亩，文德路等3条道路提升工程建设完工，体育环公园一期建成开放，规划招商展示中心建成投用。腾飞集团等18个总部项目达成入驻意向。

小李庄火车站板块。核心区域城市设计方案已获市级审批，火车站站区建设方案正在进一步深化，产业规划设计已形成中期成果。累计完成448万平方米绿化工程，豫一路等10条道路建成通车，豫二路等6条道路正在加快建设，刘湾变等3所变电站主体完工，明珠路小学等5所学校和南曹污水处理厂启动建设。

三、坚持聚焦短板、主动求变，改革创新成果不断深化

营商环境持续优化。政务服务中心总办件量突破236万件，累计服务企业和群众达82万余人次。875项高频事项实现“网上办”，306个“一件事”改革任务圆满完成。深化减证便民专项行动，取消繁文缛节和不必要证明事项307项，审批材料同比减少32.4%，办理时限缩减83.6%。深化工程建设项目审批制度改革，施工许可证办理时限压缩至5个工作日。科技创新亮点纷呈。大力开展科技型和高新企业“双倍增”计划，新认定科技型企业61家，认定高新技术企业35家，累计兑现各类科技奖补资金5743.8万元。获评河南省工程技术研究中心2家，郑州市工程技术研究中心和重点实验室2家。全区高新技术产值达到300亿元。重点领域改革深入实施。深化国有企业改革。整合国有资本，完成5家国有平台公司改革，建立了产权明晰、运转高效的现代企业制度。深化财政制度改革。积极承接市级下划各类税收属地管理工作，近200家预算单位实现国库集中支付电子化，资金支付使用效率大幅提高。深化农村集体产权制度改革。完成清产核资、股权量化等工作，成立集体经济组织30个。推进农村土地流转，发展高效农业示范园8个。深化体制机制改革。承接市级规划审批下放权限23项；对接市级执法职能划转，

梳理行政处罚类权责清单 778 项。制定完善了应急预案、物资储备、救援队伍等应急管理体系，完成防汛抗旱指挥部体制改革。荣获“河南省改革系统先进单位”“河南省防汛抗旱工作先进集体”称号。

四、坚持区域联动、积极作为，高品质城市建设深入推进

道路综合改造成效显著。坚持“两优先、两贯通、两分离、一增加”理念和“四带”原则，探索“道路十条”等道路综合改造模式，“七步联动工作法”在全市推广。高标准完成航海路、未来路改造工程，拆除违章建筑 4.5 万平方米，线缆入地改造 27 公里，新增道路绿化 10.2 万平方米，航海路改造工程成为全市道路改造标杆；城东路综合改造一期大头落地，陇海路综合改造正在加快推进。老旧小区改造稳步实施。坚持示范带动，分类施策，有序推进 533 个老旧小区改造，已完成陇海北三街等 336 个老旧小区、9 条支路背街改造，改装天然气 3500 户，完成既有建筑节能改造 49.2 万平方米、既有住宅加装电梯 48 部。央视新闻联播和《人民日报》分别对管城区老旧小区改造经验进行宣传报道，人民群众获得感和满意度明显增强。城乡接合部整治统筹有序。坚持标本兼治、长短结合的原则，集中开展“三清”行动并建立长效机制，累计拆除违法建设 18.7 万平方米、清运垃圾 16 万立方米、取缔黑加油站 2 家，建成垃圾中转站 5 座；新建小型污水处理站 6 座，实现农村污水全收集；张华楼、刘湾、河西袁美丽乡村建设一期工程基本完工，城乡接合部人居环境明显改善。城市管理更加精细。聚焦“四化”要求，累计创建优秀路段 120 条、卓越路段 14 条。完成城南路等 13 条道路改造提升和南仓街等 36 条架空线缆入地整治，新增公共停车泊位 7536 个，建成 4 条智慧停车示范街，改进城市管理工作走在全市前列。基础设施日臻完善。圆满完成区域内轨道交通和四环快速化等重点市政线性工程征迁任务。区级垃圾分拣中心建成投用，新改建垃圾分类房 279 处、环卫中转站 8 座、公厕 53 座。新开工道路 33 条、里程近 48 公里，宇通路、端和路等

14 条道路建成通车。

五、坚持底线思维、绿色发展，生态环境质量大幅改善

大气污染防治成效明显。大力开展移动源、燃煤源、扬尘源等专项整治，150 家大中型餐饮门店、133 个建筑工地全部纳入智慧在线监控，黑加油站和“散乱污”企业实现动态清零。$PM_{2.5}$、PM_{10} 平均浓度同比分别下降 16.9％、14.2％，全年优良天数达 222 天，同比增加 58 天。水系治理持续发力。拆除河道两侧违法建设 5700 平方米；治理排污口 4 处、整治黑臭水体 24 处，全区黑臭水体实现动态清零。站马屯截污工程投入使用，南水北调中线防洪工程刘村沟连接段、环城生态水系循环工程基本完工。生态绿化扩面提质。全年共实施生态项目 46 个，完成投资 9.8 亿元。陇海铁路等 4 条铁路沿线及京广快速路南延生态廊道绿化全面完成，十七里河综合公园、南水北调公园建成开放，打造公（游）园和微景观 31 处，累计完成绿化面积约 200 万平方米。获评郑州市生态建设先进单位。

六、坚持人民至上、民生优先，群众幸福感获得感安全感持续提升

民生保障稳步加强。全年民生领域支出达 31.6 亿元，占一般公共预算支出的 71.3％。累计发放低保金、各类补贴 1192.6 万元，新增城镇就业 14725 人。分配公共租赁住房 1252 套，新开工安置房 1100 万平方米、网签 10745 套。完成 2481 名退役军人社保接续工作。区级中心敬老院改造完工，建成 10 家社区养老服务站、新增养老床位 200 张。社会事业均衡发展。“美好教育”提质增效。新（续）建中小学 14 所，投入使用 5 所，新增公办幼儿园 14 所；引进郑州一中、郑州八中优质教育资源开展联合办学；投资 4000 余万元推进 56 所中小学午餐供应及课后延时服务

全覆盖，66 人以上超大班额实现清零。公共卫生体系日益完善。积极推进管城人民医院升级改造和管城中西医结合医院迁建工作，完成 10 家社区卫生服务中心“四有”建设，紫东路等 3 家社区卫生服务中心通过国家级创建基本标准初审。文体事业蓬勃发展。提升改造特色文化馆、图书馆 6 家，高标准打造 8 个社区公共文化活动阵地。新增 10 家城市书房，新建社会足球场 13 处。社会治理效能提升。扎实推进安全生产专项整治三年行动计划，210 家重点行业企业安全生产双重预防体系实现全覆盖。深入开展扫黑除恶专项斗争。妥善化解紫楠花园等 10 个问题楼盘。加快推进非法集资案件处置，累计兑付资金 74.6 亿元。

一年来，我们全面加强法治政府建设，大力推进阳光政务，公开政务服务事项 1076 项；主动接受区人大及其常委会的工作监督、法律监督，区政协的民主监督和社会舆论监督，114 件人大代表建议和 164 件政协委员提案全部限时办结。着力解决群众急事难事，办理市民服务热线 11322 件。力戒形式主义，做好精文减会，各类文件压减 10.5%，会议减少 35.8%。强化资金监管，评审各类政府投资项目 92 个，核减资金 2 亿余元。“三公经费”压减 23.1%，非急需非刚性支出压减 53.3%。

惠济区2020年经济社会发展报告

中共惠济区委　惠济区人民政府

2020年，惠济区坚持以习近平新时代中国特色社会主义思想为指引，践行新发展理念，坚持高质量发展，奋力打赢疫情防控、复工复产、国家黄河战略实施三场硬仗，交出了应对大战大考的优异答卷。地区生产总值同比增长1%左右；固定资产投资增长15.7%，增速居六区第一；地方一般公共预算收入完成34.7亿元，其中税收完成29.8亿元，税收占比达86%；社会消费品零售总额完成219.8亿元；城镇、农村居民人均可支配收入预计分别增长1%、4.5%。

一、坚持人民至上、生命至上，打赢了抗击疫情的人民战争

科学有效防控疫情。第一时间建立高效防控体系，5400余名机关干部、公安干警、社区工作者和医卫人员闻令而动、冲锋在前，对全区374个村（社区）卡点、5个交通卡口实行闭环管理；在全市率先高标准设立发热门诊，获得国家卫健委高度肯定；创新实施“楼栋长管理、三色管理、出入证管理”“机关干部+民警+社区人员+志愿者”防控模式，受到国家、省市高度认可；统筹“人防+物防+技防”，强化居民楼院、复课校园、商超市场等重点场所监管检查、安全防护、宣传引导常态化。

筹措落实资金4262.8万元，足额储备、发放疫情防控专用物资。作为全市第一个入境航班隔离点，在全市率先设立丰乐农庄健康关爱中心，建立健全入境人员闭环管理和服务机制，全年累计接收航班45架次、5435人集中隔离；将进口冷链食品监管作为重中之重，创新建立进口冷链食品监管“一总三分”工作专班，建成进口冷链食品集中监管仓，实行“集中监测、集中消杀、集中存储、集中赋码”，为遏制冷链疫情传播做出了贡献。

完善公共卫生应急体系。区公共卫生服务中心建成投用，加强疾病预防控制、监测预警等体系建设，核酸检测能力提升至每日1.1万人份。通过全区上下共同努力，疫情防控调度指挥精准高效，各项部署全面落实到位，取得连续300天以上无新增病例的重大战略成果，20人、9个单位获省市表彰。

二、落实“六稳”“六保”任务，促进经济发展企稳回升、稳中有进

经济运行企稳向好。统筹实施“防疫+保障复工复产”，认真落实上级支持企业共渡难关和保产业链供应链稳定等政策措施，扎实开展“三送一强”“一联三帮”活动。在全省率先实现企业务工人员“点对点”转运，建立驻企服务员制度等，累计帮助3843家市场主体解决用工15.6万人，减租减息减税降费3亿元。15个省、市重点项目全部开工，118个区重点项目全面推进，超额完成年度投资目标；食品制造业总产值实现两位数增长，达到120亿元；新增“四上”企业入库77家。发放消费券300万元，创新开展“云团车”“惠生活·共美好”惠济区黄河文化夜经济系列促消费活动80余场，直接经济效益超5000万元，间接拉动居民消费超2.1亿元；开展精准产销对接活动，蜜乐源、君兴双桥酒业等企业签约近5000万元。支持企业实现贸易市场多元化，新增外贸企业备案登记68家，引进外贸企业6家，实现货物进出口5.9亿元。

文旅产业提质增效。深入开展全域旅游示范区创建，建成特色旅游

示范街区 1 个、精品旅游线路 3 条，全年接待游客 682.9 万人次，实现旅游收入 1.9 亿元。荥泽古城文旅融合项目、大运河通济渠（郑州段）遗址生态公园、西山遗址生态文化公园谋划加快推进，郑州博金书画艺术博物馆等 3 个博物馆具备开馆条件。

现代信息产业初具规模。惠济区智慧城市总体规划编制完成，“城市大脑”一期建设加快推进。制定加快 5G 网络建设和产业发展三年行动计划，建成 5G 基站 800 余座，实现中心城区全覆盖。

三、秉持生态为先、绿色发展，全面践行国家黄河战略

沿黄生态带加快建设。黄河滩地公园约 63 公里彩色慢行道路及南裹头、海事码头、惠武浮桥 3 个观景点建成，郑州沿黄生态廊道示范段完工，成为展示黄河自然景观和生态保护的重要窗口、市民打卡的“网红”区域，人民日报、中央电视台、新华社等主流媒体先后给予报道。省道 S312 辖区段 23 公里主线贯通，绿化工作全面启动，沿黄最美公路雏形初显。持续做好黄河滩区综合整治，656 个生态环境问题点位整治完毕，充分展现了践行国家黄河战略的惠济态度和惠济速度。

沿黄区域发展精彩开局。高质量编制建设黄河流域生态保护和高质量发展核心示范区起步区三年行动计划，荥泽古城、大运河文化片区城市设计方案，滩地公园慢行系统规划，保合寨美丽乡村规划已逐步落地实施。荥泽古城文旅融合项目一期样板区启动建设，古荥镇合村并城安置房项目建设稳步推进；大运河文化片区核心板块确定“做地”主体和推进方案，征迁工作加快实施；中原高科技花卉博览园一期基本完工，沿黄区域加速发展的脉络更加清晰，步伐铿锵有力。

沿黄历史文化主地标加快打造。黄河天下文化综合体、黄河国家博物馆、大河文化绿道等项目有序实施。《黄河文库·文学黄河》十卷丛书编撰完成，第三届大河诗会成功举办，《春天的黄河谣》入选“2020 年度河南省精神文明建设‘五个一工程’重点创作项目”，惠济“黄河文

化”品牌实力持续壮大。

四、聚焦城乡统筹、完善功能，纵深推进城市高品质建设

交通体系更加完善。坚持慢行优先、展现文化、优化断面、提升绿化、完善设施，系统性、全方位实施道路综合改造提升，市级“一环十横十纵”工程一期完工，二期开元路等 3 条道路加快改造；区级自主改造工程一期王寨街等 3 条道路基本完工、常青路等 3 条道路加快推进，二期天河路等 13 条道路稳步实施。41 条道路、四环线及大河路快速化工程主线桥建成通车，地铁 3 号、4 号线通车运营，7 号线辖区段实现洞通。新增公交线路 2 条，延长、优化公交线路 26 条，新增公交里程 42.7 公里。

城乡品质全面提升。新开工安置房 71 万平方米，网签 11828 套，回迁群众 8498 人，超额完成市定任务。中华园等 19 个老旧小区完成改造，惠及群众 5053 户。城乡接合部改造创建示范村 5 个、达标村（社区）19 个，181 个管理类项目全部实施；持续开展“提升农村及社区人居环境”行动，基本实现农村主干道机扫作业全覆盖、保洁时间无空档，生活垃圾集中收运、日产日清；新建农村污水处理站 4 个，实现全域农村污水设施全覆盖。完成江山路电力线路入地等迁改工程 22 项，迁改电力线路 13.8 公里，建成变电站 4 座。新增天然气管道 40 公里、暖气管道 20 公里、自来水管网 25 公里、公共停车位 4483 个，城区承载能力大幅提升。

精细化管理持续强化。创建“千百十”优秀路段 28 条、卓越路段 4 条；银通路等 6 条道路整修完工，杏花街等 17 条道路近 3 万米架空通信线缆完成入地改造；4735 个路内停车泊位、69 个停车场实现规范管理；查处、纠正交通违法行为 17.6 万起，整治乱停乱放车辆 2.5 万辆。126 栋楼体夜景亮化改造完毕，乐飞街等 9 条道路通车亮灯，城市面貌更加整洁、有序，圆满保障了国家网络安全宣传周、金鸡百花电影节、2020 中国 500 强企业高峰论坛等重大活动开展。

五、坚持精准施策、系统施治，大力建设美丽惠济

污染防治有力实施。PM_{10}、$PM_{2.5}$ 年均浓度为 83、52 微克/立方米，完成市定年度目标，优良天数达 244 天，空气质量综合指数、优良天数均居全市第一。坚持县级领导带队夜查，狠抓“散煤、散尘、散乱污”治理，整治“散乱污”企业 18 家，持续开展重型柴油货车检查，严格渣土车运输和非道路移动机械管理。治理河渠采砂、城市黑臭水体等“四乱和三污”问题 66 处，集中式饮用水源地达标率 100%。扎实推进白色污染治理，开展农药包装废弃物回收处理试点工作，回收率达 90%。

绿化品级持续提升。提速国土绿化行动，新造林 3030 亩。郑州北站铁路沿线绿化加快实施，郑州北站五龙口干渠滨水绿化、黄河大堤行道树栽植等项目基本完工。推进绿化美化融合，扎实开展“月季满城”行动，栽植月季 6.5 万棵，建成月季主题道路 3 条；新建公园游园 31 个，新增绿地 193 万平方米，绿满全城的生态环境加快营造。

水域生态不断改善。贾鲁河综合治理绿线工程、索须河景观提升工程四期基本完成，枯河辖区段清淤、金洼干沟上游水生态修复完工，石苏干沟综合治理、张牛支沟下游治理工程加快推进，辖区 7 条河流断面水质全部达标，“县域节水型社会”创建工作通过省级验收。

六、持续深化改革、开放创新，不断优化发展环境

各项改革持续深化。聚焦重点领域，创新工作举措，深入推行工程建设项目审批制度等 14 项重大改革，梳理镇（街道）行政审批事项 113 项，公民个人“一件事”事项 344 项，企业群众办事更加便利；推行“一窗受理、集成服务”，80%的市场主体准入即准营；“互联网＋监管”稳步推进，监管事项主项覆盖率达 79.1%，排名全市前列。区、镇（街道）财政管理体制改革圆满完成，隐性债务化解任务有效落实，债务风险指标均在正常区域。出台了国有公司系列规章制度，国有平台公司管

理更加规范，天河公司获得 2A 级主体信用评级。54 个行政村农村集体产权制度改革圆满完成。出台农村集体资金资产资源管理实施办法，农村三资管理全面加强。

开放水平持续提升。围绕产业建链、扩链、强链，引进企业 17 家、达成合作意向金额 294 亿元，实际吸收外资 1.9 亿美元。投资约 100 亿元的苏宁智慧零售结算总部项目成功签约，中建二局二公司、中建七局安装工程公司、中国水利水电第六工程局 3 家央企强势入驻，江西交建、洪城市政等企业顺利落户，中铁十八局、百盛联合集团等 10 余家大型企业深入洽谈。上报 10 亿元以上高质量产业项目 3 个，国内外 500 强项目 4 个。建立全区城中村（合村并城）项目商业地块信息共享机制，精准开展“二次招商”，成功引进项目 3 个。

创新能力持续增强。全面落实“智汇郑州·1125 聚才计划”，发放人才创新创业资助资金 210 万元；成功举办黄河流域生态保护和高质量发展高层论坛。新增高新技术企业 15 家，增长 88%，增速居全市第一。建立省级研发平台 3 个；认定郑州市科技型企业 22 家、郑州市软科学研究计划项目 3 个，搭建郑州市工程技术研究中心（重点实验室）4 个。成功申报国家级“专精特新”小巨人企业 1 家，省级、市级“专精特新”中小企业 10 家。扎实开展工业企业“亩均论英雄”综合评价工作。

七、注重以民为本、增进福祉，持续提升人民获得感幸福感

坚持民生为本，扎实推进省、市、区三级共 37 项重点民生实事办理。全区一般公共预算民生支出 20.9 亿元，占一般公共预算总支出的 75.5%，增长 14%。

教育事业更加美好。6 所中小学建成投用，5 所小学加快建设，10 所小区配建幼儿园收归公办。24 个学校食堂改扩建项目加快推进，全省首家校园餐厅全流程数字化监管平台建成投用，午餐供应全面覆盖、优质安全。内容丰富、可供选择的课后延时服务全面实施。新招聘、引进

优秀教师547名；与郑州师范学院、郑州四中、郑州外国语学校、郑州市实验幼儿园合作办学已顺利招生开学，与省实验小学、省第二实验中学的合作更加紧密，涵盖“全龄段”的优质教育资源体系加速打造。

医疗卫生体系持续完善。入选“中国健康产业百佳县市”。区人民医院实现“就医一卡通”，电子病历系统达到三级水平，医疗智慧化建设明显提升。长兴路街道、江山路街道社区卫生服务中心和花园口镇卫生院基础设施改造，花园口镇卫生院安宁疗护中心项目完工，基层医疗服务体系基本建立。医联体同质化建设进程加快推进。“一老一小”照护服务更加健全，所有社区卫生服务机构、乡镇卫生院具备中医药服务能力。多层次、全覆盖的医保体系初步建立，城乡居民医保参保人数17.3万人，参保率达99.9%，基本医保、大病保险、医疗救助“一站式结算”等举措让群众就医更加便捷。

社会事业全面发展。实现城镇新增就业3490人，农民工返乡创业404人，发放创业担保贷款4430万元，“零就业家庭”动态为零。建成养老服务场所5家。与河南邓亚萍体育产业投资基金达成战略合作。累计建成基层综合性文化服务中心79个。8个城市书房建成运营。新增文化馆分馆5个、图书馆分馆2个，实现8个镇（街道）文化馆分馆、图书馆分馆全覆盖。公共体育服务设施进一步完善，安装健身路径223条，建成农体工程76个、社区多功能运动场3个、社区健身活动中心5个、社会足球场10个、智能健身驿站4个。成功创建省级食品安全示范区，农产品质量安全区创建通过省级验收。全面推进安全生产隐患排查整治，持续开展矛盾纠纷和信访积案化解攻坚，治安态势持续向好。

上街区2020年经济社会发展报告

上街区人民政府

2020年，上街区坚持以习近平新时代中国特色社会主义思想为指导，全面贯彻党的十九大和十九届四中、五中全会精神，深入贯彻习近平总书记关于河南和郑州的重要讲话指示精神，坚决落实中央和省市委决策部署，坚持人民至上，牢记责任使命，把握好"控、保、稳、进、抬、扛"六字要求，强化统筹、综合施策，推动疫情防控取得阶段性成效，全区经济运行总体平稳，高质量发展动能持续增强，社会大局保持和谐稳定，人民群众获得感、幸福感、安全感不断提升。

一、旗帜鲜明讲政治，切实增强"两个维护"的思想自觉政治自觉行动自觉

坚持以政治建设为统领，坚决贯彻党的路线方针政策，严守政治纪律和政治规矩，始终在政治立场、政治方向、政治原则、政治道路上同党中央保持高度一致。坚持把学习贯彻习近平新时代中国特色社会主义思想作为首要政治任务，在学懂弄通做实上下功夫、求实效。坚持跟进学习，严格落实"第一议题"制度，用好"五种学习方式"，区委常委会先后开展学习35次，对习近平总书记的重要讲话和指示批示精神，第一时间学习、第一时间贯彻。坚持专题学习，组织开展理论学习中心组集

中学习12次，交流研讨、相互促进。坚持专家领学，举办名家系列讲座4场，邀请知名专家学者作专题报告，覆盖党员干部800多人次。坚持学以致用，建立健全部署、落实、督查相衔接的“闭环”机制，对习近平总书记的重要讲话和指示批示、党中央决策部署，及时研究贯彻意见、紧盯不放抓好执行。围绕贯彻落实习近平总书记视察河南重要讲话精神，聚焦“西美”定位，制定并实施美丽经济、美丽城市、美丽生态、美丽人居建设三年行动计划；围绕贯彻落实黄河流域生态保护和高质量发展战略，多次召开常委会会议学习，研究推进规划编制、产业转型、生态保护和修复、文化传承与开发等方面的工作，努力走好集约节约内涵式发展路子；围绕贯彻落实党的十九届五中全会精神，在准确把握和领会新发展阶段、新发展理念、新发展格局核心要义的基础上，立足发展实际，研究提出上街区“十四五”规划建议，为未来五年乃至十五年经济社会发展做好顶层设计；围绕贯彻落实习近平总书记关于环境突出问题的重要批示指示精神，大力开展违建别墅整治、“占地造湖”整治等，切实把“两个维护”落实到行动上、体现到工作实效上。

二、坚决贯彻新发展理念，全力推动经济社会高质量发展

始终坚持发展第一要务，牢牢把握稳中求进工作总基调，做好“六稳”工作、落实“六保”任务，实现疫情防控和经济社会发展“双战双胜”。2020年，地区生产总值完成165.5亿元，增长2.6%、六区排名第一；一般公共预算收入完成15亿元，增长1.14%、六区排名第二；规模以上工业增加值增长3.2%、六区排名第二；居民人均可支配收入增长4%、六区排名第一；固定资产投资增长10.5%。

*疫情防控迅速精准有效。*面对突如其来的新冠肺炎疫情，因时因势、果断行动，有效保障了群众生命安全和身体健康。第一时间组织发动。迅速成立疫情防控工作领导小组，建立以“一办七部”为主的疫情防控指挥系统，实行日调度、日报告、任务清单交办、督查督办等制度。主

要领导靠前指挥，分管负责同志具体推进，全区各级党组织和广大党员干部坚守一线，医务工作者、社区干部舍身忘我，迅速构建了以小区保社区（村）、以社区（村）保全区的全覆盖防控体系。第一时间落实防控措施。健全数据、责任、管理三个闭环，推行“红黄绿”三色码管理措施，压实“四级分包”责任，从严落实“四早”“四集中”要求，实施“五防八管八控”工作法，采用“居家隔离＋集中隔离”等方式，织密了横到边、纵到底的防护网。第一时间做好防疫保障。累计拨付专项资金3790万元，10天建成2000多平方米的发热门诊，20天建成25间备用留观病房，征用14家酒店建立健康关爱中心，支持中铝郑州企业建成日产15万只口罩生产线，接受社会各界捐款捐物700多万元。第一时间推动复工复产。出台应对新冠肺炎疫情促进经济平稳健康发展30条、加快推动楼宇经济、数字经济发展的若干政策等，常态化开展民营经济“两个健康”“一联三帮”“三送一强”等活动，帮助企业解决问题2.2万个，发放奖补资金7687万元，减税降费3.21亿元，为企业协调贷款32.13亿元。

*产业转型步伐加快。*紧紧围绕主导产业、新兴产业和现代服务业，大力转方式、调结构、促转型，着力打造产业特色，不断厚植产业优势。制造业高质量发展势头显现。奥克斯空调生产基地开工建设，配套的奥克斯智造产业园入驻企业40多家，成为全市小微企业园的标杆。产业集聚区规划由原来的4.6平方千米扩大至13.31平方千米，投资12亿元的奥瑞环保研发制造中心及区域总部项目开工建设，青岛国恩二期、红星盾构等项目加快推进，郑煤机三期投产运营，在全省产业集聚区考核中排名上升112个位次，被评为郑州市“两快”产业集聚区。中铝郑州企业加速转型，完成62万吨普通水泥的产能交易，氧化铝工厂实现智能化改造，成为省级智能工厂。全面实施“亩均论英雄”分类综合评价，引导企业深度治理、智能化改造、上云上链，盘活闲置厂房楼宇16.4万平方米，荣获全市制造业高质量发展先进单位。通航产业持续壮大。加快郑州国家通航产业综合示范区建设，成功开通上街至阜阳、襄阳、南阳三地的短途航线，填补了河南省通航领域的空白。河南三和消防版无人

机完成郑州消防支队试列装，乔海“空中悍马”飞机实现了河南省固定翼飞机自主研发生产“零”突破，郑州海王地效翼船正式走向市场，推动通航制造向高水平发展。中航材公务机维修基地正式签约，永翔、蓝翔等企业累计开展农林植保、环境监测等各类飞行作业4500小时，占全省飞行时长的59%；培训通航飞机、无人机各类学员300多名，举办“航空嘉年华”等各类科普研学活动260场次、参与青少年4.5万人次，上街通航的知名度和影响力不断提升。现代服务业提速升级。国际陆港第二节点建设稳步推进，散装物流区、有色金属交易区、集装箱多式联运区、货运信息平台等基础设施建成投用，全年铁路货运量近600万吨，区域物流能力持续提升。金融保险、电子商务、数字经济发展迅速，利宝财险、卫多多、紫云云计算等企业投入运营；举办“‘郑’好‘豫’见，上街有礼”欢乐直播季、“醉美·夜郑州——活力上街”等活动，多措并举提振消费；上街区首个“非遗+文创”产学研基地项目成功落地，方顶驿文化旅游片区的古村落区域改造完成、湖区主体建设完工，文创文旅产业发展初见成效。

发展动能大幅增强。坚持创新驱动，全面深化改革开放，持续激发高质量发展内生动力。科技创新成果显著。出台《上街区支持创新创业办法》，拨付各级各类创新奖补资金3216万元，政策支持力度进一步加大。产业集聚区成功申报郑州市高端智能装备产业专利导航实验区，中关村e谷被认定为省级孵化器、省级小型微型企业创业创新示范基地，累计入驻企业137家，创新载体集聚能力进一步提升。全年新增科技型中小企业36家、高新技术企业22家、省市级研发平台12家，13家企业通过省市“专精特新”中小企业认定，花生日记、轻研合金6家企业获得市级优秀企业家领航计划，科技成果转化86项，专利授权量475件、同比增长88%，创新创业活跃度位居12区县（市）第二。各项改革稳步推进。持续深化“放管服”改革，大力推进“一网通办、一次办成”，实现146个政务服务事项“刷脸秒办”，367个“一件事”一窗受理、最多跑一次，不动产登记一般业务“当天办、当场办”。全面完成农村集体经济体制改革，行政村集体经营性收入全部达到10万元以上，40%的村达

到 100 万元以上。招商引资取得新成效。千方百计克服疫情不利影响，全力做好线上洽谈签约和线下服务协调，东方雨虹、晋潞光电等超 10 亿元项目签约落地，5G 控制器芯片研发生产基地、华铭智能轨道交通、腾讯高灯科技数字运营中心等高成长性项目落户上街，投资 30 亿元的蓝城康养文旅小镇、投资 10 亿元的中农网等项目签订框架协议，年度签约项目总金额、引进域外资金等主要指标均超额完成目标任务。

城市品质不断提升。交通路网持续优化。310 国道完成大修，陇海路西延项目开工建设，新安西路等 5 条道路竣工通车，金华路立交桥等 9 个项目加快推进。城市更新有序推进。坚持群众需求导向，以“一拆五改三增加”为重点，改造完成陇海安居等老旧小区 16 个；新增停车泊位 3069 个，投放共享单车 640 辆，优化调整公交线路 8 条，停车难、停车乱问题得到有效缓解；加快推进生活垃圾分拣中心建设，全区生活垃圾分类覆盖率达到 95%以上，节水型社会达标建设通过省级验收。核心板块加快建设。编制完成城市设计，郑上商务中心、华能工业无人机、中鹏航空俱乐部等 6 个项目进展顺利，河南省无人机沿黄河流域生态保护监测应用中心等 6 个新引进项目投入运营。生态建设扎实推进。全年开工建设绿化项目 15 个，9 个游园建成开放，高标准推进万亩郊野公园建设；持续开展国土绿化提速行动，新增绿化面积 50 万平方米。深入开展环境污染防治攻坚，统筹推进工业企业、工地扬尘、机动车、餐饮油烟等治理，PM_{10}、$PM_{2.5}$ 年平均浓度和空气优良天数实现“两降一升”。

民生福祉持续增进。牢固树立以人民为中心的发展思想，用心用情用力办好民生实事。脱贫攻坚成果巩固提升。盯紧“脱贫不稳定户”“边缘易致贫户”，健全防止返贫监测帮扶机制，落实落细产业扶贫、就业扶贫等政策，实现脱贫群众持续增收。就业保障更加有力。围绕保居民就业、保市场主体，完成各类职业技能培训 8847 人次，发放创业担保贷款 1720 万元，为企业输送各类劳动力 5700 人次，发放稳就业专项奖补资金 2019 万元，减免退还各类社保费 8630 万元。美好教育成效初显。在全市率先消除大班额，中小学午餐供应和课后延时服务实现全覆盖，许昌路小学获批河南省唯一的钱学森小学，81 名学生被清华大学、复旦大学等双一流大学录取。卫生健康事业加快发展。郑州市第十五人民医院成功挂牌郑州大学第二附属医院上街院区，建成区核酸检测实验室、中心路社区卫生服务中心，区卫生监督所荣获全省卫生监督工作先进单位。文化体育事业持续繁荣。成功举办2020年中国金鸡百花电影节分论坛，组织开展“红色文艺轻骑兵”“快乐星期天”等文化惠民活动858场，建成王氏宗祠生态文化公园，河南省首家省级棒垒球项目后备人才训练基地落户上街，3个社会足球场投入使用。

三、扎实推进社会主义民主法治建设，巩固发展生动活泼、安定团结的政治局面

支持人大履行宪法法律赋予的各项职责。区人大及其常委会围绕先进制造业发展、高品质城市建设、环境污染防治等重点工作，开展视察、调研、执法检查23次，听取审议“一府一委两院”专项工作报告12项，督促办结人大代表建议80件。依托代表联络站，组织人大代表参加视察调研、接待选民、社会满意度调查等活动160多人次，峡窝镇第一人大代表联络站被评为全省“优秀星级人大代表联络站”。

支持政协履行政治协商、民主监督、参政议政职能。区政协引导广大政协委员积极参政议政、建言献策，聚焦产业转型、生态建设、社会治理等重点热点问题，征集提案141件、立案119件。围绕“六稳”“六保”，撰写关于支持夜经济发展、助推中小微企业渡过难关等调研报告，为区委区政府科学决策提供了有益参考。

巩固发展最广泛的爱国统一战线。密切与各民主党派、工商联、党外知识分子、各人民团体及各界人士的联系和协作，完善“新联会总会+基层分会+行业分会”三级联通体系，建立民营企业诉求响应智慧平台，服务全区发展大局。加强对工青妇等群团工作的领导，郑州市侨联基层组织建设经验交流会在上街区召开。切实抓好党管武装工作，强化国防后备力量建设，保障军人权益，双拥共建基础更加扎实。

深入推进全面依法治区。认真学习贯彻习近平法治思想和中央全面

依法治国工作会议精神，深化法治政府建设，制定实施《妥善应对疫情影响进一步优化营商法治环境的十六条措施》，用法律手段助推实体经济健康发展，不断加强法治培训和普法教育，全年累计开展普法巡讲、“法律六进”等活动 147 场，获得郑州市“法治县区”荣誉称号。

坚定不移打好风险防范攻坚战。纵深推进平安上街建设，严厉打击各类违法犯罪，深入开展扫黑除恶专项斗争，连续多年被评为全省平安建设考评优秀等次区县（市）。全面加强应急防灾体系建设，健全生产、交通、食药等安全管控机制，成功创建省级农产品质量安全区。积极化解问题楼盘、拆迁补偿、破产企业等遗留问题，成功创建郑州市唯一的全国信访工作“三无”区县（市）。

四、坚持从严治党，努力营造风清气正的良好政治生态

坚决扛稳管党治党责任。全面贯彻新时代党的建设总要求，从严从实履行主体责任，始终把党建工作同全区经济社会发展同安排、同推进、同考核。坚持“一个党委、三个党组”工作制度，区委定期听取区人大常委会、区政府、区政协、区法院、区检察院等党组工作汇报，督促加强各领域党建工作。健全完善述职评议、党建观摩、考核督导等制度，下发党建工作督办通知 18 件、约谈提醒党组织书记 6 人，确保党建责任落到实处。

全面提升意识形态工作水平。牢牢掌握意识形态工作领导权、管理权、话语权，严格落实意识形态工作责任制，开展意识形态专项督查，对工作中存在问题的 5 家单位进行约谈，倒逼责任落实。组织全区各级理论学习中心组开展集中学习 600 多次，开展各类宣讲 200 多场，在国家、省市媒体发稿 4000 多篇，正面宣传引导的力度不断加大。积极培育和践行社会主义核心价值观，建成新时代文明实践中心站（所）66 个，开展各类志愿服务活动 1700 多次。严格落实意识形态风险分析研判制度，主动防范，有效化解，意识形态领域保持平稳有序。

持续提升基层党建工作质量。巩固拓展“不忘初心、牢记使命”主题教育成果，持续推进“万名党员进党校”，对基层党组织书记进行全员轮训，对全区50%以上的党员进行集中培训。牢固树立大抓基层的鲜明导向，累计投入2000多万元，新建、改（扩）建党建阵地9处，打造“两新”组织党建示范点15个、机关党建示范点14个，村（社区）党建示范点达到40%；扎实做好村（社区）“两委”换届工作，圆满完成63个村（社区）党组织换届；聚焦疫情防控、复工复产、“三项工程、一项管理”等中心工作，把党组织建在一线，把党员先锋模范作用发挥出来，确保各项工作顺利开展，全市无主管楼院整治提升工作现场会在上街区召开，党建引领基层治理的水平和效能得到了进一步提升。

不断加强干部队伍建设。大力实施年轻干部“育苗工程”，对符合条件的366名干部建立管理台账，选派其中99名到急难险重岗位、镇办村居一线经受历练、增长才干，培育壮大后备力量。抽调600多名优秀干部参与重点工作，不断提高干部解决实际问题的能力。进一步树立重实干重实绩的用人导向，坚持“干部是干出来的，不是熬出来的”和“凭实绩论英雄”，提拔、重用55人，真正让那些想干事、能干事、干成事的干部有机会有舞台。

郑州市2020年发展和改革工作报告

郑州市发展和改革委员会

2020年，在市委、市政府的正确领导下，市发展改革委牢固树立新发展理念和以人民为中心的发展思想，坚持稳中求进工作总基调，把牢“一个方向”，做到“三个坚持”，突出“五个更加注重”，做好“六稳”工作，落实“六保”任务，扎实推进稳增长、促改革、调结构、惠民生、防风险、保稳定各项工作，统筹推进疫情防控和经济社会发展，圆满完成了各项工作任务。

一、冲锋复工复产战线，有效应对疫情冲击

积极推动应对疫情政策出台实施。及时出台了应对疫情30条、促消费10条、为民造福10条等一系列政策举措，编制了服务业复工复产实施方案、政策摘要口袋书等专项方案举措，用一系列实招硬招推动经济快速回稳。深入开展“三送一强”活动。积极推进全市复工复产工作，与管城区建立双向联动机制，累计帮扶22404家企业，协调解决事项60657项，帮助企业解决用工11.6万人，减免税费20.2亿元，推动204家疫情防控重点保障物资生产企业申报纳入省名单管理，并享受税收优惠政策。着力做好保供稳价工作。承担全市防疫物资保障及协调工作，积极对接做好蔬菜、粮食、化肥等物资储备和投放，适

时启动社会救助和保障标准与物价上涨挂钩联动机制，先后四次投放肉蛋菜10578吨，及时足额发放价格临时补贴6922.8万余元，居民消费价格总指数为2.5%，保持在合理区间。强化信用建设对于企业的支持作用。率先出台社会信用抗疫政策，推动56家企业纳入全国性、地方性疫情防控重点保障企业名单，并获得各类低息贷款67.6亿元，推动中小微企业融资，汇总企业235家、贷款4.05亿元；梳理上报69家“稳外贸、稳外资、稳投资”专项贷款企业名单，持续开展“861”金融暖春行动，推荐入库中小微企业405家，获得贷款30.3亿元；发布郑州市疫情防控红名单1412条，300亿元企业债获得国家发展改革委批复。

二、抓好经济运行调控，强化投资拉动作用

持续抓好经济运行监测分析。密切关注国内外经济形势和宏观政策走向，向省发展改革委上报全市规上企业复工复产日报143篇、电力日报65篇、重点区域复工复产分析报告8篇，筹备召开2次全市经济运行会议，先后召开30次经济运行周例会，主要经济指标在二季度逐渐恢复，地区生产总值全年增长3%。积极扩大有效投资。及时出台扩大有效投资加快项目建设11条等系列举措，开展促进民间投资专项行动，谋划2020年亿元以上重大项目2514个、“十四五”重大项目5330个，申报新增中央投资储备项目个数、总投资、申请资金均居全省第一。912个省市重点项目全年完成投资4651.8亿元，先后3个批次集中开工533个重大项目，累计完成投资941.9亿元，市本级政府投资项目安排297项，安排年度投资计划910.9亿元，固定资产投资同比增长3.6%。着力推进黄河战略重大项目。建立重大项目储备库，谋划项目1400余项，总投资近万亿元，重点实施郑开同城化推进工程、生态廊道示范工程、生态保护和修复工程等九大工程，加快推进125项标志性、引领性重点任务和重点项目，95项重点项目已完成年度投资640亿元。

三、谋划重大战略规划，加速汇聚发展势能

精心谋划推进黄河流域生态保护和高质量发展核心示范区建设。围绕核心示范区三大功能定位，编制了郑州建设核心示范区重大战略研究、总体发展规划、起步区建设方案。组织全市“占地造湖”问题专项整治工作，共梳理“占地造湖”项目37个，合力推进问题整改落实。草拟《关于建设郑洛西高质量发展合作带初步建议》，与济南签订《协同实施黄河流域生态保护和高质量发展战略合作协议》，组织召开了中国区域经济50人论坛·黄河流域生态保护和高质量发展专题研讨会，为实施黄河战略和区域协调发展汇聚高端智力。稳步推进“十四五”规划编制。系统开展了“53＋8”重大课题研究，研究制定了“1＋4＋35”规划体系，起草形成了“十四五”规划基本思路，提请人大审议通过了《郑州市国民经济和社会发展第十四个五年规划和二〇三五年远景目标纲要（草案）》。深入推进郑州都市圈建设。印发2020年郑州都市圈一体化发展工作要点任务分工，会同开封等4市草拟了《郑州都市圈城市间联动合作机制工作方案》，起草《关于加快推进郑开同城化核心示范区建设工作方案》，推动都市圈一体化联动发展。积极推动高质量发展。牵头制定了高质量发展指标体系、现代服务业发展、高标准打造黄河流域生态保护和高质量发展核心示范区、营商环境建设、扩大有效投资等五个专项工作绩效考核方案。印发实施加快推进县域经济高质量发展实施意见，新郑、新密、巩义、中牟上榜县域经济百强，巩义入选中国最具幸福感城市，新郑市被命名为全省第一批“县域治理三起来”示范县（市）。郑州研究院工作扎实开展。形成并发布《国家中心城市指数坐标上的郑州渐变》等4项重大课题研究，郑州研究院影响力不断提升。

四、推动重点转型攻坚，提升发展质量效益

三大攻坚战深入推进。积极履行经济、资源、生态3个领域国家安

全工作牵头部门职责，黄河滩区居民迁建工作有序推进，新密五虎沟村、新郑千户寨村脱贫帮扶工作深入实施，助推卢氏县决战决胜脱贫攻坚取得胜利。研究制定《郑州市 2020 年能源结构调整专项行动方案》，重点行业超低排放全覆盖基本实现，清洁取暖试点城市建设考核取得优异成绩，空气质量综合指数稳定退出全国 168 城市后 20 位。现代产业体系加快构建。制定《郑州市服务业高质量发展三年行动计划（2020—2022 年）》。深国际·北方区域总部综合物流港等 30 多个服务业项目成功签约。制定《郑州市域产业集聚区规划纲要》，经济技术产业集聚区、航空港产业集聚区、高新技术产业集聚区进入 2019 年度全省产业集聚区高质量发展考核评价综合排序前 10 名并受到表彰，安图生物、四方达分别获得国家技术改造项目资金 4000 万元、3000 万元，我市成功申报河南省新型智慧城市建设试点。出台实施加快 5G 网络新型基础设施建设的实施意见，编制《郑州市数字经济产业引导目录（试行）》。创新驱动战略持续实施。起草郑州市提升大众创业万众创新示范基地带动作用进一步促进改革稳就业强动能实施意见。国家超算郑州中心建成投用。2020 年通过竣工验收国家地方联合研发平台 2 家、省级工程研究中心 12 家；培育国家企业技术中心 1 家、省企业技术中心 18 家、省级工程研究中心 16 家；认定市级工程研究中心 41 家。金水区和高新区获批“国家双创示范基地”。

五、优化发展软硬环境，增强城市竞争实力

国家物流枢纽承载城市加快建设。持续推进全国空港型国家物流枢纽建设，安排建设项目 19 个，总投资 46.9 亿元；中欧班列（郑州）集结中心试点城市通过国家发展改革委批复，是全国中东部地区唯一获批城市，建设项目获得 3300 万元专项中央预算资金支持；成功入选 17 个国家骨干冷链物流基地建设名单，中牟万邦 C 区冷链物流仓储设施建设项目获得中央预算资金支持。轨道交通项目建设积极推进。全面推进 3 号线一期工程 PPP 项目协调服务工作，地铁 3 号线一期、4 号线开通运营，轨道交通第三期建设规划项目全部开工，在建 10 条线路 258 公里，

位居全国第 6 位，轨道交通第四期建设规划前期研究工作启动。营商环境持续优化。深入贯彻国家《优化营商环境条例》，制定印发《郑州市打造一流营商环境 2020 年工作要点》《郑州市营商环境评价结果评先树优实施办法》《郑州市营商环境评价结果奖惩资金实施办法》，实行三项制度、三个挂钩。坚持“减审批、增服务”，全年梳理新增公共服务事项 766 项，市本级公共服务事项 1118 项全部录入政务服务网。首批 31 个商事登记“一件事”发布上线，招标采购实现不见面开标服务，工程建设项目全流程审批服务事项由 122 项精简到 96 项，审批时间最长的政府投资类项目由 74 天压减到 61 天以内，最短 30 个工作日办结，在河南省营商环境评价中连续 2 年位居全省第一。积极推进信用体系建设。成功创建国家社会信用体系建设示范城市。制定出台《郑州市加快推进信用体系建设构建以信用为基础的新型监管机制实施方案》，不断完善信用信息归集共享机制、分级分类监管机制、联合奖惩机制和信用修复机制建设，推动建立政府机构及公职人员诚信履约机制，积极构建以信用为基础的新型监管机制。2020 年 12 月，国家发展改革委就信用工作向河南省人民政府致感谢函，充分肯定“郑州市持续创新探索，充分发挥社会信用体系建设示范城市的典型示范作用”。

六、加强民生改善保障，促进社会和谐稳定

扎实做好民生实事谋划征集工作。谋划确定推动城乡就业等重点民生实事项目，编印民生实事宣传册 5.8 万册，有力提升了重点民生实事知晓率和受惠面。全力支持疫情防控设施建设。对郑州岐伯山医院项目一切手续从简，增列入 2020 年市本级政府投资计划；支持公共卫生防控救治能力建设，主动争取中央预算内投资、专项债及抗疫特别国债资金支持。积极推进社会领域重大试点建设。编制完成郑州市普惠托育服务专项行动 2020 年中央预算内投资计划建议方案，涉及普惠托育服务项目 33 个，新增普惠托位 3417 个。申报国家首批产教融合型城市建设试点，组建县域医共体 7 个，县域医疗中心实现全覆盖，国家儿童区域医疗中

心成功揭牌。做好粮食安全工作。组织完成2021年粮食棉花进口关税配额申报工作，确保粮食产业安全健康发展。

七、突出机关政治建设，强化党建引领作用

带头做到“两个维护”。始终把践行“两个维护”作为最高政治原则和首要政治任务，对习近平总书记重要指示批示精神，第一时间学习落实。学深悟透做实习近平新时代中国特色社会主义思想，把习近平总书记关于河南及郑州的重要讲话和指示批示精神，作为发展改革工作根本遵循，全力推动习近平总书记和党中央决策部署落地生效。扛起管党治党的政治责任。自觉落实全面从严治党主体责任，全面建设“五个带头”“三个表率”的模范机关，推动全委党的建设高质量发展。深入开展党支部标准化规范化建设，持续开展党支部星级评定和党员积分化管理，基层党组织建设质量整体提升。大力开展党建工作创新。以党建引领疫情防控，机关党员干部累计2000多人次冲锋疫情防控一线，40余名党员干部参与无偿献血，广大党员干部纷纷慷慨解囊，离休老干部罗荣昌通过慈善总会捐献10万元用于抗击疫情，成为郑州市单笔捐款超10万元的第一人。以党建引领重点工作，党员干部积极投身国家中心城市建设，获评全国物流业先进集体、全国价格认定先进单位，多项工作受到国家、省市表彰。

郑州市2020年教育工作报告

郑州市教育局

2020年，郑州教育工作紧紧围绕“美好教育”发展目标，深入贯彻全国、全省、全市教育大会精神，全面落实市委、市政府决策部署，积极推进机制体制改革，努力破解教育发展障碍，教育综合实力有了明显提升，教育民生得到大幅改善，“学在郑州”品牌更加凸显，人民群众教育的获得感、幸福感、安全感明显提升。

一、坚持生命至上，扎实做好疫情防控

及时建立领导机制。迅速建立市、局、县、校四级联动机制，及时完善制度、指南、流程、标准等政策体系，组织建立教育局长、校长、教师、家长四级微信群，形成层层抓落实、任务全覆盖、联动无间隙的工作格局。

严格落实闭环管理。严格规范学校重点场所管理，实现校园闭环管理。利用“钉钉”打卡和风险预警系统平台，做到师生健康信息采集、预警全覆盖，实现数据闭环管理。严格落实属地、部门、学校、个人四方责任，实现责任闭环管理。

严密组织线上教学。组织476名优秀教师录制上传1000余节“微课”，广大教师化身“网络主播”，通过“学在郑州”“钉钉”等平台严密

组织线上教学，确保了停课不停学。

有序组织复学复课。精心计划，严密组织，从4月7日开始，分区分校分批有序组织学生返校复课，快速恢复了教育教学秩序。

实现抗疫教学胜利。广大党员干部化身一线战士，分片包干区县（市），定点督导学校，深入社区一线执勤，守护全市370余万师生和广大群众的安康，实现了抗疫教学“双胜利”，市教育局被省委、省政府表彰为疫情防控先进单位。

二、强化创新驱动，持续深化教育改革

分级管理改革圆满完成。局属35所公办初中、市属68所民办学校（机构）全部移交区级政府管理。深化教育督导改革，将县级履行教育职责工作纳入市委综合考评内容，县级党委政府办义务教育的主体责任更加明确。

顶层规划设计不断加强。编制《郑州美好教育三年行动计划》，明确美好教育发展方向和路径。修订《郑州市城市中小学幼儿园规划建设管理条例》，更新《郑州都市区中小学布局规划（2014—2030）》项目，制订《郑州市属高中阶段学校建设三年行动计划》，为调整扩充优化教育资源配置奠定了政策基础。

公办民办教育协调发展。改革民办小升初招生政策，将民办义务教育学校招生纳入审批地统一管理，实行“四同”招生，报名人数超过招生计划的学校实行电脑随机派位录取。市区参加电脑派位的民办初中比上年减少5所，报名人数减少6000人左右，民办初中“择校热”开始缓解。全国首创手机App网上报名上小学，受到社会各界高度认可。

三、坚持“五育并举”，落实立德树人根本任务

德育工作继续加强。加强优秀传统文化教育、革命传统教育、法治教育，深入开展生命健康、美德传承、厉行节约等主题教育活动。大力开展德育工作评先创优活动，郑州市有10所学校、20名教师被评为省级

先进集体、先进个人。

体育美育亮点突出。校园足球改革“试验区、试点县（区）、特色学校”三位一体普及格局初步形成，富有郑州特色的教学、训练、竞赛体系趋于完善。参加全国高中足球锦标赛，包揽男子组冠亚季军，再次彰显校园足球“郑州现象”。金水区获批全国青少年校园篮球“满天星”训练营。严密组织市美育示范学校复评，开展市第五届中小学美育“一校一品”评选活动，学校艺术教育水平持续提升。

劳动教育持续强化。成立“中小学劳动教育研究中心”，研究构建“课程设置、校内、家庭、校外”四大劳动教育平台，深入开展教学实践。推荐22所先进典型学校参评河南省首批试点学校，通过示范引领加快构建课程体系，提升劳动教育品质。

四、调整布局结构，持续优化资源配置

幼儿园建设任务圆满完成。全年新增公办园241所，投用39所。治理城镇小区配套园274所，销账无证园580所。

中小学建设任务超额完成。市区开工新建、改扩建中小学34所，往年建设项目投用30所。幼儿园新增项目、中小学新建改扩建项目均超额完成市民生实事任务。

高中迁建工作实现重大突破。市区高中外迁项目列入城市高品质发展规划，制订《郑州市属高中阶段学校建设三年行动计划（2020—2022）》，三年内计划新建、迁建20所高中段学校。2020年计划建设项目进展顺利。

教师周转宿舍建设顺利。省民生实事明确的600套项目交付使用614套，市民生实事明确的1115套项目开工建设1276套，均超额完成任务。

五、坚持优质公平，推进各级各类教育协调发展

学前教育普及普惠程度明显提高。三年毛入园率达到95%，普惠率

达到 81.85%，公办学位占比 55.9%，超过国家规定的 50%。从公立医院选派医师 903 名，进驻 1674 所幼儿园，普惠幼儿园健康副园长派驻实现全覆盖。

义务教育均衡发展水平持续提升。“新优质初中”培育工程取得阶段性成果，首批 95 所培育学校通过验收，启动第二批培育学校申报工作。区县、区校、校校合作等“名校+”办学模式深化发展，优质教育覆盖面继续扩大。深入开展义务教育标准化管理学校创建工作，郑州市有 15 所学校被认定为省级示范校、特色校。义务教育阶段大班额比例降至 8.88%，同比下降 18.4 个百分点，超大班额全部消除。

普通高中优质特色发展。围绕新高考背景下课程改革，深入开展普通高中多样化发展示范校创建活动，确定 13 所第二批市级普通高中多样化发展示范校，初步形成“学生有特长、学校有特色”发展格局，高考成绩在全省保持遥遥领先。

职业教育产教融合纵深发展。加强中职学校专业建设，完成 28 所学校 57 个专业备案工作。举办了第二十六届学生技能大赛、班主任素质能力大赛，推进职业教育技能大赛制度化。组织 17 所学校 37 个专业成功申报第三批 1+X 证书试点。社区教育体系更加完善，全民终身学习氛围更加浓厚。

高等教育内涵建设提升发展。积极指导市属高等院校加强学科建设和专业建设，不断提升内涵发展层次。优质高等教育资源引进工作实现突破，哈尔滨工业大学引进项目完成签约。

六、改善教育民生，全力解决群众关切

午餐供餐和课后服务成效显著。市内五区和四开发区实现了两项服务全覆盖，其他区县（市）也积极跟进，“官方带娃”模式叫响全国，社会各界反响良好，多家国家级、省级媒体报道，20 余个省、直辖市、自治区的相关部门到郑州市调研学习。

教育扶贫工作扎实推进。教育行业扶贫、新郑驻村帮扶、卢氏结对

帮扶成效明显，受到市委市政府充分肯定。

控辍保学成果持续强化。疑似辍学儿童数据全部销账，残疾儿童上学得到保障。及时发放资助资金 4.94 亿元，惠及学生 59.49 万人次。

七、坚持德能双升，持续加强教师队伍建设

教师管理规范创新。开展教职工编制改革专题调研，市委编办确认局属学校编制缺额 1113 名。严格程序，全市公开招聘教师 6036 名。严格规范市属学校外聘教师管理。协同市卫健委理顺了校医管理机制。

教师收入得到保障。全市义务教育教师工资纳入当地财政全额预算，平均工资收入水平不低于当地公务员平均工资收入水平。严格落实“一补两贴”政策，做到了及时足额发放。

专业素质持续提升。高标准完成“五级联培”项目，持续推进千名教育名家培育工程。组织郑州市首届乡村名师评选活动，评比确定 112 名乡村名师。

师德师风持续加强。修订《教师职业道德考核办法》和《违反职业道德行为处理实施细则》，建立完善长效管理机制。广泛开展教育评比活动，激励教师争做“四有好老师”，当好“四个引路人”。

八、牢守发展底线，持续优化教育发展环境

校园安全工作持续向好。明确教育系统安全领域专项整治三年行动实施方向。先后开展各级各类演练 3000 余场次，100 余万师生参与。持续推进安全风险隐患双重预防体系建设，市直学校已基本实现全覆盖。建立安全教育专题课程，郑州市安全教育平台注册学校 2935 所，涵盖学生 179.4 万名。

信访稳定工作平稳有序。认真做好疫情期间“停访不停服务”工作，妥善处置化解招生季信访事件，积极推进“人民满意窗口”创建活动，提升信访服务能力和服务质量，确保全市教育系统的和谐稳定。

教育督政督学扎实有效。高标准迎接国家对郑州市县域义务教育均衡发展督导检查，省督导组对郑州市工作给予高度评价。圆满完成对县级政府履行教育职责评价工作，局属学校和各区县（市）学校三年发展规划督导评估圆满完成。顺利完成国家义务教育质量抽样监测工作，中原区的美术教育和新郑市的数学教育被省教育厅推荐上报了抽样监测工作经验材料。

郑州市2020年科技工作报告

郑州市科学技术局

2020年，全市科技工作深入贯彻落实市委十一届十二次全会精神，立足全力补好科技创新短板，坚持内培和外引创新资源联动，着力引进和培育创新引领型企业、人才、平台和机构，完善科技创新政策，引导加大研发投入，持续优化创新环境，主要科技指标实现大幅提升，科技创新成为推动全市高质量发展的强劲引擎。

一、创新主体数量不断壮大

实施高新技术企业倍增计划。建立创新引领型企业培育库，大力加强入库企业培育力度，全年分3批次累计向省科技厅推荐高新技术企业1359家，同比增长31.18%，新增高企870家，同比增长42%，总数达到2918家，全省占比46%。积极贯彻落实高新技术企业财政奖补政策，对2019年度首次认定的742家高新技术企业，给予市财政奖补资金15450万元。开展高新技术企业统计工作，全市高新技术企业2020年度实现营业收入4152亿元，减免税40.8亿元，申报专利1.6万件。

积极培育科技型企业。修订完善《郑州市科技型企业评价管理办法》，开展郑州市科技型企业培育评价工作，新增科技型企业1861家，总量达到7963家。积极开展国家科技型中小企业评价工作，鼓励、指导企业开展网上信息填报，累计登记入库国家科技型中小企业 5486 家，占全省登记入库企业总数的 46.3%。

开展政策宣传及业务培训。新冠肺炎疫情期间，为有效保证业务培训工作的持续开展，采取网络视频培训、钉钉群网络培训、电话辅导等多种方式，累计开展政策解读和认定辅导 70 多场次，辅导企业 2 万多家。

二、创新平台建设取得突破

积极引进建设新型研发机构。先后对接北京理工大学、中国科学院大学、西安交通大学、西安电子科技大学、哈尔滨工业大学，复旦大学、上海交通大学、中国科学院苏州纳米技术与纳米仿生研究所、中国科学院自动化研究所、中国科学院遥感与数字地球研究所、中国科学院上海药物研究所、中国科学院声学研究所及机械科学研究总院、北京机科国创轻量化科学研究院等。新备案省级新型研发机构 7 家，占全省 35%；10 家单位新列入市级新型研发机构名单，总量达到 43 家。

推进科技创新平台建设。成功筹建河南省地下工程装备技术创新中心，成为我省首个省级技术创新中心。国家技术转移郑州中心加快建设，即将建成投用。黄河实验室、嵩山实验室筹建工作稳步推进。新建省级研发平台 209 家，市级研发平台 152 家，累计建设各级各类研发平台 3680 家，其中省级以上 1327 家。

国家超算郑州中心顺利通过验收。2020 年 10 月 31 日，国家超级计算郑州中心建设项目顺利通过科技部组织的专家验收。中心峰值计算能力达到 100 Pflops（1Pflops 等于每秒一千万亿次的浮点运算），存储容量 100 PB，经中国高性能计算机性能 TOP100 专家组鉴定，主机系统测试实际持续性能居于国际同期前列。

三、企业创新能力稳步提升

实施重大科技创新专项。鼓励企业加强自主创新，开展关键核心技术攻关，力争突破一批关键“卡脖子”技术，培育一批创新龙头企业，针对我市重点产业领域和优先发展产业领域科技需求，围绕电子信息、装备制造、新材料、新一代信息技术、新一代人工智能等传统优势产业和战略性新兴产业领域，支持实施重大科技创新专项49项，成功立项自创区产业集群专项8项。

引导加大科技创新投入。积极发挥财政资金导向作用，立项资助科技项目2400个，拨付资金9.5亿元，同比增长55.1%；配合完成省级科技计划项目经费拨付工作，拨付资金1.4亿元。鼓励企业、院所增加研发投入，将企业研发投入作为申报各类财政项目的前置条件，切实调动研发主体积极性，全社会研发投入经费276.7亿元，全省占比30.7%，同比增长16.9%，增速高于全省3.3个百分点；投入强度达到2.31%，同比提高0.27个百分点，高于全省0.67个百分点，增长幅度居9个国家中心第2位。

提升技术成果转化能力。积极协调推动国家技术转移郑州中心建设，落实城建集团出资1.2亿元，有力保障项目建设进度。加快技术转移机构培育，认定市级技术转移服务机构6家、推荐省技术转移示范机构4家，技术转移服务（示范）机构累积达到47家。完成技术合同成交额212亿元，增长67%，全省占比55%以上。170项科技成果获省科学技术奖，占全省的58.2%。

四、科技服务能力日益完善

提升科技企业孵化能力。以打造具有国际竞争力的中原创新创业中心为目标，大力发展各类科技孵化载体，打造众创空间—孵化器—加速器全链条孵化培育体系，新增国家级众创空间11家，专业化众创空间1家，累计建成各级各类创新创业载体255家，在孵企业总量超过12000家，科技孵化承载能力进一步提升。郑州宇通集团有限公司“新能源汽车国家专业化众创空间”，成为全国首家新能源领域国家级专业化众创空间。

提升科技金融支撑能力。“郑科贷”业务稳步推进，疫情期间主动征集655家科技企业融资需求约73亿元，推动驻郑银行为434家企业授信及贷款48.13亿元。通过建立月总结、季汇报制度，督促政策性担保机构为科技型企业提供专项担保，开展专项贷款担保38笔、2.6亿元，政策性担保机构专项担保业务取得较大增长。受理科技贷款利息补助、科技贷款担保费补助、企业股权融资补助、科技投资风险补助486项，补助金额8142万元。

举办创新创业赛事活动。通过线上+线下的方式，成功举办第九届中国创新创业大赛郑州分赛区比赛，并连续举办3期“郑创汇”国际创新创业大赛月赛和1期年度总决赛，真正做到疫情期间创业比赛不停歇，科技服务“不打烊”。

五、科技惠及民生措施有力

实施科技惠民计划。在生物医药、医疗器械、农业信息化、生态农业技术示范、生态养殖等方面，立项支持科技惠民项目35项，资金1000万元。

加强科技特派员技术服务。累计开展农业科技实用技术培训活动200余场次，参与人数1700人次，发放技术手册2000多册，推广新品种、新技术40余项。

开展疫情科普活动。积极整合全市各种科普资源，开展疫情知识科普工作，成功举办科技活动周，累计举办科普活动80余场次，直接参与和受众人数2万余人次。

六、疫情防控做出科技贡献

按照“特事特办、简化程序”的原则，积极开展新型冠状病毒防控应急科研攻关，在疫苗、快速诊断、综合防护等方面立项支持8项，支持申报河南省应急攻关专项13项。安图生物研发的新型冠状病毒抗体检测试剂盒获欧盟和国家药监局批复，成为国内 4 款获得授权的新冠病毒抗体检测产品之一。积极组织干部职工下沉一线开展防疫，累计下沉职工 2352 人次，组织疫情捐款 2640 人，累计捐款 33.2 万元。

七、“三送一强”工作富有成效

送政策。组织开展高新技术企业培育、技术合同登记、创新创业服务等线上业务培训 100 多场次，惠及企业 5 万多家。

送资金。搭建银企对接桥梁，主动征集汇总科技企业融资需求 655 家共 73 亿元，汇总发布合作银行推出的“郑科贷”等金融产品，鼓励银行适当降低审批门槛，先后帮助 434 家企业获得授信及发放贷款 48.13 亿元。

减房租。鼓励科技企业孵化器、众创空间等孵化载体对疫情期间承租的中小企业减免房租，助力企业共渡难关，累计为 1000 多家企业减免房租 367.34 万元。

郑州市2020年工业发展报告

郑州市工业和信息化局

2020年，在市委、市政府的坚强领导下，全市工信系统深入学习贯彻习近平总书记关于河南、郑州重要讲话和指示精神，紧扣“六稳”“六保”，统筹疫情防控和工业经济稳增长，各项工作取得了新成效。

工业增速持续回升。全市规模以上工业增加值增长6.1%，在35个大中城市排名第7位，在全省排名第1位，为近20年来最好位次。

工业结构大幅优化。战略性新兴产业比重达到38.8%，较2019年上升8.1个百分点；六大高耗能产业占比26.2%，较2019年下降0.4个百分点，郑州工业增长逐步摆脱长期以来对传统资源型产业的严重依赖。

工业投资较快增长。全市工业投资增长20.9%，其中，高技术产业投资增长52.6%、技改投资增长26.7%，占全市工业投资比重56%。

创新能力显著增强。全市高技术产业增加值增长12.7%，在规模以上工业中占比达到33.3%，比2019年提高6.4个百分点。

战略支撑更加突出。成功创建国家产融合作试点城市，工业和信息化领域国家级试点示范企业（项目、平台）达到213个，省级1100余个，在全国、全省发挥了较好的引领带动作用，郑州制造影响力显著提升。

防疫物资保供有力。及时出台扶持政策，建立收储机制，专班推进防疫物资生产，重点防疫物资生产企业由原先的不足10家增至90余家，其中防护口罩日产能从20万只提升至3000万只，呼吸机、测温仪、额温枪等产品从无到有，日产能分别达到50台、50台和1.2万把，不仅充分保障了全市生产生活需要，而且形成了涵盖防护物资、检测仪器、诊疗设备、卫生消杀等较为完善的产业链。

一、强化顶层设计，完善政策体系

高规格召开全市高质量发展制造业和高水平扩大对外开放工作推进会，出台《郑州市制造业高质量发展三年行动计划》，研究制定了主导产业升级、制造业数字化转型等30余个配套行动计划。组织制定《加快小微企业园高质量发展实施意见》，高标准编制《郑州市先进制造业“十四五”发展规划》《郑州市工业用地布局规划》和新兴产业发展规划，为全市“十四五”制造业高质量发展谋篇布局。

二、做强主导产业，加快结构调整

加快主导产业发展。坚决打造电子信息“一号”产业，推进锐杰微、威斯获克、华锐光电、芯证、合晶等一批集成电路、新型显示重点项目建设，智能手机产量达到1.1亿台。大力发展新能源和智能网联汽车，出台实施氢燃料电池汽车发展规划（2020—2025年），制定《郑州城市群燃料电池汽车示范应用实施方案》，建立“1+11+5”协作配套体系，积极推动郑州燃料电池汽车示范应用城市群申建，加快纯电动中重卡项目建设，推广新能源汽车15936辆。加快食品、新材料、铝加工、生物医药等产业发展。全年六大主导产业增加值占规模以上工业的比重为81.9%，比2019年提高12.3个百分点。研究制定智能传感器、5G、智能装备、超硬材料等战略性新兴产业链现代化提升方案，建立“链长制”“清单制”和“四个一”推进机制，加快打造新兴产业发展集群。

高效开展“亩均论英雄”综合评价。出台《郑州市推进“亩均论英雄”综合评价实施意见》《郑州市工业企业分类综合评价实施办法》，完成9617家参评企业分类评价，推动工业企业转型升级。

加快出清低效落后产能。持续优化城乡接合部产业结构，对25个特色产业集群开展集中整治，推动30万吨/年以下煤矿分类处置工作。压减刚玉产能35万吨、碳素195.3万吨，拆除淘汰类工业炉窑350座，完成6家危化品企业和10家重污染企业搬迁改造。推动1084家企业实施深度治理，新增国家绿色工厂3家、绿色供应链管理企业4家、绿色设计产品5项。全市单位工业增加值能耗下降6.6%。

三、强化工业招商，加快项目建设

创新疫情防控常态化招商。出台实施《郑州市制造业招商引资三年行动计划（2020—2022年）》，举办全市招商引资和先进制造业集中网络签约活动，紫光、浪潮等一批重大项目顺利签约，加大对驻郑商会对接力度，积极承接产业转移类项目。全市签约亿元以上工业项目202个，签约总额1928亿元，超额完成年度目标。

出彩举办“三大活动”。成功举办中国500强企业高峰论坛、第七届中国（郑州）产业转移系列对接活动、国家网络安全宣传周活动，引进96个总投资1007亿元重大项目。

加大工业投资力度。加强重大项目台账管理、跟踪服务，每周召开重点项目周例会，研究解决项目推进突出问题。全市450个重大工业项目累计完成投资567亿元，海尔热水器等265个项目开建，郑州合晶硅300毫米单晶硅片项目（二期）等276个项目竣工，为制造业高质量发展蓄足后劲。

四、提升创新能力，推进“三大融合”

积极培育创新平台。累计建成省级制造业创新中心4家、市级5家。黎明重工成为国家质量标杆企业，尚合企业孵化器获评国家小型微型企业“双创”示范基地。新增省级质量标杆企业11家、工业设计中心10

家、技术创新示范企业5家和市级企业技术中心62家、“专精特新”中小企业143家。

推进制造业与互联网融合发展。新增“两化融合”管理体系贯标对标企业438家、省级智能工厂（车间）28家、省级制造业与互联网融合试点示范企业26家。实施“万企上云接链”行动，培育省级企业上云服务商20家、省级中小企业数字化转型服务商60家，均占全省80%以上。全市“上云企业”达到3.3万家，占全省的33%，“接链”企业2837家，超额完成全年目标任务。加快郑煤机、天瑞水泥2个“工业大脑”建设，建成网络安全科技馆和科普教育基地。成立5G网络安全和产业发展专班，解决疑难站址332个，建成5G基站1.8万个，转供电基站占比降至52%，实现市区、县城、重点乡镇连续覆盖和重点行业应用场景按需覆盖。大力发展工业互联网，郑煤机、嘉晨电器入选省级工业互联网平台培育单位，中机六院中标国家级工业互联网创新应用推广中心项目。向心力通信技术股份有限公司等10家单位获评省级工业控制系统信息安全技术支撑单位。

推进制造业与服务业深度融合。加快国家信息消费试点城市、服务型制造示范城市建设，全市规模以上软件和信息技术服务业实现营业收入增长17.2%。

推进军民深度融合发展。加快荥阳、巩义省级军民融合产业基地建设，鼓励“军转民”“民参军”，指导成立了全市国防科技工业协会，持续开展“卡脖子”问题攻关，郑州市军民融合企业总数占全省的近1/3。

五、抗击新冠疫情，保障物资供应

成立5个片区防疫物资保供专班和24个重点企业驻厂服务专班，坚守生产一线开展“一对一”服务保障，积极协调解决突出问题。出台《郑州市关于应对新型冠状病毒肺炎疫情促进经济平稳健康发展的若干举措》，组织动员和引导企业新建、转产、扩产重点防疫物资。健全防疫物资应急收储机制，对郑州市防疫物资实施应急征用和重点管控。拨付

1240 万元帮助 8 家防疫物资生产企业扩大产能，办理通行证 962 张。实施“数字战疫”专项行动，助力企业“云端办公”“云端生产”经验，先后在《人民日报》《郑州日报》头版报道。

六、抓好运行调度，强化要素保障

强化工业经济运行监测。积极应对疫情冲击，开展“大走访、大调研”专项活动，制定落实《全市工业经济稳增长攻坚专案》，建立预警监测分析制度。

有序推进企业复工复产。研究出台《郑州市工业企业复工复产实施方案》，成立市级工作专班，指导开发区和区县（市）及时审核企业复工复产申请，推动复工复产工作进度。3 月中旬，全市工业企业实现应复尽复。

强化生产要素保障。建立健全企业生产要素保障和应急调度工作机制，协调解决企业在电力、天然气、用煤、运输等方面存在突出问题 500 余个。积极帮助格力电器、上汽乘用车等企业协调市内外 200 余家上下游配套企业复工复产。利用 22 天时间集中为富士康招聘员工 20 万人。办理应急运输通行证 1300 余张，完成运输保障任务 5000 余车次。

七、深化企业服务，营造良好环境

常态化推进“三送一强”活动。制定实施工业企业和驻新密活动推进专案，持续开展“企业家接待日”活动，举办产销、产融、用工、产学研“四项对接”活动 106 场，其中举办产销对接活动 66 场，建成“郑好有”线上产销对接平台，助推制造业上下游企业线上供需对接和协作配套。落实 657 笔共计 257.8 亿元银行贷款，发布 160 家工业企业用工需求 2 万余个。评选出 421 名领军型和成长型优秀企业家。建立企业问题直报平台，共办结企业反映问题 1661 个，办结率达 98.8%。

着力减轻企业负担。更新并公告《郑州市直部门涉企保证金目录清单》，积极落实减税降费各项政策，累计减税降费 103 亿元，减收社会保险费 75 亿元。清理民营企业中小企业拖欠账款 1.88 亿元，提前完成目标任务。

加快各项惠企政策落地。出台《郑州市支持制造业高质量发展若干政策》，落实奖补资金 6 亿元。组织推荐 430 余家企业纳入各级疫情防控重点保障企业、重点保障物资生产企业名单，推动政策落实。

优化民营经济发展环境。加快“微升小、小升中、中升大”，推动民营企业“一联三帮”“两个健康”专项行动，积极培育小型微型企业“双创”基地和中小企业公共服务平台。全市中小企业增加值增长 3.3%。

八、严抓安全生产，筑牢责任防线

抓实抓细抓牢安全生产。印发《2020 年全市工信系统安全生产工作要点》《安全生产职责和任务分工》，深入开展“政策送基层、进企业”活动，累计分发政策汇编 2000 多本，开展工作督导近千次。

强化煤炭行业管理。出台《郑州市 30 万吨/年以下煤矿分类处置工作方案》《郑州市煤矿智能化建设实施方案》，关闭退出煤矿 5 家，压减产能 81 万吨。推动煤矿双重预防体系建设，实现综采煤矿 33 家、综掘 35 家、超前支护工艺 61 家，重要岗位无人值守 28 家和生产辅助系统自动化、智能化升级改造项目 12 个，矿井安全保障能力大幅提升。

加强电力行政执法。健全体制机制，增强队伍力量，严格执法程序，组织对电力设施外力隐患检查督导 62 次，有效减少了危害电力安全行为。

郑州市2020年民政工作报告

郑州市民政局

2020年，郑州市民政局在市委、市政府的正确领导下，坚持以习近平新时代中国特色社会主义思想和十九届五中全会精神为指导，紧紧围绕建设国家中心城市总目标，认真践行“民政为民、民政爱民”工作理念，全面贯彻落实国家、省、市关于民政工作的部署要求，聚焦“三基”职责，进一步深化改革、开拓创新，各项工作均取得明显成绩，民政事业呈现良好的发展态势。

一、新冠肺炎疫情防控工作

迅速响应，全面开展服务指导。新冠肺炎疫情防控阻击战打响后，迅速号召局系统广大干部职工放弃春节假期，立即转入工作状态。1月25日（农历正月初一）上午，先后组织召开局党组会和局党组扩大会议，研究成立了局系统新冠肺炎疫情防控工作领导小组，下设11个服务指导组，由局班子领导带队累计860多次深入全市194家民政服务机构，进行全面分包服务指导，累计排查整改隐患问题370多个。同时，安排局机关相关处室和其他局属单位对市老年公寓、市救助站、市儿童福利院、市社会福利院进行分包值守服务，确保了全市各类民政服务机构零感染、零疑似。

精准施策，周密部署联防联控。对民政服务机构实行闭环管理，严格落实民政部出台的疫情防控指南，一线工作人员24小时吃住在单位，坚决阻断疫情传播。持续加强殡葬服务、婚姻登记、流浪乞讨人员救助管理、社会组织登记服务、群众信访接待等民政服务窗口疫情防控，制定印发《关于疫情防控期间政务服务工作的通知》，分门别类确定网上办、邮寄办、预约办等事项，有效减少人员聚集。扎实做好受疫情影响困难群众的社会救助工作，依托村、社区及相关工作力量，动员社会组织和志愿者，采取针对性措施加强对孤寡和留守老年人、困难儿童、重病重残人员等重点群体的服务保障。疫情期间，全市累计发放临时救助资金298.40万元，救助3775人次；及时下发价格补贴2411.81万元，救助2.68万人次；为全市1.89万名城市空巢和农村留守老年人免费发放一次性医用口罩18.9万只；为全市6.89万名低保对象、特困对象、低收入对象发放红利性消费券3445万元。强化慈善捐赠管理，全市共接收社会各界疫情防控捐赠物资1.98亿元，累计支出1.29亿元。积极争取支持，统筹协调解决民政服务机构疫情防护物资24.57万件，有效保障了民政服务对象的生命安全和身体健康。

广泛动员，积极参与一线支援。局机关先后组织成立3支党员志愿服务队，累计219班次、920人次深入高速出口、社区协助开展疫情防控及排查相关工作。局系统选派8名党员业务骨干，分别参与“河南省第15批援鄂医疗队”和“河南省援鄂殡葬服务队”驰援武汉。开通疫情防控心理援助热线，被评为疫情期间“专业可靠的中国心理热线”。

二、社会救助工作

积极开展低保审批权限下放工作。下发了《关于全面开展最低生活保障审批权限下放工作的通知》，推进最低生活保障审核审批管理制度改革创新，进一步优化最低生活保障申请、审核、审批程序，全面提高便民、惠民服务水平，在上年开展试点的基础上，在全市范围全面开展低保审批权限下放工作，2020年底，全市各开发区、区县（市）已全部将低保审核、审批权限下放至乡镇（街道办）。

认真做好脱贫攻坚工作。下发了《关于印发郑州市社会救助兜底脱贫行动方案的通知》《关于做好贫困边缘人口社会救助工作的通知》，履行社会救助兜底保障政治责任，聚焦脱贫攻坚、聚焦特殊群体、聚焦群众关切，抓住困难群众最关心最直接最现实的突出问题，做到符合兜底保障政策的各类服务对象全覆盖，编密织牢基本民生兜底保障网，坚决打赢社会救助兜底保障攻坚战。

不断提高社会救助效能。继续开展低保专项治理，下发了《2020年农村低保转专项治理工作要点》，针对群众反映强烈“人情保”、重度残疾人纳入低保等社会救助政策落实不到位问题，加大清理整改力度，全年退出不再符合条件低保对象187户、306人，通过排查纳入低保2045户、3710人。组织社会救助工作宣传月活动，5月6—31日，在全市开展以“阳光救助暖万家”为主题的社会救助政策宣传活动，通过政府网站、微信平台、政务微博、短信推送、广播、出租车车载显示屏滚动字幕、悬挂标语、张贴海报等方式就“如何申请城乡低保、特困人员救助供养、临时救助”等内容向群众进行宣传，发送救助宣传短信40000条，营造了良好的社会舆论氛围。加强分散供养特困人员照料服务，印发《关于加强分散供养特困人员照料服务的通知》，以满足分散供养特困人员照料服务需求为目标，不断提升服务质量，确保分散供养特困人员“平日有人照应、生病有人看护”。

扎实开展各项救助工作。联合市财政局下发了《关于调整提高城乡最低生活保障标准和特困人员救助供养基本生活标准的通知》，全市低保标准调整提高到每人每月730元，特困人员救助供养基本生活标准调整提高到每人每年不低于13140元。根据市发展改革委通知，及时启动临时价格补贴，全年拨付价格临时补贴资金共计3857.11万元，保障城乡低保对象、特困、孤儿（含事实无人抚养儿童）等困难群众53.75万人次，确保困难群众基本生活水平不因物价上涨而降低。完善临时救助制度，联合市农业农村工作委员会出台《关于印发郑州市社会救助兜底脱贫行动方案的通知》，加大救助力度，优化审核审批程序，提高临时救助效率，全年共临时救助困难群众 9388 人次，发放临时救助金 1293 万元。

三、养老服务工作

积极推进养老服务设施建设。编制完成《郑州市养老设施布局专项规划（2018—2035）》，合理布局养老机构和社区养老服务设施。协同市财政部门制定落实奖补扶持政策，拨付 2020 年拟建城镇社区养老服务中心建设资金 13511.32 万元；确定第二批社区养老服务中心示范点 18 个，下拨奖补资金 6679.27 万元；确定省直社区养老服务中心示范点 8 个，下拨奖补资金 1958 万元。召开 2020 年城镇社区养老服务设施建设工作会议，统筹安排 2020 年全市城镇社区养老服务设施建设工作，督促各区县（市）加快城镇社区养老服务设施的选址、建设工作，并对专项资金使用提出规范要求。2020 年新增备案养老机构 10 家，新建城乡社区养老服务设施 120 家，新增养老托老床位 3600 多张。

不断加强养老服务质量建设。积极推进养老智能化、信息化建设，郑州市被省民政厅确定为 2020 年智慧养老服务平台建设试点，争取省级试点资金 275 万元，用于建立全市统一的社区居家服务智慧平台和养老机构智慧安全监管系统。向新密市、航空港区、荥阳市等相关单位下达《防范养老服务机构（企业）非法集资的风险提示函》，并通过制作展板、发放宣传页等方式，积极开展防范非法集资宣传。积极推进民办养老服务机构消防安全改造提升，组织召开全市养老机构安全工作培训会和全市养老服务机构双重预防体系建设现场观摩会，前移防控关口，全面排查整治安全隐患，着力防范和化解养老服务领域重大风险。

认真做好老年人高龄津贴发放工作。指导各区县（市）梳理 2019 年高龄津贴资金结余和 2020 年资金需求情况，下拨高龄津贴市级匹配资金。2020 年共发放高龄津贴 24860.245 万元，发放人数为 184699 人，其中市人社局发放 14055.18 万元，市民政局发放 10805.065 万元。

四、儿童社会福利和慈善事业促进工作

持续做好孤弃儿童保障工作。积极开展儿童福利服务提升和“儿童福利信息动态管理精准化提升年”行动，对郑州市孤儿、事实无人抚养儿童、农村留守儿童、困境儿童等服务对象和关爱服务机构、工作力量进行摸底，截至2020年底，全市共有农村留守儿童1047人，困境儿童4682人。督促指导各区县（市）严格按照规定要求，进一步规范孤儿认定和资金发放程序，不断提升孤儿养育水平，截至2020年底，全市共有孤儿1185名，其中社会散居孤儿420名，机构内孤儿765名，全年发放社会散居孤儿养育金568.6万元。按照省厅要求，结合郑州市实际，组织指导各区县（市）对照事实无人抚养儿童的条件进行了严格排查，并严格按照孤儿养育金标准发放补助金，截至2020年底，全市共有610名事实无人抚养儿童，全年共发放事实无人抚养儿童补助金528万元。

扎实做好农村留守儿童关爱保护和困境儿童保障工作。研究出台了《郑州市农村留守儿童关爱保护工作领导小组办公室关于调整郑州市农村留守儿童关爱保护和困境儿童保障工作领导协调机制的通知》，将“郑州市农村留守儿童关爱保护工作领导小组”调整为“郑州市农村留守儿童关爱保护和困境儿童保障工作领导小组”，工作职能增加困境儿童保障工作内容，并细化明确了各部门职责任务分工。部署开展农村留守儿童、困境儿童防溺亡和关爱保护“政策宣讲进村（居）”活动工作，印发了《全市预防农村留守儿童和困境儿童溺亡专项治理工作实施方案》，制定了《关于开展全市农村留守儿童和困境儿童预防溺亡帮扶救助活动的方案》，指导各区县（市）积极开展各类关爱服务活动；研究出台了《开展农村留守儿童和困境儿童关爱保护“政策宣讲进村（居）”活动的实施方案》，从未成年人保护的相关法律法规和政策、困境未成年人救助保护政策、家庭监护责任教育和亲情沟通教育等7个方面开展宣讲。组织儿童工作业务培训，联合市未成年人保护中心举办了12期农村留守儿童和困境儿童实务工作线上培训班，组织各开发区、区县（市）的儿童福利

工作人员及乡镇（街道）儿童督导员共计 200 余人参加培训，提升业务能力和专业化、职业化服务水平。

稳步推进慈善事业促进工作。新冠肺炎疫情发生以来，全市各级慈善组织积极行动起来，动员社会各界，依法开展款物募捐，全市慈善募集善款 13069.30 万元，募集物资折合资金 6678.74 万元。协调做好“中华慈善日”和第十三个“郑州慈善日”的宣传和募捐工作，全市 2020 年共募捐 4.75 亿元，再创历史新高。2020 年完成慈善信托项目备案 1 项，信托规模为 233.1 万元。

五、社会治理工作

加强农村自治体系建设。全面修订完善村规民约，截至 2020 年底，全市共有 2169 个村委会，全部依法依规完成了修约任务。组织优秀村规民约遴选，评选巩义市紫荆路街道大黄冶村、新密市大隗镇和合村、二七区樱桃沟管委会西胡同村等 27 个村的村规民约为全市优秀村规民约。完成了村（居）赋码校核及录入工作，郑州市集中核查比对工作已全部完成，社区工作者有效信息全部确认完毕，根据赋码系统显示已录入城乡社区工作者共计 53324 人，其中农村社区工作者 33638 人。

提高社会工作专业化水平。积极推动社会工作、志愿服务政策创制，起草《加快推进儿童社会工作专业人才队伍建设》，修改完善《郑州市社会工作专业人才队伍建设工作联席会议职责》和《郑州市社会工作专业人才队伍建设联席会议成员单位职责》。统筹组织社工培训工作，共计开展各类培训 125 场，培训 7851 人次，出壳 9 家孵化组织，新入孵 4 家组织、1 个项目。指导社工行业成立社工志愿服务队，开展“护童行动”，截至 2020 年底，全市已有 47 个社工机构成立了社工志愿服务队，针对全市 75 个街道（乡镇）的 1200 余名农村留守儿童和困境儿童提供专业志愿服务，开展志愿服务活动 600 余场次，为农村留守儿童和困境儿童提供防溺亡、防性侵、防暴力、防辍保学、心理健康、家庭教育指导等儿童社会工作的服务。

规范社会组织管理服务。严格遵守行政审批“两集中、两公开和五单一网”制度，已办理社会组织行政审批802项，合法率100%，回访满意率100%。印发了《郑州市社会组织意识形态工作制度》《郑州市社会组织党组织规范化建设标准》《郑州市社会组织党建工作手册》等文件，组织“郑州市社会组织集中上党课暨观摩交流系列活动”10期，党组织书记培训9期。全市4987家社会组织选派党建联络员2679名，党组织应建尽建率达100%，实现了党的工作全覆盖。全面开展社会组织年检及执法工作，全市社会组织已年检4393家，年检率达到95%；同步开展社会组织评估工作，获得3A级以上社会组织有1416家，评估率达32%；约谈违规社会组织69家，责令改正61家，警告处罚17家，限期停止活动1家，进行社会组织涉黑涉恶线索排查128家；取缔非法幼儿园43家、非法宗教组织5家。

六、专项社会事务工作

区划和地名管理工作。召开了“郑州市持续推进清理整治不规范地名工作动员培训会”，组织各开发区、区县（市）开展不规范地名清理整治摸排备案工作，完成22个错误的道路交通标志和199个规划公示项目中的非标准地名整治工作。完成了须右路等68条道路的命名工作和紫楠路等26条道路起止点变更工作，红檀路等79条道路命名已完成申报、审核、专家论证、公示等环节，待征求相关单位和相关区意见后，提交市政府常务会议研究。完成郑开线、二七管城、二七荥阳、新密巩义、中原二七、登封巩义、中原金水等7条，共计310公里界线和30棵界桩的联检任务。完成登封市嵩阳、少林、中岳街道办事处行政区划界线区划调整工作，接受并审核登封市卢店镇撤镇设街道办事处区划调整工作。

婚姻登记、流浪乞讨人员救助工作。完成港澳台婚姻登记历史档案数据补录和婚姻登记历史信息核对工作；规范婚姻登记工作，推进婚姻登记信息化，完成市政府政务数据共享（婚姻数据）交换搭建平台。全年全市共办理婚姻登记121640对，其中结婚61835对，离婚41321对，补领婚姻证件18484对，办理涉港、澳、台婚姻登记20对。开展流浪乞讨救助服务质量大提升专项行动，会同市委政法委等10部门共同制定郑州市救助管理服务质量大提升专项行动实施方案，组织全市流浪乞讨救助工作线上培训，积极推动生活无着的流浪乞讨人员落户安置工作，除危重病人外，滞站超过3个月的查无身份的25人全部予以安置。全年全市共救助生活无着的流浪乞讨人员3755人，其中急（危）重症病人174人、有明显特征的精神障碍人员339人。

殡葬管理工作。开展推进移风易俗倡树文明殡葬新风工作，印发《郑州市委办公厅郑州市人民政府办公厅关于深入贯彻落实〈河南省推进移风易俗倡树文明殡葬新风实施方案〉的通知》，成立郑州市推进移风易俗倡树文明殡葬新风工作领导小组，明确职责分工，召开电视电话会议，进行动员部署。加强公益性殡葬设施建设，印发《郑州市人民政府办公厅关于加强公益性殡葬设施建设管理工作的通知》，明确建设任务和标准，截至2020年底，8个城市公益性公墓和72个乡镇示范性农村公益性公墓已完成选址，15个乡镇示范性农村公益性公墓开工建设。持续推进节地生态安葬，建立节地生态安葬奖补机制，对实施节地生态安葬的丧属给予1000元奖励，鼓励和倡导树葬、草坪葬、花坛葬、壁葬和骨灰存放等节地生态安葬；组织开展第十三届“清明雨绿色风文明行”免费公益树葬活动，41个家庭参与，61具骨灰回归自然。积极推进惠民殡葬，完善惠民政策，增加惠民殡葬补助项目，提高惠民殡葬补助标准，将遗体接运、冷藏、卫生防护、火化、可降解骨灰盒、骨灰存放纳入惠民补助项目，火化遗体补助标准提高至1500元/具；全年全市火化遗体34294具、火化率59.09%，共投入惠民资金1460.72万元，惠及15673人。

残疾人关爱保护工作。加快推动各区精神障碍社区试点建设，2019年已建成的精神障碍社区康复服务试点，通过政府购买服务开展服务工作；2020年计划建成的4个开发区试点，高新区完成建设任务，经开区、航空港区、郑东新区正在积极筹建中。积极推动脱贫攻坚工作中贫困重度残疾人照护服务工作，联合市财政局等5部门联合出台了《关于做好脱贫攻坚中贫困重度残疾人照护服务工作的通知》，为郑州市贫困重度残

疾人照护服务工作提供了政策支撑。做好残疾人两项补贴发放工作，继续推动残疾人两项补贴规范化发放，实现残疾人两项补贴应补尽补、应退尽退的动态管理；2020 年全年累计发放残疾人两项补贴 8648.07 万元，保障残疾人 81.96 人次，其中困难残疾人 21.42 万人次，重度残疾人 60.54 万人次。

郑州市2020年司法行政工作报告

郑州市司法局

2020年，在市委、市政府的正确领导下，全市司法行政系统广大党员干部迎难而上、履职尽责，圆满完成了各项工作任务。2020年，我市被命名为“全省法治政府建设示范市”；市局被省委省政府表彰为“省级文明单位标兵”，被郑州市表彰为“疫情防控先进单位”“平安建设先进单位”“营商环境建设先进集体”“信访工作先进单位”“信用体系建设优秀单位”“政务服务先进集体”，连续第4年被市委、市政府表彰为“综合工作目标考核优秀单位”。

一、以“禁绝疫情”为目标，扎实做好疫情防控工作

面对突如其来的新冠肺炎疫情，第一时间召开疫情防控专题部署会，快速成立专班，科学制订防控方案。根据监狱戒毒所人员集中、环境封闭、场所特殊、疫情防控难度较大的实际，开展“禁绝疫情”专项行动，实施全封闭管理，实现了“零疫情”的阶段目标。通过多方协调，市监狱和3个强制隔离戒毒所纳入郑州市疫情联防联控体系，成为市防控物资重点保障单位。2020年3月11日，国务院应对新冠肺炎疫情联防联控机制工作指导组到市监狱调研指导工作，对我局认真贯彻落实上级部署，坚决做好监狱戒毒场所疫情防控工作给予高度肯定。制定印发《郑州市

依法防控新冠疫情切实保障人民群众生命健康工作实施方案》，成立疫情防控法治咨询领导小组，确保全市疫情防控工作在法治轨道上运行。全市各级司法行政系统党员干部和法律服务工作者积极投入疫情防控，为打赢疫情防控阻击战做出了贡献。

二、以考核评查为抓手，持续加强全面依法治市工作

筹备召开市委全面依法治市委员会第二次会议和办公室第二次全体（扩大）会议。对各区县（市）和开发区党政主要负责人履行“推进法治建设第一责任人”职责进行专项调研和督查。在全省率先建立法治建设（法治郑州）考核机制，制定了《法治郑州考核方案和细则》，对全市 102 个被考核单位进行了集中评查和第三方评议。认真做好“七五”普法总结验收，深入开展法治区县（市）、法治乡镇（街道）、民主法治村（社区）等创建活动，开展各类法治宣传活动 1200 余场次，举办各类法治讲座 300 场次。上街区建成 4 个法治公园、2 条法治长廊和 1 个民法典主题法治公园，营造了浓厚的法治文化氛围。

三、以落实“纲要”为重点，持续加强法治政府建设

认真落实《法治政府建设实施纲要（2015—2020 年）》，制定《郑州市 2020 年法治政府建设工作要点》，举办全市领导干部暨法治机构人员法治专题研修班，扎实开展依法行政考核，持续开展服务型行政执法标兵培育工作。修订《郑州市行政规范性文件管理规定》，组织规范性文件专项清理，上报备案市政府规范性文件 27 件，审查和集中评查各区县（市）人民政府和市直各部门文件 775 件。审查过程中，发现程序缺失的规范性文件 199 件，分别依法作出限期报备、限期整改的处理。惠济区依托制度创新，规范性文件备案审查工作效率不断提高，被省委依法治省办命名为“全省法治政府建设示范项目”。加强和改进行政应诉工作，积极推动行政机关负责人出庭应诉制度落实。共办理市政府行政应诉案

件 121 件，全年依法受理行政复议案件 907 件，办理行政复议引发的行政诉讼应诉案件 222 件。

四、以服务中心为导向，持续加强政府立法工作

加快重点领域立法进程，开展涉及生态环境保护、优化营商环境、食品药品安全领域的地方性法规清理工作，对《郑州市大气污染防治条例》等 18 件地方性法规提请打包修改；对《郑州市城市饮用水源保护和污染防治条例》等 4 件地方性法规提请废止。提请审议通过《郑州市城市公共汽车客运条例》《郑州市房屋使用安全管理条例》等地方性法规 3 件。根据郑州市机构改革需要，以市长令形式发布《郑州市人民政府关于修改部分政府规章的决定》和《郑州市人民政府关于废止部分政府规章的决定》，对 67 部政府规章部分条款进行修改，对 7 部政府规章予以废止；颁布实施《郑州市电子商务促进与管理办法》。起草《郑州市警务辅助人员管理办法》等规章草案。在全市年度立法计划执行中，市公安局、市住房保障局、市交通局、市城管局、市生态环境局等部门高度重视，在组织协调、专班组建、相关保障等方面工作有力，确保立法项目的顺利推进。

五、以“三项制度”为关键，持续加强行政执法监督工作

根据机构改革实际，对 4 个开发区管委会、12 个区县（市）政府、22 个市直执法部门推行行政执法“三项制度”（行政执法公示、执法全过程记录和重大执法决定法制审核）、行政权责清单调整公布、“互联网+监管”信息录入、行政执法体制改革等工作进行调研督导。为全市 1.8 万行政执法人员颁发新版行政执法证。全年审查备案具体行政行为 545 万余件、重大行政处罚备案 1200 件，发现纠正问题 2000 余项。市人力资源和社会保障局、市消防救援支队、国家税务总局郑州市税务局、新

郑市城市管理局等15家单位被命名为“第二批郑州市行政执法责任制示范点”。

六、以安全稳定为根本，持续加强刑事执行工作

狠抓监狱戒毒场所安全管理，不断强化安全隐患整治，监所教育改造和教育戒治实效性不断提升，各监所顺利实现安全“四无”“六无”目标。监所医联体和双重预防体系建设完成，市监狱标准化机房项目建设和指挥中心改造顺利完成，齐礼阎所、白庙所全国统一戒毒模式通过了省厅达标验收，郑州市禁毒教育基地被授牌“首批河南省毒品预防教育示范基地”。6月22日，时任副省长舒庆同志到齐礼阎所调研指导工作，对我市戒毒社会化工作给予肯定。市监狱、石佛所整体迁建项目获批，场所迁建工作稳步推进。深入贯彻落实社区矫正法，设立郑州市社区矫正委员会，统筹协调和指导全市社区矫正工作。石佛所积极配合社区矫正延伸用警，有效防止了脱管漏管。中牟县投资700余万元建成了2000平方米规范化社区矫正中心。全市社区矫正对象重新犯罪率控制在0.13%。稳步开展安置帮教工作，深化平安建设工作，深入推进扫黑除恶专项斗争，扎实做好信访稳定工作。中原区、郑东新区、管城区在做好刑满释放人员临时安置工作的同时，对疫情严重地区刑满释放人员认真开展摸排，及时消除安全隐患。

七、以行业规范为基础，持续加强公共法律服务体系建设

印发《关于进一步推进公共法律服务体系建设的实施方案》，就我市加快建设人民满意的现代公共法律服务体系作出安排部署。二七区进一步提升实体平台建设，做到了公共法律服务三级平台和法律顾问全覆盖。坚持管理、教育、服务并重，促进律师执业进一步规范。完善投诉受理、调查和听证处理等各项工作程序。组织律师开展民营企业“法治体检”

活动，深化“村（居）法律顾问”工作，全市村（居）法律顾问共接受各类咨询 8297 次。持续推进律师调解试点工作，在市中级人民法院及各基层人民法院设立律师调解工作室。组织开展律师专业水平评价体系和评定机制试点，全市 300 名律师参加专业水平考核。金水区、惠济区、新密市认真履行律师管理职能，坚持抓党建带所建促发展，工作成效明显。新密市、中牟县健全工作机制，明确工作职责，落实工作经费，推动村（居）法律顾问工作规范开展。大豫、华夏两家合作制公证处试点成效明显，绿城公证处不断提升服务意识，主动进驻政务大厅，推动公证阵地前移，为群众提供便捷的公证服务。全市共办理各类公证事项 12 万件，未出现假证、错证。全市司法鉴定机构累计办理鉴定事项 11868 件，采信率达到 100%。深入推进刑事案件审判阶段律师辩护全覆盖试点工作，共办理法律援助案件 25596 件。组织好国家统一法律职业资格考试，实现“十个百分之百”和“零失误、零差错”工作目标，市局被司法部表彰为“2020 年法律职业资格考试工作表现突出单位”。持续深化“放管服”改革，深入推进政务服务集中办理，我局法律援助申请、法律职业资格初审等 42 项行政审批事项全部进驻大厅，进驻率、网办率达到 100%。

八、以“星级创建”为牵引，持续加强基层基础建设

全面加强司法所建设。召开全市司法所建设工作推进会，积极推动司法所公务员招录工作。评定四星规范化司法所 21 个，向省厅推荐五星规范化司法所 13 个。新密市 6 个司法所成功创建为五星规范化司法所，数量居全市第一。登封市、二七区通过公务员招录、遴选等方式，充实了基层司法所力量。

加强矛盾纠纷排查化解。全市共调解民间纠纷 51250 起，调成率 97.4%。11 个区县（市）以政府购买服务的形式，为每个县级调解中心、行专调解组织、乡镇调委会分别配备 5 名、3 名、2 名专职人民调解员。司法部 12348 中国法网案例库采用郑州市人民调解典型案例 8 篇。

中牟县创新工作方式方法，以政府购买社会服务形式聘任专职人民调解员 69 名，充实了基层调解力量。全市受理调解医疗纠纷 139 件，调解成功 125 件。市医调委被授予“全国模范调解委员会”荣誉称号。中原区成为省高院行政争议实质性化解改革首家试点单位。

郑州市 2020 年财政工作报告

郑州市财政局

2020 年，面对经济下行压力及突如其来的新冠肺炎疫情，郑州市财政局按照市委、市政府决策部署，坚持疫情防控和财政业务两手抓两手硬，扎实做好“六稳”工作，落实“六保”任务，全市一般公共预算收入完成 1259.2 亿元。其中，税收收入完成 870.1 亿元，税收占一般公共预算收入的 69.1%。全市一般公共预算支出完成 1721.3 亿元，民生支出完成 1282.9 亿元，占一般公共预算支出的 74.5%。我市财政管理工作获得国务院督查激励和省、市政府表彰嘉奖。

一、多措并举筹措财力，增强财政保障能力

争取上级转移支付资金 293.3 亿元，其中：抗疫特别国债 22.9 亿元，特殊转移支付 20.2 亿元。争取政府债券 218.1 亿元，其中：新增一般债券 35.6 亿元，专项债券 182.5 亿元。争取财政直达资金 58.6 亿元。荣获国务院督查奖励资金 8000 万元。同时，开展各类存量资金专项清理整治工作。压减一般性支出 13.2 亿元，压减比例 15.2%。压减非急需、非刚性支出 25.3 亿元，压减比例 57.2%，统筹用于“六稳”“六保”及各类民生事项。

二、全力支持打赢疫情防控阻击战，推动实现疫情防控和经济发展双胜利

全面落实疫情防控任务。研究出台人员救治、医疗保障、工伤保险、工作补助等各项政策，建立政府采购、国库集中支付绿色通道，拨付疫情防控经费 27.7 亿元，其中，市第一人民医院传染病医院（岐伯山医院）建设资金 1.3 亿元。积极争取新开发银行抗疫贷款 8500 万元，支持疾病控制机构应急防控体系建设和医疗机构应急救治体系建设。支持郑州启动政府应急储备物资动态投放，拨付财政补助资金 8045 万元，投放肉蛋菜 10578 吨，全力保证疫情期间市场供应和价格稳定。全面落实减税降费政策。特别是认真落实 2020 年出台的支持疫情防控和经济社会发展税费优惠政策，1—11 月，全市新增减税 124.2 亿元。1—12 月，减免社保费 130.2 亿元。扎实开展“三送一强”活动。实行房租“两免三减”政策，累计为全市 1288 家中小微企业减免房租 5016.8 万元。实施城市基础设施配套费免缓政策，减免金额 10.7 亿元，缓缴金额 6 亿元。投放应急转贷周转资金 23.2 亿元，服务中小企业 166 家。稳步推进“郑科贷”业务，先后帮助 434 家企业获得授信及贷款 48.1 亿元。实施 2020 年度科技金融资助工作，发放补助金额 1.2 亿元。持续开展 100 亿元社保基金存储激励，引导金融机构加大对企业支持力度。设立智能制造、科技创新、大数据等 3 个领域 90 亿元专项产业子基金，设立航空港区、巩义市总规模 350 亿元区域子基金，支持主导产业和战略新兴产业发展。发放工业企业结构调整专项奖补资金 5.2 亿元、失业保险应急稳岗等各类补贴 37.1 亿元，大力援企稳岗。搭建政府采购合同融资平台，全市共为 113 家中小企业融资 3.4 亿元。发挥财政资金撬动作用，促进扩大消费。支持实施契税补贴惠民实事。发放百货、餐饮、汽车等领域消费券 4 亿元，其中为全市 6.9 万名低保、特困、低收入对象每人发放消费券 500 元，带动直接消费 11.6 亿元。

三、全面加强资金统筹，支持经济社会高质量发展

支持打好三大攻坚战。安排各级财政专项扶贫资金 6.3 亿元，支持脱贫攻坚圆满收官。市本级投入各类生态环保资金 142.3 亿元，支持大气、水、土壤污染防治攻坚，持续加强生态系统建设，空气质量持续改善，空气综合指数在全国 168 个重点城市排名中退出后 20 名。严格规范政府举债行为，坚决遏制隐性债务增量，持续防范化解债务风险，全市政府债务风险总体可控。支持黄河流域生态保护和高质量发展战略实施。拨付资金 16.8 亿元，支持省道 S312（江山路—国道 G107 东移）沿黄慢行系统建设、省道 S312 郑州境改建工程（郑汴交界至国道 G107 东移段）建设等前期工作。创新黄河国家博物馆项目实施模式，加快推进黄河谣文旅小镇等项目建设。支持科技创新发展。安排资金 9.7 亿元，支持重大科技专项、科技型企业科技研发补贴、科技平台建设、高新技术企业奖补。拨付资金 11.4 亿元，支持实施“智汇郑州·1125 聚才计划”，加强高层次创业人才引进。支持中科院计算所大数据研究院等院所建设，促进郑州市高端产业发展研究。支持郑州大学“双一流”建设。支持制造业高质量发展等系列三年行动计划实施。安排资金 29 亿元，积极落实产业扶持政策，推进制造强市战略实施。安排资金 33.2 亿元，出台稳外资稳外贸财政金融支持措施，建立出口退税资金池和外贸贷融资机制，支持中欧班列（郑州）、E 贸易等重点对外开放项目实施及机场三期扩建工程。拨付资金 183 亿元，支持轨道交通、城际铁路建设、西四环及大河路快速化、“一环十横十纵”道路升级改造及城市精细化管理项目实施等，郑州国际航空枢纽建设加快，米字形高铁网基本成形，“两环两纵两横”快速路网体系全面形成。同时，安排资金 7.7 亿元，支持新型美丽乡村试点村、“菜篮子”工程、现代农业示范园建设，大力扶持村级集体经济发展，补齐农村基础设施短板，城乡融合加快发展。

四、坚持以人民为中心，持续保障和改善民生

持续加大民生投入，增进人民福祉。支持社会保障和就业，累计安排资金 141.6 亿元，支持高校毕业生、农民工、就业困难人员等重点群体就业，持续提高社会保障财政补助标准，完善养老服务政策体系和城乡社会救助体系，推进 2020 年社区养老服务中心示范点建设工作。支持落实教育优先发展战略，累计安排支出 240.6 亿元，全面落实城乡义务教育保障机制“两免一补”政策和各项奖助学金政策，支持学前教育发展、职业教育和高等教育发展。支持全市教育管理体制改革顺利实施，移交下划各区中小学校资产资金 33.9 亿元。支持郑州大学“双一流”建设，筹建 1 所高水平研究型大学，建设一批高水平学科。支持健康郑州建设，累计安排卫生健康支出 124.9 亿元，支持公立医院综合改革、基本公共卫生服务等各项医改任务扎实推进，完善公立医院投入长效机制，建立新建医院开办费一次性投入机制，支持基层医疗卫生人才培养、社区卫生服务体系建设等，筑牢基层服务网底。支持 2020 年央视春晚郑州分会场、2020 国家网络安全宣传周、2020 年中国金鸡百花电影节、2020 国际乒联巡回赛总决赛等活动成功举办，不断提升郑州城市知名度影响力。加大住房保障力度，拨付资金 27.8 亿元，支持棚户区改造、安置房建设及住房租赁市场做大做强，筹措资金 8 亿元，支持全市老旧小区改造提升，着力解决群众所需所盼的民生问题。

五、持续深化财政体制改革，加快建立现代财政制度

财政体制改革效果明显。市与区县（市）财政管理体制调整落地实施，2020 年全市财政收入超 50 亿元的区县（市）12 个，其中，郑东新区、金水区、经开区收入超百亿元，区域财力更加均衡。全面实施预算绩效管理。市县两级预算绩效管理组织机构框架基本成型，“$1+6+n$”的预算绩效管理制度体系初步形成，“财政＋第三方”的绩效评价模式有

效应用，预算绩效管理覆盖市本级所有预算单位，基本实现全过程管理。郑州市财政局预算绩效管理工作被《河南新闻联播》专题报道。财政支出标准化建设加快进行。制定医院、学校、线性工程等项目建设财政出资比例，实施新建学校开办费、新建医院床位费补助标准，市级公用经费、重大活动经费标准加快研究。财政事权与支出责任划分改革等有序推进。教育、社会保障、医疗卫生、城建等领域财权事权和支出责任划分改革工作加快推进，实现与各领域管理体制改革协同推进。做好 24 家转制事业单位的资产管理工作及市县两级省以下法院检察院财物统一管理改革工作。持续深化“放管服”改革。大力推进非税征缴电子化，为 14 个单位开通扫码支付，缴费更加便捷。提高政府采购、公开招标限额，缩短采购时间、降低采购成本。清理规范投标保证金、履约保证金，为 6713 家投标（中标）供应商企业减免 8.3 亿元，财政领域营商环境持续优化。

郑州市2020年人力资源和社会保障工作报告

郑州市人力资源和社会保障局

2020年，面对错综复杂的形势特别是新冠肺炎疫情的严重冲击，在市委市政府的坚强领导下，全市人社系统用初心赴使命，用情怀惠民生，用责任促发展，经受了考验、贡献了力量、展示了风貌，在战疫情、保民生、促发展中交出了一份令人振奋的答卷。失业保险稳岗、失业保险扩围、职业技能提升专项资金支出、全国技能大赛获奖数等多项指标占全省比例在50%以上，荣获全省人力资源社会保障工作先进集体、郑州市抗击新冠肺炎疫情先进集体、郑州市依法行政工作先进集体等各类荣誉50余项。

一、全力战疫情促发展

第一时间出台9项举措，先后出台30余个文件，统筹推进疫情防控和经济社会发展。着力保障返岗复工复产。各级迅速成立企业复工复产用工保障专班，建立重点企业用工调度保障机制和农民工返岗复工服务保障机制，全力保障疫情防控关键物资生产供应企业用工。全市共计协助2393家复工复产企业的24.9万名员工返岗，其中郑州市外员工14.82

万人，组织点对点专车运输返岗员工 810 车次 1.64 万人。2 月，仅用 5 天时间为富士康组织 2.1 万名员工返岗，并通过省政府协调其他省辖市组织 7 万多人。着力保障企业纾困发展。落实社会保险惠企政策，全年为企业减征免征养老、失业、工伤三项社会保险费 119 亿元，其中，中小微企业占 95.4%。返还失业保险稳岗补贴资金 36 亿元（占全省 60%），完成全年任务的 285%，惠及企业 1.53 万家、职工 100 万人。着力保障失业人员基本生活。做好失业保险扩围攻坚工作，失业补助金审批通过 40 万人，完成目标任务的 539%。着力保障疫情防控工作开展。第一时间为一线抗疫人员开启工伤认定绿色通道，制定职称申报评审倾斜政策，突破岗位结构比例为一线医疗单位有关人员办理岗位晋升聘用备案手续，及时兑现临时性工作补助。全市共发放慰问金 342.5 万元，临时性工作补助 903 万元，卫生防疫津贴 864 万元，提高绩效工资总量 7253 万元。完成国家、省抗疫表彰先进集体和先进个人的评选推荐工作，承办全市抗击新冠肺炎疫情表彰大会，表彰先进个人 500 名，先进集体 200 个。

二、全力稳就业保民生

强化就业优先政策。市委市政府连年将城镇新增就业作为为民办理的十项民生实事之首，我们提请市政府出台稳就业“28 条”、支持高校毕业生就业“18 条”等一系列举措，打造就业优先政策“升级版”。全市完成新增城镇就业 11.74 万人，完成全年目标任务的 103%，其中失业人员再就业 2.42 万人（完成全年目标任务的 139%）。新增农村劳动力转移就业 4.6 万人，完成年度目标任务的 132%。强化公共就业服务。全面开通网上就业创业服务，统筹线上线下招聘，做到服务不停歇不打烊。线上发布用工信息 18.9 万余条，达成就业意向 4.3 万人。组织线下招聘活动 142 场，组织企业 6404 家，达成就业意向 7.6 万人。强化创业带动就业。组织创业培训 7.6 万人（完成年度目标任务的 201%）；组织农民工创业辅导服务 1.07 万人（完成年度目标任务的 197%）；新增农民工等返乡下乡创业人员0.94万人（完成年度目标任务的138%）；发放创业担保贷款13.49亿元，完成年度目标任务的167%。创业孵化园区（平台）达到47家，入孵创业实体总数2112户，带动就业1.9万人。强化重点群体帮扶。加强困难高校毕业生就业帮扶力度，为6.9万名困难高校毕业生发放求职创业补贴1.37亿元。通过扩大国有企业、事业单位和基层服务项目规模，接收安置高校毕业生9066人。兜底保障就业困难人员就业，全市新开发公益性岗位1575个，安置1765名就业困难人员就业。

三、全力强社保增福祉

扩大覆盖范围。持续推进全民参保计划，全市基本养老、失业、工伤保险参保人数分别达到802万人、250万人、196万人。贫困人员基本养老保险应保尽保，为6.8万名各类贫困人员代缴保费741.43万元，享受待遇人员3.8万人。督促实施征地的区县（市）政府及时将符合条件的被征地农民纳入保障范围。全市累计纳入保障范围的被征地农民24.5万人，60周岁以上享受征地养老补贴3.25万人。提高待遇水平。连续16年提高企业退休人员基本养老金待遇，全市企业退休人员每月人均提高143元，人均月养老金达到3061.3元；城乡居民月人均基础养老金标准提升至200元，位居全省首位。全市115万退休人员和老年人受益，群众的获得感幸福感安全感持续提升。推进重点改革。大力推动实体社保卡和电子社保卡发行。累计发行实体社保卡992万张，签发电子社保卡500余万张，实现通过支付宝、微信、郑好办App、云闪付等主要线上渠道申领。提请市政府出台《关于加快推进市民卡建设的实施意见》，积极推进社保卡“一卡通用、一码通城”。在人社部召开的社会保障卡“一卡通”创新应用研讨会，郑州市作了典型发言。央视《新闻联播》主题报道《“十三五”我们这五年——我国建成世界最大的社会保障体系》中，对郑州市社保卡旅游一卡通进行了报道。强化基金监督。出台《郑州市社保基金管理风险防控实施意见》，开展社保基金风险防控专项整治工作，推动建立长效机制。扎实开展社保基金管理风险防控专项检查问题整改，加大关键风险点防控规范力度。开展企业职工提前退休问题核查、失业保险基金管理内控和失业保险稳岗补贴专项检查，维护基金安全。

四、全力育人才强引擎

坚持政策落地和完善并重，不断营造人才发展良好环境。全力贯彻落实市委、市政府“智汇郑州”人才工程、“黄河人才计划”等相关政策，认定第三批高层次人才 53 名；社会事业后备人才资助资金的审核发放和第二期资助资金的申报审核工作顺利完成；累计为 7.4 万名青年人才发放生活补贴 7.7 亿元。深度参与人才新政的起草修订工作，及时修订完善高层次人才任期评估办法、人才分类认定实施细则等政策。推行职称在线申报评审，大力推行职称申报推荐诚信承诺制，支持规模以上民营企业开展自主评审。切实做好中小学教师待遇提高和推进医疗卫生薪酬制度改革。组织实施各类人事考试 41 项（次），参考人数 26 万人（次）。坚持引进与培育并重，不断壮大提升人才队伍规模质量。持续实施全民技能振兴工程，大力实施职业技能提升行动，全市支出职业技能提升专项资金 9.51 亿元（占全省的 58%），完成年度任务目标的 123%，开展职业技能培训 90.1 万人次，完成全年目标任务的 253.8%。新增高技能人才 1.91 万人。全市 20 所技工院校招生 4 万人（占全省的 40%）。在第一届全国技能大赛中，我市选手为河南省贡献了 1 金 2 银 3 铜 6 块奖牌，31 个优胜奖，占全省获奖人数的 56%，16 个项目进入世界技能大赛国家集训队。成功承办中国·河南招才引智创新发展大会“2020 招才引智专场行动”郑州专场，签约入职 10513 人（其中博士 344 人，硕士 2069 人），引进项目 456 个。新增留学回国人员 147 人。开展专业技术人才选拔推荐工作，共有 170 人被评为国家、省部级和市级专家。其中，新增百千万人才工程人选 1 人，并被人社部授予“有突出贡献中青年专家”荣誉称号；17 人入选享受国务院特殊津贴人选、4 名个人和 1 家单位入选第三届河南省杰出专业技术人才和专业技术人才先进集体，均获得历史性突破；10人入选第四批享受河南省政府特殊津贴人员；40人被批准为第三批郑州市政府特殊津贴专家，98人被批准为郑州市学术技术带头人。组织高级研修项目3期，培训140名各类高层次人才。持续开展专业技术人才知识更新工程，15.5万人次接受继续教育。坚持服务与管理并重，不断规范事业单位人事管理。持续落实市属高校、公立医院和科研院所高层次人才以及市教育局所属中小学教师公开招聘自主权，指导监督做好相关自主招聘工作。全市事业单位公开招聘完成6367人。积极推进事业单位转企改制工作，做好机构改革过程中事业单位人员转隶的相关人事调配工作。强化聘用制管理和任职备案工作，事业单位聘用率达到99.98%。完成事业单位人事档案数字化建设工作。

五、全力防风险促和谐

实施根治欠薪行动。成立根治欠薪工作专班、建立健全欠薪案件包案责任制、根治欠薪日报、零报告制度、联合约谈机制，开展“标准化”工地建设、建筑业企业劳务用工审查暨诚信等级评价工作等，狠抓《农民工工资支付条例》宣传贯彻落实。依托农民工劳动权益维护中心、农民工工资支付监管平台，不断强化联调联动工作机制。加强劳动保障监察，开展根治欠薪专项行动、清理整顿人力资源市场秩序专项执法行动，共为近4万名农民工追发工资待遇4.3亿元。实施劳动关系“和谐同行”行动。做好疫情期间企业复工复产劳动关系工作，指导企业依法妥善处理劳动关系。选定8家劳动密集型民营企业，推进和谐劳动关系创建活动。持续推进劳动合同制度，企业劳动合同签订率97.3%。加强对企业劳动用工的指导和服务，积极推进企业薪酬调查和制造业人工成本监测。继续推进国有企业工资决定机制和企业负责人薪酬制度改革。实施劳动人事争议调解仲裁效能提升行动。加大劳动人事争议调处力度，完善调解、仲裁、诉讼等有机衔接、相互协调的多元化纠纷解决机制，依法加快处理涉疫情争议案件。推进“互联网+调解仲裁”，新增16个基层调解组织综合示范点，开展农民工“护薪”行动，共受理案件7275件，涉及劳动者 7587 人、金额 1.8 亿元，当期结案率 99.3％，综合调解率 65.3％，确保了疫情下劳动人事争议处理形势总体平稳。

六、全力优服务提质效

行政审批许可快捷高效。推行政务服务网、实体大厅综合窗口等多渠道受理模式，落实“肩并肩辅导、一次性告知、后台综合受理”等工作机制，全年共受理行政许可 160 余件，全部在 5 个工作日内办结，提前办结率 100％，群众满意率 100％。“人社快办服务”打包办加速推进。10 个打包办事项已完成事项清单梳理与流程再造，社保卡打包办正式上线运行。企业职工退休“一件事”完成。“一网通办、一次办成”改革成效显著。155 项审批服务事项全部实现“一网通办”，126 项事项实现全流程网办、不见面审批，48 个事项实现“掌上办”“刷脸办”，办事群众的获得感体验度得到显著提升。窗口单位练兵比武活动成绩斐然。全市人社系统 5600 余名干部职工、34 万人次积极参与人社部网络在线学习答题活动，参与人数、答题人数均排名全省第一。在省厅组织的练兵比武决赛中，郑州市获得全省第一名。

七、全力抓引领强保障

坚持把政治建设摆在首位，认真落实“第一议题”制度，组织“党的创新理论万场宣讲进基层”活动，常态化推进“不忘初心、牢记使命”主题教育，开展强化政治机关意识教育，全力创建模范机关，推动学习贯彻习近平新时代中国特色社会主义思想走深走实，全系统党员干部进一步树牢“四个意识”、坚定“四个自信”、做到“两个维护”。充分发挥全面从严治党引领保障作用，深入开展落实中央八项规定及实施细则精神“回头看”，集中整治形式主义、官僚主义，扎实开展以案促改，一体推进“三不”机制，学的氛围、严的氛围、干的氛围持续巩固，为人社事业高质量发展提供了坚强保证。

郑州市2020年自然资源和规划工作报告

郑州市自然资源和规划局

2020年是“十三五”规划的收官之年，也是《郑州市土地利用总体规划（2006—2020年）》和《郑州市城市总体规划（2010—2020年）》到期之年。市资源规划局党组在市委市政府的坚强领导下，全面贯彻党的十九大和十九届四中、五中全会精神，深入贯彻省委十届十次、十一次全会和市委十一届十次、十一次、十二次全会精神，紧紧围绕建设国家中心城市的目标，坚持以党的建设高质量推动自然资源和规划工作高质量，坚持以深化作风整顿、优化营商环境为有力抓手，全力推进上级各项决策部署落地落实、取得实效。

一、坚持党建引领，持续提升党的建设质量

一年来，局党组认真履行全面从严治党责任主体责任，牢固树立“四个意识”，坚定“四个自信”，做到“两个维护”，党组核心作用得到进一步发挥。

强化思想政治建设。认真落实“第一议题”制度和中心组理论学习制度，组织28次集中学习习近平总书记最新重要讲话、重要指示批示

精神、原文原著和中央重大决策部署；持续巩固“不忘初心、牢记使命”主题教育成果，高度重视意识形态工作，开办“机关党校”，组织6次专题辅导授课。被市委宣传部、省厅评为宣传工作先进单位，在《人民日报》、新华社、中央电视台、学习强国等平台均有正能量新闻播发。

强化政治生态建设。先后制定印发《全市系统开展政治生态建设年活动方案》《2020年度全面从严治党工作要点》等制度20余项；组织全市系统全面从严治党工作会议，逐级签订《全面从严治党目标责任书》，认真落实省厅党组接受省委第一巡视组巡视反馈意见整改，开展专项督导检查和调研；实行党员分类教育管理，设立党员示范岗，推进党员品牌工程。

强化党风廉政建设。印发《2020年自然资源和规划局机关纪检工作要点》，先后6次召开党组会、局务会研究部署党风廉政建设工作。用好党风党纪经常性教育、党员干部日常监督管理、监督执纪“四种形态”，落实廉政谈话制度，组织开展4次以案促改工作，持续开展警示教育，深入查找廉政风险点，主动接受派驻纪检监察组监督执纪40余次。

强化模范机关建设。开展创建“让党中央放心，让人民群众满意”的模范机关活动，印发《加强机关自身建设创建模范机关工作方案》，组织开展“五比一争”活动。在疫情防控阻击战中，81个党支部和800余名党员干部充分发挥战斗堡垒作用和先锋模范作用，3个基层党组织和6名党员被市直机关工委通报表彰。

强化作风纪律建设。加强行政规范化、法制化、长效化，严格履行“三重一大”决策程序，确保依法依规行使权力。严格落实中央八项规定及实施细则精神和省、市相关规定，持续深入开展“深化作风整顿、优化营商环境”活动，印发《效能考评实施方案》，集中整治效率低下、标准不高、担当不足、能力不强等4个方面存在的突出问题，推动解决群众和基层关心关注的热点、难点问题150余个。

二、提高政治站位，突出抓好重大任务落实

一年来，局党组坚持提高政治站位、强化责任担当，把推进黄河流域生态保护和高质量发展、打好“耕地保卫战”和开展专项整治行动等作为头等大事来抓，取得扎实成效。

奋力助推黄河流域生态保护和高质量发展。坚持以习近平总书记在黄河流域生态保护和高质量发展座谈会上的重要讲话为指引，专人专班推进黄河流域生态保护治理，全力保障黄河流域生态保护和高质量发展核心示范区建设。扎实推进“三山”整治攻坚行动，“三区两线”范围内露天矿山生态环境综合整治任务全面完成，历史遗留废弃矿山治理率达到 87.3%（省定目标 75%以上），绿色矿山创建完成 23 家（省定目标 13 家）。

强力落实习近平总书记重要批示指示精神。坚持把落实习近平总书记重要批示指示精神作为第一要务，把开展违建别墅清查整治和农村乱占耕地建房问题整治作为重大政治任务，全力推进、强力落实。全市认定违建别墅 484 栋，全部整改处置到位（拆除 361 栋、保留建筑物 123 栋、罚款 2332.32 万元）；摸排完成国家和省下发郑州市的 158591 个疑似违法建房点位，其中认定属于违法图斑 67288 个、14.13 万亩（耕地面积 9.16 万亩）。同步开展问题整改，严查新增乱占耕地建房行为。

全力打好“耕地保卫战”守牢耕地保护红线。实施最严格的耕地保护制度，按照《国务院办公厅关于坚决制止耕地“非农化”行为的通知》要求，坚决打好耕地保卫战，守住耕地红线。耕地和永久基本农田保护任务稳定在省政府下达的 425 万亩、304 万亩目标之上，补充耕地项目整改完成率 100%，已批建设用地耕地占补平衡完善率 100%，新增耕地占补平衡指标 5.82 万亩，连续 21 年实现耕地占补平衡。

三、围绕中心工作，全力服务经济社会发展

一年来，局党组紧紧围绕“抓改革促创新、抓规划促引领、抓保障

促发展、抓服务促效能”，高质量完成年初确定的目标任务，为推动经济高质量发展提供坚强的资源规划保障。

抓改革、促创新。深刻认识规划和土地政策作为经济社会发展各方面政策的基石、引导城市经济社会发展最基本的抓手和工具，坚持以制度建设为主线持续深化改革。出台《关于进一步加强全市规划集中统一管理的意见》，加强市级规划编制统筹，理顺市与区县（市）之间、各功能区之间、规划各环节之间关系，标志着全市国土空间规划管理从属地为主进入集中统一管理新阶段。出台《关于进一步深化土地储备制度改革加强储备土地综合开发的意见》及实施细则等配套政策，重构郑州市土地储备制度体系，并通过试点先行推进政府主导储备土地综合开发模式落地生效。出台《优化产业用地管理促进产业高质量发展的指导意见》《关于试行“标准地”出让制度的实施意见》，努力破除土地资源要素配置中的体制性障碍，促进产业转型升级和经济高质量发展。发挥市场在土地要素配置中的决定性作用，提升政府对土地供应的宏观调控能力，研究制定《关于加强土地出让管理工作的意见》，已经于市委深改委第八次会议和市政府第 78 次常务会议审议通过。

抓规划、促引领。坚持新发展理念，加快推进国土空间总体规划编制，高水平编制各类专项规划、城市设计和控制性详细规划。《郑州市国土空间总体规划（2020—2035 年）》完成中期成果，其中 11 个专题研究、“双评估”、“双评价”和 2020 年城市体检评估工作基本完成。完成生态保护红线划定，加快推进城镇开发边界和永久基本农田划定。完成《郑州市城市综合交通体系规划》《郑州市城市轨道交通线网规划》中期成果；编制完成 5G 基站建设发展规划、防震减灾专项规划等；稳步推进郑州黄河公园景观总体规划暨重点地段城市设计和环嵩山大旅游专项规划等。围绕“主城区—城市片区—组团板块”的城市架构，科学谋划 32 个核心板块，加快编制城市设计，28 个已经市规委会审议（27 个通过、1 个需进一步深化），4 个需重新定位研究。批复省市重点项目控规 162 个（完成率 97%），完成 44 个控规编制审批和修改论证，市内五区需补充编制地下空间控规批复 25 个。加快推进县级村庄分类布局规划和“百镇千村规划”试点工作，完成57个试点村庄规划方案。

抓保障、促发展。坚持以人民为中心的发展思想，聚焦城市发展和人民群众的需求，着力做好各项资源规划服务保障工作。出台《进一步完善大棚户区安置居住用地供应的意见》，开辟绿色通道加快土地供应；完成“一环十横十纵”示范街道整治提质一期工程和二期工程14条道路的规划方案和施工图设计；完成郑州市轨道交通3号线一期、4号线沿线站点交通接驳规划；科学编制老旧小区综合改造规划方案，统筹“城区、街区、社区”规划衔接，为打造“整洁、有序、舒适、愉悦”的城市环境提供高质量的规划服务。统筹用好增量、盘活存量、加大流量，重点项目应保尽保，上报建设用地7.07万亩，批回建设用地1.45万亩，供应土地6.48万亩，签订价款1100亿元；消除闲置土地191宗、1.37万亩，完成省厅下达任务的150%；完成183个省市重点项目联审联批任务（保障率88.4%），完成70个计划新开工省重点项目审批（保障率87.5%）。完成涉法涉诉之外的71家过期矿权清理工作，配合做好30万吨/年以下煤矿分类处置工作。

抓服务、促效能。坚持加强基础性工作，深化“放管服”改革，推进审批流程再造，提升审批效率，优化营商环境。完成第三次全国国土调查统一时点更新数据的内业核实、外业举证、数据库上报整改等工作，通过国家核验整改。聚焦群众、企业和基层反映的堵点痛点难点，加大改革力度，取消审批事项10项，减少审批事项申请材料78项，划拨类、出让类供地审批时间分别压缩至22个、16个工作日。不动产登记全面实现“当场办、当天办”，全面启动“交房即发证”，持续开展“全程网办”“全市通办”，完成58万余宗的农村房屋权籍调查（完成率100%），不动产登记连续两年在全省营商环境评价中获得第一。

郑州市2020年城乡建设工作报告

郑州市城乡建设局

2020年是全面建成小康社会和“十三五”规划的收官之年。在市委、市政府坚强领导下，全市城建系统紧紧围绕全市中心工作和发展大局，认真落实“六稳”“六保”要求，坚持抓好党建促城建，抓好城建促发展，各项事业取得明显成效。

一、高品质推进城市建设开局顺利

道路综合改造成效显著。按照“两优先、两分离、两贯通、一增加”的总要求和“微改造”原则，坚持设计引领、因路制宜、分类施策、分段实施，坚持市级统筹、部门协同、权责明确、上下联动，块抓条保、强力推进，聚焦市政道路、景观绿化、建筑立面三大板块，坚持试点先行，典型引路，城市道路综合改造工程取得较好成效。“一环十横十纵”试验段及一期工程全面完成，二期工程基本完工，各区完成自选道路共107条、117.5公里，累计改造达到287.83公里，城市通行环境显著优化、道路风貌焕然一新、街区品质明显提升。

核心板块建设快速起步。牵头制定《郑州市高品质推进城市建设三年行动计划（2020—2022年）》《郑州市2020年高品质推进城市建设实施方案》，坚持树立新发展理念，优化城市布局，统筹推进核心板块建设、重大基础设施等项目，以城市发展方式转变推动经济发展方式转变。32 个核心板块城市设计编制工作大部分已完成，已开工建设项目 261 个，完成投资 965 亿元。首批重点项目全部开工，中原科技城、二七商圈等进入全面建设阶段，黄帝千古情、二砂文创园（首期）等建成开业，成为城市文化新地标。

安置房建设步伐加快。围绕“回迁安置群众 10 万人”的民生实事目标，出台完善加快安置房建设的政策文件，解决了一批长期悬而未决的问题，市区两级坚持创新举措、协调推进，有力保障了全市安置建设和群众回迁安置工作。全年新开工安置房 526 万平方米，建成 1533 万平方米，回迁安置群众 12.68 万人，超额完成民生实事任务。

二、城市基础设施建设卓有成效

城市道路建设强力推进。围绕“畅通郑州”建设目标，大力推进快速路和城市路网建设，四环线及大河路快速化工程高架桥主线及地面道路主线、北三环东延快速通道、农业路与京广快速路互通立交等工程建成通车，渠南路快速通道、开元路等工程加快推进，下穿二七广场隧道、滨河路等 61 条城市路网工程开工建设，紫荆山路航海路—长江路组合立交、彩虹桥拆除新建、郑州火车站东西广场地下人行联络通道等工程以及新龙路、文化北路、东风路西延等一大批市政道路前期工作正在加快推进。

市政公用项目统筹推进。供水：桥南水厂、龙湖水厂等 16 个项目加快推进。供气：郑州市中心城区次高压燃气管道工程已完成，郑上路（赵家庄门站—西四环）高压燃气管道改迁工程、四环线及大河路快速化工程高压管道改迁工程等项目加快推进。供热：高新区隔压能源站、“西热东送”南四环主干线管网等 3 个项目加快推进。污水净化：南曹污水处理厂一期工程、马头岗污水处理厂厂外再生水管线工程开工建设。

百城提质工程稳步推进。围绕“城市四治”“四篇文章”，实施百城建设提质项目 795 个，完成投资 1055 亿元。着眼缓解市区“停车难”问题，新增公共停车泊位 5.9 万个，超额完成民生实事任务。金水河整治工程方案框架基本确定。海绵城市、综合管廊等试点城市建设顺利推进。

房屋征收依法推进。围绕轨道交通、市政道路建设，抓好征收方案审核、风险评估和补偿资金拨付，累计解决征迁问题 1760 个，保障了项目顺利实施。

村镇建设科学推进。加强中心镇基础设施建设，全年完工项目 194 个，总投资 40.8 亿元。代拟出台《关于加强传统村落保护发展的意见》，确定试点村落 5 个。出台《郑州市农村房屋安全隐患排查整治方案》，全市 1908 个非城区行政村累计排查房屋 33 万座。

三、建筑企业转型发展步伐加快

工程建设项目审批提升工作深入推进。按照全市优化营商环境工作部署，以“一网通办、一次办成”为抓手，扎实开展全市工程建设项目审批制度改革攻坚。工作中，坚持减事项、减材料、减时间、减费用和优化审批系统“四减一优”，狠抓项目策划生成、多规合一、区域评估、联合测绘、联合审查、联合审图、联合验收、中介服务超市等八个重点事项，实现了事项精简率达 20%、申报材料精减率达 59%、审批时间大幅度压缩、施工图审查费用由政府“买单”、“联合测绘”实现模式创新、区县市同步推进等改革成果。“一网通办”系统开始试运行，“多规合一”业务协同平台搭建完成，区域评估全面启动，工程建设项目最长审批时间由 74 天压缩至 61 天，“工改”工作综合排名位列全省前三名。

建筑业持续健康发展。支持企业做强做大，新增特级资质企业 1 家（高创建工）。全年完成建筑业产值 4954 亿元，占全省比重 37.8%，增速 4.7%，高于全省（3.3%）1.4 个百分点；完成建筑业增加值 1627.7 亿元，增速 1.6%，占全市 GDP 的 13.6%。

勘察设计水平持续提升。实行施工图审查政府购买服务，全面推行数字化审图，进一步减轻企业负担。编制完成《郑州市海绵城市设计施工图审查技术要点》，持续开展无障碍环境市县村镇创建，预计全年勘察设计合同额达到97亿元。积极开展定额解释，按时发布材料月价和季度价信息，结合市场实际新增材料发布种类131种。

绿色发展理念全面落实。全年推广绿色建筑、装配式建筑、超低能耗建筑、散装水泥分别为3395万平方米、607万平方米、24万平方米、1249万吨。利用三年时间累计完成1124.4万平方米既有建筑节能改造。

四、建筑业管理水平持续提升

疫情防控和复工复产统筹推进。勇挑重担，仅用10天时间建成岐伯山医院。全力服务建筑企业复工复产，深入开展“三送一强”“一联三帮”活动，建筑业率先实现复工达产，累计协调解决防疫物资短缺等问题2718个，组织捐赠款项672万元，通过保障金转保函方式为企业释放资金7262万元，仅用半年即实现建筑业产值“止跌回升”。

质量安全监管不断加强。深入开展安全生产专项整治三年行动、“安全生产月”、安全生产专项督导整治，局领导班子带头分包开展暗访和抽查；组织开展汛期应急抢险救援演练和工地人员集中居住场所安全隐患排查整治、冬季施工安全生产完善双重预防体系建设，切实消除安全管理漏洞。承办全省建筑工程质量管理标准化推进观摩会，编印的室内环境检测和地基基础检测两项标准化手册，被省住建厅在全省予以推广。全年创国家级优质工程3项、省级安全文明标准化工地35项、质量标准化工地28项、省市优质工程50项。

消防设计审查及验收更加规范。将消防验收纳入联合验收机制，组建消防技术专家库，各项工作运转顺畅高效。

招投标监管高效透明。积极转变招投标监管模式，简化办事流程，有效保证疫情期间招投标工作顺利开展。探索研究EPC招标模式，实现招投标全流程电子化。

行业执法检查更加严格。制定“双随机一公开”抽查计划，严格按程序对 23 个市管项目、12 个区管项目及 20 家工程造价咨询企业进行了抽查。印发《郑州市建筑领域劳动用工实名制管理办法（试行）》和《郑州市建筑工程施工发包与承包违法行为专项治理方案》，持续加强建筑市场行业监管力度。

郑州市2020年住房保障和房地产管理工作报告

郑州市住房保障和房地产管理局

2020年是全面建设小康社会和“十三五”规划收官之年，是我市高品质推进城市建设三年行动计划的起步之年。一年来，全市房管系统坚持以习近平新时代中国特色社会主义思想为指导，全面贯彻党的十九大和十九届二中、三中、四中全会精神，认真落实国家、省、市关于住房保障和房地产管理工作的决策部署，按照市委十一届十一次全会、市委经济工作会议要求，主动适应城市发展方式的转变，紧紧围绕一个“住”字，坚持新发展理念，坚持以人民为中心的发展思想，坚持稳中求进工作总基调，以供给侧结构性改革为主线，努力在“引领品质、调整结构、平稳市场、便利交易、提升管理、强化安全”六个方面求突破，统筹做好疫情防控和房地产业发展工作，积极深化住房保障和房地产管理制度改革，着力解决住房供需结构性失衡和房地产领域乱象问题，逐步健全和完善住房保障体系和住房市场体系，推进房地产领域治理体系和治理能力现代化，圆满完成了各项目标任务，推动了住房保障和房地产事业高质量发展。

一、2020年主要目标任务完成情况

保障性住房建设情况。全市棚户区改造新开工安置房目标任务56166

套，开工 69369 套，目标任务完成率 124%；棚户区改造基本建成安置房目标任务 63437 套，实际建成 118213 套，目标任务完成率 186%；公租房实物分配目标任务 7334 套，实际分配 12804 套，目标任务完成率 175%。

房地产市场运行情况。房地产开发投资情况。全市完成房地产开发投资 3428 亿元，同比增长 2.35%；商品房新开工面积 3289.84 万平方米，同比下降 29.5%；商品房竣工面积 1462.93 万平方米，同比下降 30.6%。

商品房投放情况。全市商品房投放 3315.19 万平方米，同比下降 11.42%，其中商品住房投放 2670.94 万平方米，同比下降 7.22%。

商品房销售情况。全市商品房销售 2631.95 万平方米，同比下降 9.55%，其中商品住房销售 2285.14 万平方米，同比下降 6.92%。全市商品房销售均价 11611 元/平方米，同比增长 1.13%，其中商品住房销售均价 11729 元/平方米，同比增长 1.50%。全市商品房累计可售面积为 6687.42 万平方米，去化周期 30.5 个月，其中商品住房累计可售面积为 2987.79 万平方米，去化周期 15.7 个月。

二手房交易情况。全市二手房交易面积 684.96 万平方米，同比下降 6.03%；二手房均价 10501 元/平方米，同比增长 0.86%。

安置房网签情况。全市安置房签约 132576 套（间）1051.45 万平方米，超额完成市定目标任务；全市公租房签约 16047 套 90.71 万平方米。

房屋产权交易管理情况。全市受理各类房屋交易确认业务 229537 件，完成商品房买卖合同备案 191155 件，完成商品房预售款监管 1183.56 亿元；办理楼盘表确认 5296 起 5995.18 万平方米；完成各类测绘及测绘核实项目 2737 个 5222.21 万平方米，完成各类测绘成果备案 5434 件 6105.77 万平方米；受理担保贷款 25414 户，担保资金 168.03 亿元；受理存量房资金监管 8170 件，监管资金 128 亿元。

住房租赁房源供应情况。全市新增租赁住房 3.2 万套（间）。

物业管理和老旧小区改造情况。全市新增物业管理面积 1746.89 万平方米，老旧小区改造项目基本完工 1374 个，既有住宅加装电梯

193部。

维修资金归集使用情况。全市共归集维修资金24.39亿元，划拨使用8891万元。市本级归集维修资金14.35亿元，交存16.04万户2237.11万平方米；划拨使用8152万元，用于478个小区2283幢房屋维修和设施设备更新维护，惠及22.84万户。

人才购房补贴情况。全市共计8057名青年人才申请首次购房补贴，补贴金额42793万元，办理非郑州户籍人才购房7436件。

二、2020年重点工作开展情况

注重科学防控精准施策，疫情防控工作成效显著。新冠疫情发生以来，全局各级党组织和广大党员干部职工积极响应中央、省、市号召，坚守岗位、勇挑重担、英勇奋斗，有力促进了疫情防控工作高效落实。加强组织领导。迅速成立疫情防控领导小组，研究部署疫情防控工作，建立全面联控机制，确保职责明晰、分工明确、各司其职、密切配合，实行全天候保障防控，所有人员在岗在位、听从指挥、服从调度，全局上下齐心协力共同推动疫情防控工作落实落细。狠抓行业防控。在疫情暴发初期，及时封闭房地产企业售楼部（案场）、门店、施工现场和办公场所，停止集中宣传、现场交易活动，制定《物业管理区域肺炎疫情防控工作规范》，指导物业企业疫情防控标准化操作；疫情缓和后，及时指导企业复工复产，竭尽所能帮助企业协调解决问题，累计解决事项1178项，协调用工10614人，减免税费3158万元，减免房租1065万元，协助贷款54.45亿元，保障土地905亩，为全市经济社会恢复发展提供了有力支撑。认真排查执勤。全面掌握人员出行情况，认真排查疫情严重期有过湖北、南阳等高风险地区旅居史或与上述地区人员接触史的人员，督促相关人员到社区登记备案，配合采取居家隔离措施；严格按照市疫情办指示要求，配合相关单位完成执勤排查任务，选派工作人员参加高速省道的卡点和社区楼院的防控执勤。严格内部管理。疫情严重期，坚持人员健康日报制度，及时掌握人员健康情况；严格办公场所、办事大厅出入管理，对进入人员扫码审核、体温检测；落实办公区域消杀工作，每天两次消杀办公地面，对电梯间、卫生间、办公区定时消毒；安装“云视讯”视频会议系统，减少会议及参会人员数量。严防疫情反弹。疫情防控进入常态化后，严格落实“外防输入、内防反弹”防控要求，时时提醒干部职工落实疫情防控要求，慎终如始做好防控工作，全年没有发现确诊病例、疑似病例。

稳妥实施长效机制方案，房地产市场平稳健康发展。坚持“房住不炒”。围绕“稳地价、稳房价、稳预期”目标，紧抓房地产市场调控不放松，稳妥实施房地产市场长效机制，因城施策，精准调控，确保了房地产市场平稳健康发展。加大监测分析。加大市场运行监测力度，定期分析研判，指导企业合理确定销售价格，保持商品房销售价格平稳；密切关注市场形势变化，及时储备政策措施，提请市政府调整完善了房地产市场调控措施。及时调控督导。采取形势分析、现场督查、集中检查等方式，对全市落实房地产市场调控情况督导检查，确保房地产市场平稳运行，新建商品住宅价格指数处于考核区间。服务市场主体。扎实开展“三送一强”活动，报请市政府出台调整预售形象进度要求、以银行保函替代预售监管资金等多项措施，缓解企业资金压力，增强企业发展信心；加大矛盾化解力度，累计帮扶房地产企业 827 家，企业反映的 6 大类 116 个重难点问题全部清零。强化信用评价。将房地产企业违规行为及时记入企业信用档案，实行部门共享、联合惩戒，全年共记录房地产开发企业信用信息 118 条。加强项目管理。把《房地产开发企业项目手册》作为开发项目监管的重要手段，按时间节点逐单位、逐项目筛查，对项目出现停工、进度过慢等问题，及时约谈企业督导整改，防止出现“烂尾楼”现象。全年《项目手册》填报率达到 98.2%，房地产项目管理进一步规范。

扎实推进政策试点改革，住房保障体系更趋完善。狠抓目标任务落实。及时建立目标台账，定期开展量化考核，持续强化责任落实，适时组织分级督导，稳步实施全程管理，超额完成了年度重点民生实事工作任务。优化住房保障机制。研究形成《关于调整公共租赁住房申请条件和审核程序等有关问题的通知》和相关配套实施细则，经市政府常务会议研究通过并印发实施，进一步提高了保障效率。加强政策性租赁住房试点建设。遵循“稳妥推进、项目可控”原则，注重项目带动，突出重点内容，抓好试点先行，不断深化政策性租赁住房试点改革。郑东新区“鲲鹏生态软件小镇”试点建设初具规模，与中国建设银行成功签署了关于支持发展政策性租赁住房的合作协议。推进“十四五”住房发展规划编制。科学编制立项，依法招标投标，全面启动“十四五”住房发展规划编制工作，开展全市住房现状调查和企业在续建项目普查，对“十三五”住房发展情况进行总结，对未来五年住房需求情况、主要目标、重点任务、保障措施等进行谋划，初步形成了住房发展规划。参与土地出让（划拨）前置条件的出具工作。严格程序流程，出具国有土地使用权出让（划拨）前置条件意见书，全年共办理土地前置条件 96 宗、面积 355.9 万平方米。做好审计发现问题整改工作。完善整改机制，建立整改台账，强化督促整改，2019 年保障性安居工程审计发现问题 4 大类 73 个，整改到位 43 个。解决经适房遗留问题。针对政策调整导致经适房核价机制受阻问题，主动与市发展改革委对接沟通，及时疏通了经适房项目核价机制。

不断加大租赁住房供应，住房租赁市场快速发展。扩大租赁市场供应。按照“以盘活存量为主，优化增量为辅”原则，采取国有出让土地建设、利用集体用地建设、自有土地建设、“城中村”住房改造、商办厂房改建及其他渠道新增等方式，多渠道筹集租赁住房 3.2 万套（间）。注重租赁企业培育。积极支持专业化、规模化住房租赁企业发展，大力扶持本地住房租赁企业做大做强，引进万科泊寓、龙湖冠寓等国内知名租赁企业入驻郑州，鼓励豫发、康桥、建业等本地企业开展住房租赁经营，全市专业化、规模化住房租赁企业达到 13 家，完成备案的住房租赁企业 161 家。完善住房租赁平台功能。在房屋租赁信息服务与监管平台上增加中央财政奖补资金申报审核模块，完成了第一批奖补资金的网上审核，启动了郑州市青年人才公寓分配模块的研发。推进中央财政试点工作。印发《郑州市支持住房租赁市场发展专项资金管理办法（试行）》《郑州市支持住房租赁市场发展专项资金申报实施细则（试行）》，奠定了中央财政试点工作政策基础；向第一批新建租赁住房奖补项目拨付中央财政资金 2.19 亿元，向各开发区、区县（市）预拨付财政资金 8 亿元，用于其盘活安置住房用作租赁住房工作。

努力规范物业管理秩序，物业服务效能不断增强。推进老旧小区改造。认真贯彻国办《关于全面推进城镇老旧小区改造工作的指导意见》，围绕“一拆五改三增加”，聚焦群众需求，突出规划设计，坚持分类实施，强化党建引领，完善长效机制，全力推进老旧小区改造工作，省定老旧小区改造民生实事目标任务超额完成，共建共治共享局面逐步打开，群众居住空间整洁有序，居住品质大大提升。坚持党建引领物业发展。认真贯彻《关于党建引领提升社区物业服务的指导意见》，加大物业服务企业党组织组建力度，开展党建重点任务“挂图作战集中攻坚”核查督导，组织党建示范企业学习观摩，提升党建引领质量和覆盖率，全市已成立党组织物业服务企业 359 家。加强物业管理规范化建设。探索建立郑州市物业服务地方标准，初步形成了《郑州市物业服务标准通则》《郑州市物业服务标准（住宅物业服务）》；强化事中事后监管，对全市 135 个物业服务项目进行现场检查，发现并督促整改问题 807 处。优化维修资金管理。在“郑好办”、微信平台开通便捷功能，通过网络申请维修资金，拓宽了便民交存渠道；深入社区、企业开展维修资金交存业务培训和政策法规宣讲 40 余场次，促进了维修资金管理质量提升。开展社区楼院专项治理。助力郑州市卫生城市、文明城市复审，针对社区楼院存在的路面破损、车辆乱停乱放、绿化缺失等 6 类问题实施专项治理，涉及楼院 237 个，发现整改问题 1641 处。出台《郑州市房屋使用安全管理条例》。全力推进立法调研、意见征询、报备审核等各项工作，《郑州市房屋使用安全管理条例》经省人大审议通过，自 2021 年 1 月 1 日起施行。加强城市房屋防汛安全管理。印发《郑州市房管系统 2020 年度防汛工作方案》，认真部署年度防汛工作，开展汛前隐患排查，主汛期间出动 2000 余人次，对全市 340 余处危旧房屋进行巡查和督导整治，确保了全市房屋安全度汛。推进既有住宅加装电梯工作。建立区级联合审查验收机制，开通“绿色通道”，缩短办事时限；将住房公积金、物业维修基金纳入加装电梯资金使用渠道，简化提取流程，方便业主使用；出台《财政补贴申领办法》，规范申领程序，加强补贴资金保障，加梯工作进展顺利、成效明显。组织房屋安全隐患排查治理。全年组织实施房屋安全隐患集中排查5次，联合市安委会及时启动房屋建筑安全隐患排查整治专项行动，对全市房屋建筑实施了全面、拉网式隐患排查。

*探索创新交易方式手段，房屋产权交易更加便利。*优化房屋交易流程。整合房屋交易、税收、不动产登记流程，做到一个窗口、一次性收取资料和各部门内部流转审核，达到联办业务“当场办、当天办”，实现存量房网签备案、房屋交易和缴税、不动产登记四项联办业务全部“一窗受理”“一套资料”“并联审核”“一次办结”。创新存量房交易合同网签备案方式。完成存量房交易合同网签系统改造，将网签权限向企业下沉，交易服务向市场延伸，办理业务向综合转变，向符合条件的115家房地产经纪机构开通了存量房网签权限，实现了存量房买卖合同网签备案、贷款和缴税业务在房地产经纪机构、金融机构现场办。推进交易业务网上办理。利用“互联网+”、大数据、人脸识别、手机应用软件(App)、电子签名等手段，及时解决电子证照数据推送、证照生成、电子签章等方面问题，深入推进“互联网+政务服务”，青年人才首次购房补贴、商品房买卖合同备案、商品房预售资金监管、存量房网签备案等业务实现“网上办”或“掌上办”。启动联合测绘改革。与相关单位联合印发《郑州市工程建设项目联合测绘实施方案》及《实施细则》，规范房产测绘成果报告、测绘数据信息审核及从业人员测绘成果质量评定，促进房产测绘成果提升，确保了联合测绘顺利起步。加快安置房网签进度。设立测绘成果确认、楼盘表确认、网签服务监管和网签合同备案4个专班，实施测绘前置、容缺办理机制，加快推进安置房网签进度，超额完成市定目标任务。推动房屋时空数据库建设。不断充实数据库，实时记录更新，定期抽查检验，促进数据共享，对房屋时空数据库项目立项、申报、实施、监督全过程规范化管理，确保数据真实、准确、具体，促进房屋全生命周期业务管理。加强“智慧房产”建设。开展“智慧房产”

需求调研，探索“智慧房产”建设新方法新思路，完成了“智慧房产”建设方案。规范房产档案管理。强化档案编研，加强库房管理，优化数字化办公系统，实现房产权属信息线上查询，满足社会各界档案利用需求，年度累计完成档案整理 20141 卷，受理档案查询 103093 卷，开具房屋权属信息证明 687209 份。

全面深化政务服务改革，房地产营商环境持续优化。加大行政立法力度。《郑州市房屋使用安全管理条例》正式颁布实施，《郑州市房屋租赁管理条例》《郑州市物业管理条例》完成立法调研，《郑州市物业管理条例》已列入 2021 年度立法计划保证项目；全面清理规范性文件，废止文件 28 份，保持有效文件 39 份，并向社会公开了清理结果。深化政务服务“双减”改革。按“当场办结、当天办结”“只跑一次”的标准，对政务服务事项进行流程精简和优化再造，构建便捷高效、便民利民的政务服务体系，推进房地产政务服务数字化、信息化、便利化，局政务服务事项调整为 89 个，需提交审批材料数量大幅缩减，所需时间大幅压缩，办理流程更加优化。推进政务服务网上办理。对接省政务服务平台和各业务系统，建立完善局政务服务平台，89 项政务服务事项全部实现网上办理，97%的事项办理深度达到四星级，“我要打印住房证明”“我要租房备案（非公租房）”“我要申请公租房”“我要交存维修资金”等 4 个“一件事”在郑好办 App 上成功发布。落实“双随机一公开”检查。对 1422 家（个）房地产类企业（项目）进行了现场检查，发现违规问题突出的房地产类企业（项目）109 家（个），责令 312 家企业限期整改，对 93 家问题比较严重的企业进行了通报曝光。开展房地产领域专项整治行动。针对房产中介违规销售、房闹职业化、首付分期等 6 个方面问题，及时研究分析，制定解决方案，联合市自然资源规划局、城建局、公安局等部门，快速启动了房地产领域专项整治行动，各项措施有序推进，各类问题陆续解决。狠抓扫黑除恶工作。充分发挥管理职能，聚焦行业短板，研究出台《扫黑除恶专项斗争线索发现处置机制》，定期开展行业乱象整治，促进行业清源，实现三年扫黑除恶专项斗争胜利收官，及时发现、妥善处置各类线索全部核查办结。

郑州市2020年交通运输工作报告

郑州市交通运输局

2020年是全面建成小康社会和“十三五”规划收官之年，更是应对新冠肺炎疫情考验极不平凡的一年。一年来，在市委、市政府和省交通运输厅的正确领导下，全市交通运输系统紧紧围绕服务国家中心城市建设，统筹推进建设、管理、服务等各项工作，圆满完成年度目标任务。

一、疫情防控工作高标准落实

认真践行以人民为中心的发展思想，坚决履行部门责任，高标准完成了各项防疫工作任务。聚焦外防输入，在高速公路、国省干道卡口优化设置139个防疫服务站，创新引入健康信息二维码登记系统，严密构筑了郑州防疫第一道防线。聚焦内防扩散，根据疫情形势对班线客运、城市公共交通运力进行实时调整，公共交通工具和场站严格执行防疫指南要求，根据客流变化及时加大发车密度、缩短行车间隔，严防人员聚集，坚决遏制疫情扩散。做好应急保通，强力落实“一断三不断，三不一优先”防控措施，开辟应急绿色通道，对应急运输车辆按要求免费优先通行。储备308台应急客货运车辆，最快实现30分钟车辆到位。强化运输服务，组织开展了定制、通勤、农民工返岗运输服务，共运送复工复产人员5万余人、货物28万余吨，转运入境来郑国际航班人员2.9万余人。积极开展“三送一强”活动，免除2月、3月出租车承包费、减免挂靠经营管理费；帮助运输企业解决防疫物资，落实稳岗补贴、信贷支持、税费减免等政策。郑州交通运输局疫情防控工作获交通运输部表彰。

二、交通基础设施网络不断完善

充分发挥项目在服务支撑“六稳”“六保”中的关键作用，克服人员返岗难、材料供应难、防控压力大等重重困难，强力推进交通基础设施建设，圆满完成年度交通项目建设任务。全年共完成固定资产投资77.4亿元，国道G107东移至四港联动大道连接线、郑东新区龙源十三街与连霍高速立交等11个公路桥梁项目主体完工，新改建国省干线公路60.7公里。其中，努力攻克了新国道G107“雍景三和郡”征拆、国道G234荥阳境国道G310以北段科学大道高压线影响施工等多年未解决难题，确保环城货运通道所有项目主体完工。作为打造黄河流域生态保护和高质量发展核心示范区的重要通道，省道S312市区段于2020年4月3日正式开工，截至年底除黄委会代建段外已主体完工，具备通车条件，沿黄最美公路雏形初显。大河文化绿道完成施工和施工监理招标，焦平高速荥阳至新密段完成施工图批复，安罗高速原阳至郑州段完成投资协议、特许经营协议签订和勘测定界，郑洛高速投资协议、特许经营协议、征迁包干协议已签订。黄河流域核心示范区交通基础网络三年行动计划和2020年专项方案印发实施。

三、运输服务能力水平持续提升

圆满完成重点时段、重要物资、重大活动的运输保障任务，运输服务水平明显提高。全年累计完成公路客运量2424万人次、客运周转量23.06亿人公里；完成公路货运量2.05亿吨、货运周转量434.28亿吨公里，同比分别增长14.8%、6.4%。城市公交、地铁、出租车分别完成客运量 5.5 亿人次、3.4 亿人次和 1.18 亿人次。地铁 3 号线一期和 4 号线开通运营，市区线路运营时间延长至 23：00，城郊线延长至 22：00，公共交通出行分担率超过 60%。市内公交、地铁对现役军人实行免费乘车政策被央视等多家媒体报道。完成 1 个国家级、3 个省级多式联运示范工程建设并通过验收，多式联运格局加快构建。城市绿色货运配送示范工程加快推进，实施方案正抓紧提交市政府审定实施。7 个项目成功创建“司机之家”，超额完成省定任务。推动实施豫 V 牌照小型客车与豫 A 牌照小型客车享受同等高速公路免费通行优惠政策。

四、行业“三大攻坚战”决战决胜

奋力打赢新能源出租汽车更新攻坚战。在 2020 年 11 月仅更新纯电动巡游出租汽车约 800 台的严峻形势下，局党组和市出租汽车客运服务中心党委主动作为、勇于担当，通过深入市场调查、听取经营者意见、学习外地先进经验，找准影响经营者更新纯电动车辆积极性的问题症结，及时调整相关政策，通过打好一系列政策组合拳，充分调动经营者积极性。截至 2020 年底，已更新纯电动巡游出租汽车 8000 余台。其间，局领导靠前指挥，全天候开展信访接待，多方面听取各方意见，及时答疑解惑；市出租汽车客运服务中心放弃节假日休息，坚持群众至上，增设办理网点，优化办事流程，全力为办理车辆更新提供细心贴心暖心服务。市区巡游出租汽车更新的突破性进展，为打赢蓝天保卫战、提升国家中心城市窗口形象贡献了交通力量。

坚决打赢国三柴油货车淘汰攻坚战。国三及以下排放标准营运柴油货车淘汰工作时间紧、任务重、难度大，交通部门作为牵头部门，克服重重苦难，主动担当作为，紧盯全市 24458 辆国三货车淘汰总目标，积极协调环保、公安、商务等部门和属地政府，采取白加黑、五加二全天候工作方式夜以继日全力推进，经过两个多月努力，郑州市三项指标完成率逐步提升，短时内取得阶段性成效，圆满完成 2020 年度淘汰目标任务。

“铁拳”打响整治客运市场顽疾攻坚战。针对异地经营、不在线运营、未持包车牌运营、不按包车核定线路运营等违法违规行为，自2020年8月起，按照“四个严禁、四个一律”要求，以“三重一联”（重严管重罚、重标本兼治、重整改落实、强外地联动）为原则，成立7个检查组，大力开展“两客一危”专项整治“铁拳”行动，通过出重拳、下猛药、亮狠招，对全市68家“两客一危”企业及其5470台车开展拉网式全面排查整顿，全力营造高压态势，清除安全隐患，维护市场秩序。“铁拳”行动开展以来，共发现问题车辆1643台次，停业整顿旅游客运企业14家，处罚金额近300万元。

五、交通运输脱贫攻坚取得全面胜利

在实现“两通”兜底任务基础上，将脱贫目标向品质提升和更广泛的自然村延伸，大力实施农村公路“百县通村入组工程”和乡村客运“万村通客车提质工程”。全年新改建农村公路554公里，超额完成农村公路建设2018—2020年三年行动计划；完成684个自然村通硬化路，实现全市20户以上自然村全部通硬化路，提前一年完成省定目标。村村通客车预约班线占比降至零，实现全部行政村通班线客运。中牟县成功创建省级“四好农村路”建设示范县，荥阳市、新郑市成功创建市级“四好农村路”建设示范县，新郑市、中牟县成功创建省级“万村通客车提质工程”示范县，巩义、荥阳、新密、登封市正在申报第三批省级“万村通客车提质工程”示范县。全市“外通内联、通村畅乡”的农村公路网络和“辐射周边、循环互补”的城乡客运网络已经形成，广大农村群众“出门硬化路、雨天不踩泥、抬脚上客车、物流到家门”的美好愿景已经实现。郑州市交通运输局驻村帮扶成效显著，对口帮扶的省级贫困村荥阳市架子沟村通过驻村工作队、荥阳市交通局和局系统多个部门的共同努力，从一个不起眼的穷山沟到现在的现代化新型社区，呈现出一派欣欣向荣的景象，彰显了交通人的智慧和担当。

六、行业管理服务提质增效

“放管服”和行政审批制度改革不断深化。将审批服务事项颗粒化为200个并全部进入郑州市政务服务网，一般审批服务事项办理时限从20个工作日普遍压缩至3个工作日内，37个事项为即办件。郑州市交通运输一网通办便民服务系统正式上线运行，并与“郑好办”App实现连通。完成2020年度优化营商环境国评、省评工作。

依法行政工作扎实有效。《郑州市城市公共汽车客运条例》正式发布实施。行政规范性文件审查、行政复议和应诉、普法宣传等工作持续加强，郑州市交通运输局被评为全省交通运输法治政府部门建设优秀单位。

交通执法工作不断完善。运输市场秩序整治扎实推进，共查处各类违法违规客货运车辆2.9万台次，罚款8851万元。联合公安等部门开展清缴“百吨王”专项行动，对1546台“百吨王”落实“一超四罚”，追踪处罚货运源头企业959家。城乡接合部交通秩序综合整治加快推进，交通秩序和环境有效改善。严肃整治公路违规设置限高限宽设施，共拆除191处、规范91处，建立了规范、动态、长效的运行管理机制。

扫黑除恶专项斗争圆满收官。开展“黑出租汽车”专项整治行动，推进行业乱象清源见底。行业信访稳定工作成效明显。

工程质量和养护管理水平加快提升。开展“坚守公路水运工程质量安全红线”专项行动，狠抓桥隧规范化管理，创建文明示范路4条，完成养护大中修工程171.6公里，全市公路整体路况有效改善，省道S234、S314、S315在“十三五”干线公路国评中获充分肯定。

七、安全生产监管显著增强

安全生产责任体系不断完善。严格落实“三管三必须”和“党政同责、一岗双责、失职追责”原则，安全生产责任体系不断完善。完成重点企业双重预防体系建设。

安全生产专项行动成效明显。制定实施《交通运输安全生产专项整治三年行动方案》，组织开展了“春雷”“红线”“护航”“铁拳”“百日攻坚”等专项行动，对行业安全隐患进行拉网式全面排查整改。全年共排查企业 2400 余家次，排查整改一般事故隐患 4300 余处。

安全监管能力持续加强。强力推进无证大客车治理，健全了与公安交警部门车辆入户联动机制、与市场监管部门市场管理联动机制、与文旅等多部门旅游客运市场联合整治机制，1011 台无证大客车已处理到位 818 台，着力补齐安全漏洞，夯实安全基础。郑州市交通运输局被省交通运输厅表扬为安全生产工作成绩突出单位，在全省交通运输工作会议上作典型发言。

八、智慧绿色交通稳步推进

依托郑州城市大脑，以打造全场景智慧交通为目标，全面整合交通运输系统各类数据资源，建设了城市大脑交通项目“一个数据中心、五个应用平台”，全面感知城市交通运行状况，做到异常情况快速发现、处置，着力提高政务服务能力和管理精细化水平。出租汽车行业信息化管理服务系统改造升级工程扎实推进。成功申报绿色出行创建城市，制定《郑州市绿色出行创建行动方案》并牵头加快实施。强力推进运输结构调整，完成铁路运量 3079 万吨，超额完成省定目标。

郑州市2020年城市管理工作报告

郑州市城市管理局

2020年，是实施“十三五”规划的最后一年，更是应对新冠肺炎疫情考验极不平凡的一年。一年来，在市委、市政府的正确领导下，全市城管系统紧紧围绕营造“整洁、有序、舒适、愉悦”的城市环境，努力克服疫情带来的不利影响，紧盯目标，担当作为，克难攻坚，负重奋进，城市管理体制机制不断创新，城市“序化、洁化、绿化、亮化”水平持续提升。先后高质量、高标准完成了2020年央视春晚郑州分会场、2020国家网络安全宣传周、2020年中国金鸡百花电影节、500强企业高峰论坛、2020国际乒联巡回赛总决赛、文明城市创建和卫生城市复审等一系列重大活动的服务保障工作，受到了群众和社会各界的一致好评。荣获全国住建系统抗击新冠肺炎疫情先进集体、全国“强转树”专项行动工作先进单位，全省住建系统依法行政示范单位，全市依法行政工作先进集体、政务服务工作先进集体、平安建设先进单位等荣誉称号；在2019年全市营商环境评价中位列市直单位第三名；局官方微博再次上榜全国十大城管微博，位居第二名；局机关再次成功创建为河南省文明单位。

一、疫情防控扎实有效

筑牢社区防线。组织210名党员干部下沉“疫线”，成立社区疫情党支部，分片包干、定点服务，深入17个社区、30个楼院和1个高速出入口做好卡点防控工作，在防控一线践行初心使命。

全面启动环卫消杀。在垃圾中转站推行“五步消毒法”、环卫设施“3+N立体消杀法”、环卫车辆“三步消杀法”，公厕“跟踪消杀、一客一洁”，全国率先推出废弃口罩专用收集箱，垃圾焚烧场集中销毁；开展了全市道路集中消杀，建立积存垃圾应急清运机制，对小区（楼院）积存垃圾实行无偿、即时清运，一系列做法受到央媒十余次点赞。

公共服务惠民贴心。水气暖企业坚持防疫生产两不误、用户欠费暂不停供；供水落实三级水质检测，污水处理加大消毒和出水检测频次，供热免费延长7天等惠民措施受到市民好评。

加强家禽饲养普查整治。累计出动执法人员2.72万人（次），发现问题757户，普查整治家禽6003只，阻断了疫情传播扩散途径。

开展“三送一强”助力复工复产。成立10个分包小组，对口下沉到金水区17个办事处，协同金水区，为企业累计解决问题15.15万个。开辟行政审批绿色通道，为复工复产企业出具许可证4748份。局直属机关党委、新密市城管局被市委市政府评为抗击新冠肺炎疫情先进集体，6名个人荣获市级以上抗击新冠肺炎疫情先进称号。

二、“四化”管理坚持高标推进

紧盯“序化”治乱象。网线入地实现大头落地，完成网线入地改造238条路（段）308.5公里。有序推进线杆箱体塔基整治，清除线杆6872处、箱体221处，拆除通信塔基33座、高压电力铁塔306基。加快道路中小修，完成道路中修79条、263万平方米，小修70万平方米。开展窨井整治，完成410条道路病害窨井确认排查，整治病害窨井9962座。集中开展施工围挡整治，整改拆除施工围挡4879处、310万平方米。加大违法建设整治力度，拆除违法建设1.5万余处、242万平方米。开展“住改商”整治，恢复住改商原有功能5147处、21.33万平方米。加强广告整治，拆除快速路两侧大型户外广告53处、整治墙体、落地、LED显示屏等大型广告761处，整治门头牌匾7254个。结合重大活动，在主次干道、重点区域、窗口地区设置公益广告6515处。加强早夜间经济服务管理，清理占道经营17万处、突店经营4.9万处。推进美丽街区和示范道路建设，打造美丽街区28个，创建优秀以上道路1231条。

突出“洁化”促提质。持续开展“全城清洁”行动，加强洗扫一体化作业，全面提高保洁标准和频次，坚持每半月对绿化带集中清洗一次，每周对道路侧石、防眩板、防撞墙、交通护栏等城市家具清洗不少于两次，每日对果皮箱擦拭三次。加大重点区域卫生治理，完善落叶清扫应急预案，强化卫生死角治理，实现卫生保洁全覆盖、常态化、无死角。深入推进公厕革命，新增一类公厕281座、二类公厕126座。启动城市雕塑专项规划编制，加强城市雕塑管理。强化餐饮服务业油烟净化专项治理，1554家餐饮服务单位安装在线监测系统，16个开发区、区县（市）全部建成餐饮油烟监控平台，累计检查餐饮服务业13.1万家（次），整改问题1.92万个。持续巩固城市黑臭水体整治成果，加强“两河一渠”水域环境和滨河公园治理，城区黑臭水体实现清零。

聚焦“绿化”美环境。坚持拆墙透绿、见缝插绿、拆违增绿，快速推进铁路沿线绿化及三环生态廊道、绕城高速沿线50米绿化提升工程。对金水路、嵩山路、迎宾路等道路桥区进行绿化景观改造提升，累计栽植乔木10.43万株、花灌木8.25万株，修剪遮灯行道树1.24万株，整治树穴篦子缺失、破损问题1.53万个，安装“智慧树牌”6840个。全面实施增绿工程，新建口袋公园、微景观、街头游园400余处；推动道路绿化彩化，高架桥月季彩扮项目一期工程37公里正在进行紧张施工。

加强“亮化”增颜值。积极组织开展路灯设施综合整治活动，对全市地下通道、涵洞、隧道和受施工影响的灭灯路段进行全面排查，建立台账，加大整改力度，共维修路灯1.82万盏，整修路灯设施3.48万处，处理高低压故障2421起（处），综合亮灯率98.47%。实施2020年春节亮化工程，在嵩山路、建设路等146条（段）道路和郑东海汇广场、金水凯旋广场等44处节点，安装灯笼、中国结、彩球灯等各类灯具20余万盏。围绕春节、国庆等重大节日和2020年国家网络安全宣传周、金鸡百花电影节、创建国家文明城市等重大活动，在重点道路、立交桥、广场、沿街楼体开启夜景亮化模式，播放活动宣传画面，节日祝福灯光秀直播，提升郑州夜间城市形象。

三、专项整治取得明显成效

持续规范停车秩序。积极推动停车差异化收费政策出台，施划完成夜间限时停车泊位 10.9 万个。开展停车管理示范街创建、经营性停车场等级评定活动，创建停车管理示范街 14 个，评选优秀停车场 56 个、合格停车场 1089 个。加强共享单车和非机动车停放管理，设置共享单车禁停区 124 处、限停区 153 处，单车总量从 38 万辆压减至 16.2 万辆。加大高架桥下停车场、违法建设排查取缔整治力度。制订《关于推进郑州市区停车管理“序化”工作总体方案》《关于推进郑州市区慢行交通系统建设工作方案》等一系列序化专项整治工作方案，为 2021 年开展序化攻坚行动奠定了坚实基础。

严格工地扬尘管控。抽调 7 名县级干部和 9 名正科级干部组成督导组，分赴各区县（市），强化督查，传导压力。全面开展扬尘污染防控排查、互查行动，实行开复工验收，民生工程分级分季节管理。采取限期整改、信用扣分、通报、约谈、媒体曝光等形式压实三方责任，PM_{10} 年平均浓度控制在 84 微克/立方米，在大气污染防控六项指标中降幅第一，比 2019 年下降 14.3%，比省定指标超额完成 13.4 个百分点。

强化建筑垃圾处置管理。积极推进建筑垃圾资源化利用，资源化处置利用建筑垃圾 4342 万立方米，资源化利用率达到 70.8%。加强渣土车管理，严把渣土清运车辆准入关口，柴油渣土车全部退出市区渣土清运市场，持续开展黑渣土车查处联合执法行动，处置违规清运案件 2470 起。

全面推进生活垃圾分类管理。南部二期、西部生活垃圾焚烧发电厂建设加快推进，垃圾填埋场生态修复工程全面启动，垃圾综合处理场积存渗沥液应急处理工程 3 台机组建成投用，60 万吨积存渗沥液实现全处理。建成运营生活垃圾分拣中心 10 个、垃圾箱房（亭）1222 座、果蔬垃圾处理站 13 个，中心城区完成生活垃圾分类 250.7 万户，居民小区垃圾分类覆盖率 99.36%，基本建成分类投放、分类收集、分类运输、分类处置全链条闭环体系。

稳步推进城乡接合部综合改造。村容村貌、社区治理、交通整治等 2118 项管理性项目已全部展开；819 项工程类项目已完工 499 项，正在施工 237 项，完成户厕改造 3.65 万户，建成生活污水处理设施 66 座，建成示范点（村）25 处，建成新国道 G107 生态廊道、经开区御风公园、郑东新区高铁公园等一批高质量生态廊道和游园项目。

四、公用事业保障能力大幅提升

供水保障得到加强。统筹推进“供水一张网”改革，完成了中法原水公司权益回购，白庙水厂、花园口水源厂纳入市自来水公司统一管理；郑开同城东部供水工程、九龙水厂工程经市发展改革委批准立项，桥南水厂具备通水条件，新建改建供水管网 133.53 公里。

燃气供应能力持续提升。中心城区次高压西段燃气管道及配套调压站建成置换通气，四环快速化高压燃气管线改迁工程全线贯通，新建改建中压管线 100 公里，发展民用户 12 万户；强化瓶装燃气整治，对瓶装燃气企业开展拉网式排查，查处黑销售点 20 余个，净化了市场，消除了隐患。

集中供热能力再攀新高。裕中百万机组“引热入郑”配套集中供热管网全线贯通投运，郑东热电厂关停替代热源的商都路热源厂、白沙园区热源厂建成投运，新建改建供热管网 104.9 公里，新增供热面积 1681 万平方米。特别是在白沙园区热源厂建设过程中，坚决贯彻市委、市政府决策部署，强化行业主管部门的责任担当，用不足 50 天的时间完成了原定 8 个月的工期，确保了 1.5 万户居民及省委党校、住建厅等省直单位和 20 多家学校、机关等公建用户用热需求。

污水污泥处理能力不断增强。郑州新区污水处理厂二期、南曹污水处理厂一期、马头岗污水处理厂厂外再生水管线等重点工程加快推进，7座污水处理厂安全稳定运行，42万吨临时堆放污泥实现资源化、无害化处置，提前完成中央环保督察反馈问题整改。

五、体制机制不断完善

加快构建大城管新格局。推行“大城管”模式，制订“1＋3＋3”大城管工作方案，初步建立起对市区城市管理实施统一标准、统一监管、统一考核、责任明晰、标准规范、考核严格、高效快捷的大城管体系。推动管理职能下放，将84条市政道路、69座桥梁设施管养和139条道路绿化下放各区管理，形成了“以区为主、市区联动、块抓条保”工作机制。开展大城管运行中突出问题集中整改，加快数字城管积压案件处置，集中整治城市管理边界争议等问题，确保“大城管”改革落地生根。

智慧城管建设步伐加快。智慧城管一期7个领域11个子项目77子系统基本建成，智慧停车、智慧市政、综合执法、共享基站等部分应用场景上线试运行。33.25万个停车泊位实现“一键导航、无感支付”，4716辆渣土车和2604个施工工地实现在线监控，2523座公厕全部录入“郑州公厕地图”微信小程序。各开发区、各区城管部门积极推进智慧城管应用建设，航空港区、郑东新区、高新区、中原区智慧城管中心已基本建成启用。

营商环境持续优化。深化“一网通办”前提下“最多跑一次”改革，不断简化办理环节，优化办理流程，大力推行信用承诺制审批、告知承诺制审批、容缺受理审批等便民利企制度，将行政审批事项从只能在网上预审，提升为全流程网上办理，实现零跑腿办理，水气报装环节达到了全省领先水平。

科技创新迈上新台阶。全年新立住建部研究开发项目1项、市重大科技创新专项2项、市建设科技项目5项，新增省级工程技术研究中心3个、市社会科普基地2个、科研项目69项，取得专利授权93项、软件著作权15项、省级科技成果6项，荣获省建设科技进步奖一等奖1项、

“十三五”郑州市《科学素质纲要》实施工作优秀案例1项。

城管执法服务不断增强。以开展“执法服务水平提升年”主题活动为契机，推动“强基础、转作风、树形象，打造人民满意城管”行动向纵深开展，市执法支队等5个单位受到省住建厅表彰。全面推进依法行政，加快《郑州市违法建设查处办法》《郑州市城市快速路管理办法》等立法进程，严格落实重大执法案件法治审核制度，推行案件评查制度，推进“双随机一公开”监管执法模式。金水区城市综合执法局荣获全省服务型行政执法标兵单位称号。

城市防汛、除雪工作等应急处置能力不断提升。针对排查出的33处积水隐患，制订“一点一方案”责任清单，采取工程措施治理完成17处，2处计划2021年汛期前完成整治，14处暂时无法采取工程措施解决的积水隐患通过强有力的管控措施，解决了多年的汛期积水隐患。应急中心共受理群众反映各类问题2740件，办结率100%。

六、区县（市）管理水平显著提高

各县（市）和上街区围绕“东强、南动、西美、北静、中优、外联”的城市功能布局，以“三项工程、一项管理”为切入点，结合实施百城建设提质工程，高品质推进城市建设管理，着力打造有颜值、有内涵、有温度的城市新形象。

各县（市）和上街区共施划夜间道路限时停车泊位3.46万个，完成农村户厕改造18.33万户，农村生活垃圾实现收集转运处置体系全覆盖；城区道路清扫保洁机械化率达到85%以上，建成区公厕40%以上达到一类公厕标准，城市路灯主次干道亮灯率达到95%以上，数字城管案件处置率达到90%以上，公共用水普及率、用气普及率达到85%以上，供热普及率达到48%以上，污水处理率达到86%以上。

郑州市2020年农业农村工作报告

郑州市农业农村工作委员会

2020年，郑州市农委认真贯彻落实中央和省、市委农村工作会议精神，紧紧围绕“在乡村振兴中迈开大步，在城乡协调发展中走在前列”的总要求，以实施乡村振兴战略为总抓手，坚持农业农村优先发展，着力抓重点、补短板、强弱项，努力克服新冠疫情影响，走有特大城市特点的农业农村发展路子，推动全市农业农村工作保持较好发展态势。

一、抓好疫情防控

多次召开专题会议，学习传达习近平总书记重要指示、李克强总理重要批示和全国、全省、全市防控工作电视电话会议精神，就发挥农委系统职能作用、做好疫情防控工作进行安排部署。成立农委疫情防控领导小组和6个督查组，对全市农业农村、委系统疫情防控工作进行全面督导。

积极对接商超、社区、电商平台，构建市县乡三级线上线下互动的供销网络，高峰期日销蔬菜达2000吨，有效解决了菜农卖菜难和市民买菜难问题。

协调办理疫情防控运输车辆通行证497张，保障企业所需物资到场、畜禽产品进城，有效解决了鲜活农畜产品和饲料运输难问题。开展“三送一强”活动，按照“一企一策”原则，研究制定涉农企业复工复产方案，推动企业复产达产，协调解决问题 780 个。

二、强化农产品供给

扛稳粮食安全政治责任，落实粮食安全县（市、区）长责任制考核，对粮食和蔬菜实行目标管理，全年粮食播种面积 433.25 万亩、总产 146.41 万吨；新建高标准“菜篮子”生产示范基地 6000 余亩，全年播种蔬菜 82.9 万亩，总产 219.9 万吨。

全面落实发展生猪生产保障市场供应，出台《关于加快推动畜牧业高质量发展的意见》，年底存栏 70 万余头。着力稳定其他农产品供应，全年种植水果 28.5 万亩，总产 34.2 万吨；全市肉、蛋、奶、水产品产量分别为 8.68 万吨、11.84 万吨、10.69 万吨、9.5 万吨。

三、加快发展都市现代农业

以实施乡村振兴战略为抓手，按照郑州国家中心城市建设总体布局，大力推进产业可持续发展，建设一批产业优势突出、要素高度集聚、设施装备先进、生产方式绿色、产业融合发展、辐射带动有力的现代农业示范园，2020 年新建 30 个市级现代农业示范园，开工建设美丽牧场项目 7 个，新郑红枣获批省级现代农业产业园；壮大新郑大枣，河阴石榴，二七樱桃，中牟蔬菜，新密、登封、巩义山区丘陵林果等优势特色产业基地，中牟县官渡镇成功获批全国 2020 年农业产业强镇，二七区樱桃沟社区、巩义市小相村成功申报第九批全国“一村一品”示范村。

培育壮大新型农业经营主体，对农民合作社“空壳社”进行清理，全市正常运营的合作社 4253 家；录入全国名录的家庭农场 450 家、规模经营户 4200 户，评定示范家庭农场市级 30 家、县级 51 家，26 家家庭农场成功组建协会联盟。

加快推进三产融合，市级以上龙头企业达到 222 家（其中国家级 13

家、省级 61 家)，新创建全国休闲农业与乡村旅游星级企业 11 家，新认定市级农业科普研学基地 7 家，总数达到 16 家，成功举办“郑州休闲农业与乡村旅游行业发展高峰论坛”“第三届葡萄音乐节”。提升农业科技装备水平，主推农业技术 45 项，培育高素质农民 2300 人，全市农村实用人才达到 29024 人；发展数字农业，1604 个益农信息社运行良好，“直播带货”、短视频等新兴互联网销售方式蓬勃兴起；发放耕地地力补贴 24189 万元，补贴耕地 245 万亩；建设高标准农田 3.1 万亩，改良土壤 1.68 万亩，实施保护性耕作 79.7 万亩，节水灌溉面积 4.5 万亩，开展受污染耕地安全利用与治理修复 8332 亩；发放农机购置补贴 5161 万元，补贴各类机具 5997 台（套），主要农作物耕种收综合机械化水平达到 85%以上。成功举办第三届黄淮麦区小麦新品种地展博览会、第六届黄淮海玉米新品种地展博览会、第二届郑州种业博览会暨第五届中原国际种业科技博览会。

推进农业绿色发展，大型规模养殖场粪污处理设施配套率达到 100%，畜禽养殖粪污综合利用率达到 97.1%；启动农膜和农药包装废弃物回收利用，共回收废弃农膜 4731.8 吨，回收利用率 99%，农药包装废弃物回收覆盖 82 个乡镇 91.42 吨；实施化肥农药减量化，主要农作物化肥使用量保持零增长，测土配方施肥技术覆盖率达到 91%以上，主要农作物绿色防控覆盖率 35.85%；没有发生因焚烧秸秆造成大气污染事件。

四、建设美丽乡村

2020 年市级财政投入资金 2 亿元，新启动建设美丽乡村项目 17 个。市委、市政府分别印发了《郑州市美丽乡村项目管理办法（试行）》《郑州市美丽乡村精品村建设实施方案》和《郑州市美丽乡村建设导则》，对美丽乡村建设标准、建设内容、项目申报审批等多项内容进行规范，加强对美丽乡村建设的指导。2020 年 10 月 20 日，举办“郑州市美丽乡村项目招商推介会暨美丽乡村论坛”，招商项目 109 个，涉及 40 个乡镇办（管委会)、80 个行政村，招商金额 144.14 亿元，已完成签约（意向签约）53 项，签约（意向签约）金额 159 亿元，现场签约项目 20 个，签约金额 93 亿元。

按照环境美、田园美、村庄美、庭院美“四美乡村”标准，创建省级“千村示范、万村整治”示范村 80 个。持续开展农人居环境整治，村庄清洁行动实现全覆盖，规划保留村生活垃圾得到有效治理，生活污水处理率达到 84.4%，完成户厕改造 18 万户，高质量完成了为农村人居环境三年行动任务。

扶持建设村级集体经济发展试点村 70 个，村级集体经济“空壳村”全部清零，收入 5 万元以上的村达到 80%以上。启动农村公共服务试点村 67 个，资金 2000 万元，共安装路灯 4319 盏、铺设道路 16177.3 米、修建给排水管道 67050 米、建设广场绿化 8210 平方米，解决了 13.7 万农村居民的道路出行、夜间照明、人居环境改善、丰富群众生活等基本需求。

深入贯彻落实中央《关于加强和改进乡村治理的指导意见》，协调推进乡村治理体系建设，巩义市竹林镇被评为全国乡村治理示范乡镇，新密市黄固寺村、新郑市泰山村、巩义市石灰务村被评为全国乡村治理示范村。开展了农耕文化统计工作，全市共有诗歌村、农村文化创作社、协会等农耕文化组织机构 35 个，红色纪念馆、农耕文化园、乡村旅游景点、村史馆、党史馆、文化馆、民俗馆等农耕文化主题展馆 57 个，表演、节日庆典等特色农耕文化 99 个。

五、保障农产品质量安全

全面试行食用农产品合格证制度，出台《郑州市试行食用农产品合格证工作方案》，明确了试行区域、试行主体、试行品类，规范了食用农产品合格证的基本样式、承诺内容、开具方式、开具单元，鼓励有条件的主体附带电子合格证、追溯二维码、产品相关认证标识等。2020 年区域内 713 家生产主体全部实行了食用农产品合格证制度，共开具食用农产品合格证 428797 张，涉及蔬菜、水果、禽蛋、食用水产品 4 个品类。

全市 387 家农业企业纳入国家农产品质量安全追溯平台统一管理，农产品例行检测抽检合格率高于国家规定标准。

所有区县（市）全部启动了农产品质量安全县创建工作，有效提升了全市农产品质量安全监管水平。金水区、巩义市被命名为国家级农产品质量安全县，荥阳市、中牟县、新郑市、新密市、登封市被命名为省级农产品质量安全县，上街区、中原区、二七区、管城区、惠济区已通过省级农产品质量安全区验收。

扎实开展重大动物疫病强制免疫，免疫率达到100%。加强非洲猪瘟常态化防控，以县（市）为单位实现网格化管理，做到联系到村，责任到人，实现织牢全覆盖、无死角的非洲猪瘟防控网络。2020 年在全市范围内实施郑州市标准化非洲猪瘟实验室建设项目，全市有 5 个标准化非洲猪瘟实验室通过验收，进一步提升了养殖企业和屠宰企业的非洲猪瘟自检能力；全市 10 家生猪屠宰企业认真落实非洲猪瘟自检和官方兽医派驻制度，做到入宰生猪“批批检、全覆盖”。

2020 年在全市范围内先后组织开展了农药、兽药、饲料安全生产大检查和“双随机、一公开”监督检查活动，全年对农业生产经营违法行为行政处罚立案查处 45 起，兽药、饲料抽检合格率分别达到 99%、97%。全市没发生系统性、区域性风险和重大农产品安全事件。

六、深化农村综合改革

深化农村土地制度改革，积极开展农业适度规模经营工作，制定下发了《关于引导农村土地经营权有序流转发展农业适度规模经营的通知》，预计全年流转土地面积 13 万多亩，流转率提高 4.3 个百分点以上。有序推进农村土地承包经营权证基本农田信息核实变更工作。

农村集体产权制度改革全面完成，具体包括清产核资、产权界定、成员身份确认、股权设置和管理、股权合作制改革、农村集体经济组织登记赋码等工作，经过县级自验、市级抽验后，顺利通过省级交叉评估验收。清查核实资产 772.37 亿元（经营性资产 329.3 亿元），核实集体土地总面积 828.8 万亩（农用地 611 万亩、耕地 446 万亩）。

稳慎推进农村宅基地改革，联合市资源规划局、市城乡建设局出台《郑州市农村宅基地管理导则》，明确农村宅基地的范围、权属，宅基地规划、申请条件和标准、申请流程、带图审批及验收、建房管理、使用权流转及退出 6 方面内容，重点强调了宅基地规划和宅基地带图审批。组织开展全市农村宅基地管理工作培训，对市、县两级工作人员进行政策讲解。在全市范围内开展农村闲置宅基地和闲置住宅盘活利用工作，推介登封市大金店镇袁桥村、新密市米村镇朱家庵村作为郑州市农村闲置宅基地和闲置住宅盘活利用典型案例报送。

深化投融资体制改革，建立了县、乡、村三级担保服务体系，新增担保 16.97 亿元，累计担保 54.62 亿元；稳步推进银担合作，与 18 家银行签订合作协议，授信总额 48 亿元；完善政策性担保体系建设，全市行政村配备 1688 名农担联络员，累计放款 14.38 亿元。农村金融纳入全市城市大脑项目统一管理。

七、打赢打好脱贫攻坚战

坚持战“疫”战“贫”两手抓，脱贫攻坚取得决定性成效，1 户 6 人顺利脱贫，全市 181 个贫困村 9.6 万贫困人口如期脱贫退出。加大投入力度，全年投入财政专项扶贫资金 6.32 亿元，实施项目 575 个，其中市本级投入 3.2 亿元，同比增长 6.59％。

坚持把提高脱贫质量放在首位，“两不愁三保障”政策得到全面落实；实施产业扶贫项目 197 个；开展就业扶贫百日攻坚行动，致富带头人 683 人次，实现了“一个超过、两个不低于”的目标；建设消费扶贫专柜、专馆、专区 613 个，帮助销售扶贫产品 120.8 万吨，销售额 57.1 亿元；全市贫困农民人均可支配年收入达到 15127.37 元，是 2015 年的 3.6 倍，贫困村集体经济收入平均达到 21.89 万元。

着力巩固脱贫攻坚成果，交通扶贫、水利扶贫、电网升级和网络扶贫、人居环境整治扶贫持续提升；低保标准由 700 元提高到 730 元；建立“两类人群”动态监测机制，共认定“脱贫不稳定户”38 户 128 人、“边缘易致贫户”101 户 345 人，通过小额信贷、公益岗位、技能培训和参与扶贫项目等措施加强帮扶；探索建立防返贫监测机制，中牟县与阿里合作专门建立了防返贫预警监测系统，并设立 500 万元防返贫专项基金，实行线上预警、线下帮扶，正在全市推广。

配合市委选派办完成驻村第一书记和队员的轮换调整工作，全市共向 382 个村派驻第一书记和工作队员 1338 名，做到了 181 个省级贫困村和脱贫攻坚任务重的村驻村帮扶力量全覆盖。扎实做好结对帮扶卢氏县工作，197 个项目和 22 项重点工作均已顺利完成，累计投入 3.43 亿元，助力卢氏县贫困人口如期全部脱贫，帮扶卢氏县工作连续两年在年度考核中名列全省第一。

郑州市2020年脱贫攻坚工作报告

郑州市农业农村工作委员会

2020年，郑州市脱贫攻坚进入全面巩固提升阶段。一年来，我们坚持以提高脱贫质量、巩固脱贫成效为主线，严格落实“四个不摘”要求，持之以恒、抓紧抓实各项工作，确保打赢打好高质量脱贫攻坚战，实现圆满收官。

一、压紧压实攻坚责任

全市有脱贫任务的区县（市）和行业部门，均与市委、市政府签订了脱贫攻坚目标责任书。各行业部门制定出台32条扶贫专项政策，坚持每月召开一次行业扶贫推进会，加强协调联动，落实行业责任。组织新一批驻村干部进驻过渡，新老结合，做到驻村帮扶力量全覆盖。加强驻村干部日常管理，确保“五天四夜”在村在岗。做好配套服务，为省、市派第一书记所在村下拨党费2万元、专项工作经费3万元、专项扶贫资金30万元，激发驻村活力。开展扶贫领域腐败和作风问题专项治理决战年行动“回头看”问题整改活动，着力解决不担当、不作为、形式主义、官僚主义、消极腐败等问题。开展扶贫领域信访问题专项治理，积极回应贫困群众关切，受理来信来访304件，办结率100%。加强扶贫干部教育培训，截至目前，全市有脱贫攻坚任务的区县（市）共开展各类培训 46 期、10416 人次（含市直 2 期 395 人次），超额完成全年计划。

二、积极有效应对疫情

抓细抓实防控措施。坚持把做好疫情防控工作作为重大政治任务，坚决服从党中央和省委的统一指挥、统一协调、统一调度，及时分析研判、谋划部署，密集出台针对性政策措施，制定下发《关于统筹做好疫情防控和医疗保障领域脱贫攻坚工作的通知》《关于在新冠肺炎疫情期间进一步做好临时救助有关工作的通知》等。动员全市 394 名驻村第一书记和 1000 多名驻村工作队员冲锋在一线，在疫情监测、排查预警、救治防控等岗位上当先锋、作表率，坚决打赢打好疫情防控和脱贫攻坚两场硬仗。建档立卡贫困人口确诊感染 2 人，全部得到有效救治。

全力推进企业复工复产和贫困劳动力复岗就业。深入开展以“送政策、送服务、送要素，强信心”为主要内容的“三送一强”活动，按照“一企一策”原则，专题研究制定扶贫企业复工复产方案，开通企业员工返岗直通车、点对点解决企业用工问题，全市 166 个带贫专业合作社于 4 月 8 日全部复工。在疫情防控紧要时期，严格落实“七个优先”就业政策，安排护林员、保洁员、防疫消杀、社区巡查、卡点值守等临时性公益性岗位 1366 个，吸纳贫困户就近务工就业。通过发展产业、促进就业，确保贫困群众收入不因疫情而下降。

加快推动扶贫项目建设。开通扶贫项目“绿色通道”，落实“投资 200 万元以下基础设施项目，简化程序，不再进行招投标”规定，加快项目建设，确保各类扶贫项目及时开工，以项目建设拉动投资、促进就业，有效激活了疫情期间贫困乡村经济活力，带动解决了制约贫困乡村发展的一些短板弱项，为克服疫情影响、决战决胜脱贫提供了有力支持。

着力解决贫困群众实际困难。组织专班对疫情可能给脱贫攻坚工作带来的影响进行分析研判、综合评估；对 4494 户生活困难、1.79 万户收入波动大的重点户和致贫风险高的边缘人口进行排查，简化救助审批流程，取消户籍地申请限制，取消家庭经济状况核对、民主评议、公示等环节，实行先行救助，确保基本生活有保障。搭建线上线下互动网络，开辟点对点配送渠道，为贫困户销售蔬菜水果300吨，有效解决了贫困乡村农产品滞销问题。

三、全面提升脱贫质量

提高“两不愁三保障”水平。扎实开展“两不愁三保障”回头看，推动各项政策精准落实到户到人，全市发放教育资助资金2.17亿元，惠及贫困学生27.59万人次；享受健康扶贫“七免一减”惠民政策4.25万人次，累计减免金额1284万元；医保“四重保障制度”待遇惠及建档立卡贫困人口12.15万人次，支付5891万元；代缴养老保险费546万元，惠及5.63万人；扶贫助残“两项补贴”、困难残疾人特殊生活补贴、“三无”残疾人生活救助补贴全部发放到位，为677名建档立卡贫困残疾人提供辅助器具，实施残疾人无障碍改造507户；3139名搬迁劳动力实现就业3125人，5个集中安置点实现基层组织、服务机构“全覆盖”，社区服务、稳定就业、工程建设、拆旧复垦等问题有效解决；危房改造87户，实现动态清零。

促进农民增收。深入推进产业扶贫。集中50%以上的财政资金，围绕特色种植、特色养殖、乡村旅游、特色加工、光伏扶贫、电商扶贫、农村一二三产融合发展等7大类产业，实施产业扶贫项目195个。其中，光伏扶贫投资1618万元，关联受益贫困户707户；电商扶贫建成县级电商公共服务中心3个、乡级服务站33个、村级公共服务点497个，实现了全市建档立卡贫困村服务全覆盖；18个贫困村被列入集体经济发展试点村。深入推进就业创业扶贫。开展就业扶贫百日攻坚行动，组织就业扶贫专场招聘会42场次，提供就业信息6.2万条，就业人数22960人，实现了“一个超过、两个不低于”的目标；培训建档立卡贫困劳动力1.85万人次，开展致富带头人培训678人次。深入推进生态扶贫。林业企业安排贫困劳动力就业146人，年人均增收5000元。全市安排170名贫困人员参与造林、抚育及改培建设，年人均增收1000元。深入推进金融扶贫。全年累计贷款8428.38万元，新增户贷率16.24%，未发生“户贷企用”现象。深入推进消费扶贫。建设消费扶贫专柜、专区、专馆312个，利用中国社会扶贫网、河南省驻村第一书记扶贫成果展销中心、河南农购网等平台，拓展扶贫产品销售渠道，引导企业、组织、市民积极参与消费扶贫行动。全年帮助销售扶贫产品30.5万吨，销售额16.2亿元。

深化问题整改。扎实做好脱贫攻坚“回头看”问题整改，排查“三落实”“三精准”“三保障”以及定点扶贫、社会帮扶等4个方面问题177条，6月底全部整改到位。扎实做好2019年国家脱贫攻坚成效考核反馈问题整改，分类汇总问题7大类26项323个，也于6月底全部整改到位。扎实做好2019年省脱贫攻坚成效考核反馈问题整改工作，排查问题257条，9月20日前全部整改到位。扎实做好国务院督查河南反馈问题整改，排查问题4大类55个，10月25日前全部整改到位。扎实做好“五查五确保”问题整改工作，制定工作专案，开展专项督查，实行月报告、周通报制度，11月底各类问题全面清零、短板弱项全面补齐。

四、着力巩固脱贫成果

加大资金投入。全年投入财政专项扶贫资金6.32亿元，同比增长11.07%，对接项目573个。其中，市本级投入3.2亿元，同比增长6.59%；县级投入2.23亿元，同比增长12.62%。加强资金审计和项目管理，确保资金安全、项目高质、带贫有效。

提升发展后劲。实施交通扶贫工程，以创建全省“四好农村路”和全省“城乡客运一体化”示范县为契机，积极推动行政村与自然村组之间的连通。截至目前，181个贫困村全部开通班线客车或公交车，初步构建了“长途客运、城市公交、城乡客运”为一体的城乡客运模式。实施水利扶贫工程，农村饮水安全巩固提升三年行动计划顺利完成。实施电网升级和网络扶贫工程，电力网络“进百村、入千户、惠万民”活动扎实开展，实现了电力网络城乡同网、同质、同服务；贫困村全部实现高速光纤宽带全覆盖。实施人居环境扶贫工程，贫困村生活垃圾治理率达到95%以上、“三清一改”基本完成，户用厕所无害化普及率达到90%以上。

激发内生动力。深入推进志智双扶，讲好扶贫脱贫故事，组织开展“决胜全面小康、决战脱贫攻坚”主题宣讲，在市属各大媒体推出“我们的小康生活”等精品专题专栏，多角度、全方位展示全市脱贫攻坚成效和基层优秀党员干部模范带头、普通群众立志脱贫的典型事迹。积极实施新型农民文明乡风培树行动，新时代文明实践中心建设基本完成，农村精神文明建设常态化推进，贫困村全部制定了《村规民约》。实施文化育民文化富民行动，贫困村农家书屋建设全部完成。由我市社会力量筹资拍摄的脱贫攻坚电影《幸福路上》已经获得公映许可证，近期将在全国各大院线公映。

健全防返贫机制。建立“两类人群”动态监测机制，全市共认定“脱贫不稳定户”39 户 133 人、“边缘易致贫户”103 户 354 人，通过小额信贷、公益岗位、技能培训和参与扶贫项目等措施加强帮扶。探索建立防返贫监测机制，中牟县与阿里合作专门建立了防返贫预警监测系统，并设立 500 万元防返贫专项基金，实行线上预警、线下帮扶，目前正在全市推广。

强化兜底保障。逐年提高低保标准，目前达到每人每月 730 元。实施残疾人普惠加特惠的兜底保障政策，将建档立卡残疾人按规定列入保障范围。按照每人每年 2000 元标准，设立易地扶贫搬迁后续产业发展资金，连续扶持 5 年，确保搬迁贫困户有稳定收入来源。

五、推进脱贫攻坚与乡村振兴相衔接

加快贫困地区美丽乡村建设。加大美丽乡村建设资金向贫困村倾斜力度，扎实开展贫困村美丽乡村建设行动，有 10 个贫困村成功创建“千万工程”示范村，6 个贫困村启动了美丽乡村试点工作。

加快贫困地区产业振兴。紧紧围绕建设都市现代农业，立足贫困地区资源优势，大力发展山区特色农业、平原高效农业，启动建设现代农业示范园 3 个。

加快贫困乡村人才建设。充实村级后备力量储备，明确每个贫困村每两年至少发展 1 名青年农民党员。指导各地组织开展乡村人才联络和回归工作，全市纳入乡土人才库 1.73 万人，其中有返乡创业或回村任职意愿的近 4000 人，为乡村振兴提供了强有力的人才支撑。

六、扎实推进结对帮扶

在帮扶卢氏县脱贫摘帽的基础上，加快援建项目推进，197 个项目完成 195 个，22 项重点工作按计划顺利推进。积极应对疫情防控，派出医疗队伍组织义诊 5 场、义诊群众 9500 人次。提升产业发展水平，研究制定郑卢产业帮扶“4＋N”工作方案，建立郑卢产业扶持联络机制，郑州农业担保股份有限公司和卢氏县合作推出的“香菇贷”累计发放贷款 504 万元。加大消费扶贫力度，帮助销售卢氏特色农产品，销售额达 869 万元。

郑州市2020年水利工作报告

郑州市水利局

2020年，在市委、市政府的正确领导下，全市水利系统深入学习贯彻党的十九届四中、五中全会和习近平总书记考察河南、视察黄河重要讲话指示精神，认真落实中央、省、市各项决策部署，聚焦为郑州建设国家中心城市提供水安全保障的总目标，持续深化“抓基础、抓规范、抓管理、抓服务”工作要求，以清单化管理为抓手，大力推进资源水利、生态水利和民生水利发展，全市水利事业发展取得了新的进展和成效。

一、疫情防控工作扎实开展

始终把疫情防控作为重大政治任务，严格落实市委、市政府决策部署，坚持“两手抓、两不误”，先后召开专题会议十余次，统筹疫情防控和重点项目推进、农村饮水安全、水利工程运行管理等重点工作，市本级水利建设项目4月底实现全面复工。切实落实局系统疫情防控措施，确保局系统安全平稳运行；下沉一线，助力战“疫”，完成陇海西路高速路口、二七区福华街办事处所属6个社区16个卡点的值守执勤任务，累计参加志愿服务2000余人次。2020年5月，我局被表彰为“疫情防控先进基层党组织”。

二、水利脱贫攻坚圆满收官

全力打好水利脱贫攻坚战。采取挂牌督战、周排名周通报等方式，强力推动各类渠道反馈的 184 个农村饮水安全问题整改清零，全市建档立卡贫困人口和低收入人口饮水安全全部实现动态达标。1233 处农村集中供水工程，覆盖 333.1 万人，农村集中供水率 99.5%、自来水普及率 97.6%，均高于全国和全省"十三五"规划目标。通过录制脱贫攻坚巡礼节目、举行水利扶贫专场新闻发布会等方式，大力宣传水利扶贫政策和脱贫攻坚成效。

三、水利高质量发展规划体系加快构建

坚持以高质量规划体系引领水利高质量发展。编制完成了《郑州市"十四五"水利发展规划》《郑州市非常规水综合利用规划》《郑州建设国家中心城市水资源承载能力研究及对策》，启动了《郑州市河湖岸线保护与利用规划》《郑州市黄河水节约集约利用规划》《桃花峪水库对郑州影响分析和配套工程前期研究》编制工作。

四、水资源保障能力持续提升

坚持以水而定、量水而行的原则，对照郑州国家中心城市建设相关规划指标，深入开展水资源承载能力研究，不断优化水资源配置，着力郑州水资源承载力。统筹谋划九大类建设项目，匡算总投资约 398 亿元的《郑州建设国家中心城市水资源配置及重大建设项目规划》，经省政府常务会审议通过。郑州黄河流域生态保护和高质量发展核心示范区建设防洪工程与水资源专项三年行动计划、年度实施方案，通过市领导小组第三次会议审议，并印发实施。立足黄河水"先看后用、循环利用"，沿黄 9 座口门引水指标优化调整。努力争取引水指标，与南阳达成 1 亿立

方米水权交易意向，与郑州签订 0.5 亿立方米水权交易协议。水资源优化配置、高效利用重点项目，前期工作加快推进，南水北调观音寺调蓄工程 12 月 21 日开工建设，圃田泽水循环等工程前期工作深入开展。

五、水生态系统建设稳步推进

坚持“四水同治”“五河共建”，大力开展以贾鲁河为示范引领的河湖水系生态建设。贾鲁河综合治理生态修复工程全面进入收尾阶段，蓝线工程基本完工，绿线工程任务大头落地，配套设施正在加紧建设；牛口峪引黄荥阳支线工程、潮河上游南曹村桥至小魏庄水库段生态治理工程一期（小魏庄水库至京广铁路桥）加快实施。

加快推进水生态建设重点项目前期工作。郑州市索须河汇合口上游至弓寨大桥段生态提升工程（一期：师家河坝后至弓寨大桥段，涉铁节点）初步设计已经批复；贾峪河生态治理工程、贾鲁河尖岗水库大坝至南四环桥段（一期）工程初步设计已完成；七里河拦蓄水建筑物工程、花园口引黄干渠改造提升工程、西南区水系连通工程等项目前期工作加快推进。

水土保持生态建设持续开展。总投资 1150 万元的新密市 2020 年国家水土保持重点工程建设任务全部完成，治理水土流失面积 23 平方公里。违法违规生产建设项目水土保持查处工作有序开展。顺利通过省水利厅组织的水土保持年度目标及“十三五”工作目标考核。2020 年度全省水土保持工作现场会议在郑州召开，我市在会上做典型经验交流发言。

六、河湖长制工作深化落实

持续强化履责意识。印发实施《郑州市市级河长履职尽责“两函四巡三单两报告”工作法》，及时发出巡河提示函、问题提示函，组织市级河长每季度巡查责任河流，及时解决河湖问题。全年共向市级河长发出巡河提示函 35 份、问题提示函 24 份；组织保障市级河长巡河 37 次；印发总河长令1份，市级河长令1份；每月通报河湖水质和排名情况，向县级河长发出问题交办单109份，通报问题421个，推动河湖长扎实履行“治、管、护”责任。

不断完善工作机制。强化“河长＋警长”、“河长＋检察长”、“河长吹哨、单位报到”联动机制，河湖长制工作纳入政府一体化考核，修订《郑州市河湖长制工作督察制度》，促进河湖长制工作向“有实、有为”发展。

扎实开展河湖“清四乱”“三污一净”等专项整治。通过“三清两查一督”、“人访＋机访”等措施，对市级河长责任河湖实施无缝隙排查，推动河湖“四乱、三污”问题早发现、快整治。水利部台账67个黄河“四乱”问题、省级交办和市级排查台账476个河湖“四乱”问题全部销号；通过“三清两查一督”“人访＋机访”等措施，对28条市级河长责任河湖实施无缝隙排查，解决河湖问题802个，封堵排污口68处，清理河道淤泥45.2万立方米，整治河道189.5公里，河湖面貌得到有效改善。

七、水资源管理不断强化

节水行动深入实施。落实《郑州市节水行动实施方案》，召开了全市动员部署大会，安排部署全市节水行动工作，通过“全域、全业、全程、全面、全民”五维，在全社会系统推进节水行动；建立领导小组成员单位局际联席会议工作机制，召开两次局际联席会议，研究制定了节水行动年度评估工作方案，有力推动节水行动落实落地。

落实最严格水资源管理制度。全面加强水资源综合管理，实施水资源消耗总量和强度双控行动，在全省考核中获得优秀评价；持续压采地下水，处置井数167眼，完成压采量488余万立方米，超额完成省定压采任务；积极开展用水统计工作，建立用水统计调查基本单位名录库，夯实水资源管理的基层基础。

全面开展节水型社会建设。组织全市水利系统开展节水型机关建设，市水利局高标准通过省水利厅节水型机关建设验收；加强节水型企业、学校、社区等各类节水载体建设，全年完成市级节水型单位创建54家；持续推进县域节水型社会达标建设，全面完成县域节水型社会达标建设验收。

切实抓好水情宣教。积极开展“世界水日”“中国水周”宣传活动，向中小学生发放《节水知识读本》等水育教材，提升全社会节水意识；积极与水利部、水利厅沟通对接，成功创建“贾鲁河国家水情教育基地”。

八、水旱灾害防御保障有力

健全工作机制。机构改革后，围绕“超标洪水、水库安全、山洪灾害”三大高风险领域，系统编制“工作、任务、责任”三项清单，落实了全市防洪工程及山洪灾害防御责任人名单并进行公示，压实工作责任，确保做实做细各项工作。

持续整治度汛隐患。针对小型水库、淤地坝、山洪灾害防御薄弱环节等重点部位和贾鲁河、南水北调防洪影响处理工程等在建项目，建立隐患台账，坚持边查边改、以查促改，实时跟踪问效、动态管理，确保安全度汛。

修订完善水旱灾害防御预案。编制修订了主要河道、水库、在建水利工程和山洪灾害防御方案预案，编制了贾鲁河超标准洪水预案和水旱灾害防御应急预案，为更好完成我市水旱灾害防御工作提供遵循和依据。

不断提升应急能力。完善技术指导专家库，健全防汛抢险队伍，加快郑州市水旱灾害防御物资储备中心项目前期工作，集中储备约3000万元水旱灾害防御物资，加强储运管理。同时有针对性开展水库、河道、南水北调、山洪灾害防御等演练，有效提高了险情应对能力。

坚持防汛抗旱两手抓。严防旱涝急转，强化抗旱会商，密切关注天气和墒情，适时启动抗旱应急响应，加强水源调度，组织拉水送水和旱区灌溉，有效保障了群众饮水和农业用水安全。

九、农村水利工作不断加强

持续推进农村饮水安全工作。总投资 9576 万元涉及登封、新密、荥阳、新郑和中牟 5 县（市）2020 年农村饮水安全巩固提升工程全部完工；总投资 1164 万元农村饮水工程维修养护项目全面完成；《郑州市“十四五”农村供水保障规划》启动编制。

农田水利建设扎实推进。总投资 2000 万元的中牟三刘寨引黄灌区节水配套改造工程建设任务全部完成；总投资 7679 万元的登封市石道乡农田水利现代化示范乡镇建设项目加快实施；灌区灌溉水质监测全面落实，完成 41 个大、中、小灌区 31 个地表水和 7 个地下水灌溉水质监测成果上报。

十、南水北调和移民工作扎实推进

南水北调供水效益持续提升。配套工程建设加快推进，圆满完成配套工程 14 条线路通水验收及 7 座泵站机组启动验收；7 座泵站的双电源工程实施方案已经发展改革委审查通过。生活供水和生态补水效益明显，全年实现生活供水 5.72 亿立方米，比上年度增加 0.57 亿立方米，受益人口达到 710 万人，全市 5 座退水闸生态退水 1.5 亿立方米。

移民工作有序开展。出台了《郑州市大中型水库移民后期扶持项目管理实施细则》，明确移民后期扶持项目管理职权。完成 2020 年度全市大中型水库移民人口核定，发放直补资金 4729.98 万元，下达大、中、小型水库移民后扶资金 5366 万元。持续推进省级“美好移民村”建设，推进移民避险解困试点项目建设，保障移民收入稳步增加，开展移民矛盾问题排查化解，维护移民和谐稳定发展。

十一、水利工程建设和运行管理严格规范

加强水利工程建设管理。严格落实水利工程招标投标监管责任，确

保招标工作全过程合规有序。严把质量监督关，对贾鲁河综合治理等在建工程开展了3次集中巡检。强化扬尘监管，持续提升扬尘污染防治标准，在全市扬尘防控工作考核中始终名列前茅。认真开展双重预防体系建设，督促在建项目严格落实安全生产责任制，确保在建工程安全生产。督促荥阳市丁店水库除险加固工程加快建设进度，加快剩余水库除险加固工程、中小河流治理项目验收进度。

生态水系运行调度和管理持续规范。出台《郑州市生态水系运行调度规程（试行）》，科学、有序、高效调度生态水源，全年向城区生态水系调引生态水量3.8亿立方米，其中，黄河水3亿立方米，南水北调水0.8亿立方米；持续加强水利工程安全运行管理，完成7个区县（市）82座小型水库安全运行专项检查，稳步推进104座小型水库维修养护；深入推进小水库管理体制改革，新郑市成立了水库管理4大协作区，登封市完成全国深化小型水库管理体制改革示范县创建工作。认真开展水域安全隐患排查整治、中小学生防溺亡安全教育，全力抓好未成年人防溺亡工作。

十二、水利行业营商环境持续优化

不断完善水利行业优化营商环境工作机制。出台《郑州市水利局优化营商环境实施方案》《郑州市水利局“双随机、一公开”抽查事项清单》《郑州市水利局2020年社会信用体系建设工作要点》等文件，对相关监理、检测等单位和从业人员进行了检查。

行政审批办理工作取得良好效果。创新实行审批办理时间节点提示函制度，全年办理行政许可事项41件，满意率98%以上，提前办结率100%；积极开展“一网通办、一次办成”工作，23项服务事项全部达到4星标准；进一步压缩承诺办结时限到5个工作日，审批效率提高50%以上。

法治水利建设持续加强。出台《郑州市贾鲁河保护条例》（简称《条例》）相关4项配套制度，为《条例》顺利实施、充分发挥贾鲁河综合效益提供坚实支撑。严格执法巡查，规范执法行为，积极推行服务型执法，促进依法用水、依法保水。大力推进扫黑除恶专项斗争，开展53次专项督导，净化水利领域治安环境，被省政府评为先进单位。完善水利监管长效常治工作机制，排查化解矛盾，信访工作实现“三无”。以“一金三制”落实为抓手，及时有效处理农民工工资支付纠纷。

十三、水文化建设创新开展

印发《郑州市水文化建设实施意见（2020—2022）》，制定下发《郑州市文物局　郑州市水利局关于加强水利基本建设项目文物调查文物勘探工作的通知》，组织编制《郑州市河湖水系历史变迁研究项目》。高质量通过市人大常委会对郑州市水文化保护传承弘扬专项评议。加快陆浑灌区水文化展示中心项目建设，完成主体建筑施工。

郑州市 2020 年林业工作报告

郑州市林业局

2020 年，在新冠肺炎疫情突发的严峻形势下，郑州市林业局按照中央和省、市党委政府统一部署，坚持把打赢疫情防控阻击战摆在首要位置，认真落实防控工作任务，同时勇担林业职责，按照《郑州市人民政府办公厅关于认真做好 2020 年省政府工作报告重点工作任务落实的通知》《郑州市人民政府办公厅关于做好 2020 年市政府工作报告重点工作任务落实的通知》明确的任务，积极完成年度目标任务，用实际行动践行初心使命，国土绿化高质量发展成效明显。

一、建设黄河流域生态保护和高质量发展核心示范区生态综合治理

加强规划引领。拟制《郑州市建设黄河流域生态保护和高质量发展核心示范区生态综合治理三年行动计划（2020—2022）》和《郑州市建设黄河流域生态保护和高质量发展核心示范区生态综合治理 2020 年度专项实施方案》，经市领导小组批准印发。总体思路概括为：一屏、二区、三网、四带、多组团、多园区。“一屏”为黄河生态屏障；“二区”为西部生态涵养区和东部平原防护区；“三网”为县乡道路防护林网、河沟渠堤防护林网、平原农田防护林网；“四带”为以京港澳高速、郑云—绕

城—S88 线、连霍高速、郑民—绕城高速为骨架的高速公路、快速路、铁路、国道、省道等构成的城市生态隔离带；“多组团”为郑州市主城区、各区县（市）主城区及其周边乡镇的生态组团；“多园区”为森林公园、湿地公园、地质公园、遗址生态文化公园、郊野公园、自然保护区、风景名胜区等。

探索建立黄河滩区综合管理长效机制。拟制《黄河郑州段生态环境综合管理长效机制》和《黄河郑州段滩区实施“三滩分治”的工作标准》，经市领导小组批准印发。“长效机制”主要是创新滩区综合管理方法，分别建立问题发现机制、问题处置机制和责任落实机制，使滩区管理更趋科学规范；“三滩分治”主要着眼于统筹协调滩区生态保护与合理利用的关系，实现为黄河流域生态保护提供示范要求。

专项行动成效明显。绿盾专项行动整改台账 586 个点位，已全部整改完毕，整改完成率 100%。黄河郑州段突出生态环境问题整治工作任务共 1801 个点位，已整改完成 1800 个，完成率 99.91%。

工程项目阶段性目标顺利完成。9 月，郑州市沿黄生态廊道八堡村示范段工程建设完成。该工程西起六堡村，东到凌庄，长 1.2 公里，占地面积约 26.6 公顷，总投资约 7557 万元。

二、造林绿化

全年累计完成国土绿化面积 1.25 万公顷，中幼林抚育完成 7866.67 公顷，高速公路、铁路、国道、省道、县乡道路生态廊道提升绿化工作，全市完成 3666.67 公顷。2 个省级森林城市已通过省局核查验收，市级组织验收森林特色小镇 17 个，其中 4 个推荐为省级森林特色小镇并通过省林业局考核验收；市级验收森林（生态）乡村 166 个，其中 33 个推荐为省级森林乡村并通过省局核查验收。圆满完成河南省沿黄生态廊道示范工程集中开工暨全省春季义务植树活动。全市参与义务植树人数达到 24.7 万人次，共植树 113.2 万株。

三、森林、湿地公园建设

全市森林、湿地公园已开工建设8个：登封香山森林公园、新密溱水河湿地公园、新密雪花山森林运动公园、新密市神仙洞省级森林公园提升建设、新郑市双洎河湿地公园、新郑十七里河湿地公园、河南省中牟森林公园、惠济区郑州黄河国家湿地公园完善提升一期；正在进行立项手续办理和规划设计3个：巩义河南嵩北国家级森林公园、巩义市河洛文化湿地公园、荥阳环翠峪省级森林公园提升；调整2个：郑州黄河湿地中牟鸟类栖息地和中牟雁鸣湖湿地公园。年底前有6个已基本完成，其余按照时间节点完成年度建设任务。

经市政府批准，缓建3个：郑州树木园改造提升工程、新郑市具茨山森林公园、郑州黄河湿地郑东新区湿地恢复项目；因政策调整涉及占用耕地等问题取消9个：郑州侯寨森林公园、郑州水磨森林公园、郑州凤凰岛城市公园、郑州尖岗城市公园、郑州梅山森林公园、郑州白寨森林公园、郑州市邙岭森林公园、登封颍河—白沙河水库湿地公园、巩义神都山省级森林公园。

四、森林、湿地资源管理

扎实开展林地年度变更调查，做好林地“一张图”年度变更、森林资源连续清查等工作。通过年度“绿卫”行动、森林督查等加大森林资源监管力度，依法打击破坏森林资源违法行为，依法保护森林资源。加强林木采伐管理，认真执行采伐限额管理制度。加大“放管服”改革力度，提高服务质量和服务效率。积极开展野生动物保护工作，严厉打击滥捕滥猎野生动物等违法行为。以“世界湿地日”“世界野生动植物日”“爱鸟周”“野生动物保护宣传月”以及秋冬春“候鸟迁移护飞”宣传执法活动为载体，积极开展野生动植物保护宣传活动。设立了市级野生动物救护站，在黄河滩区建立候鸟护飞巡护队，并设立鸟类栖息地保护工程示范点，每年救助上千只野生动物。新冠疫情期间，科学开展应对做好野生动物防控疫情与处置工作，稳定55家野生动物养殖户思想，完成处置8家2276只野生动物，并给予合理的资金补贴。全市处置各类自然保护地违建别墅111栋，处置率100%。积极开展春季森林防火和林业有害生物防治工作，全市没有发生较大以上森林火灾和病虫害疫情，有力保障了全市林业生态建设安全。

2020年，郑州市顺利通过国家森林城市复审，荣获第四届中国绿化博览会展园竞赛“金奖”和“最佳单体建筑奖”。郑州市林业局荣获郑州市政府颁发的“受到国务院督查激励单位先进集体”“创建国家生态园林城市工作先进集体”荣誉称号。

郑州市2020年商务工作报告

郑州市商务局

2020年，全市商务系统在市委、市政府坚强领导下，紧紧围绕国家中心城市建设总目标，坚持发展第一要务，把握稳中求进总基调、突出奋发有为总要求，以商务工作高质量发展为根本方向，紧扣“控、保、稳、进、抬、扛”六字要求，深入贯彻落实“六稳”“六保”，商务领域各项工作保持了稳中有进、稳中向好的态势。

对外贸易稳居中部第一。2020年，郑州市进出口4946.4亿元，增长19.7%，占全省进出口值的74.3%，增速高于全国17.8个百分点，高于全省3.3个百分点。进出口总额继续位居中部城市第一位。

引进资金规模持续扩大。全年实际吸收外资46.6亿美元，同比增长5.7%。全年全市引进市外境内资金2359.6亿元，同比增长5.6%。

消费市场稳步回升。全年全市社会消费品零售总额完成5076.3亿元，同比增长－4.7%，总量约占全省的四分之一，龙头地位凸显。

一、抓对外开放，开创高质量发展新局面

打造国际交通枢纽门户。增强空中丝绸之路辐射力，首家本土货运航空公司——中州航空开航运营，中原龙浩将总部迁至郑州。新引进8家全货运航空公司，新开17条航线，新增20个通航城市，在郑州机场

运营的客货运航空公司共有85家，开通客货运航线245条，客运通航城市130个，开通全货机航线51条，货运通航城市63个，成为引领中部、服务全国、辐射全球的空中经济走廊。全年郑州机场完成货邮吞吐量63.9万吨，同比增长22.5%，其中，国际货量45.1万吨，同比增长47.9%；完成旅客吞吐量2140.7万人次，同比下降26.5%。客货运规模保持中部“双第一”。提升陆上丝绸之路核心竞争力，获批开展中欧班列集结中心示范工程建设，成为全国五大中欧班列枢纽节点城市。开通郑州—芬兰赫尔辛基线路，为稳外贸和保国际供应链、产业链稳定畅通提供了有力支撑。中欧班列（郑州）网络遍布欧盟、俄罗斯及中亚地区30多个国家130多个城市，回程比率、计划兑现率、市场运价等指标在全国名列前茅。推进网上丝绸之路创新突破，成功举办第四届全球跨境电商大会，跨境电商进口药品和医疗器械试点正式启动，入选全国10个跨境电商B2B出口监管试点城市。开辟郑州至首尔、列日、东京、纽约等跨境电商包机航线，实现网上丝绸之路和空中丝绸之路高效联动。入围跨境电商综试区先导城市，综试区城市发展指数位列全国第5，发展创新指数位列全国第3。全年跨境电商交易额133亿美元、增长23.5%。深化与海上丝绸之路无缝衔接，加快内陆启运港申建，获批“郑州港”国际代码，合作港口由3个增加到5个，实现与青岛、连云港、天津、宁波、上海等港口无缝衔接，打造了沿海港口向西开放的桥头堡、中西部地区向东开放的无水港。全年铁海联运班列到发15112标箱，同比增长37.4%。

*加快形成内陆对外开放体系高地。*自贸区开放引领作用明显。河南自贸试验区总体方案规定的160项改革创新任务及郑州市自行确定的96项改革事项已完成97%，累计形成创新成果200多项，新注册企业6.6万多家，注册资本8420.1亿元，是自贸试验区成立前的近3倍，以占全市1%的土地面积，贡献了20%的新设立企业、30%的外资企业和利用外资、8%的外贸进出口额。开放口岸优势突出。药品进口口岸正式投入运营，“2+9”口岸体系服务能力不断提升，搭建起我国内陆功能最全、效率最高的口岸高地。“一站式”快捷大通关服务体系日益完善。航空口

岸全面实施“7×24 小时”通关，铁路口岸推行“7×24 小时”预约通关，进口整体通关时间 39.7 小时，比 2017 年压缩 62.3%。多式联运体系集约高效。建成铁海联运信息化综合服务平台，“空中丝绸之路”空陆联运和“米”字形高铁物流网络铁公空多式联运示范工程已具备验收条件。

着力打造参与国际合作高地。加大对企业支持力度。全面落实省、市支持外经贸发展奖补政策，对已申报的国家、省扶持政策资金项目，协调有关部门，加快复核进度。已争取省级、市级支持企业发展资金 3 亿元，涉及企业 1000 多家。积极组织企业参加各类展会。组织 900 余家企业、2620 人参加了第三届中国国际进口博览会，会上郑州市企业签约金额达到 5.65 亿美元，占全省的 36%。组织 264 家外贸企业参加广交会网上交易会，占全省参加企业总数的 46.3%。此外，组织企业参加网络推广、国际物流、出口信保、外汇结算等线上培训课堂 38 次。加快推进“外贸贷”、出口退税资金池工作。财政局、商务局已将 5000 万元出口退税资金池资金、1 亿元“外贸贷”资金拨付郑州中小企业担保有限公司，郑州中小企业担保有限公司正在办理“外贸贷”资金的注册资本金手续，同时，与各承办银行拟定业务协议、业务操作细则等，各项筹备工作有序推进。大力发展新业态。发展跨境直播等新兴业态，开展百企跨境直播活动，推动“跨境电商+工厂”“跨境电商+传统外贸”等加速融合，加速郑州优势产业出海，提升“郑州制造”国际市场竞争力。

二、抓招商引资，为全市经济发展注入新活力

三大区域招商活动务实有效。市委、市政府把招商引资作为推动经济高质量发展的重要抓手，主要领导谋划部署，对接洽谈，外出招商，形成了“高位推动、上下联动、齐抓共管”的大招商格局。长三角方向，7 月 20 日，市委书记徐立毅、市长王新伟分别带队走访上海知名企业，举办郑州市“长三角区域合作”市情推介会暨项目签约仪式，签约项目 37 个、投资总额 1067.7 亿元。珠三角方向，10 月 26—28 日，市委书记

徐立毅在深圳带队走访了华润、中兴、腾讯等11家企业，对接洽谈了惠科12寸晶圆制造及封装基地项目和半导体芯片项目、BCS汽车电子研发制造基地、5G微基站和智慧杆塔集成研发生产基地等一批重大项目。京津冀方向，对接了中国电子、中电科、中国中铁等知名央企，初步收集了30多个拟签约项目。此外，还举办了浙商总会座谈会、知名浙商走进郑州、北航企业家座谈会等系列招商对接活动，市委、市政府主要领导参加。高质量项目引进形势良好。按照市委引进高质量项目的指示要求，市招商引资工作领导小组办公室制定了《郑州市高质量项目认定管理办法》，对高质量项目认定标准、评审程序、结果运用等进行了明确。已初步筛选21个高质量项目，郑煤机工业产业园、哈工大机器人（郑州）智能装备科技园等9个项目实现当年签约当年开工。市级重点项目推进有力。落实市委主要领导批示精神，制定《郑州市市级领导联系重点招商项目制度》，建立49个市级领导联系项目台账，拟投资总额1566.9亿元。通过“联系领导督促指导、牵头部门服务协调、项目所在地政府主体推动”，形成推进合力，推动市级重点招商项目顺利落地达产。招商引资项目逆势增长。按照“东强、南动、西美、北静、中优、外联”发展布局开展错位招商，提升引入产业项目的层次和质量，促进城市发展内生动力和核心竞争力持续提升。2020年全市新签约项目434个，签约总额5773亿元，同比增长10.3%。浪潮安全可靠生产基地及生态基地、华思5G新基建中部生产基地、7-ELEVEn区域总部基地等一批高质量项目签约落地。新开工项目317个、投资总额3671.6亿元，同比增长18.7%。富泰华5G智能手机精密机构件、中比动力电池研发生产、启智轨道高速列车制动闸片等项目开工建设，部分已投产见效，为全市经济高质量发展注入新动能。

三、抓消费升级，着力激发消费品市场潜力

德化步行街成功入围国家级步行街改造提升试点。编制德化街改造提升详细规划和景观提升、交通组织、业态发展、夜景照明和智慧街区5

个专项规划，制定工作实施方案，加快街区改造提升步伐。6 月 22 日，德化步行街成功入围商务部第二批步行街改造试点。发放惠民消费券刺激消费潜力释放。采取财政支持、企业配套等多种形式，向所有在郑人员发放消费券 4 亿元，实际核销 1.76 亿元，直接带动消费 11.6 亿元，有效促进了市场回暖。举办线上线下促销活动激活消费市场。联动各类线上平台和下沉式微信社群，举办“春暖郑州”网上购物节，吸引 7850 余家企业参与，上线品牌 3600 多个，活动期间销售额 2.1 亿元。全市联动开展“十一黄金周”系列促消费活动，举办十二大板块促消费活动 100 余项，参与商家 1200 多家，带动社会消费超过 200 亿元，全面激活了消费市场。“醉美·夜郑州”消费季系列活动掀起消费热潮。重点举办“醉美·夜郑州”嘉年华、约惠上汽购车节及郑州十佳美食和好去处系列评选等活动，各区县（市）联动开展专题活动 43 项，打响了“夜郑州”品牌。企业品牌化连锁化发展取得新进展。积极发展集商贸、餐饮、文化、休闲和娱乐等为一体的商业综合设施建设，全市累计创建省级品牌消费集聚区 15 个，数量居全省首位。全面促进便利店品牌化连锁化发展，全年品牌连锁便利店共新开门店 122 家，门店总数达到 1074 家。

四、抓统筹推进，加快会展业重启复苏

2020 年受新冠疫情影响，6 月 10 日恢复举办展会，走在全国前列。郑州市专业展馆共举办 88 个展览活动，展览面积 140.09 万平方米，参展商约 2.5 万家，采购商及观众约 230 万人次，现场成交额约 400 亿元，拉动社会消费约 150 亿元，在扩大内需、促进消费、推进经济内循环等方面作用显著，有力促进了经济复苏和社会发展。

五、抓疫情防控，确保疫情期间生活必需品货足价稳

认真贯彻落实市委、市政府关于疫情防控和生活必需品保供稳价工作要求，面对复杂的市场保供形势，建立了“政企联动、督导检查、监

测协调、市场应急、服务保障”五项机制。在全国率先启动了政府应急储备物资投放，疫情期间先后4次投放肉蛋菜10578吨，其中，猪肉2510吨，鸡蛋677吨，蔬菜7390吨，保证了市场供应和价格稳定，有效缓解了市民恐慌情绪。

郑州市2020年文化广电和旅游工作报告

郑州市文化广电和旅游局

2020年，在市委、市政府的领导下，全市文化广电和旅游系统紧紧围绕疫情防控这一主题，积极推动文化旅游融合发展，以重点项目建设为抓手，以文化旅游惠民、文化旅游便民为宗旨，着力理顺发展机制、丰富产品供给、优化市场环境、完善公共服务、强化投资消费，勇于担当，奋力拼搏，各项工作取得明显成效。

一、疫情防控稳步推进

认真贯彻落实党中央、国务院和省、市疫情防控工作部署，积极尽责，全员上岗，全力做好疫情防控工作。加强督导检查，党组班子成员分工包干，深入各开发区、区县（市），前期叫停文旅市场、排查团队游客，后期助力复工复产、推动文旅消费，确保了文化旅游市场有效防控和有序复苏。充分发挥智慧旅游功能，科学实施预约、错峰、限量旅游。积极组织抗疫文艺作品创作，丰富文化产品服务，鼓舞士气，普及知识，树立信心。郑州市艺创院阮志斌作词的公益歌曲《我们能》（著名歌手张明敏演唱）、《这时候》一经推出广为传唱；《白衣执甲》亮相河南春晚，讴歌硬核防疫精神，赢得网友及全国人民纷纷点赞。全市文化广电和旅游系统以及文化场馆、旅游景区和文化消费市场等未出现疫情事件，为全市疫情防控大局做出了贡献。

二、文旅市场有序复苏

主动服务上门，先后走访文旅企业 346 家，协调解决各种问题 380 余件，送消毒液 1.5 吨、口罩 3000 多只，发放《疫情防控期间促进文旅企业健康发展政策措施摘编》500 余本。强化政策扶持，按照文化和旅游部暂退 80%旅游质保金的要求，为 252 家旅行社办理了暂退手续，共计 3676 万元。组织全市文化旅游企业申报稳岗补贴，帮助文化旅游企业渡过难关。协调我市 85 家文旅企业积极申请国家再贷款再贴现资金。免费为全市导游人员开展业务培训，协调行业组织减免导游人员会费，努力稳定导游人才队伍。在各项政策保障和全系统上下共同努力下，文化旅游市场渐次复苏，文化旅游产业逆势发展，文化旅游消费强力反弹。

三、文旅消费热点频发

全面启动“2020 郑州文化旅游惠民消费季”活动，出台《郑州市人民政府办公厅关于进一步激发文化和旅游消费潜力创建国家文化和旅游消费示范城市实施意见》，激发文旅消费潜力。郑州市首届“黄河杯”小剧场艺术节活动反响热烈，“郑州十佳夜游好去处”评选活动声势浩大，有力地拉动了我市文化旅游消费。樱桃沟景区多彩灯光秀出文旅新风采、建业电影小镇夜游经济引燃消费新热点、宋城·黄帝千古情大型演出演绎文旅新业态、方特欢乐世界节庆亲子游玩出旅游新乐趣，吸引了众多市民游客观光游览、消费体验，旅游人数和收入环比增长均在 30%以上。

四、全域旅游蓬勃发展

积极创建全域旅游示范区，巩义市获得河南省首批省级全域旅游示范区荣誉称号。积极推进乡村旅游高质量发展，编制完成《郑州市乡村旅游发展三年行动计划》。积极推进乡村旅游民宿发展，与财政、国土等13个部门联合出台《郑州市乡村旅游民宿高质量发展实施意见》，全力打造“郑州民宿”品牌。积极打造乡村旅游品牌，新密市米村镇朱家庵村、二七区樱桃沟社区荣获第二批全国乡村旅游重点村，成功创建一大批省级乡村旅游特色村镇和休闲观光园区。加强红色旅游培训和岗位练兵，2020河南红色故事讲解员大赛成绩优异。积极助推乡村旅游扶贫，推动形成乡村与景区共生共荣、共建共享的“景区带村模式”。推进旅游标准化建设，推荐5家单位申报河南省第四批旅游标准化试点单位。2020年，全市接待国内游客11303.95万人次，国内旅游收入达到1401.06亿元。

五、公共服务效能持续提升

文化场馆阵地建设成效显著，郑州美术馆新馆开馆，郑州大剧院正式启用。65座城市书房运行管理逐渐步入正轨，组织阅读推广活动丰富多彩，不断实现智能化多元化的阅读服务。严格落实市政府重点工作，周密部署和实施基层综合性文化服务中心提升工程工作，全市2783个基层综合文化服务中心效能显著提升。旅游厕所达标验收和立项审核顺利推进，超额完成各项任务指标。9月，高标准完成迎接全国人大《公共文化服务保障法》执法检查工作。高质量完成2020年度全省现代公共文化服务体系建设绩效考核工作，并取得“好”等次。同时，在全省广场舞大赛、“寻找村宝”等大型群众文化活动中均获佳绩，走在全省前列。

六、智慧文旅建设稳步推进

圆满完成郑州城市大脑．智慧文旅项目的年度建设任务，为文旅行业监管、企业赋能和服务公众提供了优质的智慧服务和有力的数据支撑。“郑州文旅云”实现与省级公共文化服务平台、“郑好办”政务平台等数据互联互通，运行6个月累计注册用户超过80万，在线发布活动1663场，用户产生活动订单约8.6万次，平台预定率99.3%，开展文化直播182场，平台服务覆盖人次超1100万。各项专题和文化活动都深受群众喜爱，平台的用户注册数、订单量、活跃度等指标位居全国同类型平台的前列，智慧文旅建设工作取得显著成效。

七、文艺创作出新出彩

积极推动文艺作品创作提升，舞剧《精忠报国》顺利通过国家文旅部“2019年度国家舞台艺术精品创作扶持工程重点扶持剧目”专家组的评估验收，初步实现打造国家舞台艺术精品的目标。指导市、县8个院团新创、复排、加工提高豫剧《锦娘》《王熙凤》《花庭会》《楚汉风云》《宝莲灯》等12部传统戏曲。积极推动文艺创作研究，完成《黄河逆行人》等7部剧本创作和修改，新创作《相亲》等5部曲艺小品，参与2部影视作品的摄制，创作歌曲《我们能》获得“优秀国际展播奖”。积极参与和组织各项文艺赛事、活动，郑州歌舞剧院参与2020年中国金鸡百花电影节（第35届大众电影百花奖）启动仪式及颁奖典礼闭幕式、央视中秋晚会等大型演出活动，获得好评。舞蹈《唐宫夜宴》参加第十二届中国舞蹈“荷花奖”古典舞评奖，入选终评奖。组织报送的舞蹈《匠人之心》入选文旅部“百年百项”小型作品创作计划。

八、宣传推广渠道持续拓展

打造精品文化旅游线路，紧扣黄河文化带设计5条沿黄文化旅游精品线路，紧扣嵩山文化带设计打造8条精品线路，紧扣中心城区文化遗存设计打造3条精品旅游线路。不断创新宣传推介手段，通过腾讯新闻直播进行在线推介，成功开展2020郑州文旅云推介（杭州、西安专场）两场活动，吸引超过320万网友观看和参与。举办“2020年郑州市首届地标打卡地评选活动”，市各景区（景点）、文旅产业园、文创产业园、特色街区、文旅小镇、文旅乡村、地标建筑等55家单位积极参与，近20万人次踊跃投票。承办省委网信办、省文旅厅主办的“打卡老家河南、弘扬黄河文化”主题活动，组织10名全国知名大V和20家网络媒体对郑州黄河段文化旅游资源进行广泛宣传，微博话题总阅读量1.25亿次，全网话题阅读播放量1.69亿次。黄河文化旅游融合协作体亮点活动频现，“大美黄河·醉郑州”短视频大赛和“我和黄河的故事”图文征集活动均取得良好效果。

九、对外文化交流不断加强

我市首次独立完成第七届中国（郑州）国际旅游城市市长论坛总体方案设计工作，创新举办模式，尝试市场化运作，邀请中国旅游研究院、携程集团参与论坛活动策划设计。受国家文旅部委派组团赴卡塔尔、乌拉圭、巴西、美国，圆满完成文旅部2020“欢乐春节”出访演出交流任务。做好对外文化交流团体疫情防控工作，妥善处置因疫情滞留奥地利的“河南省登封少林武术团”一行19人的安全返郑和归国隔离工作。选报郑州黄河文化公园和嵩山少林功夫游学之旅两个景点（产品）参加“十佳港澳青少年游学产品”竞选活动，我市申报的“深读黄河　豫见根魂”入选，目前省文旅厅正组织专业摄制组在我市创作该产品宣传片。

十、全面深化改革扎实推进

持续推动市级文化市场综合行政执法改革，郑州市文化市场综合行政执法支队挂牌成立，8 个执法大队已下沉到位。加快推进日常行政执法工作规范化、制度化、信息化，不断提高行政执法综合效能。积极做好文艺院团改革工作。全面贯彻落实市委市政府指示要求，郑州歌舞剧院、郑州市豫剧院、郑州市曲剧团调整为公益二类事业单位，并更名为郑州歌舞艺术中心、郑州市豫剧艺术中心、郑州市曲剧艺术中心，挂郑州歌舞剧院、郑州市豫剧院、郑州市曲剧团牌子，进一步明确了郑州市属文艺院团工作职能。

十一、文旅营商环境持续优化

结合文化广电和旅游工作实际，提出“强化三个站位、落实八项举措”，为营造良好文化广电和旅游业营商环境提供有力的机制体制保障。严格把关行政审批过程，推进行政审批工作规范化、制度化。严格审核把关，认真做好导游证换证工作。加快推动“一网通办、一次办成”政务服务改革成果落地。2020 年，市文广旅局荣获全市政务服务工作先进单位，“一加四减”提升政务服务工作方法被评为政务服务改革十佳优秀典型案例。

十二、文旅市场管理不断规范

进一步加强旅行社用车专项治理，组织对全市旅行社用车逐一摸排，坚决从严打击租（使）用不合法车辆的行为。组织文化市场行政审批业务培训，着力提升文化市场行政审批人员业务技能。组织完成对全市 318 家网吧安装监管系统。组织开展全市文化广电和旅游市场扫黑除恶排头兵创建工作，开展行业专项治理行动，建立健全扫黑办长效机制，持续净化文化广电和旅游市场环境。落实“放管服”改革有关要求，依法推进出境游旅行社、星级饭店属地管理。督促文旅企业依法健全安全生产机制，强化企业主体责任，切实抓好安全生产。大力加强文旅行业信用体系建设，积极动员全市文旅企业为疫情防控做贡献，共有 9 家企业被列入郑州市疫情防控工作社会信用红榜名单。开展星级饭店国家标准培训，健全全市星评员队伍。积极开展白色污染治理活动，全市星级饭店自 2021 年 1 月 1 日起不再主动提供一次性塑料用品。组织开展“旅游民宿进郑州”活动，助力“西美”发展布局。

十三、黄河文化旅游工作扎实推进

深刻学习领会关于黄河战略、文化和旅游工作的重要指示，坚持“文化力就是发展力”“文化旅游全域全要素融合发展”的理念，高起点高标准编制《黄河流域（郑州段）文化旅游专项规划》《黄河流域（郑州段）非遗保护传承弘扬规划》两大专项规划，编制《郑州市“十四五”文化广电和旅游发展规划》以及《郑州市公共文化设施规划》《郑州市文化创意产业规划》《郑州市非物质文化遗产保护三年行动计划》等，形成“2＋1＋N”规划体系，为文旅高质量发展提供规划保障。

十四、脱贫攻坚工作如期完成

加大对贫困村文化基础设施建设、管理资金倾斜力度，促进基层综合性文化服务中心功能优化、提档升级，全市共建成基层综合性文化服务中心 2783 个，实现了全市综合性文化服务中心的全覆盖。对口帮扶三门峡卢氏县，投入资金 2200 万元建成 58 个高质量的基层综合性文化服务中心。实施精准扶贫，开展“扶智”“扶志”，建成乡镇图书馆分馆 191 个、校园分馆 16 个。加强贫困村文艺队伍建设，加大培训力度，实现村村配备文化管理员、村村有文艺骨干。创作扶贫扶志新作品，鼓舞贫困群众致富奔小康的信心和决心。深入开展千企帮千村活动，帮扶贫困村加快脱贫进程。支持民营企业参与伏羲山区等贫困山区旅游项目开发，带动 3100 余贫困人口增收、致富。积极开展创建活动，新密市被评为旅游扶贫示范县。

十五、重要活动和事件

郑州美术馆顺利开馆。2020年10月25日，郑州美术馆新馆开馆暨首展系列活动开幕仪式在郑州美术馆新馆一楼大厅举行，包括6项展览、7场学术活动及30余场公共教育活动的“聚美中原——郑州美术馆新馆开馆首展系列活动”正式启幕，引起社会各界强烈反响。截至11月10日，已有超3万人次前来观展，日均观展达2000余人次。实现“高规格开馆、高水平办展”的开馆目标。郑州美术馆新馆的开馆，扩大了我市公共文化服务的阵地，为郑州又增加了一所弘扬先进文化、提升公众审美、塑造人文精神的重要场所。

郑州大剧院顺利开幕。2020年11月8日，郑州大剧院开幕音乐会由林人叶·上海交响乐团在郑州大剧院音乐厅精彩上演，线上线下观众累计42万余人次，受到社会各界广泛关注，实现了“高规格开馆、高水平开演”的开幕目标。

开展“舞台艺术进乡村、进社区”文艺演出1200场。由于受疫情影响，经向市防控办申请，2020年的演出活动于7月30日恢复，虽然启动时间较晚，但是在活动开展中，我局深入研究、分析和把握文化惠民演出规律，一手抓防疫安全、一手抓有序推进，11月30日前指导各参演院团集中、安全、高质量地圆满完成全年演出任务。活动覆盖全市近400个行政村、社区，受益群众150多万人次。

开展2019年郑州市精品剧目（节目）演出。截至12月3日，圆满完成2场新年音乐会年、6场“情暖新春”专场文艺演出、16场周末剧场、24场优秀经典剧目展演、2场“绿色周末”特别节目等全部演出活动。活动采取免费发票的形式，通过“郑州文旅云”平台免费领取，并积极探索免费发票和低价票相结合的模式。同时，为让更多群众欣赏到精品剧目，经参演院团同意，部分剧目还可以登录“郑州文旅云”点击“观直播”在线“云”观看，据统计，活动惠及现场观众3万余人，16场直播演出在线观看群众350多万人。活动提高了优秀剧目的影响力，保障了市民享受高品质文化的权利，受到了群众的广泛好评。

2020“欢乐春节”对外文化交流活动。为弘扬优秀中华文化，推动中原传统文化走出去，根据文旅部2020“欢乐春节”工作安排，组织郑州歌舞剧院完成“欢乐春节”赴卡塔尔、乌拉圭、巴西、美国出访演出任务，共计演出14场，受到了当地民众和广大华人华侨的热烈欢迎，并受到文旅部、驻外使领馆及河南省文旅厅等各级领导的高度赞誉。

郑州市2020年卫生健康工作报告

郑州市卫生健康委员会

2020年，全市卫生健康工作在市委、市政府的坚强领导下，认真学习贯彻习近平总书记关于卫生健康工作重要论述和疫情防控重要指示批示精神，始终坚持新时期卫生健康工作方针，紧紧围绕人民群众健康需求，全面落实全省、全市卫生健康大会安排部署，积极应对突发疫情，坚持一手抓疫情防控、一手抓改革发展，疫情防控和卫生健康事业发展实现两促进、双丰收。郑州市卫生健康委被省委、省政府表彰为第四届河南省“人民满意的公务员集体”和河南省抗击新冠肺炎疫情先进集体。

一、疫情防控有力有效

快速反应，迅速筑起抗疫防线。面对新冠疫情，第一时间启动响应机制，迅速动员部署、成立组织、建立机制，及时出台20多个工作方案，快速确定20家定点（后备）医院和65家发热门诊，14天建成投用郑州版“小汤山”医院——岐伯山医院，组建5788人的五级医疗梯队，坚决落实“四早”“四集中”防治措施，“一人一案”全力救治，7万医务人员取消春节休假坚守岗位，与全市千万人民同舟共济构筑起坚固防线，最短时间遏制疫情蔓延，仅用30天实现本土确诊病例零新增、43天确诊病例清零。先后8批次314名医疗卫生精锐主动请缨、逆行冲锋，驰援武汉、新疆、河北；完成国际航班 245 架次 3.8 万人的地接任务，排查救治境外输入确诊病例 30 例，医学观察境外输入无症状感染者 269 例，实现“疫情零扩散、工作人员零感染、归国人员满意”的“双零一满意”目标。

精准施策，全力保障复工复产复学。因时因势调整防控策略，全力服务“六稳”“六保”，针对 20 余个行业、30 余类场所和 20 余类人群制定防控技术规范和防护指南；印发各类疫情防控海报、宣传页、宣传册等 100 余万份；先后 20 余次组织专家深入企业学校督导复工复产复学疫情防控；拉网式排查农贸商超冷链食品及外环境，抽检样本 11.4 万余份，检测进口冷链食品车辆 8902 车、样本 14.1 万份；建立疫情防控“点对点”协调机制和“健康副校长”制度，为 1345 所中小学选派健康副校长，有力保障了复工复产复学。

积极备战，加快公卫应急能力建设。流调队伍由 458 人调整充实到 1160 人，累计追踪排查密接者 7651 人；快速提升核酸检测能力，核酸检测机构达到 86 家，组建 10500 人的应急采样队伍，日检测能力达到 24 万份，累计核酸检测 488.4 万人份；建成发热门诊 110 家、基层发热哨点诊室 153 家，推进 2 个市级重大疫情救治基地和 5 个后备救治基地建设，按辖区每万人 1 张床位标准建设县级重大疫情救治基地，医疗救治体系健全完善；及时成立疫苗紧急接种专班，在全省率先开展新冠疫苗接种，累计完成 80.4 万人次；建设应急物资储备中心，已完成项目立项，医疗机构按照 1 个月满负荷运转需求做好物资储备。在全国和省市抗疫表彰大会上，全系统 3 人荣获国家荣誉，87 个集体、4 个基层党组织和 236 名先进个人、4 名优秀共产党员受到省市表彰。

二、公共卫生保障日益完善

疾控体系不断健全。深化疾控机构改革，市直机关医院、健教所、地病办三家单位整体合并到市疾控中心；开展县级疾控机构标准化建设，巩义市、登封市、新郑市、上街区、惠济区 5 家疾控中心基本达到国家标准，二七区、航空港区2家完成主体建设，其余9家按计划有序推进；全市64家二级及以上公立医疗机构全部设立疾控科，配备专兼职疾控人员356人；市县两级疾控机构人员编制由996名增加到1346名，培训业务骨干5600余人次，疾控队伍建设不断加强。

重大疾病防控有力。推进县级免疫规划标准化建设，新装备冷库18个，免疫规划疫苗迟种补种完成率达到95.38%；加强传染病监测报告，全年无甲类传染病发生，法定传染病报告发病率同比下降55.16%；深化慢性病综合防控工作，全面推行HEARTS高血压防治项目，荥阳市和中原区分别获评国家和省级慢病综合防控示范区，新郑市和登封市、上街区分别通过国家和省级示范区复审；开展艾滋病综合防治示范区建设，郑州市和登封市分别被确定为国家和省示范区，全年新报告感染者同比下降17.76%；地方病防治通过“十三五”规划终期省级评估，实现消除碘缺乏病目标；结核病、精神病防治等工作扎实有效。

职业健康和食品安全工作深入推进。积极实施尘肺病防治攻坚行动，随访调查尘肺病人8144人次，筹建尘肺病康复站9个，在全省尘肺病康复站（点）建设现场会示范推广；在监督局设立职业卫生科，监督执法力度持续加大。全面开展食品污染、食品有害因素监测，236家哨点医院上报食源性病例18315例。

应急保障任务完成圆满。开展突发事件公共卫生风险评估12次，科学处置新冠肺炎、炭疽疫情等突发公共卫生事件44起，处置3人以上突发事件807起；圆满完成了2020年央视春晚郑州分会场、2020国家网络安全宣传周及2020年中国金鸡百花电影节、2020国际乒联巡回赛总决赛、中国500强企业高峰论坛等重大活动和会议防疫医疗保障任务46场次。

三、综合医改持续深化

公立医院改革稳步实施。完成市属公立医院去行政化改革，岗位科室设置、中层选聘、人员招聘和薪酬分配实行医院自主；持续推进现代医院管理制度建设，所有公立医院完成章程制定；在44家公立医院开展按病种收付费改革，104个病种平均降费12%，医保实际报销比例提高5%～15%；建设医院精细化管理平台，智能病历质控、DRG绩效评价、合理用药智能监测、区域医院运行监管等4个系统全面启动，33家公立医院5个能力提升项目信息化系统全部上线运行；理顺管理体制，市八院、嵩山医院、第一按摩医院、侨光医院等4家行业公立医院完成转隶；连续两年对全市二级以上公立医院开展DRG第三方评估，对市属公立医院运营发展及专科能力进行第三方评价，为医院高质量发展“把脉问诊、对症开方”。

药品供应保障巩固加强。坚持基药主体地位，开展基本药物制度绩效考核，落实处方点评，医疗机构优先配备基本药物，政府办基层医疗卫生机构和二级、三级综合公立医院基药配备品种数量占比分别达到86.26%和62.06%、36.23%，高于省定目标；7家市属医院和3家县级医院试点实行总药师制度；实行药品、医用耗材采购目录备案管理，开展高值医用耗材重点治理，促进合理应用；建立短缺药品保供稳价工作会商联动机制，保证临床用药需求。

综合监管持续强化。持续推行“双随机、一公开”，完成国家省市三级抽查任务4049例，占比20.2%，完结率100%；严厉打击非法行医，立案查处违法案件679起；持续打造“智慧卫监”，依法执业多元化信用综合监管评价、行政执法全过程记录、电子档案管理等9个系统已上线运行；完成国家多元化监管试点工作，经验做法在全国医疗服务多元化监管试点工作总结会上交流发言；加强监督机构规范化建设，新郑市卫生计生监督所等5家单位成功创建省级规范化监督机构；注重监督执法能力培养，荣获省卫生监督执法案卷团体一等奖，2个行政处罚案例被评为全省卫生健康执法十大典型案卷，1个案例被评为全国卫生健康执法优秀典型案例。

四、医疗水平持续提升

区域医疗中心建设深入推进。国家儿童区域医疗中心正式挂牌；郑州儿童医院被确定为河南省儿科医学中心，市中心医院被确定为河南省创伤医学中心协同单位；市级10个专科诊疗中心影响力进一步扩大，市二院、市三院、市九院跻身三级医院；6个县（市）县域医疗中心建设单位均通过“二甲”评审并达到建设标准，登封市人民医院、新密市中医院晋升三级。

人才学科建设和合作交流不断加强。加大人才引进培养，引进博士22人、硕士280人，新增3名专家享受国务院津贴、1名享受省政府津贴，29名专家当选省市学术技术带头人；选派30名临床学科骨干到北大医学部进行导师制培养；获批国家自然科学基金科研项目3项、省医学科技奖32项、省科技进步奖5项；新增省医学重点（培育）实验室1个、市级重点实验室7个；获批市社会事业专业技术人才高级研修项目3个，占全市50%；郑州人民医院获批全市首家国家级博士后科研工作站；市一院烧伤外科学、郑州儿童医院儿科学、变态反应学，市六院结核病学，市骨科医院骨外科学等5个学科入围中国医学科学院学科科技量值前100名，市一院烧伤科、郑州儿童医院小儿外科、市骨科医院骨科、市八院精神科、郑州市口腔医院口腔科5个学科入围中国医院专科声誉排行榜；新引进国内外知名学科团队29个，市三院与树兰医疗集团深度合作项目成效明显，带动医院服务能力和影响力大幅提升。

医疗服务持续改善。新建脑卒中、创伤救治、胸痛、肾脏病4个市级医疗质量控制中心，确保医疗安全；10家市属医院设置医务社工部门，配备专兼职医务社工226名，开展义工（志愿者）公益活动，服务内容和形式多样；11家医院设置清真食堂或清真灶（清真窗口），配备专职营养师，开展营养膳食订餐送餐服务，患者满意度不断提升；市中心医院、郑州人民医院、巩义市人民医院和登封市人民医院4家医院，郑州儿童医院医务科，郑州人民医院内分泌代谢科、药学部，巩义市人民医院检验科4个医院科室被国家卫健委作为改善医疗服务先进典型通报表彰。

中医药服务能力不断提升。出台促进中医药传承创新发展实施方案，规划布局中医药发展；推进1个国家级、3个省级区域中医专科诊疗中心建设，引进和应用新技术12项，科研立项11项；启动绿城杏林人才培养工程；新建成基层中医馆9家，评选市级示范中医馆10家，3家县级医疗机构完成省特色中医专科强化建设项目；发挥中医药特色优势，新冠肺炎确诊病例治疗中医参与率达100%，汤药使用率达87.9%；持续弘扬中医药文化，新密市中医院等5家单位被确定为河南省中医药文化宣传教育基地。

重点项目稳步推进。市三院迁建等11个项目列入郑州市重点项目，郑州卫生健康职业学院迁建等14个项目列入2020年市本级政府投资计划，年度完成投资36342万元。市疾控中心传染病应急检测中心P2实验室、医疗卫生应急物资储备中心和市九院医疗用房装修改造3个项目完成立项。市一院立体停车场项目竣工，郑州市第三人民医院迁建、市骨科医院宜居健康城医院和市妇幼保健院宜居健康城医院3个项目进入收尾阶段。

五、基层网底不断巩固

县域医共体全面覆盖。出台县域医共体建设实施意见，按照“政府主导建、管理七统一、经费双打包”建设路径，创新管理体制和运行机制。全市组建7个医共体，覆盖71家基层医疗机构，累计开展远程诊疗18.87万例，双向转诊16573人次，县域就诊率达到96.6%，县域内基层就诊率达到67.8%。

基层卫生机构建设提质升级。实施社区卫生服务体系建设三年行动计划，按照有用房、有人员、有设备、有资金“四有”标准，完成62家政府主导的社区卫生服务中心建设任务；持续开展“优质服务基层行”活动，148家社区卫生服务中心、乡镇卫生院达到国家标准或推荐标准，达标率74%，远高于省定50%目标；实施基层医疗卫生机构建设三年行动计划，开展村卫生室标准化建设和公有产权村卫生室改造，公有产权比例达到75.06%；把中小学校园医务室纳入社区卫生服务体系管理，登封市、金水区政府出台了实施方案，登封市、郑东新区校医已选派到位，新密市、上街区部分校医到位，巩义市完成校园医务室审批。

基层队伍建设逐步加强。继续实施基层卫生人才工程，招聘特招医学生 37 人、特岗全科医生 32 名；开展基层卫生人才培养培训计划，培训社区医师、公共卫生等 6 类人员 800 人次，培养全科医生 449 名；开展基层卫生人才能力提升项目，累计培训乡村医生 1853 人；完成 5271 名乡村医生执业再注册工作，稳定村医队伍。

基本公共卫生服务深入开展。强化基层医疗机构公共卫生服务功能定位，规范基本公共卫生服务项目管理，开展服务项目培训，推行量化考核制度，持续提升基本公共卫生服务均等化水平。全市建立居民电子健康档案 862.58 万份，65 岁及以上老年人接受健康管理 55.87 万人，管理高血压患者 56.2 万人、2 型糖尿病患者 22.94 万人、0～6 岁儿童 66.3 万人。

家庭发展保障水平持续提升。规范整顿生育登记，实现“最多跑一次”；修订完善奖励扶助政策，落实各类扶助保障资金 5.3 亿元；出台计生特别扶助对象住院护理补贴保险办法，累计结案 1219 人，赔付住院护理补贴 240.2 万元。新密市、新郑市、中牟县和二七区获评全国计划生育服务先进单位。

健康扶贫任务全面完成。以“大病集中救治一批、慢病签约服务管理一批、重病兜底保障一批”为抓手，积极采取“七免一减”等健康扶贫政策，全市建档立卡因病致贫 5428 户 18551 人全部脱贫。全市享受“七免一减”惠民政策共 13.12 万人次，累计减免医疗费用 4821.82 万元；30 种大病集中救治 279 人，救治率达 100%；贫困人口慢病签约 8121 人，签约率 100%；3640 名重病患者全部落实医疗兜底保障政策，做到应兜尽兜、不落一人。全市贫困人口基本医保参保率 100%，贫困村标准化村卫生室和合格乡村医生覆盖率 100%，贫困人口家庭医生签约服务率 100%；贫困人口医疗费用实际报销比例 91.66%，贫困人口县域内就诊率达到 99.56%。县域内定点医疗机构全部实现“一站式”结算，贫困人口“先诊疗后付费”政策全面落实。

六、健康行动深入推进

健康郑州行动全面启动。以市政府名义印发《健康郑州行动实施方案》，把健康郑州行动作为“一把手工程”，明确了以市长为推进委主任的行动组织架构，将健康郑州行动 9 项指标纳入市委、市政府年度高质量发展绩效考核指标，调动要素资源向卫生健康领域汇聚，合力推进健康郑州建设。老年健康、中医药、癌症防治等 9 个专项行动先后举行启动仪式，其他行动以不同方式推进落实。郑州市创新健康管理模式入选健康中国行动典型经验案例，健康促进做法被省卫健委作为健康教育与促进典型案例刊发。

健康管理拓展深化。在全市医疗机构推行“三师五方”健康管理模式；深化“三个一”健康管理服务，市财政安排专项资金 600 万元新建健康小屋 30 个，并为建设单位奖补设备 30 台；组织全市健康小屋管理员业务培训，提升服务能力。

健康教育促进工作深入开展。开展健康大讲堂 3000 余场，打造《郑说健康》品牌栏目，在学习强国河南平台、郑州平台开设“健康科普”专栏，组织评选健康达人、健康科普知识竞赛等活动，拓展 12320 卫生健康热线健康咨询服务，充分运用微信、抖音等媒体等多渠道多平台广泛宣传普及健康知识。新密市成功创建国家健康促进示范县，荥阳市、金水区积极推进省健康促进示范县创建工作。修订实施《郑州市公共场所禁止吸烟条例》，郑州市进入全国无烟立法城市第一方阵，实现河南省公共场所全面无烟立法城市零突破，全市创建无烟单位、无烟党政机关 952 个。

老年和妇幼健康保障能力持续提升。全市 18 家二级以上综合医院设立老年医学科，13 个医养结合试点示范机构遴选公布，36 个安宁疗护中心顺利建成、新增床位 721 张；5 个医养结合管理控制中心、3 个医养结合安宁疗护实训基地相继成立；探索出了郑州福华街社区卫生服务中心“主动式居家养老”模式、普罗旺世医养中心“融健康文化、管理、干预及医疗为一体的中医健康保障”模式、郑州爱睦家“医疗、康复、养老、照护四位一体的失能老人医养结合服务”模式和晚晴养老集团“集居家养老、上门服务、社区日间照料、机构长期照护、医养结合、教育培训于一体的综合型健康养老服务”模式等各具特色的成功案例。持续实施妇幼健康服务能力提升计划，市妇幼保健院成功创建“三甲”，新密市、登封市、中牟县和荥阳市 4 家妇幼保健院通过“二甲”评审，全市 50% 以上二级医疗机构、57.3% 的乡镇卫生院和 51.7% 的村卫生室妇幼健康服务能力建设达标。落实促进 3 岁以下婴幼儿照护服务政策，全市建有托育机构 261 个、提供托位 20219 个，入托婴幼儿 11269 人；建有母婴室 434 个，累计评出优秀母婴室 78 个。

民生实事圆满完成。持续开展妇女“两癌”、孕产妇产前筛查和新生儿疾病免费筛查，全年共完成“两癌”筛查 122524 人，完成率 102.1%；完成新生儿疾病筛查 395198 人次，完成率 109.5%；完成产前筛查 169855 人次，完成率 111.2%。在脑卒中危险因素筛查基础上，新增肺癌早期筛查，完成脑卒中筛查 50345 人，完成率 100.6%；完成肺癌筛查 50125 人，完成率 100.3%。

七、健康环境不断优化

城乡环境明显改善。以郑州市国家卫生城市复审为抓手，紧紧围绕疫情防控，实施全城动员、全民动手，全面开展城乡环境整洁行动、社区卫生整洁行动等“七大行动”，坚持每周五全城清洁活动，市容市貌大幅提升。充分利用媒体、健康教育专栏、围挡围墙、灯杆幕旗等载体开展爱国卫生和疫情防控宣传，积极开展爱国卫生月、世界无烟日等各类爱国卫生活动，营造讲文明、讲卫生、防疾病的良好风尚。郑州市国家卫生城市复审完成省级评估，新密市成功创建国家卫生城市，中牟县通过届满复审，新增国家卫生乡镇 8 个、通过届满复审 5 个；新增省级卫生乡镇 7 个、卫生单位（社区、村）61 个；新增市级卫生乡镇 3 个、卫生单位（社区、村）176 个。

健康城市建设成效明显。积极推进健康城市和健康细胞建设，全市创成省级健康细胞 95 个、市级 220 个。积极参与国家健康城市标准化建设项目，上街区工业路街道通航社区、二七区大学路街道康桥华城社区、中牟县雁鸣湖镇东村社区等 3 个健康社区经验做法作为典型案例纳入项目研究，并在《健康中国观察》杂志连续刊载。

病媒生物防制管理水平持续提升。制定公共环境病媒生物防制市场化服务项目管理办法，实施防制越冬蚊蝇、夏季灭蚊蝇、冬季灭鼠专项活动。疫情以来，按照“一清一统二消”（即：清除孳生地，按区统一防鼠设施，消杀、消毒）原则，全面开展病媒生物防制活动，有效防止媒介传染病传播。

八、智慧健康便民惠民

智慧健康建设纳入全市统一的城市大脑项目，16 个子系统上线运行。

数据信息互通共享。建设医疗数据资源平台、全民健康信息平台、健康档案系统等系统平台，14 家公立医院 7383.2 万余条诊疗数据上传平台，覆盖 523 万余人就诊记录，市民可以通过“郑好办”App 查询，初步实现跨部门、跨区域、跨系统的信息数据互联互通和共享。郑州市第一人民医院、郑州市中心医院、郑州人民医院、郑州市第七人民医院和郑州儿童医院 5 家医院通过患者授权实现患者既往就诊记录和在其他机构检查检验结果可查可用。

就诊服务更加便民。推行身份证、社保卡“通卡就医”，电子健康卡“亮码就医、脱卡就医”；打通区域医疗机构联通接口，推动数据共享、检查结果互认；推开分时段预约挂号、诊间支付、床旁结算，试行先就诊后付费等服务，群众就医更加方便舒心。

多项便民应用惠及群众。在“郑好办”上线“电子健康卡、家庭医生、医疗地图、疫苗接种、出生证明”等健康服务，医疗机构、疫苗接种情况、出生证明等群众关切事项“一图呈现、一键可查”；“一键急救”打通急救车、院前和院后信息通道，提升急救效率；卫生健康领域“一件事”18 项上线“郑好办”，极大地方便群众，提升了群众健康获得感。

郑州市2020年应急管理工作报告

郑州市应急管理局

2020年，面对新冠肺炎疫情冲击、全面复工复产风险严重、洪涝灾害叠加碰头的严峻形势，全市应急管理系统在市委、市政府的坚强领导下，深入学习贯彻习近平总书记关于应急管理重要论述和指示批示精神，始终坚守"以人民为中心"安全发展理念，勠力同心，迎难而上，扎实推进安全生产三年专项行动，统筹抓好防灾减灾救灾工作，全力加强应急管理体系建设和能力建设，各项工作取得新的成绩。

一、疫情防控专项斗争成效明显

2020年，新冠肺炎疫情突然爆发蔓延，市局敏锐把握疫情动态，根据全市统一部署，成立疫情防控工作领导小组，实施"一办七组"工作制，统筹指挥全市应急管理系统疫情防控和安全风险防范工作，及时启动新型冠状病毒感染的肺炎疫情防控应急预案，广大应急党员干部闻令而动奔赴抗疫一线，积极做好防护物资保障，对次氯酸钠（84消毒液原料）和酒精生产储存企业进行安全帮扶生产，缓解全市防疫物资短缺问题；克服雨雪天气和交通限行等困难，及时协调调运帐篷900顶，为一线防控工作提供应急保障；深入社区开展疫情监测、安全督导、宣传引导等，担当起新时代的"逆行者"、人民群众的"守夜人"。疫情形势稳定后，以“送政策、送服务”为抓手，市局先后出台做好非煤矿山、工贸、危险化学品等行业企业复产复工安全监管系列措施文件，推行复工复产企业“六必须、六确保”，严格落实企业主体责任，强化复工复产工作全链条的安全监管；各级迅速建立服务指导机制，派出安全生产指导帮扶组，对全市防疫用品生产经营企业、高危行业企业、重点行业的企业，开展“把脉诊断”式的上门安全指导服务，为其复工复产提供安全技术支撑，确保了分管行业领域的企业安全复工、安全运营，赢得了市委市政府和广大人民群众的充分肯定。

二、深化应急管理体系改革

推动应急指挥体系建设。调整充实全市“1＋12”应急指挥部组织架构，针对各专项指挥部建设情况和突发事件信息报送工作机制存在的突出问题和矛盾，研究出台《郑州市人民政府应急救援总指挥部办公室工作细则（试行）》《关于做好突发事件信息报送工作的紧急通知》，明确了突发事件（自然灾害、事故灾难、公共卫生、社会安全）信息报送工作内容、时限要求，进一步完善信息共享工作机制。

完善军地应急救援联动工作机制。进一步加强与解放军（郑州警备区、驻郑解放军部队）、武警部队（武警郑州支队）沟通联络，完善突发事件信息联络机制、预警信息通报机制，细化提请解放军、武警部队参加救援的审批程序及权限规定等，努力实现“统一、顺畅、高效”的工作体系。

启动“十四五”应急管理体系规划编制工作。以应急体系建设为总揽，将综合防灾减灾救灾、安全生产、应急指挥、实施救援等应急管理重点工作统筹纳入规划主要内容，与应急管理相关重点学科院校交流沟通，重点调研“十四五”规划课题及应急管理发展方向，为科学编制规划打好基础。

推进应急管理业务融合。完成应急救灾物资移交，应急救灾物资储备管理职责移交市粮食和物资储备局；完成防汛抗旱指挥部办公室、森林防灭火指挥部办公室职能划转和人员转隶，承担起7个议事协调机构办公室（应急救援总指挥办公室、安委会办公室、减灾委办公室、防汛抗旱指挥部办公室，抗震救灾应急指挥部办公室、森林防灭火指挥部办公室、安全生产应急指挥部办公室）日常工作；将郑州矿山救护大队改革为郑州市应急救援支队，救援职能从单一矿山救援转变为多灾种救援；将郑州市安全生产应急救援指挥中心改革为郑州市应急救援保障中心，加强了应急救援保障体系建设。以应急体系建设为总揽，提请市委、市政府印发贯彻落实河南省应急管理体系和能力建设三年提升计划（2020—2022年）政策指导文件，科学编制“十四五”应急管理体系规划，进一步提升了全市应急管理能力。

三、安全生产形势持续向好

压实各方安全生产责任。修订完善《市安委会成员单位安全生产工作职责》，制定出台《安全生产巡查工作制度》《安全生产工作通报制度》等措施规定，大力开展安全生产谈心谈话活动、“红黄蓝”分类挂牌管理和警示约谈制度、诚信体系建设等，认真组织实施安全生产巡查督导、目标管理、异地执法、事故调查处理等，全市安全生产齐抓共管的工作氛围进一步浓厚。

持续推进双重预防体系建设。围绕“三个覆盖、两个延伸、一个不变”工作目标，全市3565家规模以上企业（单位）正在开展双重预防体系建设，已建成并有效运行的有2729家，完成率77%；规模以下小微企业（单位）正在开展的有4768家，已建成并有效运行的有2640家，完成率55%，总体来看，全市双重预防体系建设的氛围日益浓厚，推进范围逐步扩大，体系质量明显提升。

加快安全发展示范城市创建。调整市安全发展示范城市创建工作领导小组成员，建立安全发展示范城市创建工作联席会议制度，积极开展示范城市创建和城市安全风险评估专题培训，推进城市安全风险评估。目前，193项创建内容已完成147项，完成率76%，剩下46项工作在积极推进中。

强化重点领域安全整治。以遏制防范各类生产安全事故为目标，深入开展安全生产专项整治三年行动，扎实开展煤矿、非煤矿山、危化、工贸、消防等行业（领域）安全生产专项整治，指导帮助市城建、交通、房管等部门围绕既有住房、道路交通、建筑施工等重点领域集中开展排查整治和百日攻坚行动，全市共排查整改安全隐患 71534 条，罚款 2530 余万元。与 2016 年相比，2020 年全市生产安全事故起数下降 64.8%，死亡人数下降 26.5%，受伤人数下降 60.8%，直接经济损失下降 19.6%，连续三年无重特大事故发生，连续四年实现“一杜绝四下降”目标，保持了全市安全生产形势持续稳定向好局面。

四、防灾减灾救灾能力持续提升

防汛抗旱方面。防汛抗旱职责划转以来，围绕“六稳”“六保”，认真贯彻落实各级领导指示要求，进一步完善防汛抗旱行政首长负责制，突出抓好河道治理、水毁工程和应急度汛工程建设，补齐防洪工程短板，建立完善郑州市防汛抗旱专家库，集中组织暴雨洪水预报预警、黄河防汛抢险应急疏散、黄河滩区迁安救护、山洪灾害防御、南水北调中线工程防汛应急、水库防洪抢险、贾鲁河防洪抢险、城区应急排涝等一系列演练活动，对全市汛期安全开展全方位督查，确保做到“七到位”（即：组织领导到位、体系调整到位、职责明晰到位、物资储备到位、队伍建设到位、排查督查到位、预案演练到位），切实消除各类工程和非工程措施安全隐患，夯实了我市防汛基础、防洪能力，确保全市安全度汛。结合 6 月全市阶段性干旱形势，及时启动抗旱Ⅳ级应急响应，组织气象、水利、农业、水文等部门开展旱情会商，全力组织抗旱夏播抢种，保障群众饮水安全。其间，全市日最高投入抗旱人员 5.15 万人，累计投入抗旱资金 861.14 万元，累计浇灌 41.57 万亩次，临时解决因旱饮水困难 7460 人、大牲畜 520 头。

地质灾害方面。积极推进巩义和中牟地震烈度速报与预警工程建设，开展全市建设工程地震安全监督检查，强化部分县（市、区）区域性地震安全评价指导，梳理更新县区防震减灾综合国情数据库信息资料，推动应急避难场所建设，积极有效应对地震和山体滑坡事件。

森林防火方面。试点（登封、新密）森林防火无人机巡查，强化预警和火点排查，联合市林业局等部门对森林防火重点区域进行专项督导检查，全年森林防火形势总体稳定。会同消防、林业、建设等部门，探索构建火灾防治信息共享渠道和协调联动救援工作机制。编写《森林防火灭火应急手册》，开展森林防火专业队伍、义务消防组织及乡镇办护林防火人员进行业务技能培训，多渠道、多方式进行社会宣传教育，提高全民防火安全意识。

灾情应对方面。以保障受灾群众基本生活为出发点和落脚点，切实履行救灾主体责任，及时储备救灾物资，及时发放救灾款物，确保受灾群众有饭吃、有衣穿、有干净水喝、有地方住、有病得到及时医治。与2011—2015年均值相比，“十三五”期间，郑州年均受灾人口、年均转移安置人口、年均倒损房数量分别减少85.4%、97.6%、95.1%，防灾减灾工作成效显著；累计投入救灾资金678余万元，下拨救灾物资2万余件，有效保障了受灾群众基本生活。

五、强化应急知识宣传教育

拓展主流媒体合作。持续推进与《郑州日报》、郑州电视台、郑州新闻广播98.8、郑州交通广播91.2、中原网等主流媒体合作，丰富“安全生产、警钟长鸣”、应急之声、安全第一线等专栏内容，提升全民安全意识和防灾避险能力。建立新闻宣传通讯员队伍，规范“郑州应急”新浪微博、抖音App等新媒体管理，持续打造应急舆论宣传矩阵。

创新开展系列宣传活动。加大与广州、杭州等先进地区交流，并结合疫情防控常态化实际，采取线上线下结合、线上为主线下为辅的方式，创新开展“5·12”防灾减灾主题宣传周、安全生产月、“五进”等各项活动，年受教育人数超百万人次，公众安全防范意识和应对突发事件的自救互救能力有力提升。

抓好安全生产资格考试复考。按照河南省应急管理厅《关于有序恢复生产经营单位安全生产培训考试工作的通知》要求，组织全市安全生产培训机构教师，组织开展疫情防控复考模拟演练，为全市安全生产资格考试顺利复考提供有力保障，6 月初即恢复全市安全生产资格考试工作，生产经营单位主要负责人和安全生产管理人员考核工作。

六、推进应急基层基础建设

加快推进数字郑州·应急项目。成立项目推进专班，印发应急指挥平台（硬件）建设方案，规范全市应急系统信息化技术标准和接口协议，推进市委防汛抗旱分指挥室信息化系统、防汛减灾专题系统、安全生产专题系统、应急管理专家库等建设。目前，已打通与水利、气象、河务、国土、城管等部门共享数据接口 10 余个，完成共享数据 1008 万条；软件系统已具备上线试运行条件；硬件方面，融合通信、视频会议设备已完成采购，应急指挥车辆、无人机、卫星通信等设备正在采购当中。

统筹做好应急资源调查摸底。全市共有规模以上应急队伍 110 支，共 6311 人；运输机场 1 个，通用机场 2 个，临时起降场（点）9 个，直升机建议起降点 19 个；防汛物资方面，全市共储备编织袋 54.92 万条、麻袋 15 万条、救生衣 1.8 万件、冲锋舟 17 艘、发电机 186 台、移动泵车 32 台套、无人机 5 架、砂石料 2388.64 万方。

深化“放管服”改革。积极优化营商环境，推进政务服务“一网通办”，规范“1＋X”模式再造商事登记“一件事”流程，加快推进“证照分离”改革全覆盖试点在自贸试验区郑州片区的推动实施，推动电子证照数据共享，完善建设项目安全预评价、危险化学品建设项目安全条件审查等有关事项。创新服务方式，积极引导企业进行网上申报，同时压缩办理时限，确保在疫情防控期间，实现“网上办、不见面、保安全、能办事”。全年所受理、审核、办结审批许可事项群众满意率 100％。

谋划市综合性应急救援保障基地建设项目。按照河南省应急管理体系和能力建设三年提升计划（2020—2022 年）文件精神和郑州市委、市政府关于中央投资项目申报工作的要求，积极谋划郑州市综合性应急救援保障基地建设项目。

规范应急抢险救灾工程认定。依据《中华人民共和国安全生产法》《中华人民共和国突发事件应对法》《河南省安全生产条例》《郑州市特殊工程认定和发包暂行办法》，出台《郑州市应急抢险救灾工程认定暂行办法（试行）》，规范应急抢险救灾工程认定工作的管理，强化管理部门的行政责任，减少政府的协调决策事项，提高工程建设效率。

郑州市2020年统计工作报告

郑州市统计局

2020年，全市统计系统以提高数据质量为统揽，认真落实中部地区崛起和国家黄河战略，围绕国家中心城市高质量建设，强化预警监测分析，发挥统计职能作用，高质量服务市委、市政府科学决策，为谱写新时代中原更加出彩的绚丽篇章贡献力量。

一、依法统计依法治统，良好统计生态基本形成

把防范和惩治统计造假弄虚作假，提高统计数据质量作为统计工作的生命线，全力以赴予以推进。

依法统计体制更加健全完善。认真落实河南省统计局全面推行行政执法公示制度等要求。建立健全分专业、分岗位数据质量责任制，印发《郑州市统计机构负责人和统计人员防范和惩治统计造假弄虚作假责任制实施办法（试行）》，出台《郑州市统计局贸易专业统计数据质量管理办法及岗位责任》等6项制度，提高统计数据生产活动的科学性和主要统计指标的准确性。市辖六区政府统计机构全部依法单设，为独立开展统计调查、依法履行统计监督职能打好基础。上街、中牟、荥阳多名同志通过国家统计执法考试，法治队伍建设得到加强。

依法治统理念深入人心。各开发区党工委管委会，区县（市）党委、

政府学习中央《关于深化统计管理体制改革提高统计数据真实性的意见》《统计违纪违法责任人处分处理建议办法》《防范和惩治统计造假、弄虚作假督察工作规定》及省《关于深化统计管理体制改革提高统计数据真实性的实施意见》，实现全覆盖。持续推进统计法律法规知识进党校，千余名党政干部接受培训。组织“四上”单位“签承诺、亮信用”活动，企业诚信意识不断增强。以年报会、业务会、“七人普”工作为平台，做好普法培训，参训人员达 7 万多人次。在《中华人民共和国统计法》颁布实施纪念日、统计开放日等重要时间窗口开展主题宣传活动，发放各类普法材料 11 万册，统计法治精神浸润人心，法治氛围日益浓厚。

法纪震慑作用更加凸显。按照“严治虚、狠打瞒、重防漏”的工作要求，强化统计执法工作。严格执行统计造假、弄虚作假“一票否决制”，加大干部任前统计违法违纪行为审核，出具无违反统计法行为证明 481 份。动态管理名录库，对不符合入库条件的 256 家“四上”企业坚决退库。结合“双随机”抽查、专业数据异常波动和统计违法线索核查等，执法检查企业 123 家、处罚 4 家；配合省局查办统计违法案件 48 起，公示统计失信企业 4 家。金水、二七、新郑、荥阳主动加强自身建设，通过自查夯实数据质量，成效显著。

二、不断提升业务水平，精准服务决策作用彰显

监测预警更加准确及时。紧扣“新旧动能转换提速、城市发展提质增效”，高度关注工业增加值、固定资产投资、社会消费品零售总额、工业用电等重要统计数据，及时向市委、市政府反映全市经济运行中苗头性、趋势性问题，有针对性地提出对策建议，为市委、市政府加强经济调度和管理提供有益参考。省委常委、市委书记徐立毅对全市统计工作给予充分肯定，表示“郑州市统计数据比较客观准确，逻辑关系也经得起检验，没有大的偏颇，能够真实反映经济社会发展情况”。全市统计系统站位全局，巩义、登封、中原、经开认真做好监测分析，为党委政府科学决策提供统计保障。

分析研判更加细致精准。第一时间全面准确汇集“领导需要了解的数据”和“需要领导了解的数据”形成专题报告。《上半年主要经济指标全面转正工作建议》为助力上半年全市主要经济指标增速实现高于全国、全省立下功劳。《大型商超及购物中心运营模式专项调查报告》对商超入库存在的主要问题分析到位，提出可操作性建议，受到徐立毅书记表扬。2020 年，郑州市统计局共撰写各类分析、信息、报告、研究 260 篇，市领导批示近 30 篇，市委书记批示 5 篇。在市领导的关注下，这些分析成为各部门、各行业查漏补缺、落实决策部署、助力全市经济工作的锦囊妙计。

服务内容更加丰富多样。紧扣“东强、南动、西美、北静、中优、外联”的郑州现代化城市布局，强化城市间数据交流和单位部门统计咨询。深挖“两办”信息报送内容，认真热情解答社会各界的统计咨询满足公众需求。整编《经济动态》《工业统计快报》《服务业发展动态》等 5 项统计资料，编印出版《郑州统计年鉴》《郑州农村发展报告》，发布《2019 年国民经济和社会发展统计公报》。借助“郑好办”App，推出统计数据查询功能、零跑腿在线开具 9 项证明，打通服务群众“最后一公里”。讲好统计故事，在国家省市主流媒体发布统计政务、统计信息 246 篇，利用网站微博做到时时、事事更新，统计宣传进入云空间 e 时代。

三、高质量推进“七人普”，改革创新性工作再上新台阶

第七次全国人口普查高位推进。成立市分管领导任组长的普查领导小组，印发《关于做好第七次全国人口普查工作的通知》，形成政府主导、统计牵头、部门配合、县市联动的良好工作格局。落实普查经费、培训普查人员、建立普查预案，定期召开工作推进会，郑州市第七次全国人口普查工作按照时间节点高标准推进。聚焦宣传动员营造良好氛围，全国独家冠名开通“人普号”城际列车、全省首创《致全市中小学生及家长的一封信》宣传范围覆盖全市 1/3 家庭。举办全省“人口普查宣传

月”和“中国统计开放日”启动仪式，新郑、金水、上街将普查知识纳入初中统考试卷，为第七次全国人口普查宣传开辟了新路径。省人普办抽样调查显示：我市居民对人口普查知晓率达94.16%，普查员入户率达91.67%，两项指标均居全省第一。2020年10—12月，全市6万多名普查人员接连奋战3个月，圆满完成了普查区划分及绘图、普查短表长表登记、户籍整顿、行职业编码和国家事后质量抽查等工作。国家统计局党组成员、副局长李晓超、盛来运先后莅郑调研指导工作，对我市“七人普”工作给予充分肯定。

统计改革工作不断破题出彩。以市委、市政府名义出台《加强新时代高质量统计工作的意见》，实现了统计工作从单一专业性部门向综合性部门转变，向数字统计与统计分析并重转变，向事后统计与事前预判并重转变。推进全市地区生产总值统一核算，实现各区县地区生产总值汇总数与全市数在总量、速度和结构上的基本衔接。不断创新工作举措，对绿色发展统计指标体系分区县（市）进行初步测算，建立研发投入千万元以上企业季报制度，稳步推进劳动工资统计改革，依托郑州“城市大脑”建设，郑州市经济社会发展大数据决策服务平台开通上线。提出中小学供餐企业统计方法建议，得到市领导好评。

四、强化夯实基础保障，统计治理能力明显提升

基层基础建设更加坚实稳定。加强“四上”单位入库，新入单位1555家，单位数再居全省第一。印发《郑州市统计局落实“两个工作规范”实施方案》。建立基层统计工作联系点制度，对点指导16个区县（市）统计规范化建设、统计调查业务、统计服务，帮助各县区补齐短板增强发展动力，确保全市统计工作同频共振，同步推进。采取“跨级培训、以会代训、实地教学、训考结合”等形式，全年开展各类业务培训21次，基层统计人员业务能力得到显著提升。建立部门统计会商机制，理顺综合统计与部门统计关系，交流确定统计范围、统计口径、统计时点等内容，集中部门智慧和力量，服务全市发展大局。持续巩固大统计

工作格局，与财政、税务、市场、民政等部门的信息共享进一步深化，与发改、工信、房管、文化等部门的业务联动进一步紧密，部门统计工作卓有成效。

干部队伍建设更加坚强有力。树立“争先进、创典型、树标杆”的机关建设思路，实施科学管理，健全统计绩效考评机制，对目标任务完成情况进行考核排位、问责约谈，营造“积极、务实、公平、高效”的工作氛围。常态化举办“全市经济运行分析会”“统计素能提升讲坛”“法规知识专题培训班”，选派系统业务骨干赴高校研修学习，干部队伍的素质能力不断提升。坚持好干部标准选人用人，一批政治过硬、业绩突出的优秀干部走上新的工作岗位。

2020 年郑州市统计系统以实干笃定前行，连续 19 年蝉联省级文明单位，先后荣获“郑州市对外开放工作先进集体”“郑州市制造业高质量发展先进单位”等 12 项集体荣誉称号，7 篇课题荣获市社科联优秀论文和省统计系统优秀课题，各方面都取得了长足进步。

郑州市2020年文物工作报告

郑州市文物局

2020年，是“十三五”规划收官之年，也是应对新冠肺炎疫情考验极不平凡的一年。一年来，在市委、市政府的坚强领导下，全市文物工作始终牢记习近平总书记关于文物工作的殷殷嘱托，广大文物工作者忠于职守，敢于担当，敬业奉献，积极做好疫情防控和文博行业复工复产，确保省市重点建设项目不停顿、文化遗产保护利用不停步，文物发展形势总体向好。

一、疫情防控取得扎实成效

按照全市疫情防控指挥部统一部署，市文物局迅速启动疫情一级响应，安排部署系统疫情防控工作，全市博物馆（纪念馆）等公共服务单位闭馆暂停展览活动，积极推出网上展览、线上游等项目，向社会公众提供了安全便捷的在线服务。全市文物系统积极响应号召，前往社区、交通卡口等抗疫一线参与志愿执勤服务，主动参与捐款捐物、义务献血等活动。全市文博单位和考古工地按照复工复产要求，积极开通“绿色通道”，确保省市重点建设项目顺利实施。5·18国际博物馆日，各级博物馆（纪念馆）有序恢复开放，推出系列展览活动。中原区、金水区组织非国有博物馆采取预约参观、线上与线下相结合的方式提供网络展览惠民服务。

二、黄河历史文化保护传承高质量推进

贯彻落实中共中央、国务院《黄河流域生态保护和高质量发展规划纲要》《河南省黄河文化保护传承弘扬三年行动计划》，高质量谋划黄河文化遗产廊道和黄河文化带建设，高标准构建沿黄文化带、环嵩山文化带和中心城区文化板块“两带一心”城市文化总体格局。启动编制《郑州市黄河文化遗产保护传承弘扬专项规划》《郑州市全域文物保护利用示范区总体规划》，配合制定了《黄河文化博物旅游工作三年行动计划》。积极申报国家文物保护利用示范区。河洛古国（双槐树遗址）、世界大河文明论坛、黄河国家博物馆3个项目被党中央、国务院《黄河流域生态保护和高质量发展规划纲要》列入重点项目。大河村国家考古遗址公园（中国仰韶文化博物馆）列入全市“十大文化工程”，6月开工建设。市委、市政府与黄河水利委员会多次召开专题会议，高质量筹划黄河国家博物项目建设，市委书记徐立毅多次调研选址并听取规划设计汇报，研究确定方案。新密、惠济积极推进魏长城、大运河国家文化公园。

三、文物保护利用改革积极实施

贯彻中央“两办”和省政府办公厅关于加强文物保护利用改革《实施意见》和《实施方案》，4月，市政府办公厅研究印发了《郑州市关于加强文物保护利用改革实施方案》，进一步明确各级文物保护责任和任务。按照市领导要求，积极启动实施“大博物馆体系改革”，商城管理处、古荥博物馆并入郑州博物馆。8月，市政府召开了全市文物安全暨生态保遗工程和百家博物馆建设推进座谈会，16个区县（市）与市政府签订了文物安全目标责任书。管城区商代王城保护一期工程完工，中原区二砂文创园首期项目建成开放，二七区百年德化历史文化片区二七纪念塔、原日本驻郑领事馆旧址本体保护完成修缮。郑州博物馆新馆竣工

试运行，郑州商都遗址博物院和郑州市文物考古研究院新院加快推进陈展。郑州纺织工业遗址博物馆开工建设。截至 12 月，市委、市政府部署的年度“新建 20 个遗址生态文化公园、新建 30 家各类博物馆”任务基本完成。登封、二七区等主动争取上级资金上亿元用于陈家沟、臧氏家庙、汉三阙、崇福宫等文物保护项目。

四、夏文化研究得到加强

加强贯彻落实中央、省、市领导关于夏文化研究的重要批示要求，市委、市政府及时成立郑州市夏文化遗址发掘保护利用和夏文化研究专班，按照国家文物局公布的郑州 6 个关键夏文化遗址，建立了工作台账和方案。登封积极推动王城岗夏文化遗址的发掘研究工作。郑州市文物考古研究院与中央电视台、新华社河南分社等单位联合制作多部与夏文化相关的纪录片。

五、考古前置改革进一步深化

习近平总书记在中央政治局第二十三次集体学习时发表考古工作重要讲话后，省、市先后召开常委会和政府常务会专题学习研讨并提出“深化对河南文化大省、郑州文化大市地位的认识，加强郑州历史文化遗产保护与研究”的具体要求。积极参与“考古中国”“文明探源”等科研攻关项目，与郑州大学联合开展完成《郑州市文化遗产保护传承工作现状调查与对策研究》等多个科研项目，不断提升文物考古科研水平。成功举办了“古国时代的中原”学术研讨会和裴李岗遗址发掘收获现场座谈会，编制出版《考古郑州》等一批文物书籍，“河洛古国”双槐树遗址考古重大发现入选“国内十大考古新闻”。高效做好文物勘探、考古发掘工作，服务助推经济社会发展。全市全年签订勘探、考古工作协议 1000 余个，勘探面积 2000 余万平方米，发掘文化层近 10 万平方米，出具考古勘探发掘意见书 500 余份。航空港区实行“提交申请→勘察现场→进场勘探”的工作流程，与国土、城市管理、办事处等单位建立土地清表联合现场勘察工作模式，提升了文物勘探效率。

六、公共服务职能有效提升

全市各类博物馆全年举办各类展览近百个，主题宣传社教活动500场次，接待观众游客近600万人次。组织参加河南省第八届讲解员讲解大赛荣获优秀组织奖和团体奖一等奖。持续组织开展文物保护宣传“六入”活动，以国际古迹遗址日、国际博物馆日、文化和自然遗产日等活动日为契机，开展各类文物价值全媒体传播，有效提升郑州文化遗产的影响力。邀请全国著名学者举办多期“天中讲坛”文物文化系列讲座深受欢迎。郑州市文化遗产综合管理信息系统正式试用。高新区通过郑报融媒举办“西美高新”的文化底色——郑州高新区国际博物馆日征文、拍摄西美高新系列微电影等文物宣传活动，受到市民的好评。

七、文物安全底线进一步扛实

聚焦法人违法、盗窃盗掘、火灾事故三大风险，严格落实安全生产“一岗双责”和“三管三必须”制度，强化文物属地和安全主体责任。按照国家文物局、公安部统一部署，联合公安部门开展打击文物犯罪专项行动，侦破文物案件6起，抓获犯罪嫌疑人15人。7月，在新郑举办了全市文物安全交流观摩会。登封、巩义、新郑、新密等加大文物安全巡查和执法力度，加强田野文物安全巡视排查，新增消防器材，依法拆除文保单位保护范围内及建设控制地带内的违章建筑；中牟等加强文物系统工作人员业务学习和责任意识、业务素养提升。

郑州市2020年园林绿化工作报告

郑州市园林局

2020年，市园林局以新发展理念和以人民为中心的发展思想为指导，深入践行黄河流域生态保护和高质量发展国家战略，按照“东强”“南动”“西美”“北静”“中优”“外联”功能布局，围绕“三项工程、一项管理”部署，深入开展园林绿化增量提质升级，统筹推进疫情防控和复工复产，建成公园、微公园和游园400个，全市新建绿地面积2813万平方米，基本完成铁路沿线五项综合整治，扎实推进省道S312市区段绿化建设，城市容貌和生态品质迈上新台阶，郑州市成为长江以北地区唯一获得国家生态园林城市称号的省会及以上城市。先后获得创建国家生态园林城市工作先进集体、新型城镇化工作先进集体、“5·12”全国防灾减灾宣传周工作先进集体、年度生态建设工作先进单位、市重点民生实事办理工作先进单位等荣誉。

一、全面开展疫情防控

新冠肺炎疫情发生以来，市园林系统充分发挥党组织战斗堡垒作用，筑牢主体责任、内部管控、复工复产和社区家园“四道防线”，确保“大门守得住、人员稳得住、家属管得住、风险防得住”。一是建章立制，筑牢主体责任防线。成立组织机构，制定疫情防控工作专案，建立办公区域和公园广场管控消杀、值班值守、零报告等制度，形成党政一把手负总责、防控工作专人负责、具体任务专人落实的“一岗双责”工作机制。二是狠抓落实，筑牢内部管控防线。对具备闭园条件的郑州市世纪游乐园、郑州植物园、郑州市动物园、郑州雕塑公园实行闭园，对不具备闭园条件的人民公园、碧沙岗公园、紫荆山公园等开放式公园，关停游乐设施，并加强聚集人员的劝离。组织人员对全市公园游园公共卫生间等人员密集场所，进行不间断的消杀，切断病毒传播途径。在公园广场出入口显著位置，通过电子屏、宣传展板等形式，宣传防控健康教育信息，营造强信心、暖人心、聚民心的良好氛围。三是统筹兼顾，筑牢复工复产防线。按照疫情防控和园林绿化项目“两手抓、两不误”要求，制定园林绿化工程疫情防控和复工复产方案，全面推进园林绿化工程复工复产，谋划实施的599个园林绿化项目，全面进入实施阶段，实行闭园管理的公园按照疫情防控要求全部对外开放。四是下沉基层，筑牢社区家园防线。由园林局党组主要领导总负责，其他党组成员和副县级干部带队，组织336党员干部下沉“疫线”，成立17个临时党支部，分片包干、定点服务，全面配合11个办事处、60个社区和1个国省干线出口做好卡点防控工作，在防控一线践行初心使命。

二、铁路沿线五项综合整治工程基本完成

市园林局作为铁路沿线综合整治指挥部办公室单位，以“六个坚持”为引领，即“坚持高位推动、坚持全民参与、坚持协调联动、坚持高标站位、坚持以人为本、坚持创新机制”，健全完善《郑州市铁路沿线规划建设导则》，深入推进铁路沿线五项综合整治工程，攻克西干道沿线拆迁等难点，铁路沿线新建绿地面积228万平方米，基本完成铁路沿线整治任务；开工建设7条生态廊道，建成前程路、华夏大道等5条，新建绿化面积190万平方米；101个高速互通立交及出入口区域绿化“提质增彩”工作全面推进，共提升绿化面积131万平方米。

三、重大园林工程建设顺利推进

贾鲁河综合治理西流湖段蓝线内建设基本完成，绿线可施工范围内土方工程、园林景观工程、强弱电及智能化工程全部完成，建筑、古建筑工程正加快推进，已完成总量的38.18%。省道S312市区段绿化及生态廊道按照郑州“北静”绿色综合体理念和“一廊、四段、九驿”总体结构，以“自然风光＋黄河文化＋慢生活”为重点，已完成省道S312市区段绿化可研报告编制和方案设计。青少年公园北区绿化栽植基本完成，土建园路完成70%，公园主建筑主体已建成，防灾指挥中心、泵房等附属建筑基本建成；南部地下空间开发西侧1～4区主体工程已全部完成，5～6区正在进行基础施工。15个郊野公园建设深入推进，其中经开区陆港郊野公园一期、上街郊野公园一期、惠济郊野公园一期已建成开放，其余郊野公园正在推进前期工作。扬州世界园艺博览会郑州园项目已完成可研编制、施工图设计等前期工作，正在推进工程施工。

四、民生实事工作

按照《郑州市300米见绿500米见园三年规划》，着重加强绿化设计方案把关评审，着力提升城区绿量，全市共计新建绿地面积2813万平方米，其中建成区1514万平方米；全市建成公园、微公园、小游园400个，其中建成区320个，超额完成民生实事任务。公园、微公园、游园400个，其中：中原区32个，二七区32个，金水区31个，管城回族区33个，惠济区34个，郑东新区37个，高新区37个，郑州经济开发区37个，郑州航空港区39个，中牟县12个，新密市15个，荥阳市14个，新郑市12个，巩义市15个。

五、单位及居住区绿化建设

全市单位庭院和居住区绿化美化工作水平持续提升，城市居民生活环境不断改善，全市新创建省级园林单位 12 家，新创建省级园林小区 49 家；新创建市级园林单位 30 家，新创建市级园林小区 108 家。

六、园林绿化管理

市园林局按照“三项工程、一项管理”的总要求，深入开展园林绿化管理大提质竞赛活动，全面提升公园绿地品质内涵。深入推进公园拆围透绿：继 2019 年三大公园拆围透绿试点工程完工后，市园林局继续全面开展公园拆围透绿建设，其中经纬广场、人民广场拆围透绿已建成开放，南环公园拆围透绿完成施工招标，月季公园等其他 5 个拆围透绿和基础设施提升工程，正在进行方案设计等前期工作。全面推广“市花”月季，扩大“市花”月季栽植范围，打造“市花”月季示范点，建成和提升“市花”公园游园 14 个、“市花”道路 70 条、“市花”街区 3 条、“市花”庭院 67 个，种植月季 2185 万株。陇海高架 3 个立交桥区 38 公里护栏示范段，初步实现北方城市月季栽上高架桥的突破，成为我市首个“市花”高架。全面提升城市街景，完成道路绿化改造 57 条（段），城乡接合部绿化提升改造 38 处，打造微景观 277 处，新增立体绿化 7 万余平方米，街景颜值全面提升，为郑州高质量发展描绘出更美的底色。

七、全面深化平安建设

坚持逢会必讲安全、检查工作必先检查安全、出现问题必须处理责任人、做出贡献必予以奖励的“四必”原则，强化安全管理底线思维。深入推进监督检查，针对游乐设施、建筑工地、消防设施、动物管理等“四大”部位，全年开展了 4 轮专项督查，有效堵塞安全漏洞。充分发挥科技支撑作用，完善视频监控，市园林局机关和 18 个市属公园广场的出入口和重点部位，做到视频监控全覆盖。加强巡逻巡防，深入开展防暴恐、防溺亡和扫黑除恶排查工作，园林系统总体形势安全稳定。

八、全面推进“解民忧、纾民困、转作风、提效能”专项行动

制定“解民忧、纾民困、转作风、提效能”工作专案，成立工作机构，围绕精细化管理、便民服务等方面，全面整改提升。杨柳飞絮治理成效明显：总结 2018 年和 2019 年杨柳飞絮治理经验，制定 2020 年飞絮治理总体方案，对全市城区（含县市）范围内 13 万株杨柳树雌株进行综合防治。通过近三年防治工作的持续开展，2020 年飞絮数量明显下降，市民群众的投诉建议明显减少。营商环境持续优化：深化“放管服”改革，开辟园林绿化审批绿色通道，推行申报材料表单化、电子证照网络化、审批监管服务化，园林绿化行政审批达到“一网通办”四星标准；优化移植方案，压减乔木移植 1150 株，绿地占用 2.3 万平方米。垃圾分类深入推进：建立垃圾分类红黑旗制度考评榜，全面推进属单位垃圾分类工作，特别是在植物园建成的全市首个园林废弃物处理中心，成功生产出第一批有机肥料，受到央视新闻、郑州日报、郑州电视台等主流媒体的报道，起到了示范推广作用。

九、园林绿化依法行政工作

综合行政管理工作持续深化。深入推进依法行政，全面落实法律顾问制度，定期组织领导干部学法，深入开展法治宣传教育，不断完善园林绿化地方法规，《郑州市古树名木和后备资源保护管理条例》立法调研项目有序开展；全面加强文件及合同法制审核，做到应审尽审，全年共审核文件 413 件、合同 23 件。

郑州市 2020 年工会工作报告

郑州市总工会

2020 年，在市委和省总工会的正确领导下，市总工会坚持以习近平新时代中国特色社会主义思想为指导，紧紧围绕新冠肺炎疫情防控和推进经济社会发展，牢固树立“服务大局、服务中心、服务职工”理念，坚决贯彻中央、省、市和省总的决策部署，稳步推进各项工作高质量落实，圆满完成年度工作任务。

一、强化政治思想建设

深化理论学习，夯实思想基础。强化党员干部职工学习习近平新时代中国特色社会主义思想的自觉性主动性，引导党员干部坚定理想信念，树牢“四个意识”，坚定“四个自信”，自觉做到“两个维护”。2020 年组织开展党组中心组集中学习 10 次，组织开展主题党日 12 次，120 名党员干部参加“学习强国”学习。深入开展党性教育、红色教育，组织全体党员干部到新乡先进群体教育基地开展党性教育，到郑州圆方集团开展学习贯彻习近平总书记重要回信精神主题党日活动，到黄河博物馆开展“弘扬黄河文化、传承红色基因”新时代爱国主义教育实践活动，到郑州红十字水上义务救援队开展“学习先模事迹、践行志愿精神”新时代公民道德建设教育实践活动，到新密中原豫西抗日纪念馆开展新时代爱国主义教育实践活动，到荥阳廉苑廉政教育基地开展廉政教育学习，扎实开展“文明餐饮，杜绝浪费”行动，持续开展“全城清洁”志愿服务行动和“文明交通我先行”活动。

提高政治站位，认真贯彻上级部署。对中央、省委和市委重要会议、批示、指示精神，迅速传达学习，抓好贯彻落实。在市委正确领导下，围绕疫情防控和复工复产，切实发挥工会组织优势，组织关键企业、重要岗位职工发挥关键作用，开展职工志愿服务活动，做好复工复产、劳动用工、工资支付等指导和服务，加大援企稳岗力度，返还小微企业全额工会经费，并在劳模等先进典型评选中向疫情防控一线、推动经济社会发展突出贡献者倾斜。围绕习近平总书记给圆方集团职工回信精神和在全国劳模表彰大会上的重要讲话精神，第一时间组织学习传达，制订工作方案，充分利用媒体平台大力弘扬劳动精神、劳模精神、工匠精神，团结动员广大职工为郑州加快国家中心城市建设汇集智慧、汇聚力量，注入新动力。围绕产业工人队伍改革，认真贯彻《郑州市产业工人队伍建设改革实施方案》，以建设“有理想守信念、懂技术会创新、敢担当讲奉献”新时代产业工人队伍为目标，以不断提升全市产业工人队伍素质、团结引领职工建功新时代、促进全市社会经济高质量发展为主要任务，加强统筹协调、凝聚推动合力，认真研究谋划、逐项抓好落实。

坚持党管干部，知人善任用人。始终坚持党管干部原则，完善选人用人机制。严格按照《党政领导干部选拔任用条例》《党委（党组）讨论决定干部任免事项守则》和中央、省委、市委关于干部选拔任用工作的规定，严格把关、规范程序，加强选任监督，匡正选任风气。充分发挥纪检监督作用，将监督工作贯穿于干部考核、考察和任命的全过程，形成了标准明确、程序严格、环节衔接、措施配套、责任分明的科学选人用人制度机制。按照干部选任有关规定和要求，经市总工会党组研究、市委组织部备案等程序，提拔 2 名正科级和 6 名副科级领导干部，进一步激发了机关干部队伍的整体活力。根据干部管理权限和有关规定要求，严格执行干部调整预审制度。

二、做好疫情防控和助力企业复工复产工作

主动参与疫情防控工作。疫情初期，成立市总工会疫情防控领导小组，健全工作机制，落实工作责任，印发通知，发出倡议，动员职工投身疫情防控阻击战。组织市总工会机关党员干部志愿者，下沉二七区京广路办事处4个社区20个居民楼院，开展“8小时”疫情防控值守。市总工会荣获全市疫情防控工作先进集体、2名党员被评为全市疫情防控工作先进个人。全市各级工会拨出2233万元慰问疫情防控一线人员。做好我市援鄂医务人员的慰问工作，向援鄂医务人员每人发放1000元慰问金、300元通信费，为援鄂医务人员本人及配偶购买或补齐职工互助保险全额险种，并做好其家庭的关爱慰问工作。动员发动全市各级劳动模范和“五一”劳动奖获得者踊跃捐款捐物达3921万元。通过工会新媒体平台，开设疫情防控知识专栏、法治微课堂等，引导广大职工增强防控意识和自我防控能力。通过发放慰问信、开展免费心理咨询、法律援助等方式，加强对疫情防控一线人员的心理关爱和人文关怀。

切实服务企业复工复产。开展全市企业复工复产情况大调查，出台市总工会服务企业复工复产工作方案，成立6个专责工作小组，做实做细服务企业复工复产工作。市协调劳动关系三方四家会同，深入分析疫情防控期间劳动关系形势，联合各方力量共同行动，加大对企业劳动关系处理的指导服务。组织开展“战疫情、稳就业、送岗位”百日网络招聘活动，提供用工岗位8017个。开展4场疫情防控复工复产知识专项网上答题抽奖活动，近30万人次参与活动，发放奖励红包20万元、口罩6万只。助力企业职工返岗复工，为非郑州籍会员发放春运“平安返郑”补贴25.66万元。开展小微企业缴纳工会经费的返还工作，据估计全市全年返还工会经费8800余万元，惠及企业21500多家。

加强疫情防控舆论引导。各级工会利用各类媒介平台推送发布疫情防控相关工作报道3100余期，市总工会本级编发推送疫情防控工作信息300余篇次。积极鼓励广大职工文化志愿者做好疫情防控文艺创作，通

过文艺作品歌颂战疫中的逆行者，鼓舞抗疫必胜坚定信念。郑州市总工会发布的歌曲《仁心》，在《人民日报》网络平台点击收听量达36.2万次；战疫MV《你在前方我在后方》，更是展现了广大职工群众的昂扬斗志和推进复工复产的豪迈信心。

三、聚力深耕主责主业，践行工会责任使命担当

在强化思想引领中铸“魂”。坚持把学习宣传贯彻习近平新时代中国特色社会主义思想和党的十九大精神作为首要政治任务，与学习贯彻习近平总书记视察河南重要讲话精神相结合，与学习贯彻习近平总书记回信精神相结合，与习近平总书记在全国劳模表彰大会上的重要讲话精神相结合，持续深化职工大宣讲大教育。全市各级工会举办职工演讲比赛200多场次，参与职工12万人次；开展职工读书知识竞赛活动320多场，参加职工25万人；举办主题征文活动230多个，征集作品1.1万余篇。组织170余名劳模先进人物开展宣讲活动460多场次，现场参加宣讲职工达10.7万人次，网站、微信平台客户端职工点击量达52万人次。全市各级工会在中央、省、市级新闻媒体（新闻客户端）发稿1080篇（条）。全市工会系统开设16个微信公众号，2020年发布相关图文信息4430条。

在搭建建功立业平台中铸“匠”。认真贯彻落实《郑州市产业工人队伍建设改革实施方案》，开展职工“六比一创”立功竞赛、“三比两降”节能减排竞赛、“四全一树”技能竞赛和“安康杯”安全生产竞赛等，探索在新产业新业态新组织开展竞赛的形式和载体，凝聚职工智慧，激发创造活力。继续组织好职工技术运动会，主动适应产业升级转型，科学设置竞赛项目，大力提升职工技能水平。2020年全市工会系统开展职工劳动和技能竞赛活动覆盖职工30万人次。启动第三届郑州大工匠评选活动。做好全国劳动模范和省“五一”奖的推荐评选工作，推荐候选人均受到表彰。大力实施“在职职工技能提升助推计划”，对符合补贴条件的1694名会员，补贴金额114.75万元。

在维护职工权益中铸“稳”。充分发挥“三方四家”工作联系机制作用，以保企业、保运转、保稳定为重点，积极构建和谐劳动关系。扎实开展集体协商工作，依托“集中要约行动月”，2020 年全市共签订工资专项集体合同 6450 份，覆盖企业 26262 家，覆盖职工 827893 人。发挥职工信访及“12351”职工维权热线平台作用，维护职工合法权益。截至 11 月底，共接待调处职工来信来访来电 756 起，涉及职工 778 人次。聚焦当前特殊时期劳动关系运行中出现的突出问题，加强劳动关系风险监测和研判，引导企业与职工共担责任共渡难关。建立了工会联系引导劳动关系领域社会组织数据库，持续加强对劳动领域社会组织的政治引领、示范带动和联系服务，做好劳动领域政治安全和职工队伍稳定风险排查化解工作，维护职工队伍团结统一和社会大局和谐稳定。

在帮扶服务保障职工中铸“实”。坚持把发展电商新媒体产业作为推进精准扶贫的重要抓手，强化扶持力度，培训出更多的淘宝村、电商村、网红直播带货农民。市总工会分别在登封、新密以及联合卢氏县举办电商培训班，得到一致好评。加强户外劳动爱心驿站建设，市总工会在建好的 551 家基础上新建 150 余家职工爱心驿站。做实做优“四季送”和农民工关爱行动品牌工作，元旦春节期间，全市各级工会共筹集并发放送温暖资金 1996 万元，走访慰问企业 538 家，慰问对象总计 35221 人。充分整合工会服务职工的各项职能和资源，构建职工普惠服务体系，打造服务职工综合体，2020 年，市总工会本级预计投入实名制普惠补贴职工 2900 万元。继续开展工会会员普惠重大疾病互助保障活动，为 1321 名因遭受意外伤害、患重大疾病的会员办理了赔付，赔付金额 474.2176 万元。

在加强工会组织建设中铸“基”。以非公有制企业为重点，开展全市 50 人以上企事业单位建会专项行动，着力消除企事业单位建会空白点。深化农民工及灵活就业群体建会入会行动，加大培养选树农民工先进典型工作力度。聚焦农民工相对集中的开发区（工业园区）、建筑项目等五大领域，继续推进“八大群体”建会入会工作。全年新建基层工会组织 537 家，发展会员 5.25 万人。截至 11 月底，全市共有工会基层组织

19805个，涵盖28272个企事业单位，覆盖职工1940305人。推进基层工会组织和工会会员实名制管理，加强工会法人登记，健全完善工会数据库。探索工会购买社会组织服务和社会化工会工作者管理办法，加强社会化工会工作者队伍建设。积极履行协管职责，完善工会领导班子专挂兼相结合的工作制度。

四、加强工会党建工作，扎实推动党风廉政建设

严格落实意识形态工作责任制。及时向市委报送涉意识形态舆情信息，组织市总工会党组领导班子成员与本系统劳模先进人物、创新创业领军人才结对子，开展交流活动，对他们中间的“意见领袖”、网络大V加强活动沟通，增进政治认同，实现正面发声。各级工会充分发挥工会舆论平台作用，大力宣传习近平总书记重要讲话和重要指示精神，大力宣传中央和省委有关决策部署，宣传先进个人、先进集体和模范事迹。

严格落实“一岗双责”。推动建立党建与业务工作深度融合工作机制，加强工会系统党组织规范化建设。坚持和完善加强党的领导各项制度，严格党组会议“第一议题”制度、请示报告制度。严格执行“三会一课”、民主生活会、双重组织生活、谈心谈话等制度，深化支部主题党日活动，规范党内政治生活，推动基层党组织建设提质升级。

加强党风廉政教育。加强对干部的日常监督管理，从严做好领导干部个人有关事项报告，规范领导干部婚丧喜庆事宜。严格落实中央八项规定精神，持之以恒纠治“四风”，特别是形式主义、官僚主义。以整治机关“慵、懒、散”和隐形变异“四风”为着力点，认真落实“五比五不比”的工作要求，紧盯形式主义、官僚主义新动向新表现，对工作有安排无落实、行动少落实差等突出问题加以整改并全面加强监督检查。

郑州市2020年妇联工作报告

郑州市妇女联合会

2020年，市妇联把服务“双决双胜”作为保持和增强政治性、先进性、群众性的实战检验，坚持围绕中心服务大局，持续深化巾帼心向党、巾帼建新功、巾帼暖人心“三大系列行动”，不断叫响“八个万家”工作品牌，纵深推进全面从严治党、改革创新、精神文明创建“三大工程”，全市妇女儿童事业发展迈出了新步伐，开创了新局面。市妇联荣获全国家庭工作先进集体、国家网络安全周微课征集活动“最佳内容奖”、省文明单位标兵、省巾帼文明岗、省妇女儿童健康保障水平民生实事工作表现突出的集体、市就业创业及社会保险工作先进集体、市“三农”工作（乡村振兴）先进单位、市新冠肺炎疫情防控工作表现突出的基层党组织及专项考核突出贡献单位等荣誉20余项。

一、贯彻把疫情防控工作作为当前最重要的工作来抓的指示精神，在服务“双决双胜”上抓落实，“巾帼战疫行动”硬核温暖

党员干部共战一线。市妇联干部听党号令，迅速集结到党的旗帜下，党员干部大年初二全员返岗，奔赴街道社区、高速路口、火车站等7个卡点。5名县处级领导带领2/3以上骨干力量，下沉管城区南关街街道4

个卡点展开一线防疫工作，所分包区域未出现一例确诊及疑似病例。市妇联荣获市新冠肺炎疫情防控工作表现突出的基层党组织、市疫情防控工作“特别贡献奖”，在市疫情防控专项考核等次中获得突出贡献单位荣誉。

号召百万巾帼共克时艰。发动各界捐款捐物2840.06万元。招募志愿者19004人。妇联系统新建心理热线21条，开设“特殊时期特别家教”等线上家教专栏65期，各级12338热线实现24小时接听。开设抗疫微信专栏10余个，《春暖花开》《致敬我最爱的人》两首原创抗疫歌曲在网络广为传唱；各级媒体报道妇联抗疫工作454篇，其中国家级媒体报道61篇。

服务企业基地共渡难关。围绕全市“三送一强”要求，市妇联深入开展“五联系五助力”，线上线下举办政策宣讲、微课培训134场；走访慰问企业26个，为“妇”字号企业赠送防疫物资116.5万余元，帮助联系调拨一次性医用口罩5.76万只；组织网络招聘会服务10万人次；组织开展直播带货等“巾帼促消费”系列活动20场，帮助女企协会员企业、“巧媳妇”基地及帮扶村复工达产。

二、践行以人民为中心的发展思想，切实履行引领服务联系妇女职责，“三大系列行动”纵深推进

突出政治引领，“巾帼心向党”走深走心。理论引领力度更大。积极开展党的创新理论万场进基层工作，全市举办郑州巾帼讲堂等各类宣讲302场，线上线下相结合为广大妇女提振精神、加油鼓劲；市妇联获得全市理论宣讲大赛二等奖1个，三等奖2个。活动引领融入日常。谋划开展“立足岗位　争做最美巾帼奋斗者”“三八”国际妇女节系列线上活动，在主流网络平台同步展播最美医护工作人员等五类群体战疫事迹，致敬了不起的她；成功举办“战疫有我　致敬英雄”郑州市“六一”儿童节云直播，累计63.2万人次在线观看。典型引领春风化雨。创新建立即时性表彰机制，与市人社局联合表彰在疫情防控和复工复产中做出突

出贡献的三八红旗手（集体）130 个。五一国际劳动节前夕，习近平总书记给郑州市女企协会员单位——郑州圆方集团职工回信，让劳动精神在绿城遍地开花。全国妇联党组书记、副主席黄晓薇到郑调研时，对贯彻落实习近平总书记回信精神予以肯定。网上引领发出最强音。“1 网+2 微+4 端+*N* 群”新媒体矩阵吸引粉丝 11.4 万人；全年郑州市妇联工作被新华网、大河网等省级以上主流媒体报道近百次，其中“学习强国”各级平台报道 36 次，在市直机关排名第 5。

聚焦中心大局，“巾帼建新功”出新出彩。“巾帼脱贫行动”显身手。持续深化产业帮扶、基地帮扶、技能帮扶、健康帮扶、对口帮扶，大力宣传带贫脱贫典型，全面开展亲情结对帮扶，深入推进消费扶贫行动，新命名市级巧媳妇创业就业工程示范基地 30 个，推荐获评省级命名 4 个，推荐宣树省、市“乡村出彩巧媳妇”67 人（次），组织开展直播带货、网络展销、组团采购、农家乐购和企业互购等“巾帼促消费”系列活动 20 场，接力发起为湖北潜江小龙虾拼单等多个活动，以消费带动扶贫、促进发展；全力保障和支持驻村工作队和第一书记工作，驻村第一书记连续 3 年荣获县乡级优秀第一书记。“巾帼双创行动”扬风采。承办举办全国巾帼文明岗负责人专题培训班、郑州市巾帼电商创业创新示范培训班等，代表河南参加全国竞赛，荣获全国二等奖、三等奖及优秀奖；依托各类基地对 2.5 万名妇女进行技能培训；配合发放“巾帼创业贷”213 笔 8359 万元；选树郑州市“巾帼建功”先进集体、个人 55 个（人），获评省级命名 38 个（人）。市妇联荣获全国巾帼建功先进集体。“乡村振兴巾帼行动”展作为。举办郑州市乡村振兴高素质女农民示范培训班，帮助 100 名女致富带头人提升发展能力；全市超额 10%新创各级“美丽庭院”49907 户，推动广大妇女和家庭扮靓村子、过好日子；各级妇联全年常态化寻找揭晓“最美家庭”及家庭角色，以家风文明支撑乡风文明。全市大型活动有担当。与市总工会等单位联合承办全国网络安全宣传周个人信息保护主题日活动；全程参与 2020 年中国金鸡百花电影节，展现绿城巾帼志愿服务的新作为。

践行为民理念，“巾帼暖人心”升级升温。一是实施“巾帼维权行动”，增强妇女安全感。市县两级妇联共接待群众来信来访来电 1458 起，结案率 98%以上；有效处置舆情和典型侵权案例 22 起，先后 11 批次排查化解 167 起存在隐患的婚姻家庭纠纷案件；办理结案“中彩金”法律援助案件 52 起。实施“巾帼关爱行动”，提升妇女幸福感。谋划实施“爱快递”——娘家人慈善暖心服务、“两癌”“两筛”等十大项目，发挥“联”字优势全方位筹集资金，争取省妇女儿童基金会捐赠奶粉、净水器等物品累计 776 万余元，“99 公益日”筹款 110.16 万元；资助 210 名“春蕾女童”，让党的关怀惠及更多妇女儿童；积极推进“两规划”工作深入实施，如期完成第四期中国妇女社会地位调查工作，郑州市妇联荣获全省二等奖。实施“巾帼成才行动”，厚积妇女获得感。全市培训各类女性人才 2.5 万名，“女性享学吧”累计注册学习 17987 人，促进女性全面发展、终身学习；举办“学习贯彻党的十九届五中全会精神暨郑州市妇联执委培训班”，市妇联执委等近 80 人参加，推动全会精神家喻户晓、入脑入心；在三八红旗手、巾帼建功标兵等典型宣树中，对各行各业女性人才优先评选。

三、落实注重家庭注重家教注重家风的指示精神，深入实施“家家幸福安康工程”，“八个万家”活动品牌响亮

“德润万家”促进文明和家。全年分四个季度集中寻找抗击疫情等 10 余类最美家庭，宣树各级各类“最美家庭”（角色）5 万余户（名）。其中，14 户获评全国文明、五好、最美家庭，26 户获评河南省文明、最美家庭。持续推进家风建设，创新开展“礼遇好家庭”“郑州好家风”巡讲、“树清廉家风　创最美家庭”等活动。切实加强家庭教育阵地建设，推荐获评全国、省亲子阅读等示范基地 6 个，与市文明办联合命名首批郑州市家教家风示范基地等 30 个。

“育兴万家”促进教育传家。圆满完成并代表全省顺利通过全国家庭教育“十三五”规划评估检查。启动首届郑州家庭教育高峰论坛，五年内将持续举办 300 场家教巡讲；大力推动家庭教育立法，家庭教育议案

列入全市2020年十大重点议案，并配合市人大赴重庆市、江西省开展调研；成立市家庭教育指导中心，以科学系统的家庭教育指导服务开启全市家庭教育工作新局面；征集“心中有祖国 心中有他人”作品1099组，推动立德树人根本任务在家庭教育中落实落细。

“书香万家”促进学习强家。推动“书香万家”活动纳入全市第十七届“绿城读书节”，寻找揭晓郑州市书香传家“最美家庭”50户，其中10户获评郑州市十佳“书香家庭”。世界读书日期间策划举办“书香满屏”女性云阅读书香直播等多项活动，线上线下同步引导妇女儿童多读书读好书；依托“儿童之家”常态化推广亲子阅读，命名市级家庭亲子阅读实践基地30个，夯实全民阅读“家”基石。

“业安万家”促进发展兴家。搭建线上招聘平台，开通网络招聘直播，举办“春风送岗 职等女来”郑州市助力复工复产女性网络专场招聘会等在线求职活动，制作发布求职短视频，开展网络直播答疑，提供就业岗位1.2万个。全市各级妇联开设“居家防疫·网上学技”网络培训74期，帮助妇女为创业就业和复工复产积聚本领。

“法进万家”促进平安保家。全市线上线下开展“法进万家”宣传108场，将《民法典》等法律知识送到妇女儿童身边；创建“和睦家庭”示范村社区10个，标兵户及优秀示范户110个；“三八”国际妇女节期间，开展郑州市“三八”网上普法宣传月系列活动，举办“疫”案说法、趣味答题、短视频宣传等多项丰富多彩的活动，让法律阳光普照全市广大妇女儿童。

“康乐万家”促进健康护家。积极发挥妇联宣传优势，全市印发妇女“两癌”“两筛”宣传资料等14万份，组织政策宣传及健康知识讲座7000余场（次），助力民生实事顺利推进；积极争取各级资金近百万元救助贫困“两癌”妇女182名；市妇联被省妇儿工委办评为河南省妇女儿童健康保障水平民生实事工作表现突出的集体。深入开展“防疫有我 爱卫同行”爱国卫生月系列活动，持续评选“健康家庭”，引领家家共建共享健康郑州。

“心暖万家”促进关爱帮家。“三八”国际妇女节期间，全市举办各类主题活动70余场，其中，市妇联开展慰问活动近20场，为女医务工作者等送上节日祝福。关爱儿童健康成长，开展“把爱带回家”“守护童年　牵手共成长”主题寒暑假关爱服务近3000场（次），为2000名困境儿童发放生活学习用品合计30余万元。持续开展“亲爱的爸爸来了”“美丽郑州　遇见爱情”“特别的爱”等公益活动，不断擦亮妇联公益品牌。

“绿惠万家”促进环保美家。大力开展绿色家庭创建行动，推动绿色家庭创建工作纳入郑州市2020年度环境污染防治攻坚专项绩效考核，与市发展改革委等部门联合印发了《郑州市绿色家庭创建行动实施方案》，全年全市绿色家庭创建达到15%，厚植美丽郑州“家”底色。

四、扛稳保持和增强政治性、先进性、群众性的长期任务，加大攻坚克难力度，妇联自身建设“三大工程”阔步向前

高质量推进全面从严治党工程。坚持以政治建设为统领，扛稳扛牢政治责任，巩固拓展“不忘初心、牢记使命”主题教育成果。深入实施强基固本、党建引领、“头雁领飞”、“先锋旗帜”四大工程，开展“五个带头”创建模范机关活动，举办“坚持‘五个带头’创建模范机关”党性教育培训班，开展“弘扬劳动精神　争做巾帼最美奋斗者”“牢记初心使命　争当出彩先锋”等主题党日活动，以情景党课自编自导自演巾帼抗疫故事，创新党员教育方式；创建五星级党支部，实现“一切工作到支部”推动基层党建全面进步全面过硬。层层压实全面从严治党主体责任，贯彻落实中央八项规定精神，力戒形式主义、官僚主义；支持市纪委监委驻人大纪检监察组履行职责，让党员干部习惯在监督和约束的环境中工作和生活。市妇联荣获市机关党建工作先进集体、市宣传工作先进集体。

高标准深化妇联改革创新工程。深入实施“基层妇联改革破难行动”，拓展组织覆盖“阵地网”，激活履职尽责“神经元”，打造干事创业

"风向标"。推动党建带妇建纳入市委党建工作责任制考核，以妇建高质量促进党的建设高质量。在新经济组织等领域建立妇联组织 507 个，紧密联系 17 个服务团体会员，推荐获评 8 个省级、认定 100 个市级示范"四组一队"；落实落细常委执委工作规则等 5 个制度，充分发挥市县乡村 7 万余名执委及 9.3 万名村（社区）"四组一队"工作力量，进一步实现妇联在身边、服务零距离。在全国妇联党组书记、副主席、书记处第一书记黄晓薇调研河南座谈会上，郑州市妇联就改革工作作经验交流。助力开放发展，青海省、新疆建设兵团、广西南宁市等妇联组织来郑调研考察，在交流交往、互学共鉴中解放思想谋发展。

高水平实施精神文明创建工程。巩固提升省文明单位标兵成果，促进市妇联"颜值""气质"双提升。服务全国文明城市创建大局，全力推进理想信念教育等七大项 16 方面工作，团结带领妇女群众为创建全国文明城市做出积极贡献。

Ⅲ

调研报告

关于加强人大代表联络站建设的调研报告

郑州市人大常委会选举任免代表联络工作委员会

加强人大代表联络站建设，是更好发挥代表主体作用、深化新时代代表工作的有力抓手，也是坚持以人民为中心、保障人民当家作主的必然要求，对于坚持和完善人民代表大会制度、推进人大工作高质量发展具有重要而深远的意义。为进一步推动人大代表联络站规范化建设和代表进站履职，郑州市人大常委会组成调研组，通过实地走访、座谈讨论等形式，就如何推进代表联络站“高标准建设、高质量管理、高效能运转”进行专题调研，形成以下调研报告。

一、郑州市代表联络站建设及运行情况

近年来，全市人大紧紧依靠党委领导和各方支持配合，不断规范和提升代表联络站功能，为代表在闭会期间依法履职、联系群众搭建了良好平台，有力彰显了我国国家根本政治制度的生机和活力。全市已建成代表联络站 803 个，不仅实现了乡镇、街道全覆盖，还延伸到了社区和企业；8800 多名驻郑五级人大代表全部编组进站，市委主要领导带头进站开展活动，打通了代表联系服务群众的“最后一公里”。

（一）因势而谋，推动“规范化建站”。根据省人大《关于推进人大代表联络站建设工作的通知》要求，按照“九有”标准，统筹推进代表联络站在硬件建设、资料完善、规范管理等方面不断提升改进。一是加强顶层设计。市人大常委会高度重视代表联络站建设，年初，将加强代表联络站规范化建设列入工作要点；9 月，召开全市代表工作座谈会，围绕“网上人大代表联络站建设和运行”进行专题培训，并就加强代表工作和代表联络站规范化建设提出明确要求；10 月，在深入航空港区、新郑市龙湖镇、新密市来集镇、登封市大冶镇、中牟县刘集镇、中原区中原西路办事处等地调研的基础上，依照省人大相关文件精神，制定《关于加强全市人大代表联络站建设工作的指导意见》，明确了建设的布局、标准和要求等内容，有效解决了“干什么”“怎么干”的问题；2020 年 8 月，在市委的大力支持下，在全市召开人大代表进联络站开展主题活动暨星级人大代表联络站创建工作推进会，印发《市委办公厅关于人大代表中的厅级领导干部进代表联络站开展联系人民群众主题活动的通知》《市人大常委会关于开展星级人大代表联络站评选工作的意见》，推动代表联络站硬件升级、软件规范、功能增效以及代表进站开展高质量活动。二是坚持问题导向。主动向市委汇报代表联络站建设和使用情况，并积极邀请市委联系人大工作的副书记实地察看代表联络站建设情况和运行成效，争取解决建设和使用过程中存在的相关问题。在市委的大力支持下，代表联络站建设资金和代表活动经费得到充分保障，建设标准不统一、名称不规范等问题也得到了有效解决。针对四个开发区代表联络站建设滞后的现状，积极向管委会发函，并就选址、规划、设计等问题现场指导，推动四个开发区代表联络站实现从无到有、从有到优的根本性变化。三是完善制度机制。各联络站点建立健全选民接访、活动安排、意见处理、代表履职登记等各项规章制度，建立工作台账，详细登记进站代表的活动方式、活动内容、参加代表和群众人次以及推动问题解决情况等信息，代表联络站运行的制度化、标准化不断提升。

（二）应势而动，实现“全员化入站”。代表进入联络站开展活动，既是作为人大代表的应尽职责，也是听取群众呼声、回应群众关切的重要途径。全市人大坚持突出重点、立足实际、因地制宜，全力推进各级代表进站开展活动。一方面，做到层次分明、分级落实。为推动省级人大代表、市级人大代表入站开展活动，在省第十三届人民代表大会第三次会议和郑州市第十五届人民代表大会第三次会议上，郑州市人大常委会机关把省、市两级人大代表入站信息汇编成册，并在代表团会上印发各省级和市级人大代表，确保代表对入站信息清晰明了；各区县（市）人大也纷纷跟进，全市各级代表全部编组进站。另一方面，做到领导带头、示范引领。为推动领导干部代表在进站开展活动的频率和实效上做好榜样，激发全体代表的履职热情，区县（市）人大机关工作人员通过发送邀请函的方式对领导干部代表入站开展活动进行提醒。驻郑 40 多位省部级、地厅级职务代表结合活动开展要求，按照所提供站点位置、联络员、站长等联络信息逐一入站开展活动。省、市领导带头进站，按照“代表在网中、履职在格内”的要求开展接待人民群众活动，切实做到了听民声、聚民智、解民忧。通过领导干部代表的示范引领作用，代表联络站的影响力和作用力得到了有效发挥。

（三）顺势而为，注重“常态化用站”。按照“全员参与、制度健全、活动经常、指导有力、成效明显”的要求，坚持从实际出发，组织代表围绕黄河战略实施、加快郑州国家中心城市建设、疫情防控、高质量发展先进制造业、高水平扩大对外开放、高品质推进城市建设和管理、打赢“三大攻坚战”、乡村振兴、保障和改善民生等开展形式多样的履职活动，努力把人大代表联络站打造成为密切联系群众的枢纽、集中民意的渠道、推动民生问题解决的有效载体，打造成为集学习、履职、服务、展示于一体的人大综合阵地。2019 年组织开展了民生实事视察、代表建议落实回头看、民生实事票决制宣传等主题接待活动；2020 年组织开展了“助力乡村振兴，人大代表在行动”主题活动、“代表接待日”接待选民活动等，并定期组织代表理论交流学习。代表们发挥行业、专业优势和特长，丰富服务内容，密切与选民的联系，就选民、群众提出的就医、养老、教育、商圈环境的提质发展、人才队伍培养、法律援助、老旧小区改造和绿化、环境卫生、停车等方面的问题，认真对待，及时予以解决或向有关部门反映。为确保反映效果，市人大常委会制定闭会期间代表建议、批评和意见办理办法，代表提出的意见建议均按程序转交有关部门办理，办理后的结果向群众及时反馈。

二、存在的问题和不足

（一）思想意识需要进一步提升。有的代表忙于本职工作，精力有限，参加代表联络站活动不多；有的代表对代表联络站重要性认识不够，缺乏积极性、主动性，只是被动的按要求进站开展活动。有的群众对代表联络站存在误解，把代表进站接待选民当作是信访工作，反映单纯的个人问题，问题得不到解决后，又认为代表联络站只是摆设，参与的热情下降。有的站点在资源要素等方面得不到常态化保障，导致办公场所简陋、设备不足，影响了代表联络站规范化建设和提档升级。

（二）活动形式需要进一步丰富。以代表联络站为平台，可以开展政策法律宣传、接待选民、服务选民、学习交流、履职述职等形式多样的活动。但有的站点组织活动仅限于接待选民，活动形式过于单一；有的站点存在畏难情绪，害怕麻烦不愿开展活动，只是被动应付完成任务，主动作为较少；有的站点开展活动大多在室内，没有“走出去”、依托代表联络站开展主题接待、视察调研、专项监督等活动，导致代表进站履职活力没有充分发挥。

（三）活动质量需要进一步提高。有的站点开展活动缺乏统筹，没有提前通过网络平台、张贴预告等形式，及时公布代表信息、接待日、活动计划，有碍代表与群众及时沟通对接；在主题选择上也过于随意，没有围绕中心工作或事关改革发展稳定大局和群众切身利益、社会普遍关注的重大问题，活动效果不明显。有的站点开展活动不够规范，有关活动计划、记录整理、处理反馈等方面的工作没有认真完成。有的站点开展活动虽然做到规定动作不折不扣完成，但自选动作没有特色、缺乏新意。

三、对策建议

（一）提升思想认识，增强主动性。一是加强学习培训。代表进入代表联络站开展活动需要直接面对群众，加强代表联络站建设的初衷也是为了更好地联系、服务群众，因此，必须提升群众工作能力。要针对提升群众工作能力加强学习培训，把群众路线走实，对群众的事上心、用心，始终带着对人民群众的深厚感情建好、用好代表联络站。同时，加强对代表联络站站长、副站长和联络员的培训，使他们熟练掌握人民代表大会相关知识以及与代表联络站直接相关的政策，确保代表联络站顺利运行。二是强化服务保障。紧紧依靠党委支持，推进代表联络站规范化建设和代表进站，尤其是领导干部代表进站履职，确保在资源和力量等方面给予代表联络站充分保障，切实做好代表联络站组织管理和服务保障工作。三是加大宣传力度。充分运用新闻媒体平台，围绕代表进站履职，加大对动态情况、实际成效、先进典型以及建设代表联络站的目的、意义和作用的宣传报道，着力营造代表竞相进站、群众积极参与的浓厚氛围，进一步提高代表联络站的知晓率和影响力。

（二）提高活动质量，增强实效性。一是健全工作链条。明确工作流程，做到事前有计划、事中有记录、事后有跟踪、限期有答复，确保活动效果。特别是对于群众反映的事项，要坚持好目标导向和问题导向，能当场解决的，一律当场解决；不能当场解决的，要向群众说明，明确答复期限；不属于职责范围的，要积极向有关方面反映，或者以闭会期间代表建议的形式提出，并督促有关部门尽快予以答复。二是突出活动重点。关键是确定好活动主题，活动主题应紧扣中心工作和群众反映的热点难点问题。活动前要搞好调研，通过各种渠道了解群众的要求和呼声，根据群众反映的问题，确定主题，做好充分准备。三是注重彰显特色。要从实际出发、因地制宜，创造性地开展工作，力争使每个联络站、每位代表都有自己的亮点。例如，代表联络站建设如何与人大代表专业组活动、代表主题活动以及人大常委会主任、副主任接待代表日活动相结合，如何与法检工作相结合，如何与少数民族工作相结合等，努力打造特色品牌。

（三）丰富活动形式，增强广泛性。一是坚持“多样化”和“常态化”相结合。以代表联络站为阵地，推进学习培训、经验交流、主题活动、接待群众、代表述职等活动常态化，确保活动的多样性、经常性。二是坚持“请进来”和“走出去”相结合。除在站点开展活动外，延伸活动范围，通过代表联络站进社区、进学校、进企业、进工地等形式，拓宽密切联系群众渠道，使代表联络站更有活力、更接地气。三是坚持“线上”和“线下”相结合。做好代表履职服务平台与代表联络站的衔接工作，大力推进网上代表联络站建设，把“网上站”与“实体站”结合起来，形成两个代表联络站相互补充、线下线上双向发力的新格局，真正使代表联络站不仅建了起来，更是活了起来、用了起来。

积极融入“一带一路”
更高水平扩大对外开放

郑州市政协港澳台侨和外事委员会

为全面提升郑州市对外开放水平，加快推动形成内陆地区对外开放高地，市政协认真贯彻落实习近平总书记在郑州考察调研时的重要指示精神，围绕市委、市政府中心工作，把积极融入“一带一路”，更高水平扩大对外开放作为2020年常委会议专题议政主题。市政协主要领导对专题议政工作定课题、提要求，谋划部署，深入调研。有关局委和政协委员赴上海、宁波、重庆等地考察，借鉴有关城市在融入“一带一路”，扩大对外开放方面好的经验做法。

一、郑州市对外开放工作开展情况

近年来，郑州市坚持走好“枢纽＋开放”的路子，着力打造国际交通枢纽门户、对外开放体系高地和对外开放合作高地（一门户、两高地），加快国家中心城市建设步伐，全市对外开放工作呈现平稳向好、稳中提质的良好态势。

（一）抢抓机遇，筑牢开放基础。2019年9月，习近平总书记视察河南郑州，擘画了黄河流域生态保护和高质量发展的国家战略，并把郑州列入国家高质量发展区域增长极城市行列，郑州在全国全省开放发展大局中的位置愈加重要。郑州市把握机遇，从城市发展战略目标和重大任务出发，出台了《郑州市对外开放三年行动计划》，为对外开放工作的长远发展奠定基础。

（二）巩固优势，完善开放平台。自贸区郑州片区形成创新成果160项，累计新注册企业超过6万家、注册资本6900多亿元。航空港实验区首家本土货运航空公司成立，河南首条直达欧洲定期客运航线郑州—伦敦开航，200余家智能终端企业入驻智能终端手机产业园。自主创新示范区建设扎实推进，新认定院士工作站11家，培育国家企业技术中心3家，浙江大学、中国科学院微电子研究所、中国科学院苏州生物医学工程技术研究所在郑建立新型研发机构。跨境电商综试区围绕“一核两区多园”总体布局，形成全球网购商品集疏中心、跨境电子商务大数据服务中心、跨境电子商务创新创业中心和跨境电子商务带动产业转型升级新高地。口岸建设取得新突破，药品进口口岸获国家批复，汽车口岸二期建设稳步推进，国际陆港保税物流中心（B型）省政府批准筹建，国际贸易“单一窗口”全覆盖。

（三）四路并进，拓展开放通道。“空中丝绸之路”形成覆盖全球的航线网络，2019年，郑州机场开通客货运航线255条，完成旅客吞吐量2913万人次、货邮吞吐量52.2万吨，保持中部“双第一”；今年1—5月，旅客吞吐量达到459.1万人次、货邮吞吐量达到14.2万吨。“陆上丝绸之路”网络遍布30个国家130个城市，2019年中欧班列（郑州）全年开行1000班，货重54.1万吨、货值33.5亿美元；今年1—5月，开行330班，货值13.5亿美元，货重21.5万吨。“网上丝绸之路”形成“买全球、卖全球”网络枢纽，跨境电商日均处理能力达到1000万包、通关速度500单/s，2019年全市跨境电商交易额完成107.7亿美元，同比增长24.6%；今年1—5月，完成交易额51.2亿美元，同比增长5.1%。“海上丝绸之路”实现与青岛、连云港、天津等港口无缝衔接，2019年海铁联运完成1.1万标箱；今年1—5月，完成6124标箱。

（四）持续发力，力促开放型经济发展。2019年全市进出口总额

4129.9亿元、占全省的72.3%，连续8年保持中部第一；全市对外投资额7.6亿美元，同比增长10.3%，对“一带一路”沿线国家投资1.5亿美元，实际利用“一带一路”沿线国家投资超4亿美元；今年1—5月，全市外贸进出口完成1270亿元，同比增长11%，对外投资额完成1.2亿美元。

（五）真抓实干，提升招商引资成效。2019年，新签约项目总额突破5000亿元，引进域外境内资金2235亿元、增长6%；实际吸收外资44亿美元、增长5%；上汽全球数据中心、APUS全球第二总部等新兴产业项目落地；日本住友商事、美国特斯拉等6家世界500强企业落户郑州。今年1—5月，全市新签约总额2389亿元，引进紫光智慧计算终端全球总部、哈工大机器人智能装备科技园等11个高质量项目。

（六）多措并举，扩大城市开放度。第十一届全国少数民族运动会、郑州国际女子网球公开赛、国际乒联世界巡回赛总决赛等重大赛事成功举办，央视春晚分会场落户郑州，入选国家质量魅力城市、全国最具竞争力会展城市、全球经济竞争力城市100强，郑州的开放度和影响力持续提升。

二、存在的主要问题

（一）开放平台协同联动还不够顺畅，融合效应发挥还有不足。上海市注重发挥自贸试验区和国家自主创新示范区“双自联动”叠加优势，带来了一个接一个的改革红利；宁波市推动宁波口岸“海、陆、空、邮、信息”五港联动发展，高标准建设“17+1”经贸合作示范区，打造中东欧博览会开放平台，构建了全方位综合开放新格局。相比来看，郑州市尚未建立平台联动发展的协调机构，平台与平台之间缺乏高效衔接机制，没有完全实现政策互通、功能互补。自贸区、自创区“双自联动机制”尚未形成，政策叠加优势及辐射带动作用发挥不够充分，口岸虽然数量多但是对产业的带动作用还没有充分发挥；航空港区未纳入自贸试验区实施范围，国家赋予的管理模式创新、金融开放创新、贸易投资便利化等先行先试政策无法实现全覆盖，对自贸区和航空港区的发展互为影响。汽车平行进口试点以来，由于政策支持力度小、试点平台企业少、服务质量不高等原因，平行进口车规模始终无法实现快速增长，2019 年郑州平行进口车辆 404 辆，与长沙 6000 余辆相比还有很大差距。作为继天津之后在 SPV（特殊目的载体）飞机租赁业务领域中第二个可以使用外币结算的城市，近年来我市飞机融资租赁业务取得了一定进展，但也存在着缺少本土客运基地航空公司、财税融资配套政策不全、专业人才不足等问题，面对庞大市场规模，亟待加大协调推进力度，尽快提高全球市场份额。

（二）招商引资还存在薄弱环节，产业国际影响力有待提升。招商引资头部项目少，缺乏像富士康、上汽等具有国内外资源整合力、行业带动力的龙头企业。2019 年引进的项目中，超百亿项目只有 4 个，世界 500 强项目仅有 6 个，行业 20 强项目只有 18 个；外资项目少，2019 年引进的 97 个项目中，外资项目只有 2 个；制造业竞争力不强，对产业链上下游企业吸引力较弱。《2019 中国先进制造业城市发展指数》中我市排名位列 25 位，整体处于第三梯队，参与国际合作企业均处在产业链的前端和价值链的中低端，核心技术缺乏，产业国际影响力和产业链整合能力不强。主要外向型经济指标中，与国内其他国家中心城市比，虽然郑州市外贸进出口额中部第一全国第五，但在实际利用外资、对外投资等领域排名还不高。进出口贸易对富士康依赖程度过高，2019 年，富士康进出口总额 3337 亿元，占全市进出口总额 80.8%，占全省进出口总额 58.4%，对单一项目依赖程度过高，会造成抵御外贸波动风险的能力不足。

（三）服务效率不够高，营商环境有待优化。上海市大力推行“一网通办、一网通管”业务，落实“线上一次登录，线下只跑一次，为您一次办结”，主动为企业提供“一对一”上门业务办理，切实提高为企业服务的实效性，降低企业运行成本。相比来看，郑州市部分基层工作人员为企业提供服务缺乏主动性、精细性，政务办理联审联批仍有优化空间。虽然在全省营商环境评价中排名第一，但得分只相当于世界银行对全球

190 个经济体评价打分第 50 位的水平，在 2019 年城市营商环境中排名第 17 位，项目准入条件透明度、公平度还不够高，税费减免“最后一公里”还未完全打通。

（四）国际化程度不高，城市国际影响力有待扩大。相比上海、宁波、重庆等先进城市，国际交流与合作的深度、广度不够，在外事机构、国际友城、人才、宣传、教育、等诸领域开放不够、国际化程度明显不足。外事机构和国际组织分支机构严重缺失，上海有 76 家领事馆，重庆有 12 家，郑州没有一家。国际友城数量较少，我市正式缔结的友好城市 11 个，与上海 90 个、宁波 105 个、重庆 48 个相比差距很大。国际性人才缺乏，熟悉国际规则、国际事务、国际法律等方面人才严重不足，在郑工作的高层次外国人才数量少，以短期专家、顺访专家为主。人员出国交流限制较大，审批手续相对烦琐。对外开放宣传平台还不完善，目前仅郑东新区、航空港区建有开放展示平台，但市级层面还缺少统一的平台。郑州市的教育国际化建设落后，目前没有一所外籍人员子女学校，而上海有 21 所、重庆 2 所、宁波 1 所。年入境国际旅游人数和入境旅游服务贸易收入远低于上海、宁波和重庆。

三、对策建议

当前高水平开放已由商品和要素流动型开放向规则等制度型开放转变，我们要按照省委“郑州要在国际上赢得更大影响力，在全国同类城市竞争中形成更多比较优势，在全省发挥更大辐射带动作用”的要求，找准着力点，选准突破口，以高水平开放促进高质量发展，以高水平开放促进深层次市场化改革，努力打造高水平对外开放新局面，在积极融入、参与和服务“一带一路”建设中走在前列。

（一）坚持“四路”协同联动，推进开放平台提质增效。把四条丝绸之路等开放平台和载体作为有机整体，有效衔接，统筹推进，使多重国家战略叠加融合，放大聚合效应，持续强化郑州在全国陆海内外联动、东西双向互济开放新格局中的枢纽地位。一是要规划协同联动。完善顶层设计，研究谋划统筹四条丝绸之路等开放平台和载体协同联动的总体规划、实施方案，围绕定位、目标、任务等协同联动，增强衔接性和协调性；加快推进自贸区扩区工作，争取将航空港区的机场核心区、新郑综保区等区域纳入自贸区郑州片区实施范围。二是要机制协同联动。建立四条丝绸之路等开放平台和载体协同联动统筹联席会议制度，定期研究重大政策、关键举措、重点项目等，围绕体制机制创新增强协调发展合力；完善口岸体系，放大口岸能级，发展口岸经济，延伸口岸产业链条，提升现有 9 个功能性口岸业务规模，提高本地企业对口岸的利用率。三是要政策协同联动。高效对接用足用好国家各项支持政策，争取更多试点在郑州率先开展，持续放大四条丝绸之路等开放平台和载体政策溢出效应，梳理一批可复制、可推广的创新型政策，及时在有条件的开放平台推广实施；四是要项目协同联动。深化产业分工协同，构建四条丝绸之路等开放平台和载体优势产业有序集散、战略性新兴产业协同发展、现代服务业联合培育的协同发展格局；五是要要素协同联动。探索跨区域财税政策共享模式，引导要素跨区域、跨行业、跨领域自由流动和高效配置，推动人才、资本、技术、土地等要素的内外联通、自由流动和深度融合，为全方位高水平开放提供高级生产要素供给。六是要信息协同联动。搭建统一的信息共享平台，实现各类信息资源跨部门跨区域共享，为市场主体引进来走出去提供协同化信息服务。

（二）*强力推进招商引资，深化产业生态开放融合。*坚持把招商引资作为经济社会发展强力支撑，进一步优化工作重点，以招商引资助推郑州制造业竞争力提升。一是围绕产业转型升级招商。突出先进制造业招商，着力做强电子信息、汽车装备制造等 5 个千亿级主导产业。突出战略性新兴产业招商，重点培育新一代信息技术、新能源汽车、新材料等战略新兴产业。突出生产性服务业招商，推动现代金融、现代物流、科技服务、会展商务等生产性服务业专业化、高端化发展。聚焦头部企业招商，积极对接世界 500 强、国内 500 强企业落地项目。二是提升招商引资质量效益。紧扣“东强、南动、西美、北静、中优、外联”城市功能布局和主导产业定位开展定向招商、错位招商，引导产业和项目向 32

个核心板块加快集聚，推进产城融合、平台统筹、空间拓展、内涵塑造、协调发展。三是打造开放融合的产业生态。围绕我市主导产业发展需求，打造产业链、创新链和服务链融合共生的产业生态。做大做强产业链，明确产业图谱和产品图谱，引进培育先进制造业、战略性新兴产业龙头企业，形成较为完备的上下游产业体系，实现全产业链集群发展；围绕产业链布局创新链，大力引进创新引领型企业和企业研究院，推动设立海外创新创业基地和海外人才离岸创新创业基地，打造国际产业技术创新中心和风投中心，培育一批具有原创性和国际影响力的创新型企业，深入融入国际分工，增强产业国际竞争力；围绕产业链、创新链打造服务链，完善主导产业的基金扶持政策，提高产业链资本市场供给，促进配套物流发展，加快高层次人才国际化培养和境外高层次人才引进，推动产业生态健康发展。加快数字化、网络化、智能化技术应用，推进两化融合发展和企业上云，建设"工业大脑"，以数字化转型提升产业层级。

（三）促进外经贸优化升级，增强开放型经济活力。一是扩大对外开放领域。在全面落实准入前国民待遇加负面清单管理制度的同时，结合郑州市主导产业定位，聚焦商用车制造、乘用车制造、证券投资基金管理公司、期货公司等已解禁外资限制类项目，抢抓先机，前瞻研判，谋划对接一批靶向企业。瞄准5G核心元组件、芯片封装设备等电子信息产业，工业机器人、智能汽车关键零部件等装备制造业，航空航天新材料、单晶硅等新材料产业，检验检测认证、冷链物流等国家新增鼓励外商投资领域，创新完善开放招商政策措施，招引落地一批重大外资项目。二是提升对外贸易水平。加快实施外贸贷、出口退税资金池等普惠性外贸促进措施，缓解企业融资压力，降低企业资金运行成本；创新提升针对重点行业贸易、新型贸易等方面的个性化支持促进政策。充分发挥郑州产业要素基础优势，加快推动外贸协调发展，培育一批专、精、特外贸企业和综合服务贸易企业，壮大外贸主体实力，形成多元支撑的贸易发展格局；加快国家级、省级出口基地建设，扩大外贸集群效应；大力发展服务外包、服务贸易、跨境电商等新型贸易，争取开展二手车出口试点，形成新的贸易增长点；加快提升平行进口车规模，加大政策扶持力度、扩大试点企业数量、提升服务质量，促进汽车等口岸尽快扩大业务规模；加快推进飞机租赁业务发展，加快推进建立本土客运基地航空公司，加强与河南航投、中原航空等融资租赁公司的对接，强化与招银租赁、光大金租等公司的联系，加大金融支持力度，完善配套政策体系，争取更多新项目落地郑州，快速扩大业务规模；支持企业参加以中国国际进口博览会为代表的国际经贸活动，促进贸易平衡。推动形成以技术、标准、品牌、服务为核心，多元化主体、市场、模式为支撑的外贸竞争新优势。三是深化对外交流合作。统筹国内国际两个市场、两种资源，促进利用外资和对外投资相互协调、国际交流合作相互促进，构建国内国际双循环相互促进的新发展格局。精准对接“一带一路”建设，深化与沿线城市在项目、技术、市场、文旅等方面的交流合作，实行“一个城市（郑州市）＋一个国家（德、法、英等）”开放模式，建立高水平中外合作贸易园区、产业园区、研发园区，推进商贸物流、科技创新、航空等领域全产业链深度合作。发挥侨团的资源优势和宇通、郑煤机等龙头企业引领作用，支持成立“一带一路”出海联盟，带动优势企业走出去，建立海外生产研发基地、全球营销网络和战略资源渠道，拓展海外发展空间。联合周边省市，整合行业物流资源，实施网络化运营模式，共建跨市、跨省、跨国的全球物流服务网络。

（四）切实强化服务意识，着力打造一流营商环境。对标国内外先进水平，以“放管服”改革为核心抓手，完善推进营商环境国际化、法治化、便利化机制，健全与国际接轨的商事制度、贸易仲裁、知识产权保护、金融服务等商务体系。一是甘当“店小二”，打造服务企业的宜商环境。推行“一网通办、一网通管”新模式，围绕行政审批服务、服务制度、服务模式等内容建立健全标准化办事流程，依托“标准化＋”，形成行之有效的标准化管理长效机制，补齐政务服务中存在的短板，为企业和群众办事提供便利，切实提高服务效能。对新出台的政策，主动联系相关企业，上门提供服务，当好企业的“店小二”。建立“圆桌会议”“市长咨询会”等服务企业长效机制，政府相关单位负责人与企业代表面对面交流，倾听企业困难问题，将企业问题列成清单，逐项落实。二是出台人才优惠政策，打造拴心留人环境。引进人才要在环境、住房、就医、教育等方面出台看得见、摸得着、能落地的优惠政策。窗口服务要变“不好办”为“这好办”，提升服务品质和服务效率，建设与“一带一路”节点城市、国家中心城市相匹配的国际超一流营商环境，塑造国际影响力、核心竞争力的城市营商环境品牌。三是深挖底蕴，打造人文环境。以建设黄河流域生态保护和高质量发展核心示范区为引领，确立郑州“华夏之根、黄河之魂、天地之中、文明之源”的黄河历史文化主地标城市地位，不断提升黄河文化的全球吸引力、辐射力和感召力。

（五）积极融入“一带一路”，提升城市国际影响力。一是打造有影响力的对外交流平台。积极与“一带一路”沿线国家在贸易、投资、文化交流、公共服务、互联互通等方面，开展高层次对话交流，积极承接“一带一路”建设的国家级项目，打造具有国际影响力的对外开放平台，有效提升郑州在“一带一路”沿线国家的知名度。二是组织多元化国际交流活动。着眼于提升城市国际影响力，持续办好庚子年黄帝故里拜祖大典、2019 国际少林武术节、2020 中国（郑州）国际旅游城市市长论坛等重大活动，筹建市级层面的对外宣传平台，深化中欧区域政策案例地区合作，谋划设立中欧区域经济合作交流中心。着眼于提升城市国际化水平，积极筹备大河文明论坛、欧铁盟年度大会，办好城地组织亚太区换届大会，谋划上合组织经济合作论坛等全球性论坛、展会，争取国际民航货运论坛会址永久落户郑州；依托中介组织，适时在欧美等国召开城市推介会。着眼于提高国际性人才交流水平，优化政策，简化程序，促进人员外出，鼓励和引导企业参与国际性产业、行业活动，深入实施“智汇郑州 1125·聚才计划”，大力推进国际人才引进。着眼于打造城市国际品牌，讲好郑汴洛“三座城、三百里、三千年”文化发展故事，打造世界级黄河文化旅游带。三是强化国际金融支撑能力。培育壮大本土金融机构，引进境内外金融机构，提升国际金融要素的集聚程度，推进河南自贸区郑州片区、郑州航空港、龙子湖金融岛三大国际金融中心的形成。四是提升国际服务能力。探索建立与国际高标准规则接轨的基本市场规则框架和管理体系，对标在政府采购、国企改革、公平贸易、补贴、竞争中性原则、知识产权保护等重点领域的国际标准和惯例。持续推进公共服务领域外语标识规范化建设，在交通干道、主要景区、主要街区、公共服务机构和服务设施、重点单位等场所设立双语图文标识以及外语语音服务系统，健全外文咨询、信息提供、生活设施和公共服务体系，增强城市文化多元性包容性，打造充分展现郑州特色、郑州风貌、郑州气派的国际化都市。

以文惠民　以文铸城
擦亮郑州国家中心城市文化名片

中共郑州市委宣传部

2020年，郑州市宣传思想文化系统深入贯彻落实习近平新时代中国特色社会主义思想，贯彻落实全省宣传思想工作“八大工程”，紧紧围绕“举旗帜、聚民心、育新人、兴文化、展形象”的使命任务，坚持目标导向和问题导向，着力解决城市文化建设与历史文化名城的地位、文化软实力与国家中心城市发展需要不相称的问题，以谋划实施的宣传思想文化工作“十大工程”为统领，以讲好黄河故事为基础，着力丰富城市文化内涵，着力提升城市形象，为国家中心城市建设提供了强大舆论推动和文化支撑。

一、主要做法

成功举办系列重大文化活动。2020年央视春晚郑州分会场影响广泛，组织1600余施工人员日夜奋战，在较短的时间内顺利完成电力保障、舞台搭建、保障房建设三项重大工程，创造了成绩显著的“郑州速度”“郑州力量”。在排演期间，组织本地参演演员2.3万余人，统筹协调后勤、演出、场地、安全、交通、医疗等各项工作，顺利保障了央视春晚郑州分会场演出圆满成功，给全国人民和全球华人带来了一场来自母亲河畔的精彩文化盛宴，交出了一张圆满的“春晚答卷”，受到中宣部、中央广播电视总台高度评价，得到中央领导同志的充分肯定。庚子年拜祖大典宣传创历史新高，首次推出网上拜祖祈福互动平台，大屏小屏互动、线上线下协同、全媒集中融合发力、境内境外媒体联动，使庚子年拜祖大典受到全球华人的普遍关注和积极参与，全球全网点击量突破 28.77 亿，创历史新高，营造了全球华人寻根问祖、共拜轩辕的浓厚氛围。2020 国家网络安全宣传周精彩纷呈，采取以线上为主、线上线下相结合形式，成功举办数字化展会、网络安全产业发展座谈会、高峰论坛、网络安全特别节目、“强网杯”全国网络安全挑战赛、全民网络安全知识竞赛、线上对话、线上课堂、网络安全微课征集、11 个分论坛、6 个主题日和交接仪式等 41 项重要活动。共吸引线下参与群众 35 万人次，全网总阅读量突破 20 亿次。中央电视台《新闻联播》《共同关注》先后进行报道。全国各地、网上网下掀起了以郑州为中心的网络安全宣传教育热潮，参与人数、报道数量创历届之最，获得中央网信办等联合主办部门的充分肯定。2020 年中国金鸡百花电影节（第 35 届大众电影百花奖）星光璀璨，积极探索“活动组织以室外为主、群众观看以线上为主、嘉宾邀请以国内为主”的疫情防控常态化形势下办会新模式。坚持“注重文化惠民、突出中原元素、彰显电影艺术”的原则，成功举办“星空放映”活动启动仪式、专题电影展、中国电影论坛、第 35 届大众电影百花奖提名者表彰仪式、第 35 届大众电影百花奖颁奖典礼暨闭幕式等 5 大类 25 项活动，全网阅读量已突破 157.4 亿次。

持续完善重大公共文化设施。中央文化区“四个中心”项目，逐步全面建成并投入使用。奥体中心继 2019 年成功承办第十一届全国少数民族传统体育运动会后，今年又两度承办 2020 国际乒联巡回赛总决赛，为全省 1 亿多群众打造了一场亮点纷呈、安全出彩的乒乓盛宴。10 月 20 日，总投资 5.3 亿元的郑州美术馆建成开放，目前已举办六大精品展览、七场学术活动、30 多场公共教育活动，开馆半月之内吸引超 3 万人次观展，成为郑州全新的网红打卡地、文化会客厅和公众美育基地。11 月 14

日，总投资21亿元的郑州大剧院相继启用，是河南省唯一一个、全国为数不多的集“歌舞剧场、音乐厅、戏曲厅、多功能厅”为一体的高效、专业、实用的甲等剧场，开幕演出季累计演出17台33场舞剧、戏曲、音乐剧、儿童剧等，持续不断地为郑州观众带来精彩绝伦的文化享受。

全面实施重要文化惠民举措。始终坚持为民惠民宗旨，以满足市民群众精神文化生活需求为前提，持续推进城市书房等公共文化设施建设，组织开展郑州市精品剧目演出季、文化旅游惠民消费季、街头艺术表演等文化惠民活动。尤其是在承办2020年中国金鸡百花电影节期间，策划开展“我家电影快乐观”周末免费观影、露天免费星空放映等多项惠民活动，让群众共享更多优质文化服务。组织开展“星空影院”放映活动，在全市101个露天观影场所放映电影300余场，观影人数达20万人次。王晓棠、田华、祝希娟等著名电影艺术家分别到商城遗址公园、如意湖畔、中大门、园田小区、郑州大学、驻郑部队等6大星空电影院现场，与群众、学生、官兵亲密互动，让老百姓真正在家门口就可以重温流金岁月、欣赏经典影片。策划开展“观影惠民季”活动，协调票务平台发放1500万元观影券，邀请广大市民走进电影院，享受视觉盛宴。举办“我家电影快乐观”系列活动，连续3个周末在全市104家影院为市民群众和广大影迷免费播放35部河南本土优秀影片，累计播放达624场次，观影人数超过3万人次。

谋划推进重大文化项目建设。围绕黄河文化博物旅游工作，专门成立黄河流域生态保护和高质量发展文化博旅游工作指挥部，制定《黄河文化博物旅游工作三年行动计划》，谋划建设黄河国家博物馆、黄河天下文化综合体、黄河国家文化公园、大河村国家考古遗址公园等十大重点项目，举办全市重大文旅项目集中开工仪式，以重点项目的推进，带动黄河文化博物旅游工作深入开展。目前，黄河国家博物馆已完成立项工作；黄河天下文化综合体项目已取得立项批复，完成可研评审；大河村国家考古遗址公园（中国仰韶文化博物馆）项目前期准备工作已经完毕，主体工程将于本月正式开建；其他项目也正在积极推进中。

二、取得的成效

塑造了良好城市形象。以大型活动为抓手，在筹备活动过程中积极融入郑州元素，树立了良好的城市形象。2020年央视春晚郑州分会场，通过巧妙的创意和丰富的舞美设计，将黄河的磅礴气势汇聚到方寸舞台，充分展现了中原气魄、郑州风采。在电影节活动中，主视觉设计取材于商代早期的青铜器——杜岭方鼎上的饕餮纹，体现出郑州厚重的历史文化底蕴。电影节星空放映启动仪式、提名者表彰、颁奖典礼暨闭幕式等重要活动中，黄河文化元素更是贯穿始终。宣传片《在郑州遇见百花》一经发布，便登录微博热搜榜前三名，网络点播量突破1亿人次，片中出现的郑品书社、商城墙、百花里等场景成为新晋“网红打卡地”。连续不断的大型活动赋予郑州更多“主角光环”。

提升了城市文化品位。中央文化区“四个中心”项目的逐步竣工和投入使用，使郑州这座人口超千万的国家中心城市、新一线城市，终于拥有与之相匹配的一流文化设施，为国家中心城市建设提供了重要的文化支撑。郑州市已形成包括图书馆、美术馆、博物馆、大剧院在内的各艺术门类的高端场馆矩阵，标志着郑州文化事业迈入一线大城市的发展行列。郑州美术馆西泠印社展、中央美术学院美术馆馆藏精品展等系列高端艺术展览，满足了群众日趋多元、持续增长的文化审美需求。郑州大剧院上海交响乐团音乐会、舞剧《精忠报国》等文化惠民演出，让广大市民在家门口享受高品质的文化盛宴。

增强了群众文化获得感。凭借厚重的历史文化底蕴和蓬勃的发展活力，郑州市继成功承办第十一届全国少数民族传统体育运动会后，又接连承办2020年央视春晚郑州分会场、2020国家网络安全宣传周、2020年中国金鸡百花电影节、2020国际乒联巡回赛总决赛等多个国际、国内大型文化活动，市民群众文化自信心、自豪感切实提升。如今，公共文化设施日益完善，文体活动“多点开花”、热火朝天，让越来越多的市民群众享受到文化繁荣发展带来的真真切切的实惠，使市民群众的文化获得感、幸福感显著增强。前不久，由新华社《瞭望东方周刊》与瞭望智库共同主办的“2020 中国幸福城市论坛”暨第十四届中国最具幸福感城市调查推选活动中，郑州获评“2020 中国最具幸福感城市”，总体幸福度排名第 7 位。

三、思考与启示

始终坚持以习近平新时代中国特色社会主义思想为指导，是做好宣传思想文化工作的根本。把深入学习宣传贯彻习近平新时代中国特色社会主义思想作为宣传思想工作的重中之重，自觉承担起举旗帜、聚民心、育新人、兴文化、展形象的使命任务，紧紧围绕全市中心任务，履行职责、担当作为，传播好声音、传递正能量，做了大量富有成效的工作，意识形态工作取得新成效，新闻舆论工作实现新突破，核心价值观建设形成新风尚，精神文明创建上了新台阶，承办重大活动树立新形象，文化事业产业取得新发展，为国家中心城市高质量建设汇聚起磅礴力量。

始终坚持以人民为中心的导向是做好宣传思想文化工作的前提。习近平总书记在全国宣传思想工作会议上特别强调了党性和人民性的统一，提出要树立以人民为中心的工作导向。我们认真贯彻落实这一要求，始终把满足市民群众日益增长的美好精神文化生活需求作为工作的出发点和落脚点。以承办 2020 年中国金鸡百花电影节为例，我们一方面把筹办活动与提升城市美誉度、满足市民群众精神文化生活有机融合，策划开展“电影惠民季”等多项惠民活动，让群众真正共享优质文化服务。另一方面，积极动员群众参与其中，汇聚大众力量，聚集群众智慧，35 万篇学生影评作品、16 万人次参与电影歌曲展播选拔赛、400 余名志愿者无私奉献。正是有了数万名群众的广泛参与，才推动了活动精彩纷呈、高潮迭起。

抓住机遇乘势而上是做好宣传思想文化工作的基础。经过前一阶段的城镇化建设，郑州如今已进入文化发展的新时代，是宣传思想文化工作大有可为的黄金时期。特别是黄河流域生态保护和高质量发展战略的实施，为郑州市国家中心城市建设带来前所未有的重大国家战略机遇。全市宣传思想文化战线抢抓机遇，乘势而上，立足郑州资源禀赋，把保护和利用结合起来，把事业和产业统筹起来，谋划一批黄河文化旅游重点工程、重大项目，实施黄河流域生态保护和高质量发展核心示范区文化博物旅游发展三年行动计划（2020—2022 年），接连承办几场大型国家级活动，“黄河郑中心”迈出有力步伐，知名度美誉度持续攀升。

自觉担当起国家中心城市的应有责任是做好宣传思想文化工作的关键。习近平总书记今年 1 月 3 日主持召开中央财经委员会第六次会议上，提出“要强化郑州国家中心城市的带动作用”这一重大要求。河南省委也对郑州提出“三个在”的具体要求。全市宣传思想文化战线始终沿着习近平总书记指引的方向砥砺前行，坚定扛起“三个在”的职责使命，自觉站位国家中心城市建设的高度推进宣传思想文化工作，主动对标成都、西安、武汉等其他同类城市，全方位审视自身差距，立足城市文化建设等重点工作，以问题为导向，科学确定目标任务，依托自身资源基础，谋划实施一批重大文化项目建设，不断丰富城市文化内涵，为国家中心城市高质量建设提供了重要文化支撑。

关于加快推进郑州市“美丽乡村精品村”建设的调查报告

中共郑州市委政策研究室

为加快提升我市美丽乡村建设水平，市委政研室、市农委组成调研组，学习借鉴先进地区经验做法，深入乡村实地调研，广泛听取各方意见，形成此报告。

一、郑州市美丽乡村建设现状

我市于2015年按照“试点探索、总结经验、改进提升”的工作思路，启动美丽乡村试点项目。2015—2019年，市级财政共投入资金6.15亿元，建设美丽乡村试点项目40个。2020年，在总结美丽乡村试点建设经验基础上，市级财政投入资金2亿元，新启动建设美丽乡村项目17个。

（一）坚持规划引领。市委、市政府于2014年制定下发《关于美丽郑州建设规划（2014—2020）的通知》和《关于加强历史文化风貌特色村和自然生态风貌特色村保护发展的意见》。试点村按照先规划后建设的原则，以村为单位聘请专业设计单位对美丽乡村科学编制实用性村庄规划。

（二）建立市级统筹、以区县（市）为主的工作机制。建立市级统筹谋划、审批验收、综合指导，县级具体负责组织实施的推进机制，以及竞争立项制、县级报账制、招投标制、监理制、公示制、绩效评估制等管理制度。从 2015 年开始，市财政对单个美丽乡村试点项目每年投入 1000 万元左右，最多连续扶持 3 年，发展良好的延长至 4 年。

（三）突出环境整治和项目建设。2015—2019 年，美丽乡村以农村人居环境“三项整治”和乡村基础设施建设为主。2020 年更加注重环境风貌提升、传统村落保护、历史文化资源发掘和“美丽田园”建设。制定《郑州市美丽乡村建设导则》，加强对乡村组团建设、村庄风貌提升、基础设施提升、公共服务提升、产业发展引导、乡村文明建设、规划编制、保障措施等方面的统筹指导。2020 年出台《郑州市美丽乡村项目管理办法》，截至年底，17 个试点村项目工程完成 70%左右。

目前，我市美丽乡村呈现以下特点。

基础设施初步完善。共修建和硬化亮化道路 51.9 万平方米，建设活动中心（广场、停车场）、文化馆舍 140 个，农村公共服务设施及服务功能进一步完善提升。

农村人居环境有效改善。所有美丽乡村建设试点村庄生活垃圾治理、生活污水治理、户厕无害化改造到位。

部分美丽乡村建设雏形初显。各试点村在建设美丽乡村的同时，积极培育特色产业，拉长产业链条，按照“宜居宜业宜游”的目标，吸引社会资本和民间投资积极开展乡村旅游，促进三产融合发展，发展休闲观光、采摘体验为主的旅游产业项目 31 个，1/3 的村发展了民宿。新郑市泰山村、二七区樱桃沟村分别在 2016 年和 2019 年被农业部评为“中国美丽休闲乡村”；新郑市泰山村、新密市朱家庵村、二七区樱桃沟村被文化和旅游部、国家发展改革委列为“全国乡村旅游重点村”；新密市黄固寺村 2017 年入选“中国十大最美乡村”；登封市杨林村等 10 个村入选“2020 年河南省乡村旅游特色村”；登封市杨家门村被国家农业农村部评为“五星级休闲农业与乡村旅游示范园区”，并被推介到欧洲。

二、存在问题

总体看，尽管我市美丽乡村建设有序推进、成效不断显现，但整体仍处于打基础、补短板阶段，与先进地区相比，开发建设层次不高、精品亮点不多，无论整体形象面貌，还是内涵质量、可持续发展程度，都亟待提升。存在的主要问题有以下几个方面。

（一）统筹谋划和政策支持不到位。财政投入力度有限。2015—2020年，五年时间郑州市本级财政在美丽乡村建设方面共投入资金8.15亿元。落实到县市，最多的是登封市1.9亿元，平均每年不到4000万。部门工作主动性不够。一些部门满足于落实上级部署的任务，缺乏主动作为、主动研究、主动推进。统筹政策使用不够。农业、水利、文物、交通、林业等部门各自为政，从规划设计到资金使用、项目建设，各搞一套，缺乏统筹，投资散、项目散，形不成整体效果。

（二）区县（市）重视不够、推进力度不够。2015年启动美丽乡村建设，要求市、县（市）两级按照1∶1的原则配置资金。但在实际执行中，县级财政的配套资金难以落实，除极个别县配套资金足额到位外，多数县区均未配套到位。

（三）产业培育跟不上。大多数乡村还没有支柱产业，村级集体经济薄弱，产业的培育和引进路径不宽、力度不大，一些引进开发的旅游、民宿项目规模较小、档次不高，缺乏持续发展的内生动力，项目流产现象较多。比如荥阳市崔庙镇索坡村，由于合作企业实力不强，自筹资金不到位，幸福苑、窑洞宾馆、豆腐体验制作等项目建设半途而废。

（四）工作推动持续性不够。浙江的美丽乡村建设遵照“千村示范、万村整治”工程的部署推进，从21世纪初开始，到现在已经20年，坚持优惠政策力度不减、工作推动力度不减，促进乡村面貌持续改善、持续升级，带动浙江乡村整体人居环境领先全国。相比之下，郑州乡村建设政策连续性不够，阶段性工作抓得多，持续性深化不够。

（五）郑州周边县（市）受土地瓶颈制约问题普遍存在。尤其是新密、登封、荥阳等地更为突出。亟须解决用地指标限制、土地权属调整、宅基地盘活等实际难题。

三、对策建议

农村点多面广，美丽乡村建设既要重视面上统一规划、整体部署、分步实施，又要集中力量、打造亮点、以点带面，实现整体提升。为此，围绕开展“美丽乡村精品村”建设，按照“分层抓、全覆盖，党政主导、农民主体、部门协作、社会参与”的原则，提出如下建议。

（一）突出重点，明确范围，解决好“在哪建”的问题。坚持“整体谋划、聚焦重点、动态管理、滚动开发”，科学布局选点，优选村级组织团结有力、干群关系和谐和在产业发展、文化特色、自然风貌、交通条件等方面上有一定基础和商业开发价值的村。市本级突出“西美”“北静”两大区域功能定位，重点从 3 个区域选取 50 个文旅融合村，集中市、县两级资源重点打造：一是惠济区、金水区沿黄区域的村庄；二是登封、巩义、新密环嵩山、伏羲山区域的村庄；三是樱桃沟等城郊接合部保留的村庄。

（二）加强领导，倾斜力量，解决好“谁来建”的问题。按照“分层抓、全覆盖”的原则，以三年为一个阶段，把推进示范村建设摆在全局工作的重中之重位置，像抓 32 个核心板块一样，集中力量、明确责任，完善市、县、乡、村联动机制，切实加大推进力度。

市本级重点抓的 50 个文旅融合村，每个村“一笔专项资金，一个部门联系，一支队伍帮助”，坚持不懈抓三年，为全市美丽乡村建设工作作出示范。“一笔专项资金”：市财政按照每村每年 1000 万左右的标准安排预算资金；“一个部门联系”：借鉴脱贫攻坚工作推进机制，市本级重点抓的 50 个村，由市级领导机关、市领导担任正职的部门、市直重点局委和大型市属企业（平台）分包联系精品村。“一支队伍帮助”：50 个村所在区县（市）要明确一名县处级领导牵头，所在乡（镇）街道一名班子成员具体负责，联系局委（企业）要派出一名中层正职（后备干部）带队的工作队驻村开展工作，形成工作专班，帮助做好村庄规划、政策落实、项目争取、招商引资等工作。市农业农村工作委员会要充分发挥好统筹领导作用，重点做好方案制定、选点确认、政策制定、规划把关、组织推动、资金统筹、督促考核等工作。

各区县（市）要按照我省“千村示范、成村整治”的部署，重点解决好美丽乡村面上工作推进，抓好省定示范村的建设。各区县（市）特别是任务较重的地方要把示范村建设作为“一把手”工程，党政“一把手”要亲自抓、专职副书记直接抓。要强化乡（镇）、村两级实施主体的责任，把对示范村建设工作作为对乡镇干部考核的主要指标，增强权重，传导压力。

（三）政府主导、社会参与，解决好“谁投资”的问题。美丽乡村示范村建设主要涉及三大块投资，即基础设施投资、公共服务投资、开发性投资。基础设施和政府性公共服务投资，以政府财政投资保障，市本级重点建设的50个文旅融合村，除市级财政直接投资后，区县（市）要按照“1：0.5”的比例落实配套资金。涉及农村公路、水电、林业、环保设施、教育卫生等项目要重点向示范村倾斜，资金要统筹使用。市场化服务和开发性投资，采取“国有基金公司＋社会化资金＋村民参与”，可以成立市、县两级文旅或农村开发基金公司，单独投资或与市场化企业成立合资公司进行投资，也可以通过招商引资由市场化企业单独投资，鼓励农民通过村级股份经济合作社参股建设部分项目，引导农民通过投资、投劳、投物等方式参与开发。每村工作专班要加大招商引资力度，积极引进具有较强实力、丰富文旅资源和开发经验的企业，把好规划关、政策关、项目关、群众利益关，严防变相搞房地产开发，确保示范村建设惠及群众、让群众受益。

（四）制定标准、明确任务，解决好“建什么”的问题。研究制定示范村建设标准，坚持“规划先行、突出特色、系统开发”的原则，深入挖掘村庄自然景观、田园风光、建筑遗存、民俗文化、历史遗存、体验活动和特色产品等，把握特点，分类研究，高质量编制示范村规划和建设方案，通盘考虑土地利用、产业发展、居民点布局、人居环境整治、生态保护和历史文化传承，统筹布局生产、生活、生态空间，实现村庄功能布局、景观设计、建筑风格与地域特征、村庄肌理、历史文脉等相协调，体现村庄的韵味和特色，打造景观化、花园化的美丽乡村。

农村环境要干净整洁。按照“序化、洁化、美化、亮化”的思路，抓好农村环境整治。序化，重点抓好违建治理和线杆归整，确保村庄建筑整体有序；洁化，就是要加强农村生活污水处理设施和垃圾分类处理设施配套建设和运维管理，建立村庄卫生保洁、垃圾清理和生态治理常态化机制；美化，重点是抓好村庄建筑立面、屋顶、庭院、道路美化，精致营造村庄的自然景观和人文景观；亮化，重点要做好村庄道路照明配套、广场和重要节点的灯光设计，营造明亮、新颖、具有良好视觉体验的夜晚氛围。

公共服务要配套到位。以建设“美丽公路”为标准，进一步加强村庄主干道及内部支路系统、人行慢道系统建设，配套完善停车场、交通标识、景观小品等公共设施，合理配置面向村民和游客的公共服务、商业超市、物流快递、医疗卫生、运动休闲等网点和游客中心，推进村庄集中区域网络通信覆盖和智慧旅游、智慧安防系统建设。

产业培育要形成特色。把示范村创建与村庄旅游开发、集体资产盘活、农民创新创业相结合，打造农旅融合、文旅融合、体旅融合等各具特色的乡村旅游新业态，形成示范村的产业特色。要注重发挥比较优势，按照山区生态村、沿河风光村、历史文化村、农业田园村等，分类研究，创新产业业态、开发模式，有效植入“旅游＋”“生态＋”“文化＋”等模式，推进休闲农业、精品民宿与种养基地协同布局，融合绿水青山、农业景观、田园风光和乡土文化等资源，打造集农业生产、观光、乡村休闲以及美丽乡村于一体的精致乡村休闲游品牌，实现具有农村特点的“三生”融合发展。

乡土文化要传承创新。要通过文化的挖掘、传承和创新，实现以文化人、特色彰显、魅力独特。要进一步整合挖掘以乡土文化、民俗生活、风土人情和民间传说为底蕴的村庄特色文化资源，保护开发传统技艺、传统手工艺、农耕劳作、乡土美食、传统民俗等，提供更多的乡村民俗体验、农事体验、美食体验等乡村旅游产品，讲好乡村的故事、用好美丽的乡愁。

社会治理要安定有序。充分发挥农村基层组织的战斗堡垒作用，打造自治、法治、德治相结合，共建共治共享的基层社会治理格局，把示范村建设成为基层党建工作和社会治理的示范村，实现村稳民安、村美民富。

拥有速度的城市将赢得成功

——关于郑州“速度经济”发展的思考与建议

中共郑州市委政策研究室

城市的发展与时间、空间和经济组织密不可分。随着航空高铁时代的到来，速度与连通性成为城市竞争力提升的重要推动力，城市竞争发展为速度竞争，速度成为生产力，“速度经济”也成为城市面临的重要课题。我们围绕“速度经济”问题进行了梳理，研究和分析“速度经济”的发展特征，为郑州加快打造更高水平的高质量发展区域增长极进行有益探索。

一、关于对“速度经济”的认识和理解

“速度经济”一词最早由美国经济学家小艾尔弗雷德·钱德勒在其名著《看得见的手——美国企业的管理革命》中提出的，是指企业因为快速满足顾客的各种需求，从而带来超额利润的经济。他认为，现代化的大量生产与现代化的大量分配以及现代化的运输和通信一样，其经济性主要来自速度，而非规模。在“速度经济”理念的带动下，数字化、全球化和高速交通改变了产品和人们往来的速度和距离，从而使速度、灵活性和通达性成为大多数成功企业，乃至城市发展的竞争准则。我们梳理汇总了部分专家观点，以认识和理解“速度经济”。

（一）速度经济开启新商业时代。乔治·斯托克（波士顿咨询集团执行总裁，多伦多大学罗特曼管理学院教授）在《与时间赛跑：速度经济开启新商业时代》一书中认为，时间的稀缺性取代资源的稀缺性成为“速度经济”价值的根本所在。面对众多差别化的市场需求，能否做出快速反应，已成为“速度经济”时代企业核心竞争力的新元素。所以，以速度取胜已经掀开了新商业时代的序幕。乔治·斯托克从企业发展的角度，分析了速度经济形成的原因，提出企业要想提升竞争力，就必须懂得速度竞争对企业的极端重要性。

（二）速度经济影响着城市的发展格局。马光远（民建中央经济委员会副主任）认为，高铁及其衍生的“速度经济”搅动着一座城市的发展格局，将给一个城市带来同城效应、资源再配置效应和经济效应。同城效应，改变了人们的工作、生活、消费和休闲活动空间，推动了城市功能在城市内和城市间的合理布局；资源再配置效应，高铁引致的资源冉配置效应首先作用于人力密集型的产业领域，如消费经济、旅游经济和劳动密集型的服务经济；经济效应，高铁成为汇聚人流、物流、商流、信息流、资金流的重要节点。

（三）速度经济加速都市圈融合发展。曹允春（中国民航大学临空经济研究中心主任、教授）认为，当今国际经济正在创造一个以航空、数字化、全球化和时间价值为基础的全新竞争体系，机场因速度快和流量大的特点，担当了国家和地区经济增长的引擎。随着北京新机场启用，高铁连通天津、石家庄、保定、雄安等周边城市，航空高铁时代的速度经济到来，京津冀大都市圈将进一步加速发展。北京大兴国际机场是国家门户，有利于中国加入全球新一轮科技革命和产业变革，一带一路国家战略的实施；是交通枢纽，是国家发展的一个新动力源，有利于京津冀协同发展和雄安新区建设。

（四）速度经济催生城市化的新模式。约翰·卡萨达（北卡罗来纳大学荣誉教授，郑州航空港实验区首席顾问）认为，在速度经济时代，城市的机场，正升华成机场的城市。依托综合航空运输体系迅速崛起的未来城市形态，已成为城市化的新模式，航空大都市将成为未来的城市中心。航空大都市不在于大小，而在于连通的时间和成本，我们可以以最短的时间完成多远的距离连通，才是航空大都市的一个关键。航空大都市模型就是把所有的交通运输方式集结在一起，使得我们更加快速，更加有经济吸引力，而且更加有效地去发展。

（五）速度经济决定着城市的发展地位。霍利（美国人类社会学家）认为，当空间摩擦系数下降时，原本用于克服距离所消耗的时间和能量将被投入到商品和信息交换中。因此，城市的发展速度主要取决于城市人口、产品、资本和知识的流量规模而不是规模本身，区域中流量规模最大的那个城市将成为枢纽。《边缘城市》作者约尔·加罗认为，城市的发展总是依托当时最先进的交通工具。交通方式始终决定着城市的形态和发展命运，交通方式的革新一方面促进城市不断延伸，另一方面使城市的腹地不断扩大，不同城市的腹地不可避免地出现交叉，对腹地的竞争不可避免地出现。城市的竞争力最终会体现在腹地竞争优势上。

二、发展“速度经济”的典型案例

“速度经济”的特征在当今这个时代迅速体现出来，一些天然具备速度经济时代竞争优势的城市已经呈现出快速发展的势头，更多的城市已经发现这一规律并努力形成竞争力。从美国孟菲斯、法国里昂、德国法兰克福到新加坡、中国香港、中国上海等城市，抓住“速度”这个关键，赢得时间上的优势，推动区域经济快速发展，形成了城市乃至区域的核心竞争力。

（一）上海：虹桥商务区的“速度经济”。上海虹桥商务区位于上海西部，初始面积约 86 平方公里，2019 年 11 月经扩容后，达 151.4 平方公里。近年来，上海虹桥商务区立足于服务长三角一体化发展，全力打造“速度经济”。一是构建强大交通出行网络。虹桥商务区地处长三角地区交通网络的中心位置，紧邻江浙两省，区位优势明显，依托航空、高铁、轨道交通、长途汽车、公交等形成了的强大交通出行网络。在上海虹桥机场，平均每一分钟有 1.5 架次飞机起飞，全天 700 架左右，2 小时以内通达中国及东亚一二线及主要省会城市；从虹桥高铁站出发，45 分钟到杭州，67 分钟到南京，2 小时 21 分钟到合肥，2 小时左右通达长三角都市圈主要城市；地铁 2 号线、10 号线、17 号线等将大量人群快速输送到城市各个角落。二是强化服务区域发展功能。2009 年上海市委、市政府提出，依托交通枢纽打造虹桥商务区。虹桥商务区将承担“商务中心”和“交通枢纽”的功能，有助于缓解中心城区压力，疏散城区人口，改善城市建设和居住条件，降低商务成本。2010 年 5 月，国务院《长江三角洲地区区域规划》明确了虹桥商务区作为“面向长三角、服务全国的高端商务中心”的功能定位。在长三角一体化发展步入“快车道”的背景下，肩负着带动长三角一体化、长三角城市群发展和上海国际贸易中心建设的重要使命。三是打造长三角发展引擎。虹桥商务区发挥长三角城市轴的关键节点作用，加快打造以“速度经济”为架构的高端商务、贸易服务、信息服务等新兴业态发展。2019 年 11 月上海出台《关于加快虹桥商务区建设打造国际开放枢纽的实施方案》，明确提出虹桥商务区要聚焦总部经济、会展经济、平台经济和数字经济，打造总部经济集聚高地，并提出要打造国际开放枢纽、国际中央商务区、国际贸易新平台，推动虹桥商务区进一步提升总部经济能级，全面提高统筹国际国内两个市场、两种资源的能力。虹桥商务区已成为上海总部企业、高端商务、现代服务业、科技创新产业汇聚的又一个集中区域。截至 2019 年 12 月，虹桥商务区累计吸引各类总部类企业 289 家，其中投资主体涉及世界 500 强企业 16 家，外资地区总部 27 家，国内外上市企业的总部或功能性总部、区域性总部 121 家，另有 125 家行业领军企业总部，成为带动上海经济发展转型升级、促进城市空间布局调整、助推上海国际贸易中心建设的新动力新引擎。四是着力建设绿色商务区。按照规划先行的理念，虹桥商务区的规划方案在全球招标，最终确立了“最低碳”“特智慧”“大交通”“优贸易”“全配套”“崇人文”六大开发建设特色。为了提高土地集约利用，对地上、地下空间统一进行的高强度规划。要求核心区所有建筑均要达国家绿色建筑标准。建立慢行系统，实现低碳交通。着力打造商务区的文化地标，规划建设标志性的剧院、博物馆、图书馆。

（二）杭州：以数字经济引领的“速度经济”。数字经济已经成为推动杭州高质量发展的新动能。数字经济大幅提高了现代经济活动的效率。数字经济构建于网络和信息基础之上，网络本身就代表一种速度，就是实现信息的随时随处可达。在数字经济崛起的浪潮中，杭州围绕打造全国数字经济第一城，坚持创新驱动，通过数字产业化、产业数字化、城市数字化“三化”融合发展，走出一条别样精彩的数字经济发展之路，在更高水平上实现更好发展，成为全国数字经济发展的排头兵。2019年1—11月，杭州市数字经济核心产业规上企业主营业务收入9965.97亿元，同比增长19.8％。而据工信部数据，1—10月，杭州市软件和信息服务业业务收入占全国比重为7.17％，软件业利润总额占全国全行业比重的16.8％，排名全国第一。中国城市科学研究会智慧城市联合实验室发布了《2019城市数字发展指数报告》，杭州在“数字一线城市”十强阵容中位居第一。一是数字产业化。持续提升创新能力和产业能级，把数字资源变成产业新“蓝海”。杭州积极推动之江实验室、西湖大学、阿里达摩院等创新重器落地，鼓励人工智能、大数据等前沿技术深度研发；做强电子商务、云计算大数据、物联网、人工智能等优势产业，大力发展集成电路等基础产业，推动数字技术与先进制造技术融合应用。海康威视、大华股份等企业上榜了2018年全国电子百强，阿里云市场占有率全国第一、全球第三。二是产业数字化。杭州市大力实施传统制造业改造提升行动计划，全力推动数字技术与全产业各领域的深度融合。深化“互联网＋制造”，走出了一条从“机器换人”到“工厂物联网”再到“企业上云”“ET工业大脑”驱动的智能制造之路；积极推进新零售发展，“盒马鲜生”“网易严选”等新业态蓬勃兴起。三是城市数字化。杭州大力推进数字技术在社会民生服务领域的创新应用，打造多元参与、成果普惠的数字治理“杭州模式”。杭州在2016年启动建设“城市大脑”，在交通拥堵治理上发挥了重要作用；进一步开发智能交通、便捷泊车、智慧医疗、数字旅游、应急防汛、智慧安防等10多个应用场景，不断优化完善城市大脑功能；同时，积极推进政府数字化转型，建设大数据资源中心，制定统一规范、开放共享的数据和接口标准，以“最多跑一次”改革推动全市网上政务服务高效运行，让杭州更加宜居宜业宜游。

三、关于郑州发展“速度经济”的几点建议

速度决定一个地区的发展实力和竞争能力。在中央、省委的重视支持下，郑州逐渐形成以国际航空枢纽为带动、“米”字形高铁为依托、多种交通方式无缝衔接、一体联运的物流集疏优势，打通了空陆网海“四条丝路”，连通境内外、辐射东中西的大交通之势正在加速形成，拥有发展“速度经济”良好条件。着眼于加快国家中心城市建设、打造更高水平的高质量发展区域增长极，建议郑州应在以下几个方面加强研究和谋划。

（一）完善“速度经济”发展的通道体系。通达性是速度的基础，也是发展速度经济的关键要素。适应特大城市发展规律和交通发展趋势，全力推动国际航空运输网、“米”字形高铁网和轨道交通网建设，加快形成以航空为主的国际交通、以高铁为主的国内交通、以轨道交通为主的大都市交通网络，提高枢纽通达能力和集疏能力。要推动空陆网海“四条丝路”拓展延伸，促进功能有机优化，着力打造铁公海联运、空陆联运平台，努力把先发优势变为长期的市场优势、竞争优势。

（二）完善“速度经济”发展的产业体系。发展速度偏好型的先进制造业和现代服务业是重要切入点。要积极融入全球产业链、价值链、供应链网络，大力发展高端智能装备、电子信息、生物医药、新能源、新材料等突出时间效率需求的先进制造业。要促进高端要素流动的通畅，加快发展现代金融、服务贸易、商务办公、文化旅游、医疗康养等需要便利交通通达的现代服务业。同时，要依托临空港、临高铁等区域，优化提升直接受益于交通枢纽的物流、电商、仓储等产业。

（三）完善“速度经济”发展的开放体系。通过提升开放水平，构建速度偏好型产业发展载体。要走好“枢纽＋开放”路子，围绕打造国际交通枢纽门户、对外开放体系高地、参与国际合作高地“一门户、两高地”，加快把郑州建设成为以自贸区为引领、以航空港实验区为载体、以综合性交通枢纽为依托、以开放体系为保障，全面深度参与国际分工合

作、有力支撑全省乃至整个中部地区崛起的内陆开放高地。要打造高水平开放平台，突出口岸、保税、通关、多式联运、物流、金融六大体系联动，建设具有综合优势、较强竞争力的开放体系。

（四）完善“速度经济”发展的服务体系。速度经济时代，时间就是财富，速度决定生存。要持续深化“最多跑一次”改革，不断优化营商环境，健全与国际接轨的商事制度、贸易仲裁、知识产权保护、金融服务等商务体系，推动基础设施数字化改造、民生服务数字化转型、政务服务数字化升级，提供便捷、优质、安全的城市公共服务，以最快速度、最少时间、最大限度地满足企业和人才的需求，加速人流、物流、商流、信息流、资金流向郑州汇聚，形成速度经济发展要素支撑优势。

关于郑东新区连霍高速以北区域实施乡村振兴战略的调研报告

郑州市郑东新区管理委员会

一、区域基本情况

郑东新区连霍高速以北区域大部分为农业区，区域规划面积50平方公里，涉及杨桥办事处和豫兴路办事处的一部分，共15个行政村，常住人口约2.6万人，以自然村分散居住为主，农业以传统的小麦、玉米种植和水产养殖为主，农民收入主要来源于外出务工和农业种养。

该区域实施乡村振兴战略有其独特优势：一是区位交通优势，二是自然资源优势，三是周边资源优势。该区域的发展短板主要集中在：一是财政投入不足。区域内东西向只有连霍高速，南北向仅有万三路两条主干道连通域外，沿万三路只有通中牟县城的乡村公交线路1条，群众出行不便，居民供水为原中牟县区划调整前乡村供水工程，年久失修，水质较差。农村污水治理工程正在建设，燃气、供暖均无实施计划，基础设施相对滞后。公共设施配置不完善。区域内公共医疗设施欠缺，没有乡镇卫生院。有中小学11所，便民服务中心1个。二是缺少发展规划。该区域曾由东区规划分局牵头于2017年编制过总体规划，但由于历史原因尚未批复，发展缺乏规划引领和规划依据。

二、总体发展思路

立足郑东新区发展实际和该区域现状，坚持“以城带乡、规划引领、生态优先、文化支撑、综合施策、加大投入、严格准入、逐步推开”的原则，贯彻协调绿色发展理念，以森林城市、廊道隔离、国家公园、湿地保护、全域旅游等理念指导开发，连霍以北片区结合黄河旅游带发展都市观光农业，新社区建设突出文化内涵，2020 年启动产业体系构建、基础设施建设、村庄改造和社会素质提升四项工程，力争到 2022 年，实现道路成网、村庄基础设施建设基本完成，市政配套和公共服务配置基本到位，农村人居环境明显改善；都市生态农业加快发展，农村产业融合水平明显提升；新文化新风尚基本成为主流，农民精神文化生活需求基本得到满足；乡村振兴制度框架和政策体系初步健全，乡村振兴格局基本形成；城乡融合发展体制机制更加健全，城乡基本公共服务均等化水平明显提升，农民生活质量明显改善，城乡收入差距进一步缩小，初步建成产业兴旺、生态宜居、乡风文明、治理有效、生活富裕的现代化美丽乡村。

三、重点谋划工作

（一）加快农业转型升级。推进农业产业化经营。从实践看，很多农业项目的主要目的在于圈占建设用地，当地群众租地发展农业产业化，根本无法承受附属物和地租价格，反而助长违法建设。因此，要完善土地流转政策，制定农业产业项目准入办法，建立农业项目储备库，严格农业项目准入管理。鼓励新型农业经营主体、村集体经济组织通过土地流转、土地入股等形式发展适度规模经营。培育壮大农业龙头企业，促进邦友农民创业园项目健康发展，建成高效农业项目，2020 年完成扩建菇房 5000 平方米和配套 5000 平方米冷库两个项目的建设，2020 年杏鲍菇年产达2.0万吨，2021年食用菌深加工产品的研发和中试，提高食用菌产品附加值和抵御市场价格风险的能力，带动周围农户增收、农业增效。

强化质量科技兴农。进一步推行“一控两减三基本”，控制农业用水总量，减少化肥、农药使用量，采取措施基本解决地膜回收、畜禽粪便污染、秸秆禁烧的问题，推进农业绿色发展。加强农产品质量监管，强化政府属地责任，建立健全监管、检测、执法、标准化生产等工作机制，带动面上监管体系健全与监管水平提升。建立完善农产品质量安全追溯体系，实现源头可追溯。与河南农业大学等高校对接，加强科技下乡，培养农民科技素养。与科学谷软件小镇相关企业对接，运用大数据和传感技术提高农业科技服务水平。与白沙职教园对接，培养农业实用人才。

发展生态都市农业。大力发展水产养殖，在杨桥干渠西侧利用现有的1200公顷养殖水面，推进“稻鱼混养”“莲鱼混养”。集中连片、大水面养殖和工厂化循环水养殖发展。调整水产养殖品种，推动“观赏鱼”等高档高附加值新产品研发。加快推动养殖、观光、休闲等一二三产业融合协调发展。积极发展乡村旅游，乡村旅游与养老、文化、体育、健康、医疗等产业融合，因地制宜地培育特色化、多样化、差异化的乡村旅游产品。

（二）全面深化农村改革。推进农村集体产权制度改革。2020年稳步推进农村集体产权制度改革工作，为发展壮大农村集体经济打牢基础；加大村集体资产透明度，把“公开”“透明”作为抓好农村集体资产管理工作的重点来抓；界定集体资产产权和登记工作，在所有权界定中要本着“谁投资、谁所有”的原则，界定明晰集体资产所有权。努力发展集体经济，增加经营性收入。利用现有固定资产吸引投资，兴办村集体企业，盘活集体经济，使农村集体经济组织成员得到更多收益和分红。2020年5月底前，全面完成全区87个村（社区）农村集体产权制度改革工作，成立集体经济股份合作社；2020年底前，建立全区农村集体产权综合服务管理平台和农村产权交易中心；2021年底前，全区所有集体经济组织规范运转；2022年底前，消除集体经济零收入村。

推进农村闲置宅基地和闲置住宅盘活利用。鼓励利用闲置住宅发展符合乡村特点的休闲农业、乡村旅游、餐饮民宿、文化体验、创意办公、电子商务等新产业新业态，以及农产品冷链、初加工、仓储等一二三产业融合发展项目。支持采取整理、复垦、复绿等方式，开展农村闲置宅基地整治，依法依规利用城乡建设用地增减挂钩、集体经营性建设用地入市等政策，为乡村建设和产业发展等提供土地等要素保障。

（三）建设生态宜居家园。解决垃圾围村问题。按照“三无一规范一眼净”标准，全面推进垃圾综合治理。巩固提升“户投放、村收集、统一转运、集中处理”的农村生活垃圾收运处理体系，持续开展农村生活垃圾环卫市场化运作，到2020年探索形成更加合理的市场化运营模式，确保农村生活垃圾清运率达到100%。探索推进垃圾分类工作。选取3～5个行政村作为垃圾分类试点，按照可回收垃圾、可沤肥垃圾、有毒有害垃圾、其他垃圾等4类开展农户生活垃圾分类工作。

加大基础设施建设力度。重点推进白沙组团前程路、雁鸣路等4条纵向道路向连霍高速以北延伸，加快白沙组团横向骨干道路向西延伸，优化区域内部村庄之间、村庄与田间生产道路路网建设。加快锦绣路、雁鸣路、前程路北延建设。合理布局建设停车场、应急道、加油站等服务设施，增强农村道路服务能力。建立完善乡村客运网络，保障群众出行需求。积极实施改造杨桥干渠、沉砂池、石沟、徐北沟等水利提升工程，形成区域生态水网。

实施公共服务配套项目。以农村“厕所革命”为引领，扎实推进农村生活污水治理。2020年完成连霍高速以北现有村庄大部分农村污水处理管网铺设和小型污水处理厂建设及近6000户村民“三改”工作，2021年完成污水处理工程扫尾工作并且进入调试及试运营阶段，2022年进入正常运转阶段。建立有制度、有标准、有队伍、有经费、有督查的农村生活污水治理长效机制，实现污水处理设施长期稳定正常运行。

推进黄河生态带建设。深入贯彻落实习近平总书记关于建设黄河生态带的指示精神，加大对黄河湿地自然保护区内人类活动清理整治力度。组建巡查队伍，做好日常巡查巡护工作，持续加强监管力度，建立长效机制，巩固成效，坚决防止问题反弹回潮，维护湿地生态安全。对接中粮集团等公司，邀请国内知名规划设计院，以“打造华夏文明之源，黄河文化之魂”为理念，启动东区黄河湿地生态恢复项目规划设计，建设郑东新区黄河湿地生态公园。2021年着手开展项目建设，力争2022年初具形象，构建沿黄生态屏障。

开展美丽乡村示范创建。通盘考虑土地利用、产业发展、村落布局、人居环境、生态保护和历史文化传承等因素，以布局美、田园美、产业美、生活美、风尚美为目标，加大投入，2020—2022年，每年打造出有特色的美丽乡村示范村1～2个。持续改善村庄周边大环境，按照省委建设森林河南“六化”要求，加快绿化工作步伐。2020年完成京港澳高速至万三公路段连霍高速两侧200米廊道建设任务。

（四）推动智慧乡村建设。加强农村新一代信息网络基础设施建设，加快农村地区移动通信基站建设，有序推动5G内乡布局和商用进程。建设信息进村入户平台，完善农村消费信息服务、市场信息服务、“三农”政策服务、农村生活服务等应用系统。深化农业大数据创新应用，联合龙子湖智慧岛相关智慧农业企业，加快农业物联网、农业智能化生产、农村电子商务、乡村智能化治理和农业综合信息服务与农村生产生活深度融合，实现城乡信息共建共享、互联互通，全面提升农业农村信息化水平，支持智慧农业发展。

（五）推动乡村文化振兴。优先发展农村教育事业。强化教育引导、实践养成、制度保障，继续实施学前教育行动计划，扩大农村公办学前教育资源覆盖面，鼓励普惠性幼儿园发展，提高保育教育质量。加快农村义务教育标准化建设，持续改善薄弱学校和寄宿学校办学条件，建立以城带乡、城乡一体、均衡发展的义务教育发展机制。全面普及高中阶段教育，建立健全学生资助制度，实现困难家庭学生资助全覆盖。

加强农村思想道德建设。广泛开展移风易俗、弘扬时代新风行动，深入开展“传家训、立家规、扬家风”活动。加强农民技能道德培训，广泛开展道德模范、孝老爱亲模范、身边好人等选树活动，把培育和践行社会主义核心价值观贯穿农村精神文明建设全过程，使之成为农民群众的情感认同和行为习惯。把移风易俗纳入农村基层组织、美丽乡村建设和群众性精神文明创建的重要内容，构建起党章党规、法律法规、公共政策、规范守则相互支撑的保障体系，不断推动农村移风易俗制度化、常态化、长效化。

（六）完善农村保障体系。持续完善农村卫生室布局，加强村卫生室标准化建设，缩小城乡卫生资源配置差距，推进城乡基本公共卫生服务均等化。逐步实现小病不出村、常见病及时治，大力开展农村全科医生培训，完善乡村医生待遇保障机制，深入开展健康教育活动、爱国卫生运动和健康村建设。适应农村人口老龄化进程加快的新形势，建立以居家为主，乡村互助、机构补充的多层次农村养老服务体系，完善城乡居民基本养老保险制度，建立基础养老金正常调整机制、缴费补贴动态激励机制，引导农民早参保、长缴费、多缴费。完善城乡居民基本医疗保险和大病保险制度，建立政府为主、社会参与的社会救助体系，完善最低生活保障制度，增强农民应对突发事件、意外伤害、重大疾病的能力。

四、对策建议

（一）加强领导，统筹协调。建议成立乡村振兴工作领导小组，加强管委会乡村振兴工作领导小组在郑东新区乡村振兴建设过程中的统揽地位。深化规划编制，审定合村并点政策和项目引进，协调市政配套和生态水系建设，推进项目建设。建立长效运作机制，定期召开工作推进会，研究解决相关问题。通过选优配强领导班子，统筹协调项目建设，为乡村振兴发展提组织和制度保障。

（二）规划引领，基础先行。结合黄河生态带建设规划，优化郑东新区连霍高速以北区域总体规划，需编制出台连霍高速以北区域乡村振兴总体规划。结合东区地形、生产生活需求、生态保护相关要求等，需进一步优化乡村空间布局。建议将社区规划与产业布局、生态休闲观光有机结合，高起点、高标准做好连霍高速以北区域新型农村的设计，加快总体规划报批，优化完善路网结构和管线综合。

（三）土地保障，资金支持。保障土地利用，积极拓宽资金支持渠道。立足现状，要充分发挥一般农田的经济效益。完成连霍高速以北区域路网及预留供水水厂、污水处理厂、农民发展用地指标覆盖。尽快落实杨桥办事处农业产业项目配套建设用地。建议统筹整合各类涉农资金，按照“渠道不乱、用途不变、集中投入、各负其责、各记其功、形成合力”的原则，将各级次、各渠道、各领域涉农资金纳入统筹整合范围，形成权责匹配、相互协调、上下联动、步调一致的涉农资金统筹整合长效机制。通过积极拓宽投融资渠道，引导大型工商企业、金融资本、其他社会资本进入农业农村，为乡村振兴提供基础支撑。

（四）形成合力，共抓落实。要明确规划、土地、建设、环保、农办及社会事业等部门职责，将乡村振兴任务列入各单位年度计划。通过发挥杨桥、豫兴办事处骨干作用，调研摸清底数，制定合村并点政策。需严格按照政策推动土地流转，有序推动集体经济组织股份制改造，进一步加大对村民尤其是村干部的教育培训，搞好乡村治理。计财、规划、国土、建设、文教、农业、水务等职能部门要做好相关工作，合力推进工作进展。管委会督查室要建立乡村振兴工作专项督查机制，定期向党工委、管委会报告进度，对任务完成好的单位予以通报表彰，对任务完成差的单位予以问责。要注重研究问题、发现问题和促进政策制度完善，制定科学合理政策，共抓落实，凝聚起乡村振兴的强大合力。

坚持新理念　把握新机遇 加快推进电子信息产业高质量发展

政协郑州市金水区委员会

进入新发展阶段，金水区坚持新发展理念，依托我区电子信息产业基础，实施创新驱动战略，优势领域做大做强，基础领域积极培育，新兴领域前沿部署，产业空间优化布局，积极发展新技术、新产品、新模式和新业态，着力强龙头、聚集群、补链条，引导价值链向中高端延伸，着力完善产业生态体系，加快培育具有核心竞争力和特色优势的电子信息产业集群。

一、基础与形势

（一）发展基础

电子信息产业基础扎实。截至 2020 年 10 月，全区集聚软件和信息技术服务业企业个数达 14740 家，软件及信息技术服务收入超亿元企业有 8 家，国家级、省级中小企业公共服务示范平台 8 个，上市企业 9 家，市级企业技术中心 38 家，省级“专精特新”中小企业家 4 家，国家级“专精特新”小巨人企业 3 家，国家级孵化载体 18 家，高质量发展态势位列全国百强区第 26 位。以电子信息、信息安全、人工智能、共享科技、文化创意、特色楼宇等为主导发展产业，现已形成发展数字产业的生态系统和服务业数字化的集群优势，电子信息产业迈向由“点状突破”到“链式协同”的多元融合发展之路。

联动发展格局初步形成。依托金水科教园区、河南科技园区、国家知识产权创意产业试点园区、郑州国际金贸港园区等四区联动，集中了数字产业化发展的坚实基础。金水科教园区引入科大讯飞等一批高端产业项目，为我区数字产业化注入活力；以信大捷安、金惠科技、山谷网安、拓普科技等新一代信息技术企业为依托，不断完善数字产业生态链，已形成强大的集群效应；河南科技园区依托改造推进空间拓展和内涵提升，支持众诚科技、智汇城芯互联等企业做大做强，带动一批市场主体创新创业，打造东风路（文化路）电子信息产业一条街；创意园区依托国家知识产权试点园区、今日头条、百度百家号、河南大象融媒体、快手直播基地、杭州飞鱼等一批互联网创新板块，围绕知识产权成果转化、文化创意、内容创作、直播带货、工业设计等项目，加快推进数字创意产业发展；郑州国际金贸港园区正抢抓进度，基础设施建设全面铺开，“一带一路”经贸产业园加快跨境电子商务和服务类项目引进力度，打造全省跨境电商人才培育孵化基地。

产业发展集群初步形成。金水区依托金水科教园区、河南科技园区、国家知识产权创意产业试点园区和郑州国际金贸港园区，深入推进“双自联动”，平台载体支撑功能不断提升。金水科教园区大力培育信息安全和共享经济科技两个“千亿级”产业集群，信息安全产业集群正式列入郑州市信息技术服务产业集群建设的“双高地一基地”，纳入河南省新兴战略性五大产业集群建设范围。河南科技园区着力建设中部电子信息产业集聚区，市场主体达到6324家，主营业务收入平均增长10%。国家知识产权创意产业试点园区形成了知识产权服务、工业设计、文化创意、软件研发四大主导产业。楼宇经济蓬勃发展，超亿元楼宇12幢。跨境电子商务发展迅猛，实现交易额91.6亿元人民币；服务外包产业发展势头良好，实现服务外包合同执行额超1亿美元。

创新驱动效应持续显现。突出自创区创新带动，有效高新技术企业和科技型企业分别达到508家和1721家，入选“智汇郑州·1125聚才计划”项目75个，汇聚院士、“万人计划”专家等高端人才11名。辖区内企事业单位建成院士工作站46家、各级工程技术研究中心249家、各级重点实验室累计127家。金水科教园区入驻高新技术企业92家，科技小巨人企业23家，专精特新企业26家，获批河南省新型研发机构5家，中科新兴技术研究院入选河南省首批十家重大新型研发机构；拥有国家、省、市级创新平台85个，获批国家级试点示范项目8项；打造国家级孵化器2家、国家级众创空间3家，省级以上孵化器（众创空间）8家。河南科技园区拥有创新创业载体10个，其中，国家级3个、省级4个、市级3个。国家知识产权创意产业试点园区斩获了红点奖、IF设计奖、红星奖、中国设计智造等重大奖项117项，累计获得知识产权9110件，万人发明专利拥有量突破60件。

*互联网经济产业有序发展。*围绕互联网经济产业生态打造，建成共享生态科技产业城科技生活体验馆、共享生态科技产业城O2O孵化器、仓展服务中心、F2C实验室、直播经济基地等载体，在不同领域已成长出起初科技、UFO、京硕、UU跑腿、米宅、蜜雪冰城等20余家优质企业。成立了首家河南共享科技产业联盟。起初共享科技产业城内目前已聚集了达之越、橄榄枝、起初扁鹊、澳新荟等40余家跨境电商产业链相关企业，千亿级共享科技产业集群建设初见成效，产业规模突破100亿；中白（白俄罗斯）亚欧电商共享平台项目已进入落地实施阶段，中白互设海外仓进入实施阶段。

*产业政策体系不断完善。*为推动和保障金水区产业发展，加快金水区产业转型升级和提质增效，2017年8月发布了金水区扶持产业发展政策体系“金典六策”，即“1+5”政策体系。此外，还出台了《金水区鼓励信息安全特色产业发展专项扶持办法（试行）》《郑州金水科教园区管理委员会关于国家自主创新示范区专项资金使用办法（暂行）》《郑州金水科教园区高新技术企业准入管理办法（试行）》等专项扶持政策，为金水区电子信息产业产业发展提供了强有力的政策保障。

（二）存在问题

我区电子信息产业基础弱、块头小，电子信息制造缺失，产业布局分散、聚集效应不明显，产业层次偏低、产业链协同联动发展不强，制约了全区新一代电子信息产业的发展。未来我区电子信息产业发展，面临科技创新能力不足的短板仍需进一步补齐、产业核心竞争力和集聚发展仍需进一步夯实、产业发展资源要素保障能力有待进一步提升、总部经济的发展规模和总量有待进一步提升等问题。

（三）机遇与挑战

当前，信息技术与制造业加速深度融合，催生了5G、大数据、云计算、物联网等新一代信息技术，电子信息产业呈现智能化、高端化、服务化等趋势，为我市新一代电子信息产业实现跨越发展带来了战略机遇。但全球产业竞争加剧及国内产业发展动力转换、区域发展动力极化扩散效应加剧也带来严峻挑战，为积极应对复杂多变的国内外经济发展形势，我区要立足电子信息产业现有优势，在做强做优信息安全产业基础上，聚焦以产业链布局创新链，以创新链布局产业链，补齐短板做强产业链、以市场为导向提升价值链、以核心技术发展创新链，选准主攻方向，将新一代电子信息产业作为推动我区经济高质量发展的支柱性产业，加快金水电子信息产业迈向全国产业链高端，努力抢占未来产业发展制高点。

二、聚焦重点领域

重点围绕信息安全产业，推进软件与信息服务、人工智能、5G及北斗、工业互联网等领域发展，吸引各类创新资源要素聚集，推动电子信息产业的集群化、规模化、高端化。

（一）信息安全

安全芯片。依托科教园区，加大国产密码芯片关键技术的研发与突破，围绕密码安全芯片的设计、封装、测试等产业链关键节点，培育一批重点信息安全企业，引进一批国内知名信息安全企业，打造金水安全芯片产业生态圈，形成以安全芯片设计为牵引、安全芯片应用为支撑的完整的安全芯片产业链，进一步提升安全芯片产业集群化、规模化发展，形成产业带动能力。安全智能终端。以嵌入式移动安全芯片与智能终端产品的集成应用为基础，加强与终端产品生产制造企业合作，大力发展移动安全智能终端、安全智能家居产品、专用安全服务器、智能安全电梯和车联网安全产品，面向安全物联领域，重点研发、生产符合 NB-IOT 网络标准的安全通信模组和融合多种通信协议一体化的 LTE 物联网安全模组，壮大安全可控智能终端与智能设备产业规模。安全服务。发挥龙头、骨干企业在安全服务领域的技术产品优势，以 IDC/ISP 信息安全管理、内容安全监测服务/平台为依托，发展互联网不良信息监测、违法违规网站审计、舆情监测、业务质量安全拨测、信令监测等网络信息安全和业务安全服务；发挥天泰网安、中科永安等企业在密码安全评估和等级保护细分领域的领先技术与领头地位，进一步提升园区内企业在信息安全产品检测、信息系统安全测试、商用密码应用安全性测评、信息系统等级保护测评、风险评估等领域的安全服务能力。可信与区块链。重点依托河南省区块链产业联盟等机构组织，中盾云安、紫云云计算等骨干企业，建立区块链产业示范基地，在安全与隐私保护、监管治理、节点安全可信等方面突破一批关键技术，打造一批基于区块链技术的实用型应用场景，塑造一批可市场化运作并良性发展的商业模式，培育一批区块链生态所囊括的上下游创新企业。实施“企业接链”行动，加快区块链技术在各行各业深度应用，推动“区块链＋”融合发展。新一代信息安全技术。充分利用区内信息工程大学、郑州大学、国家数字交换系统工程技术研究中心等高等院校和科研院所在信息安全领域的技术优势和人才优势，联合信大捷安、山谷网安等龙头骨干企业，突破可配置安全计算平台、拟态防御等新一代信息安全产品产业化瓶颈，加大 5G、人工智能、大数据、物联网等新型基础设施领域信息安全技术的研究，推动信息安全产品的创新和迭代升级，推动产业共性技术攻关及重大科技成果产业化应用。

（二）软件与信息服务

信息技术服务外包。形成面向新型系统架构及应用场景的工程化、平台化、网络化信息技术服务能力，发展微服务、智能服务、开发运营一体化等新型服务模式，提升信息技术服务层级。大力发展基于新一代信息技术的高端外包服务，推动软件信息技术服务商向综合性解决方案提供商转型，积极培育新业态、新模式，形成平台、数据、应用、服务协同发展的格局。安全软件。依托龙头企业在安全软件方面的优势，发展区域安全软件与服务产业。扶持培育本地技术优势企业，积极引进国内外知名信息安全企业，打造全方位满足市场需求的安全软件与服务产业生态圈。围绕“互联网＋涉企政务安全”，全面提升面向智慧政务管理的安全应用和安全运维服务能力。互联网。面向重点行业领域应用需求，进一步增强信息技术服务基础能力，提升“互联网＋”综合集成应用水平。推动UU跑腿、蜜雪冰城、正弘城等共享经济企业的发展，加快共享经济在出行、医疗、办公、生产、知识技能、生活服务等方面深入应用。鼓励企业开展多元化运营模式与技术创新，重点依托中原新媒体产业联盟直播总部基地完善全品类主播＋全品类供应链＋专业电商运营配套服务。工业设计。以增强工业创新设计能力、加快工业设计产业发展、提升工业设计服务水平为核心，大力推动“产业设计化”和“设计产业化”，工业设计在制造业领域得到广泛应用，与制造业全方位、深层次、宽领域融合发展的格局基本形成。工业设计发展环境进一步优化，工业设计相关专利成为全区专利的重要组成部分，工业设计发展规模和水平步入全国先进行列。

（三）5G与北斗

产业：依托河南省地理信息导航产业园，融合“5G＋北斗”在导航领域的深度应用，整合国内外地理信息产业优势企业，打造地理信息产业生态链，建成国家级地理信息产业示范基地。应用：依托金科智汇谷产业园，构建“5G＋北斗”的深度应用示范与体验中心。推进5G新型移动终端等领域技术研发、转移和成果转化，推动5G与垂直领域深度融合，推进“5G＋工业物联网”创新应用，鼓励部署基于5G的工业互联网解决方案，推进“5G＋传统产业”发展。安全：安全依托信息安全产业基地，加快研发生产5G和北斗信息安全产品，重点培育5G和北斗安全芯片、安全操作系统，培育形成5G和北斗信息安全生态圈。

（四）人工智能

关键技术研发及产业化。大力发展智能芯片、基础软件、智能硬件、移动智能终端等技术和产品，加快构建人工智能产业生态。加快建设人工智能创新研究院、人工智能研发与应用平台，协同攻关关键技术，研发智能图像产品、智能器件。推动人工智能产业聚集，支持一批人工智能重点产品研发及产业化，深度赋能本地优势制造业产业，推动人工智能基础软硬件本地配套建设，构建梯次连续的人工智能生态圈。智能机器人。面向制造业需求，依托河南讯飞、金惠计算机、中原动力等龙头企业，积极研发基于计算机视觉等人工智能技术的质检机器人（设备）、巡检机器人、包装机器人、码垛机器人等工业机器人产品，形成批量化生产，提升对危险环境人工作业的替代能力。支持康复机器人、陪护机器人等医疗服务机器人等产品研发和产业化，推动优秀的教育类机器人以及机器人教育参与教学，提升教育智能化水平。围绕多语言互译、同声传译、法庭庭审、商业贸易、情报解析等典型场景加，快高精准智能翻译机器人的研发与应用。虚拟现实。跟踪国内外近眼显示技术、感知交互技术、渲染处理技术、内容制作技术等关键核心技术，面向信息消费升级需求和行业领域应用需求，以虚拟现实相关产品研发和产业化、“VR+”为重点，发挥河南虚拟现实产业联盟作用，构建虚拟现实产业协同创新平台，推动虚拟现实产业集群发展，建设成为在国内具有一定知名度的河南虚拟现实体验基地。人工智能赋能传统产业。围绕产业高质量发展、智慧建设、公共服务需求，加快推进人工智能技术及产品在制造业、农业、金融、政务、交通与物流、环保、医疗健康、教育等行业的融合应用，促进实体经济智能化转型升级，提高城市智能化运营水平，为公众提供高品质的智能服务，打造一批“AI赋能场”。

（五）工业互联网。

平台建设。支持电信运营商和电商平台建设综合性工业互联网平台，实现生态各方合作共生；支持龙头企业建设行业工业互联网平台，为行业企业提供研发设计、供应链管理、产品全生命周期管理等服务。支持龙头企业对技术、知识和实践模型化、软件化，推动工业 App 研发和产业化。应用推广。推动工业互联网平台整合汇聚基础制造资源，开展面向不同行业和场景的创新应用，引导工业互联网平台服务模式、商业模式、合作模式创新，提供资源匹配协同、企业管理决策优化、生产过程优化、产品全生命周期管理等服务。工业互联网安全。依托网络安全龙头企业，围绕工业互联网和工业企业网络安全需求，加大研发投入，积极研发网络安全新技术、新产品，为工业企业提供更加优质高效的服务和全方位的信息安全解决方案。

三、实施重大工程

（一）创新生态集聚工程

鼓励“三大园区”结合自身实际，布局发展一批特色鲜明、产城融合、绿色生态的电子信息产业园区、创新孵化器和创新空间，支持建设一批面向电子信息产业的特色楼宇、特色街区，厚植电子信息产业创新发展土壤。构建产业创新生态网络，建立适应创新资源跨界流动的产业创新协作机制，建设开放多元、共生包容的创新文化，形成有利于协同创新的共生环境。构建全球产业创新生态网络，吸引高端项目和创新创业资源，夯实新兴产业领域发展基础，提升产业综合创新能力。

（二）龙头企业培优工程

定位重点培优对象企业，从行业影响力、产业引领作用、企业规模、成长潜力等方面制定遴选标准，构建培育培优企业梯队。加大扶持力度，重点培育一批创新力和带动力强的龙头企业，做优做强一批“专精特新”配套企业，引进一批产业影响力大的总部型企业。培育龙头企业的核心竞争力和资源整合能力，激发龙头企业在产业集群创新中的引领力和带动力，形成大中小企业、产业链上下游协同创新的局面，完善产业龙头为核心的生态系统。

（三）产业延链补链工程

探索实施“链长制”，由抓企业向抓产业转变，聚焦园区电子信息产业强链补链，“一链一专班”“一链一方案”，从产业规划研究到政策制定、定向招商、项目落地、运营衔接，全链条、全流程推进，加快打造若干有影响力的产业链条。

（四）招商引智强化工程

创新招商引资方式，综合运用产业链招商、资本招商、乡情招商、以商招商、驻点招商、会展招商、“互联网+招商”等多种招商方式，实施以强龙头、补短板、优配套为目标的精准招商。建立项目联动招商体系。精准对接龙头企业发展需求，实行“一企一策、跟踪服务”，着力引进与其配套合作或有供应关系的产业链上下游企业，形成重大项目联动招商体系。

（五）应用示范促进工程

鼓励龙头企业、骨干企业申报国家、省市级示范项目或示范工程，推动专业园区打造行业示范基地，加强新一代信息技术对传统产业的渗透，推动网络安全、人工智能技术的应用创新和商业模式创新。推动传统产业与新一代信息技术深度融合，依托国家“网络安全技术应用示范基地”建设、省5G典型应用场景示范项目建设，加强企业合作交流，促进企业技术交叉支撑，形成良好的产业发展业态，推动企业融合发展。在智慧金水建设中，优先采用区内企业产品或方案，打造经典实验场或样板工程。

（六）产业品牌塑造工程

借助政府与行业组织平台提升金水知名度，建立电子信息产业企业名录，强化协调配合，促进各园区、特色街区和楼宇电子信息产业协同发展。借助国家、省市各级智库、行业组织、咨询机构等平台资源，在招商、对外交流过程中，获得企业推介、企业案例宣传等支持，强化信息安全、共享科技千亿级产业集群的影响力，打造金水产业发展品牌。依托“领创新赛道”“中国创客领袖大会”“创客200加速营”等赛会活动，遴选优秀项目，集聚创业人才，打造一批金水创业品牌。

四、优化产业布局

（1）以河南省信息安全产业基地为信息安全协同创新核心，带动河南新科技市场、河南外包产业园、兴科中部安全信息总部基地等，重点发展“人工智能＋信息安全”产业。

（2）以河南科技园区为协同机器人、VR/AR协同创新区核心，带动朗驰智能机器人科研中心、郑州启迪科技城园等，重点发展“人工智能＋虚拟现实”产业。

（3）以河南省知识产权创意园为文化创意协同创新核心，带动一带一路自贸产业园、郑州聚方科技园等，重点发展文化“人工智能＋文化创意”产业。

（4）以智汇谷为智能制造协同创新核心，带领西亚斯亚美迪国际软件园、共享经济产业、榕基软件园等，重点发展“互联网＋智能制造”产业。

（5）推进科大讯飞产业园、金惠国际人工智能产业园等建设，形成“人工智能融合应用”协同创新核心。

关于老旧小区改造存在的问题与对策研究

管城回族区人民政府

一、管城老旧小区概况

管城是郑州的发源地，是郑州解放后设立的第一个区，由于建置较早，历史欠账较多，老旧小区量大面广，改造任务繁重。全区共有 945 个小区，其中建成于 2000 年以前的老旧小区共有 501 个，占全区的 53.02％，占全市的 27.33％。这些老旧小区普遍存在：一是基础设施落后。房屋破旧，水电管网缺失或严重老化，消防设施不全，严重影响居民生活。其中，97 个小区不通天然气，219 个小区不通暖气，50 个小区未实现用电一户一表，60 个小区未实现水一户一表，97 个小区未实现燃气一户一表。二是公共服务缺失。老旧小区建造时间较早，公共环境较差，普遍缺少养老、抚幼、停车位、文化休闲等公共服务。三是长效管理缺位。老旧小区大多以公房为主，由产权单位负责管理。由于企业改制、破产等原因，部分老旧小区已无管理主体，物业服务处于“失管”状态。我区共有无主管楼院 654 个，占全区的 69.21％。四是文化被淹没。这些年代久远、亟待改造的区域，文化底蕴深厚，遗存资源丰富，见证了郑州地区自商代以来的发展沿革，是郑州作为八大古都之一的重要历史佐证。但经过三千多年的沧桑剧变，古城被城区干道割裂，历史空间肌理存废参半，传统建筑大多经低质翻建，整体历史风貌缺失。

在工作中，我区统筹人居环境改善、历史文化传承保护、基层治理长效化，按照“先民生后提升”的原则，因地制宜，分类推进。一是坚持规划引领、因地制宜的设计理念，先后聘请华清安地、东华大学研究院等8家国内外知名设计单位高标准开展“一院一策、一街一品”规划设计；二是坚持示范带动、分类施策的工作思路，正在推进代书胡同等11个示范片区、175个老旧小区改造，标准化推进331个老旧小区、62条支路背街改造；三是坚持以人为本、建管并重的民本思想，聚焦群众急需解决的热点难点问题，以“一拆五改三增加”为重点，着力探索党建引领、共建共享长效机制。目前，全区506个小区已开工建设，完工357个，完工率达71%。已完成改造的星月、紫荆、北三等示范片区得到群众一致好评，其中，北三街示范片区被评为郑州市“双改”典型。未列入改造计划的小区，居民的改造意愿也非常强烈，老旧小区改造在全社会形成了普遍共识。

二、存在问题

（一）群众主体作用发挥问题。老旧小区改造是一项以社区为主战场，以居民为主体开展的工作。改不改、改什么、怎么改，需要居民来决定；改得好不好，需要居民来评价；改后怎么管，仍要引导居民协商确定。然而在实际工作中，部分小区居民却成了“看客”，主动参与性不足，造成后期拆违、改造、物业收费等一系列困难。形成这个局面的原因一方面来自政府自身，群众工作做得不够扎实、细致，前期宣传发动不到位，政策意义没有讲清说透，居民在意见征集、设计施工等全过程参与不足；另一方面老旧小区改造涉及群众切身利益，难以达成一致意见。

（二）统筹协调推进问题。老旧小区改造工程包括水电一表一户改造、暖气、天然气安装、节能保温、养老助幼等多方面，涉及水、电、气、暖、管线入地等各专营单位，涵盖节能、绿化、文体、基础配套等多部门，部门之间必须同步规划、同步施工，才能做到一次改成。但是，由于目前省、市、区三级多部门之间尚未建立起完整的联动机制，导致规划、设计、施工等各环节之间的衔接难以统筹，容易造成工程反复，施工缓慢。部分老旧小区改造工程虽然已经完工，但是居民最急切的基础设施改造不彻底，存在遗留问题。

（三）资金筹措问题。居民出资意愿低、社会资金参与积极性不高，导致老旧小区改造过度依赖财政资金。以管城区为例，纳入改造计划的老旧小区共533个（纳入中央奖补资金改造小区共409个），计划总投资20.23亿元，截至10月底共完成投资7.54亿元，其中，政府共出资6.22亿元，占82%，吸引社会出资约1.08亿元，占14%，群众出资约0.24亿元，占4%。究其原因，一方面是群众付费意识不强，部分居民认为这是政府或业主单位的责任，不应该让居民出资；部分居民认为房屋已经很破旧，没有再投入资金改造的必要。另一方面在于本轮老旧小区改造的盈利模式，改造需要投入公共设施，如果只靠物业费、停车费等传统物业服务获取回报，投资回报周期过长，利润率低；此外，作为市场化切入盈利性较强的内容——电梯加装、停车场建设也面临住户纠纷、缺乏空间等多重因素制约。

（四）传承历史文化彰显城市特色问题。作为历史文化资源最为丰富的城区，同时也是为数不多的城市民族区，我们肩负着保护历史遗迹、传承历史文化、彰显城市特色的历史使命，对于郑州市乃至河南省意义重大。但随着城市化进程的推进、社会经济的快速发展，部分老旧小区历史建筑被毁或淹没，社区文化缺失，严重影响城市风貌和历史文脉的延续，特别是一些建筑或违建，破坏了街区固有的历史文化和历史传承，老旧小区的历史文化资源没有得到有效的保护和弘扬。

（五）长效管理机制“软”治理问题。后期管理是维护改造成果的关键，但很多老旧小区居民还存在过去福利分房体制下无偿享受服务的旧观念，缺乏消费者付费观念，物业公司进驻老旧小区的意愿较低。部分有物业公司的老旧小区，由于前期参与度不够，后期物业管理条件不到位，重改造轻管理现象较为明显。同时，基层党组织党建引领作用不强，组织力、领导力不够，不能很好地团结群众、引导群众、组织群众，基层治理能力亟待提升。

三、探索破题路径

（一）政策支持。2020年6月，财政部表示，今年新增的财政赤字和抗疫特别国债共2万亿元资金将通过特殊转移支付机制直达市县基层，重点用于落实“六保”任务。7月，国务院办公厅发布《关于全面推进城镇老旧小区改造工作的指导意见》，表明中央财政将继续给予资金支持，并继续支持各地通过发行地方政府专项债券筹措改造资金；对鼓励居民及社会出资参与老旧小区改造给出了筹资、融资、减税等系列政策支持，并为积极探索新模式提供了宽松的条件。河南省将基层党建、文明创建和老旧小区改造提质相结合，突出“四改”，鼓励探索集散为整、PPP等模式实施改造，并安排奖补资金支持城镇老旧小区改造提质工作；郑州市明确了“一拆五改三增加”的改造重点，提出奖补资金、专项资金、物业补贴、便民服务经费等支持政策，并为居民使用住宅专项维修资金、提取住房公积金等用于老旧小区改造开辟了绿色通道。

（二）先进案例借鉴。“路院共治、路园一体”——连片打包运作。管城区北三街片区为陇海路、紫荆山路、北一街与新郑路合围区域，面积0.46平方公里，共69栋楼，3359户居民，总人口过万人。片区内楼院建成于20世纪80年代，多为国企职工家属院，由于原产权单位的破产或合并，成为典型的“无单位打理、无物业管理”的无主管老旧楼院聚集区。在实施老旧小区改造中，一是坚持共建共治共享。在街道引领下，烟厂退办党支部、河南文物考古研究院党总支等公共单位共同组建“红色联盟”，采用“五步工作法”，广泛征集民意，运用“一征三议两公开”工作法，共同协调解决工程推进中出现的困难和问题，并多方争取社会资金5850余万元用于老旧小区改造。二是坚持路院一体，统一规划设计。将区域内空间相邻、有共同需求的独栋、分散楼院进行整合，连同周边主次干道一并纳入整体改造范围，以改造提升人居环境、改进规范社区管理为主要目的，在反复征求居民意见的基础上，委托北京清华同衡设计院高水平编制规划。对小区供暖、供水、供电等基础设施，外立面、道路等进行全面提升，新增游园建设 1200 余平方米、绿化种植 4200 余平方米，改造建设“邻里驿站”，引进专业社工运营，打造集居家养老、志愿服务、便民维修为一体的公共交互空间，新增公共配套空间 2000 余平方米。三是坚持历史文化传承，突出城市特色。为突出人文特色，将省文物考古研究院围墙拆除、后移、取直，打造展示中原文化风采的“豫忆深远”文物墙和“大河华章”文化墙，以及“天青”“琢玉”等“两墙四园一长廊”特色小品景观，在主要节点设置地名由来、烟厂故事、文化名人等人文典故，让城市文脉薪火相传。四是坚持党建引领，建立长效机制。成立片区综合改造指挥部临时党委，下设以社区党委为总协调，职能部门、共建单位、施工单位、项目监督和居民共同参与的 9 支党建队伍，搭建起党建联席议事平台。制订社区“居民公约”，推行志愿者积分奖励兑换等制度，充分调动辖区党员群众参与社区治理的热情。为确保老旧小区“改得好，管得住”，引进物业公司连片打包进行后期管理，由社区书记担任物业公司党建指导员和服务项目质量监督员，物业公司负责人担任社区兼职委员，共同打造“红色物业”服务体系，形成以街道为主导、辖区公共单位和居民群众共建、共治、共享宜居社区的良好局面。

“劲松模式”——合理授权引入物业管理。北京市将支持社会资本参与老旧小区综合整治和物业管理首度写入《北京市物业管理条例》。街道授权企业对社区闲置低效空间进行改造提升，物业公司通过提供物业、停车、养老托幼等增值服务，运营闲置资源获取合理收益。2018 年，街道以劲松一区、二区为试点，成功引入 3000 万元社会资本。物业公司从设计、规划、施工到后期的物业管理，全流程参与改造。社会资本进入之初，街道给予 3 年扶持期，居民物业服务“先尝后买”，2020 年年初开始对老公房住户收取 0.43 元/平方米物业费，目前交费率已达 50%。

BOT 模式——解决电梯加装难题。上海市殷行街道探索 BOT 模式，解决电梯利益冲突问题。在电梯建设前期，居民不用出一分钱，由电梯公司出资把电梯建好，从居民开始使用之日起，再向电梯公司缴纳使用费，期限为15年。使用费按照层高比例分摊：6楼每年交使用费3100元，5楼2400元，4楼1800元，3楼1200元，2楼600元，1楼0元。考虑到物价指数和人力成本随时间递增，使用费每5年增长6%。在这种模式下，加梯公司同时要承担电梯15年期间的管理和运维。这一部分费用，企业不另外向居民收取，而是由居民和企业约定，企业有权获得电梯内广告开发权来弥补。15年后，电梯的所有权、使用权、收益权归该幢居民所有，企业则在同等条件下享有提供维修维护服务的优先权。在此运作方式下，政府需承担使用费用补贴等引导资金，企业有一个长期且相对稳定的收益保障，愿意带资改造和运营，业主通过让渡一定年限的运营权、收益权和广告位的开发权，解决了加梯和日常维护保养的问题，各方利益都得到充分保障。

（三）*破题思路和建议*。坚持以人民为中心，充分运用“共同缔造”理念。从人民群众最关心最直接最现实的利益问题出发，再宣传、再发动，建立“协商议事会”制度，变“看客”为“主人”，充分激发居民参与改造的主动性、积极性。在实施过程中，要做到“三问于民”，即整治改造前“问需于民”，采取一征三议两公开工作法，建立“问题菜单”，实行“订制化”，广泛征集居民意见，“改不改、改什么、怎么改、物业企业的选择、物业服务标准和物业费的定制”全部由小区居民说了算；整治改造中“问计于民”，在每个小区配备一支业主组成的监督员队伍，聘请群众监督员，定期开展施工质量监督检查、参与小区矛盾纠纷协调，共同商讨改造中存在的薄弱环节和突出问题；整治改造后“问效于民”，把群众满意不满意作为衡量工作成效的标准。

坚持规划引领，传承历史文化彰显城市特色。一是坚决保护好历史文化遗迹。要将文物保护规划作为上位规划，严格遵照执行，坚决做到“不拆真遗迹、不建假古董”。二是将彰显历史人文特色贯穿始终。要将城市更新由老旧小区延伸至周边区域，实施“路院共治、连片改造、整街坊提升”。要深度挖掘每条小巷、每栋楼房的历史人物、历史故事，立足与城市主色调相协调，与片区整体风貌相协调的原则，将3600年以来厚积的城市文脉贯穿规划始终，多维度展示人文风情，让沉睡的历史活起来，唤醒城市的文化记忆。三是实施王城遗址周边连片改造。结合商代王城遗址核心区规划，以街区建设带动片区改造，谋划实施民俗特色的北大街和清真寺片区、民国特色的平等街和平等街片区、美食特色的南北顺城街和代书胡同片区等，以生活性服务业为主的“六街六片区”建设，着力打造具有人情味、烟火味、市井味的“三味城区”，不断丰富古都新生文化内涵。

坚持统筹联动，形成工作合力。要进一步健全省市区联动机制，形成政府统筹、条块协作、各部门齐抓共管的专门工作机制，形成工作合力，共同破解难题，统筹推进城镇老旧小区改造工作。要实施不同层级、不同单位、不同管网在同一张图上“联合作战”，尤其是水电暖、管线“入墙下地”、景观“优化提升”同步推进，做到“只挖一次，一次改成”。

坚持因地制宜，分类分步实施。实施过程中要坚持因地制宜，“一区一策”，先拆违后改造、先民生后提升、先功能后景观、先地下后地上，从“保基本”开始，根据需要逐步提升和完善，分类分步实施改造。对于基础类小区，直接关系居民安全和基本生活需求，主要解决房屋整修、水电气暖、消防安防、光纤入户等群众最为迫切的基本生活配套问题。政府资金要给予全力保障，涉及地下管网等需要破路的基础工程，要协调相关部门尽量保障一次改到位，为后续提升完善奠定基础，避免二次开挖。对于提升类小区，在满足基础配套的基础上，着重满足居民生活便利和改善型生活需求，主要包括小区环境整治、照明、停车场、电梯、充电棚（桩）、快递柜、休闲健身、物业用房等配套设施。对于完善类小区，在满足前两者的基础上，着重补充公共服务设施配套及智慧化改造，包括完善公共卫生、教育、智能设备，以及养老、托育、助餐、家政保洁、便民市场、邮政快递末端综合服务站等社区专项服务设施。完善类和提升类具有一定盈利项目，要建立改造资金政府与居民、社会力量合理共担机制，充分发动业主单位、关联单位、物业公司及居民共同出资。

坚持解放思想，创新投融资模式。一是片区平衡模式。参照我区北三街示范片区典型案例，将分布分散、单体规模不大的小区同周边相邻的项目打包运作，整合土地资源，统一规划，共享公共设施，实现内部平衡。二是商业捆绑模式。以商代王城遗址、棚户区改造、特色街区等项目为带动，捆绑相邻或者不相邻的老旧小区改造项目，进行整体商业化运作，以商业项目收益覆盖成本。三是 PPP 模式。参照“劲松模式”，引入社会资本共担改造资金，由社会资本全流程参与改造，并承担后续的运营管理，建立起长效社区管理机制和收费机制。PPP 模式的核心在于找到盈利点，在社会资本方提供小区物业管理服务的基础上，可充分挖掘项目本身的使用者付费来源，并授权一部分经营性资源进行整体操作。例如，在提供社区设施维护、安保服务、绿化管理等基础物业服务之外，还可以针对特定业主人群开展家政服务、维修安装、代买代卖、社区医疗、老人陪护、餐饮小饭桌等相关便民服务，积极拓展社区物业服务的附加价值和衍生价值。再如，由社会资本方与政府主管部门签订特许经营协议，将社区内的广告发布权、便民服务亭设置和经营权、停车场（充电桩）收费权、物流自提设施场地租赁收费权等特许经营权赋予社会资本方，以弥补其物业收费不足。

坚持党建引领，建立共建共治共享长效机制。党建是一切工作的基石，工作到哪里，党的建设就延伸到哪里。一是夯实基层党建体制。建立以社区党委为引领，职能部门、共建单位、施工单位、物业、居民等共同参与的基层党组织，搭建议事平台，完善联商机制、工作推进机制，强化基层党组织统筹协调功能，为多方共同参与奠定基础。二是充分发挥党建引领作用。发挥党员在宣传发动、征集民意、配合施工、监督管理等全过程中的先锋模范作用，采用“五步工作法”“一征三议两公开”工作法，发动党员群众充分参与，营造要事共商、洽谈共赢的良好氛围。三是建立长效管理机制。成立居民自治组织，引导居民协商确定改造后小区的管理模式、管理规约及业主议事规则，自觉维护改造成果。对于居民收入水平相对较高、具备一定条件的，引入不同等级的专业化物业管理服务，参照“劲松模式”，采用“先尝后买”，改造初期给予 3～5 年物业补贴，逐步培养居民的付费意识；对于居民收入水平较低、尚未具备引入物业管理条件的，由街道办事处、居民委员会、居民共同负责住宅区的维护管理。总之，通过强化基层党组织战斗堡垒作用，提升居民依法自主管理能力，实现社区管理、物业管理、商业管理深度融合，形成共建、共治、共享的社会治理格局，不断推进基层治理体系和治理能力现代化。

建设郑州都市圈黄河流域生态保护和高质量发展示范区思路举措研究

郑州市发展和改革委员会

黄河流域生态保护和高质量发展上升为国家战略，标志着黄河流域高质量发展进入了新阶段，更为河南高质量发展提供了重大历史机遇。郑州地处黄河中下游分界点，是国家明确支持建设的国家中心城市，“1＋4”郑州都市圈雏形初现，是黄河流域综合优势最明显、经济实力最强、发展潜力最大的板块。建设郑州都市圈黄河流域生态保护和高质量发展示范区，率先创新“共同抓好大保护、协同推进大治理”体制机制，探索具有地域特色的高质量发展新路子，有利于形成黄河流域生态保护和高质量发展的突破口，有利于探索黄河流域跨区域协同治理的新机制新体系，有利于培育具有国际影响力的黄河文化旅游目的地，有利于探索黄河流域高质量发展新路径，有利于探索现代化都市圈协调发展新模式，有利于形成区域协调决胜脱贫攻坚新经验。

一、加强生态环境保护

（一）优化示范区生态安全空间格局。严守黄河水资源利用上线，以保护修复自然生态系统为目标，统筹山水林田湖草综合治理、系统治理和源头治理，以郑汴港“绿心”，郑州中心城区绿环、大都市区生态外环，大都市区沿黄文化生态带、南水北调保护带，大都市区绿色交通廊道、沿黄生态水系廊道，沿黄自然保护区、森林公园、黄河湿地公园等生态要素为重点，构建“一心、双环、两带、多廊”的区域生态格局，形成多层次、多功能、复合型、网络化的生态支撑体系。

（二）强化生态保护红线实行分区分级管控。以环境主体功能区划落地实施构建“基础骨架”，以生态保护红线划定“生态高地”，开展分区分级保护，分层次推进空间用途管制落地。划定示范区生产、生活、生态空间管制界限，明确“一轴一核两区三带”及各板块定位。严格落实生态空间用途管制，严守资源消耗上限、环境质量底线、生态保护红线，以推进沿黄地区生态修复、加强太行山、嵩山地区生态保护修复、推动平原地区生态网络建设为重点，系统提升生态保护水平。

（三）协同推进五大生态系统建设。协同推进森林、湿地、流域、农田、城市五大生态系统，积极构建示范区黄河生态治理体系。以植树增绿为导向，以大都市区城市生态林、嵩山生态区水源涵林、太行山绿化工程林、沿黄生态涵养林为重点，提升森林生态系统承载力。以黄河湿地自然保护区，贾鲁河、沁河湿地涵养区，雁鸣湖、凤泉湖等人工湿地为重点，整合城市水系、河流湖泊等湿地资源，实施扩水增湿、退耕还湿等工程，构建湿地生态系统。以改善水环境质量为核心，实施水源保护、跨流域调水、水系连通、水生态修复等工程，构建流域生态系统。以沿黄区域农田生态修复为抓手，强化农业生态保障功能，推进农田生态系统建设。以海绵城市和城市绿地为抓手，构建涵盖“森林、绿地、水系、河湖、耕地”的城市生态网络，提升城市绿色发展能力。

二、保障黄河长治久安

（一）协同推进沿黄区域“四水同治”。实施水生态、水资源、水环境、水灾害“四水同治”，深入落实“节水优先、空间均衡、系统治理、两手发力”的治水方针，以着力解决黄河水资源保护开发利用不平衡不充分问题为主线，以科技创新为动力，加快构建水资源高效利用、水生态系统修复、水环境综合治理、水灾害科学防治等体系；以全面保障黄河水安全为目标，坚持流域治理，上下游、干支流、南北岸联动，完善水沙调控机制，确保“大堤不决口、河道不断流、水质不超标、河床不抬高”。

（二）实施沿黄区域水沙调控工程。紧紧抓住水沙关系调节这个“牛鼻子”，构建完善的水沙调控体系，协同大都市区各市及三门峡、洛阳、濮阳等地，联动推进防洪减淤、水土流失综合防治、水资源合理配置和高效利用、水资源和水生态保护以及流域综合治理等工程。充分利用小浪底水库合理拦沙和调水调沙提高河道的输沙能力，通过水库拦沙和联合调控水沙，协调黄河水沙关系，保障黄河防洪安全和供水安全。

（三）构建沿黄区域防洪减淤体系。按照“上拦下排、两岸分滞”调控洪水、“拦、调、排、放、挖”综合处理和利用泥沙的思路，通过“控制、利用、塑造”管理洪水，以郑州及开封段地上悬河为重点区域，减轻河道淤积，维持中水河槽，保障防洪安全。以沿黄两岸河防工程为基础，以涵盖上下游、左右岸的水沙调控体系为核心，构筑多沙粗沙区拦沙工程、放淤工程、分滞洪工程等相结合的防洪减淤工程体系，辅以防汛抗旱指挥系统、防洪调度和洪水风险防控等措施，构建完善的黄河防洪减淤体系。

（四）实施河道滩区综合治理工程。适度开展收河紧堤工程，尝试性进行黄河北岸大堤南移，建立登记制水土综保利用体系。加密建设生态河道网，推进区域内“堤（岸）、疏、蓄、滞”综合治理工程布局，提高防洪标准。兴建若干应急性平湖工程，平时蓄水做景观，急时清淤调蓄水。采取滩区引洪放淤及机械放淤、淤堵串沟、淤填堤河等措施，综合治理大都市区开封段黄河“二级悬河”问题。统筹协调滩区群众生活生产与黄河行洪防洪之间的矛盾，加快滩区安全建设，实施滩区洪水淹没补偿政策，探索逐步废除生产堤。

三、推进水资源节约集约利用

（一）统筹“四个格局”形成人水和谐新局面。统筹沿黄区域生态保护、资源开发、产业发展、城乡协调“四个格局”，处理好“水—城、水—地、水—人、水—产”之间关系，坚决抑制不合理用水需求，推动用水方式由粗放向节约集约转变；牢固树立“一盘棋”思想，以水而定、量水而行，将沿黄区域空间布局、城市建设、乡村振兴、生态保护、环境治理、沿水景观、文化传承等统筹谋划，重点解决沿黄区域生态环境容量、黄河滩区移民迁建安置、沿线产业转型升级和高质量发展以及损害群众健康的突出环境问题，发挥生产发展、生活宜居与生态良好的联动效应，推动沿黄区域民生、生态、经济、文化协同发展。

（二）构建水资源节约利用体系。加快大都市区现代化水网统一规划，统筹考虑黄河水、南水北调水、地表水、雨洪水、中水、地下水的综合利用，着力构建健康可持续的水资源开发利用体系。优化取水口布局，划定禁止排污区、限制排污区和河岸生态保护空间，保护饮水和供水安全。重点在郑州侧改造和扩建现有水源地，提升取水能力。优化水资源配置，保障河道水网生态需水，逐步开展生态用水调度。健全水源保护区的安全防范措施和制度。优化区域水资源配置，谋划一批重大水资源配置工程，实现跨区调水、丰枯调剂、一水多用、循环利用。

（三）全面推进节水型社会建设。强化水资源承载能力的刚性约束。严格实行水资源消耗总量和强度双控，国民经济和社会发展规划、国土空间规划、重大建设项目布局规划、工业园区规划要与水资源环境条件相适应。深化节约用水体制机制改革。强化节水考核刚性，提高用水效率，推进从粗放用水向集约用水方式的根本性转变。在生态脆弱区、地下水超采区，实行负面清单管理，严控新上或扩建高耗水、高污染项目。实施节水增效行动。继续实施大型灌区和重点中型灌区续建配套与节水改造，加快工业绿色转型升级，限制高耗水和低效用水产业发展，强化城镇节水降损，推进节水型城市建设，加快城镇供水管网以及污水再生利用设施改造，构建全域的水资源集约利用体系。

（四）系统修复黄河流域水生态。加强水土流失综合防治。加快推进山洪沟治理和淤地坝建设，统筹实施山水林田湖草措施，探索建设水源保护型、休闲观光型、绿色产业型、文化旅游型等新型小流域；在嵩山、太行山区实施封禁治理，保护好现有植被，提高涵养水源能力。加快黄河生态廊道建设。规划建设黄河干流绿带，打造黄河生态廊道；加快沿黄湿地和引黄湖泊湿地相结合的湿地公园群建设。实施地下水超采区综合治理。通过水源置换、引水补源、封停水井、节水技改、优化产业布局、调整种植结构等综合措施，以坚持开源节流并举，系统治理沿黄地下水超采问题。

四、推动黄河流域高质量发展

（一）突出产业融合，推动产业体系高质量发展。依托郑开创新创业走廊、郑新创新产业走廊、郑焦产业融合发展走廊、荥阳—巩义创新产业走廊、许昌—港区先进制造业走廊、开封—港区产业融合发展走廊，集中布局高端制造业、战略性新兴产业，推动云计算、大数据等新业态与制造业融合赋能，推动大都市区先进制造业高质量发展；推动郑州市现代物流中心与全球资源配置中心建设，加快开封、新乡、许昌、焦作等次级中心城市综合商务中心功能升级，推动大都市区形成以现代商贸物流业为基础，以现代金融业、文化旅游业、国际会展业和信息服务业为重点的现代服务业体系；着力优化大都市区现代农业发展格局。推动沿黄农业与旅游、文化、教育融合发展，发展休闲农业、养生农业、创意农业、体验农业等新业态。发展智慧农业，推动沿黄区域藏粮于地、藏粮于技，在确保国家粮食安全方面有新担当新作为。

（二）突出产城融合，促进城镇体系高质量发展。优化产业空间布局，推动产城融合发展。以大都市区各类产业集聚区为抓手，以产兴城，依城促产，发挥不同层级城市资源禀赋优势，在大中小城市和小城镇之间逐步培育形成分工合理、优势突出、特色鲜明、吸纳就业能力强的城镇产业体系。郑州立足建设国家中心城市，大力吸引高端要素集聚，形成以服务业和高端制造业为支撑的产业结构。开封、新乡、许昌、焦作等坚持制造业与服务业融合互动发展，提升城市产业能级。沿黄各县市以围绕集聚人口、扩大就业、拉动内需，充分利用要素成本优势，大力发展县域经济。统筹大都市区中心城区与周边中小城市和小城镇产业发展，形成产业集聚、就业增加、人口转移、产城融合发展的新格局。

（三）*突出城乡融合，推动民生福祉高质量提升*。统筹城乡产业、基础设施、公共服务、资源能源、生态环境等布局，以规划一体化促进城乡空间融合，以基本公共服务普惠共享促进城乡社会融合。坚持民生优先，把保障和改善民生作为大都市区城乡融合的出发点和落脚点，以黄河滩区脱贫攻坚为重点，打好打赢扶贫攻坚战，谋划黄河滩区后脱贫时代民生福祉持续提升的长效机制；着眼补齐农村公共服务短板，着力化解城乡“二元结构”，健全全民覆盖、普惠共享、城乡一体的基本公共服务体系，着力提升大都市区城乡基本公共服务均等化水平。

（四）*突出要素融合，激发高质量发展新动能*。构建大都市区一体化的资源要素市场，以打破地域分割和行业垄断、清除市场壁垒为目标，以优化营商环境为契机，以大都市区各地市加大人才引进、加强人才培养、加速人才共享为抓手，推进人力资源市场一体化；以大都市区各地市组建共性技术创新联盟、搭建科技服务资源共享平台、打造科技创新创业平台为抓手，推动技术市场一体化；以“规划对接、战略协同、专题合作、市场统一、机制完善”为导向，推动金融服务一体化；营造大都市区规则统一开放、标准互通互认、要素自由流动的要素市场环境，激发市场主体的活力动力，为大都市区高质量发展助力赋能。

五、保护传承弘扬黄河文化

（一）*启动黄河文化探源研究工程*。充分利用郑州大学、河南大学、河南省社会科学院、中国社会科学院郑州研究院等科研平台，深化郑州都市圈在华夏文明起源中的核心地位研究，开展嵩山地区文明化进程与华夏文明形成、以嵩山地区为中心的东亚现代人起源、中国古代城市文明等黄河文化探源研究工程，实证大都市区在中华文明延绵不断、多元一体、兼容并蓄发展脉络中的主线地位。实施一批在中华文化中具有文化地标和精神标识意义的重点工程，坚定文化自信，提升国际影响力和标识度。定期举办以“黄河文化”为主题的黄河论坛和研讨会，深入研究黄河文化的内涵、外延、载体、价值和功能等。广泛开展黄河文化普查，开展黄河文化遗产的抢救和保护工作，谋划建设黄河文化博物馆。

（二）建立黄河文化全域综合保护体系。打造黄河文化与文物保护利用示范区，站位中华文明和黄河文化全局，围绕黄河文化保护传承弘扬，重点阐释、利用黄河沿岸双槐树遗址、大河村遗址、古荥大运河片区等黄河文化元素，建设黄河国家文化公园先行示范区；全面启动黄河母亲地标复兴工程，通过文学、艺术、专题片等形式重塑性推广，与四大文化片区建设协同宣传，使之成为郑州都市圈核心文化名片。启动黄河文化集合展示工程。借鉴深圳锦绣中华微缩景区主题公园经验，考虑在中牟建设黄河沿途风光微缩景区博览园，高标准荟萃黄河沿线地区民间艺术、民俗风情和民居建筑，建设一个具有代表性、独一性的集观光景点、文化体验为一体的精品文化苑区。

（三）打造黄河文化国际高端传播平台。建设郑州商城遗址城市文化客厅。强力推进郑州商都历史文化区建设，打造郑州作为中国八大古都的标志性区域，增强文化自信，提升城市品位，构建国际交往的城市客厅。深度挖掘开封千年宋都以及黄河“城摞城”文化资源，打造开封宋都历史文化交往平台，带动大都市区文化国际交往平台的构建。提升登封天地之中、南太行会议度假交往平台功能。充分挖掘大都市区嵩山天地之中世界文化遗产（塔林、中岳庙、少室阙、观星台等）、少林功夫等国家级非物质文化遗产，深入挖掘儒释道文化、少林功夫文化，培育相关文化产业与品牌，提升国际文化影响力。焦作、新乡南太行地区主要依托云台山等南太行生态和景观资源以及太极拳人文资源，重点培育休闲度假型国际交往平台功能。

（四）塑造推广“黄河文旅”整体品牌。以文旅融合为导向，整合郑州都市圈沿黄文旅资源，加快推动大都市区全域旅游一体化发展，以“嵩山—云台山、少林拳—太极拳”“两山两拳”、开封宋都、大运河文化等为重点，协同郑州都市圈各地市，共同打造推广“黄河文旅”整体品牌。围绕中华文明溯源之旅、文化名人修学之旅、历史遗迹探寻之旅、大河风光体验之旅、生态养生休闲之旅等不同主题，擦亮大都市区功夫、根亲、古都、诗词、农业、研学等文旅融合名片，形成富有中原特色的黄河旅游产品和精品线路。